中希文明互鉴中心主办 | 主编 崔延强

文明互鉴文库

文明互鉴发展报告

2024

REPORTS ON THE DEVELOPMENT OF MUTUAL
LEARNING AMONG THE WORLD CIVILIZATIONS

执行主编 张绪强

西南大学出版社
国家一级出版社 全国百佳图书出版单位

图书在版编目(CIP)数据

文明互鉴发展报告.2024 / 崔延强主编；张绪强执行主编. -- 重庆：西南大学出版社, 2024.10.
ISBN 978-7-5697-2697-8
Ⅰ.G125
中国国家版本馆CIP数据核字第2024QW7709号

文明互鉴发展报告 2024
WENMING HUJIAN FAZHAN BAOGAO 2024

主　编　崔延强　　　执行主编　张绪强

责任编辑：王玉竹
责任校对：李晓瑞
封面设计：殳十堂_未泯
排版制作：李　燕
出版发行：西南大学出版社（原西南师范大学出版社）
　　　　　地址　重庆市北碚区天生路2号
　　　　　邮编　400715
经　　销：全国新华书店
印　　刷：重庆长虹印务有限公司
成品尺寸：185 mm×260 mm
印　　张：14.75
字　　数：406千字
版　　次：2024年10月　第1版
印　　次：2024年10月　第1次印刷
书　　号：ISBN 978-7-5697-2697-8
定　　价：88.00元

代序

中希文明互鉴中心
如何助力东西方文明对话？

崔延强

中国和希腊分别是东西方古老文明的代表，为人类留下了许多宝贵的精神财富。两国建交五十多年来，双方友好互信、文明互鉴、合作互利、民心互通，向世界展示了古老文明的和合之美。2023年2月，作为双边关系发展和世界文明交流的标志性成果，由中希两国高校联合成立的中希文明互鉴中心（以下简称中心）在希腊雅典揭牌。古老文明为何相知相亲？两大文明如何加深理解、传承发展？一年多来，中心为促进中希文明对话发挥了怎样的作用？中希文明互鉴中心中方主任崔延强近日接受中新社"东西问"专访，就此作出解答。

现将访谈实录摘要如下：

🎙 问

中新社记者： 中希文明交流互鉴源远流长，您如何看待两大古老文明在新时代的相知相亲？

🎙 答

崔延强： 从源头上看，古老的文明尽管远隔千山万水，形成的历史条件千差万别，但所面对的根本问题和生成的思想基因具有趋同性。

伟大的思想是相通的。几乎同一时代，孔子和柏拉图几乎思考同样的问题、践行同样的志业。柏拉图笔下的苏格拉底，以雅典的"牛虻"为使命，不断"叮咬"激励城邦沿着正义的大道前行。柏拉图也试图唤醒人们学会"用灵魂的眼睛"洞察真理之路，曾不畏艰险三奔西西里，图画心目中的理想国度。孔子则以惊醒世人的"木铎"为己任，怀揣克己复礼、天下归仁的信念，带领门生奔波于列国之间，推行"老者安之、朋友信之、少者怀之"的人间大道。他们都是伟大的理想主义者，尽管孔子也有"道不行，乘桴浮于海"的慨叹，柏拉图也曾有被卖身为奴的历险，但他们最终杏坛论道、倚门而歌，为中希思想和世界文明留下了不朽篇章。若孔子和柏拉图相遇，一定会有说不尽的共同话题。

新时代，中希两大文明同样有着说不尽的共同话题。历史上伟大先贤所追求的智慧、勇敢、节制的美德，所梦想的正义的理想国度，当下依然还在探寻，更需要文明的继承者从古老的智慧中汲取养分，创造性地提供化解当下世界难题的方案。

> 2023年7月，"中希文明互鉴青年行"暑期研学团的学生在希腊帕特雷与当地小学生开展中国传统文化交流（图片来源：中新网）

问

中新社记者：建立中希文明互鉴中心为两国人文交流合作注入了新活力，它如何助力东西方文明对话？

答

崔延强：中希文明互鉴中心是在中国教育部、外交部共同指导下成立的，集人才培养、科学研究、咨政服务、文化交流为一体的国家战略智库。

中心成立以来，以"文明互鉴"为根本理念，以推动共建"一带一路"和构建人类命运共同体为使命，融千年历史的厚度和文明互鉴的高度为一体，通过突出重大学术成果推广的引领性，强化文化战略人才联合培养的示范性，彰显国际人文交流的标志性，注重数字化赋能平台建设的前瞻性，力求做到高站位统筹部署，高标准开局起步，高质量深耕细作，为中希两国的人文交流注入新活力，强有力地推动两大文明间的对话。

> 设于西南大学内的中希文明互鉴中心建筑外观(图片来源:中新网)

🎤 **问**

中新社记者:中心成立一年多来,主要取得了哪些成果?

🎤 **答**

崔延强:一是聚力开展学术对话交流。中心于2023年2月20日在希腊雅典大学召开首届中希文明高峰论坛,并建立持续对话交流机制。同时,中心牵头中国、希腊共8所高校(中国人民大学、山东大学、四川大学、西南大学与希腊雅典大学、帕特雷大学、亚里士多德大学和克里特大学),协同中国国家版本馆、希腊德尔菲欧洲文化中心等单位,深入探讨文明互鉴与文化强国建设,东西方文明起源、演进和基本概念比较等重大理论和学术问题。

二是持续推进学术研究推广。中心积极推动中国、希腊和全球学者互访,推出学术研究工程首批成果。比如,由中心专家、四川大学历史文化学院教授李勇先主持,巴蜀书社和西南大学出版社联合出版的"丝绸之路中外医学交流文献丛书"于2023年11月首发,并将于2024年秋季推出学术研究工程第二批重大成果,发布文明互鉴发展报告、年鉴和学术辑刊。

三是积极实施国际联合人才培养。西南大学牵头的"中国—希腊文明比较"国际联合硕士项目首批招收硕士研究生17名、专项博士研究生10名。该项目旨在落实全球文明倡议,培养文明互鉴专项人才,推动中希两国文明比较。

四是大力推动中外人文交流互鉴。中心在希腊德尔菲欧洲文化中心举办国际暑期学校,与中国教育部中外语言交流合作中心和中国人民对外友好协会联合举办"中希文明互鉴青年交流会",组织中国高校学生到希腊雅典、帕特雷和奥林匹亚等地,体验希腊文化,传播中华文明。

五是加强完善新型人文机制。中方中心通过协作共建章程和学术委员会章程,组建协作共建委员会和学术委员会,牢牢抓住"如何建设好"这个关键,定期召开中希文明互鉴中心建设推进研讨会,持续完善与希方的联系机制、中方四校的沟通机制以及成果评估机制。

> 设于西南大学内的中希文明互鉴中心建筑外观(图片来源:中新网)

🎤 问

中新社记者:在多元文明共存的时代,中希文明怎样更好地加深理解、传承发展?

🎤 答

崔延强:没有任何一种文明是完全自我封闭、绝对独立于其他文明而形成、存在和发展的。任何一个民族的历史都是世界史和全球史,一定会在自身文明中找到不同文明的标识。正如亚里士多德所言,朋友是你自己的另一半,文明传承和互鉴就是大家各自寻找自己的另一半,从而最终成就一个完整的自己。

当下,中希两国学者应把深入挖掘古典文明的核心价值、创造性转化研究成果等作为使命担当,为构建相互尊重、公平正义、合作共赢的新型国际关系,共同推动构建人类命运共同体作出应有的贡献。

以中心为例,接下来我们将集海内外专家学者的集体智慧,论证发布"中国百年希腊研究名家名著工程""世界古典文明形态比较研究工程""中华典籍域外传播工程""希腊医学经典翻译工程""希腊文学艺术在中国工程""中希古典语文学比较研究工程""中希文明交流互鉴史料挖掘与研究工程"等重大学术项目计划,陆续推出系列学术文化精品;同时加速推进"中国希腊学校"筹建工作,积极推动双边学者联合开展古典学研究和人才培养,为讲好中国故事,促进民心相通,搭建学术文化交流平台。

> 2024年5月,中希文明互鉴中心中方负责人与希腊帕特雷大学乔治·齐亚米斯教授进行交流(图片来源:中新网)

🎙 问

中新社记者: 面对百年未有之大变局,如何从文明交流互鉴中寻求更多发展智慧?

🎙 答

崔延强: 当下人类所面临的突出矛盾和问题,很大程度上源于不同文明间因隔阂而带来的认知和信任问题。"不了解"就意味着"不理解","不理解"就难以形成共识和信任。因此,学习、了解不同文明的生成史、发展史和交流互鉴史至关重要,是消除认知隔阂、走出文明自我中心主义、达成理解信任的前提。

文明互鉴据于学术,依于认知,成于交流。我认为,其中的关键是青年一代,他们是文明互鉴的未来和希望。广大青年应秉持文明平等共生理念,树立文明交流互鉴思维,尊重世界文明多样性,理性包容地看待不同国家与民族在习俗、语言、文化、传统、道德上的差异,做弘扬人类共同价值、致力于文明交流互鉴的时代新人。

中希文明互鉴中心推动的一项重要工作,就是对世界文明形态进行比较研究和价值认知,普及推广学术文化成果。中心将努力拓展联合学位生,开展夏令营、冬令营、工作坊、青年领袖论坛等项目,以每年不低于100人次的目标,提升青年一代讲好世界古典文明和现代文明故事的能力和水平。

目录

第一编　研究和项目

古希腊墓葬中金制品的比较研究
　　——以迈锡尼和韦尔吉纳为例⋯⋯⋯⋯⋯⋯⋯⋯⋯⋯⋯刘妍鸥　003

《琉基佩和克里托丰》中同性与异性爱情的比较研究⋯⋯⋯⋯肖丹力　015

基督教视角中的太平天国
　　——从基督教神学和宗教社会学角度对太平天国政权宗教性质之概述性解读
　　⋯⋯⋯⋯⋯⋯⋯⋯⋯⋯⋯⋯⋯⋯⋯⋯⋯⋯⋯⋯⋯⋯⋯⋯郭子然　024

第二编　研究历史回顾

中国的古希腊史研究回顾⋯⋯⋯⋯⋯⋯⋯⋯⋯⋯⋯⋯⋯⋯⋯徐松岩　039

中国的伊朗研究回顾⋯⋯⋯⋯⋯⋯⋯⋯⋯⋯⋯⋯冀开运　韩雪纯　079

中国的俄罗斯研究回顾⋯⋯⋯⋯⋯⋯谢　周　张铖栋　蔡博雯　陈　森　104

第三编　文明互鉴年鉴

中希文明互鉴⋯⋯⋯⋯⋯⋯⋯⋯⋯⋯⋯⋯整理者：张绪强　兰志杰　135

中法文明互鉴⋯⋯⋯⋯⋯⋯⋯⋯⋯⋯⋯⋯整理者：张文静　冯则程　195

第一编 研究和项目

古希腊墓葬中金制品的比较研究
——以迈锡尼和韦尔吉纳为例

刘妍鸥

摘要: 迈锡尼和韦尔吉纳墓葬中出土了大量金制品,通过比较研究两地墓葬中有代表性的金制品,分析其相似性和差异性,考察两个遗址存在大量金制品的历史背景,探讨黄金在古希腊文化中的象征意义及其在不同历史时期的社会功能。研究发现,迈锡尼和韦尔吉纳墓葬中的金制品不仅反映了不同时代的政治、经济和文化特征,还展示了古希腊文明的文化延续性,以及古希腊金匠的高超技艺及其对后世工艺的影响。

关键词: 古希腊;墓葬;金制品;迈锡尼;韦尔吉纳

Abstract: A large number of gold artifacts were unearthed from the tombs of Mycenae and Vergina. By conducting a comparative study of representative gold artifacts from both burial sites, the similarities and differences were analyzed to examine the historical background of the abundant gold artifacts at these sites. This study explored the symbolic significance of gold in ancient Greek culture and its social functions in different historical periods. The findings reveal that the gold artifacts in the tombs of Mycenae and Vergina reflect the political, economic, and cultural characteristics of different eras. They also demonstrate the cultural continuity of ancient Greek civilization, as well as the exceptional craftsmanship of ancient Greek goldsmiths and their influence on subsequent generations.

Keywords: Ancient Greece; Tombs; Gold Artifacts; Mycenae; Vergina

作者: 刘妍鸥,雅典大学本科生,研究方向为古希腊历史、考古和古希腊文学。

黄金以其迷人的光辉和稀有稳定的特质成为古代文化中永生、财富和权力的象征。在古希腊,黄金尤其具有特殊的意义,象征着社会地位、权威和对神灵的奉献,迈锡尼和韦尔吉纳墓葬中发现的大量金制品正是这一功能的体现。尽管迈锡尼和韦尔吉纳之间的时间间隔超过1000年,但对这两个时期的墓葬金制器物的比较研究揭示了希腊文化遗产的某些持久痕迹。

本文试图分析两个遗址中存在大量金制器物的历史背景,考察每个遗址的三个具有代表性的金制墓葬器物,找到其相似性和差异,进而探讨这些金制品制作过程中金匠所使用的共同技艺。通过分析研究这些器物,可以揭示不同时代希腊文明本身的文化延续性。

一、迈锡尼和韦尔吉纳墓葬存在大量金制品的原因

(一)迈锡尼

在青铜时代的迈锡尼城的 A 墓圈和 B 墓圈中发现的大量金制品表明,古希腊普遍存在一种将黄金作为逝者显著地位标志的传统。这一传统从青铜时代一直延续到古典时期,旨在展示个人及其家族的财富和声望,即使在死后也是如此。虽然用于陪葬的具体物品随着时间的推移而有所变化,但黄金的使用始终是社会地位的象征。[1] A 墓圈和 B 墓圈中发现的金面具、金杯、金剑、金首饰等墓葬物品就是这一文化实践的典范,并且出现了"黄金迈锡尼"[2]的传说,这是家族间为了展示财富而展开的炫耀性竞争。这些墓圈中发现的金制品数量超过了青铜时代晚期之前整个克里特岛的总和[3],彰显了这种财富展示的规模。

此外,克里特岛上的米诺斯艺术对迈锡尼的艺术品和绘画也具有显而易见的影响。迈锡尼人经常模仿米诺斯的艺术风格,这些风格可能是通过进口的物品或通过到访的艺术家或者希腊艺术家的培训师传递过来的。[4]正如辛克莱·胡德(Sinclair Hood)所指出的,尤其是在 A 墓圈的文物中,辨别这些作品之间的区别存在挑战,引发了关于这种区别意义的质疑。[5]这种艺术影响和地区风格之间的互动,增加了理解这一时期迈锡尼文化和艺术动态的复杂性。

(二)韦尔吉纳

早在公元前 1000 年,今天的韦尔吉纳城附近 7 公里范围内的地区就已村庄密集。1995 年以来的考古证据表明,该地区发展成为一个重要的人口中心,这种发展模式与其他古希腊城市相似。[6]公元前 7 世纪,提门尼德(Temenid)家族的统治标志着马其顿开始扩张,并在埃盖(Aigai,即今天的韦尔吉纳)建立了阿尔盖德(Argead)王朝。关于阿尔盖德王朝的起源,古代文献有不同的记载。亚历山大一世(Alexander Ⅰ)被认为是第一个有历

---

[1] Alcestis Papadimitriou, *Mycenae*, Athens: John S. Latsis Public Benefit Foundation, 2015, p. 29.
[2] German Hafner, *Art of Crete, Mycenae, and Greece*, trans. Erika Bizzarri, New York: Harry N. Abrams, 1968, p. 38.
[3] Richard T. Neer, *Greek Art and Archaeology: A New History, C. 2500– C.150 BCE*. London: Thames & Hudson, 2012, p.48.
[4] Alcestis Papadimitriou, *Mycenae*, p. 29
[5] Sinclair Hood, *The Arts in Prehistoric Greece*, London: Penguin, 1978, p. 226.
[6] Angeliki Kottaridi, *Aegae, the Macedonian Metropolis, Treasures from the Royal Capital of Macedon*, Oxford: University of Oxford Press, 2011, p. 155.

史记载的人物,传统上将马其顿王朝的起始日期定为公元前750年。[1]

埃盖由传说中的创始人埃杰乌斯(Aegeus)命名,逐渐发展成一个组织良好的村庄集合体。它保持着以国王权力为中心的贵族结构,中心是一个有城墙的卫城。尽管位置非常重要,但埃盖在早期并未发展成一座大城市,大多数居民生活在周围的村庄里。

公元前513年至前480年期间,埃盖成为波斯帝国的一部分,但即使在阿明塔斯一世(Amyntas Ⅰ)统治下,它依然相对独立并扩展了自己的领地。在公元前5世纪上半叶,埃盖成为马其顿的首都,并经历了一段前所未有的奢华时期。来自世界各地的商人带来香水、雕刻装饰品和珠宝等贵重物品,以满足宫廷的需求。[2]

公元前5世纪,阿尔克拉俄斯一世(Archelaus Ⅰ)进一步丰富了这座城市,引入了艺术家、诗人和哲学家。尽管阿尔克拉俄斯在公元前4世纪初将首都迁至佩拉(Pella)[3],埃盖仍然保留其神圣地位,并是传统祭祀中心、王宫和皇家墓地的所在地。腓力二世(Philip Ⅱ)在埃盖的奢华葬礼标志着其历史重要性。

公元前3世纪,由于亚历山大继承人之间的斗争,城市面临困境;在公元前276年,高卢雇佣军掠夺了许多墓葬。公元前168年,罗马推翻马其顿王国后,摧毁了旧都和新都。在接下来的几个世纪里,城市人口逐渐迁移到平原,留下了一个名为帕拉提西亚(Palatitsia)的村落。

因此,马其顿的国家和都城发展的历史可以解释为什么能在韦尔吉纳的菲利普二世皇家墓葬群中发现大量金制品,这是古代马其顿精英的文化习俗和奢华生活的体现。这些墓葬群中所葬之人属于马其顿皇室的杰出人物,包括菲利普二世和亚历山大四世。[4]使用黄金作为陪葬品,如金骨灰盒和金花冠,旨在强调逝者的皇室地位和声望。复杂的金制品,如金骨灰盒和金花冠,展现了对墓葬习俗的仪式性和精细化处理。桃金娘叶形状的金花冠显示了葬礼的象征性布置。这些金制器物不仅具有物质价值,还具有象征意义。[5]例如,金骨灰盒上的韦尔吉纳太阳符号可能具有特定的文化或宗教意义。

韦尔吉纳二号墓中埋葬的一位女性,可能是菲利普的色雷斯妻子梅达(Meda),戴着金冠,覆盖着紫色布料,这是安葬皇室配偶和家庭成员的墓葬习俗。一号墓中描绘珀尔塞福涅被掳的壁画可能表现了另一位王后尼克西波利斯,为葬礼艺术增添了叙事维度。墓中发现的金饰盔甲、武器、银制器皿和精美的银制水瓶展示了古代马其顿工匠的卓越艺术和工艺技能。学者们认为壁画是著名画家——埃雷特里亚的菲洛克塞诺斯和底比斯的尼科马利斯的作品,这提升了这些墓葬的文化和艺术价值。公元前3世纪,安提戈诺斯·戈

---

[1] Nicholas Hammond, Leprière Geoffrey, Griffith Guy Thompson, *A History of Macedonia: Historical Geography and Prehistory 1*. Oxford: Clarendon Press, 1972.
[2] Angeliki Kottaridi, *Aegae, the Macedonian metropolis, Treasures from the Royal Capital of Macedon*, p.158.
[3] Joseph Roisman, *A Companion to Ancient Macedonia*, New Jersey: John Wiley & Sons, 2010, p.156.
[4] Manolis Andronicos, *Vergina, The prehistoric necropolis and the Hellenistic palace*, Lund: Bloms Boktryckeri, 1964, p. 3.
[5] Evangelia Kypraiou, *The Gold of Macedon: Archaeological Museum of Thessaloniki*, Athens: The Archaeological Receipts fund, 2000, p.11.

纳塔斯（Antigonos Gonatas）建造了大土冢，以保护皇家墓葬免受入侵者的进一步掠夺。尽管受到了重大损害，四号墓中的潜在财富仍反映了皇家墓葬的珍宝。①

总之，韦尔吉纳墓葬中大量的金制品强调了黄金在马其顿皇家墓葬中的文化、象征和地位角色。精湛的工艺、多样化的陪葬品展示了古代马其顿文明复杂的文化和历史结构。

二、迈锡尼和韦尔吉纳墓葬中大量金制品所反映的政治、经济和文化特征

政治方面，迈锡尼作为公元前第二千纪的重要军事堡垒，在南希腊、克里特、基克拉泽斯群岛以及安纳托利亚西南部分地区具有统治地位。军事成功和对战略区域的控制为获取大量资源（包括黄金）提供了重要机会。"黄金迈锡尼"的传说暗示了家族间通过炫耀性墓葬物品展示财富的竞争文化。政治领导人和精英可能用金制品来象征权力、影响力及其家族的地位。②

而埃盖（韦尔吉纳）是马其顿的首都，其统治者如菲利普二世拥有相当大的政治权力。韦尔吉纳皇家墓葬中丰富的金制品反映了统治阶级的奢华生活，强调了政治权威。金制品在皇家墓葬中的使用，如金骨灰盒和金花冠，象征着统治者与神灵的联系，从而增强统治者统治的合法性。③

经济方面，迈锡尼人是商人和技艺高超的海员，在爱琴海和东地中海有广泛的活动。商业贸易促进了与其他文化的交流，以及对黄金在内的重金属的获取。迈锡尼对关键资源和贸易路线的控制使得财富积累成为可能。④

作为马其顿的首都，埃盖（韦尔吉纳）从与各地商人的贸易中受益，促进了经济繁荣，再加上皇家的支持，使得制作和获取精美的金制品用于墓葬成为可能。

文化方面，黄金在古代文化中象征财富、权力和神圣的地位。在迈锡尼的葬礼仪式中使用黄金反映了与来世相关的文化信仰和实践。迈锡尼人在制作金盔甲、金武器和珠宝方面展现了艺术创造力。金制品的艺术价值展示了迈锡尼文明的文化成就。韦尔吉纳墓葬中装饰华丽的金制品反映了马其顿皇室的文化身份和遗产。墓葬习俗和金制品的选择可能受文化规范和传统的影响。金制品在葬礼中的使用，如金骨灰盒，表明了逝者对于死后旅程的文化信仰。⑤墓葬中包含金制品突显了与死亡相关的仪式的文化重要性。

所以迈锡尼和韦尔吉纳墓葬中存在大量的金制品，是由于政治权力、经济繁荣和文化

---

① Evangelia Kypraiou, *The Gold of Macedon: Archaeological Museum of Thessaloniki*, p. 22.
② Alcestis Papadimitriou, *Mycenae*, p. 49.
③ Evangelia Kypraiou, ed., *The Gold of Macedon: Archaeological Museum of Thessaloniki*, p. 19.
④ Alcestis Papadimitriou, *Mycenae*, p. 49.
⑤ Evangelia Kypraiou, ed., *The Gold of Macedon: Archaeological Museum of Thessaloniki*, p. 23.

信仰。这些因素影响了黄金作为地位、财富和文化身份象征的积累和使用,在墓葬实践中表现得尤为明显。

三、具体金器文物的比较研究

(一)迈锡尼

1.阿伽门农金面具

阿伽门农金面具是海因里希·施里曼于1876年在迈锡尼发现的一件金制葬礼面具。面具出土于A墓圈,指定为Ⅴ号墓,目前展出于雅典国家考古博物馆。该面具制作于公元前1550至前1500年,被誉为"史前的蒙娜丽莎"。[1]施里曼当时认为他找到了荷马《伊利亚特》和特洛伊战争中迈锡尼国王阿伽门农的遗体,因此命名此面具为"阿伽门农金面具"。此面具的发现增强了施里曼对特洛伊战争历史真实性的信念。

面具由一整片厚金制成,加热后在木头上锤打并用锋利工具细致雕刻。[2]由于施里曼被认为在考古挖掘中经常作假,因此阿伽门农金面具的真实性一直存在争议。[3]批评者质疑面具的风格、三维效果及其与其他迈锡尼面具有差异。辩护者则认为施里曼的工作受到严格监督,且面具的特征与其他文物相符。关于该面具的争议持续至21世纪,一些人认为面具是真实的,但比特洛伊战争早了300至400年;[4]而另一些人则认为面具的年代甚至更早,大约在公元前2500年。[5]

总之,阿伽门农金面具是标志性的考古发现,有关其真实性和历史背景的争议至今仍在继续。

阿伽门农金面具

---

[1] Cathy Gere, *The Tomb of Agamemnon*, Harvard: Harvard University Press, 2011, pp. 1-2.
[2] William R. Biers, *The Archaeology of Greece: An Introduction*, Ithaca, N.Y.: Cornell University Press, 1987.
[3] Cathy Gere, *The Tomb of Agamemnon*, p. 176.
[4] Marilyn J. Salomon, *Great Cities of the World 3: Next Stop...*, Athens: The Symphonette Press, 1974, p. 12.
[5] Marilyn J. Salomon, *Great Cities of the World 3: Next Stop...*, p.101.

2.涅斯托尔杯

另一件典型的葬礼金器是涅斯托尔杯,也是由海因里希·施里曼于1876年在迈锡尼A墓圈的Ⅳ号墓中发现的,① 通常被认为是公元前16世纪的作品,目前收藏于雅典国家考古博物馆。②

涅斯托尔杯是一只14.5厘米高、14.5厘米宽、295.8克重的金制酒杯。③它有一个底座、一个类似华菲奥金杯(The Vapheio cups)形状的主体和两个坎塔罗斯风格的把手。④不同于华菲奥金杯,涅斯托尔杯的形状更为独特且带有底座,另外,其带有两个把手的设计也很罕见。

每个把手上都饰有一只金鸟,最初被认为像《伊利亚特》中提到的鸽子。⑤后经斯皮罗斯·马里纳托斯鉴定为猎鹰。⑥J.T.胡克认为这是由一位希腊本地工匠改编的克里特设计。⑦尽管杯子的设计独特且是金制品,但制作粗糙,似乎是仓促间完成的。杯子上的工具痕迹和把手上使用的铆钉影响了其防水性能。⑧

涅斯托尔杯作为一个独特的考古发现,尽管制作工艺显得粗糙,但其独特的形状、把手设计和猎鹰装饰使其成为迈锡尼时期一件引人注目的文物。

涅斯托尔杯

---

① Jasper Gaunt, "Nestor's Cup and its Reception", In Niall W. Slater, ed., *Voice and Voices in Antiquity*, 2017, Leiden: Brill, p. 108.
② Alcestis Papadimitriou, *Mycenae*, p. 51.
③ Ellen N. Davis, *The Vapheio cups and Aegean gold and silver ware*, New York: Garland. 1977, p. 283.
④ James C. Wright, "A Survey of Evidence for Feasting in Mycenaean Society", *Hesperia: The Journal of the American School of Classical Studies at Athens*, vol. 73, no. 2(2004), p. 140.
⑤ Heinrich Schliemann, *Mycenae: A Narrative of Researches and Discoveries at Mycenae and Tiryns*, Cambridge: Cambridge University Press, 2010, pp. 235-236.
⑥ Jasper Gaunt, "Nestor's Cup and its Reception", p. 109.
⑦ J.T. Hooker, *Mycenaean Greece*, 1976, pp. 40-41.
⑧ Stephanie Aulsebrook, *Materialising Mythology: The Cup of Nestor from Shaft Grave IV at Mycenae*, Sympozjum Egejskie: Papers in Aegean Archaeology, 2019, pp. 85-86.

3.狩猎狮子匕首

这件艺术品同样是由海因里希·施里曼于1876年在迈锡尼A墓圈中发掘的,年代可追溯至公元前16世纪。施里曼原本旨在寻找与阿伽门农和特洛伊战争有关的遗物,但却发现了晚青铜时代的文物。这些狩猎狮子匕首不是实用的武器,而是富庶的迈锡尼装饰性墓葬物品。

匕首上的金饰反映了米诺斯文化的影响,展示了狩猎狮子的场景和复杂的图案。米诺斯文化的影响包括精细的创作、八字形盾牌和动物图形的引入。匕首上主要描绘了狩猎狮子的场景,狩猎人攻击三只狮子,展示了米诺斯和迈锡尼元素的结合。尽管有外来影响,A墓圈中发现的作品还是晚青铜时代本土艺术的产物。这些匕首是展示米诺斯和迈锡尼社会关系的重要例证。[1]虽然匕首的主体是青铜制的,但许多匕首使用了叙利亚的黑漆技术镶嵌金饰。A墓圈中的一把匕首上的狩猎狮子场景显然是权力和领导地位的象征。墓葬品标示了男女之间的区别,女性有金饰、裹尸布,而男性则有金面具、匕首和剑。装饰性金器作为一种"地位制服"用以标示社会地位。这些物品并非实用性器物,为我们了解特定葬礼和该地区晚青铜时代的工艺提供了帮助。

狩猎狮子匕首

(二)韦尔吉纳

1.金骨灰盒

以腓力二世墓中的大理石石棺作为所有随葬品的参照点。它的尺寸为0.70×0.615×0.595米,内部为放置骨灰盒的空间,上面覆盖着一块大理石板(0.80×0.655×0.15米)。[2]在石棺内部,马诺利斯·安德罗尼科斯和他的团队发现了一个金骨灰盒。金骨灰盒的尺寸为0.409×0.341×0.17米,重7790克,被认为是古希腊最有价值的发现之一。金骨灰盒的盖子上有一个矩形框架、一个带有十六条光线的星形浮雕、一个双层玫瑰花和蓝色玻璃质的填充。盒体上有浮雕的花卉、螺旋纹、棕榈叶和狮子腿等装饰。[3]

金骨灰盒内装有烧过的骨头,被小心地放置在左角的两个橡树叶和果实的冠冕碎片中。骨头被收集后用酒洗净,包裹在纯紫色布中,放入骨灰盒内,留下了深蓝色的印记。其埋葬方式与《奥德赛》中阿喀琉斯的埋葬描述相呼应:"骨头被收集后,覆盖着柔软的紫色面纱,放入金罐中。"[4]

---

[1] Alcestis Papadimitriou, *Mycenae*, pp. 68–69.
[2] Μανόλης Ανδρόνικος, *Βεργίνα, οι βασιλικοί τάφοι και οι άλλες αρχαιότητες*, Αθήνα Νανά Δαρειώτη, 2014, p.166.
[3] Μανόλης Ανδρόνικος, *Βεργίνα, οι βασιλικοί τάφοι και οι άλλες αρχαιότητες*, p. 168.
[4] Μανόλης Ανδρόνικος, *Βεργίνα, οι βασιλικοί τάφοι και οι άλλες αρχαιότητες*, p. 170.

这引发了人们对其有意模仿荷马习俗的质疑。亚历山大对荷马史诗的热爱也让人对金骨灰盒中的人的身份浮想联翩。考古发现与《荷马史诗》中的描述之间的细致对应表明，韦尔吉纳皇家墓葬中的葬礼习俗似乎在有意模仿《荷马史诗》中所描绘的葬礼习俗。

腓力二世墓中的金骨灰盒

2. 金花冠

韦尔吉纳的金花冠据说是在火葬时戴在逝者头上的，在塞萨洛尼基博物馆进行了精细的修复后，被认为是自古以来最精致的花冠之一，展示了卓越的艺术和工艺。金花冠在焚烧时失去了一些叶子和果实。修复后，金花冠成为古代工艺的杰出例证，花枝弯曲，形成一个椭圆形环，通过细金丝连接。有313片叶子和68根树枝，重714克。[1] 工匠不仅捕捉到叶子和果实的外形，还努力追求其本质和真实性。考虑到缺失的部分叶子和果实，韦尔吉纳的金花冠的实际重量有可能会超过提洛目录中记录的最重的花冠，[2] 因此其被誉为古代最珍贵的金花冠。

韦尔吉纳的金花冠

[1] Μανόλης Ανδρόνικος, *Βεργίνα, οι βασιλικοί τάφοι και οι άλλες αρχαιότητες*, p. 171.
[2] Μανόλης Ανδρόνικος, *Βεργίνα, οι βασιλικοί τάφοι και οι άλλες αρχαιότητες*, p. 175.

3.伟大之剑

伟大之剑是在腓力二世墓内的中殿发现的。可惜的是,仅保存了象牙部分(下部和手柄),铁剑柄上有璀璨的金饰。手柄的上圆面上有一个微型金头盔,顶部有斯芬克斯装饰,侧面有狮子装饰。此剑展示了极高的品质和简约的奢华,尤其是在保存良好的剑柄上。剑与其木质鞘一起埋葬,木质部分已腐烂,只留下一些痕迹。剑柄的上下两部分有象牙装饰,这部分保存相当完整。①作为葬礼背景中的微型工艺品杰作,这把带有微型金头盔和手柄装饰复杂的剑,显得独一无二。

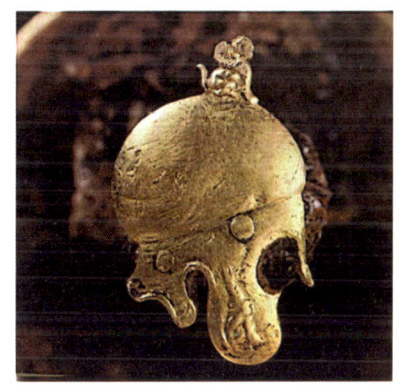

腓力二世墓中的伟大之剑

将迈锡尼的狩猎狮子匕首和伟大之剑做比较,可以发现这两者都是高度装饰性的物品。狩猎狮子匕首上有精细的狩猎场景,而伟大之剑的剑柄上有迷你金头盔等复杂装饰。这些装饰展示了工艺的精湛和对细节的关注,突出了其使用者的权力和地位。它们的豪华装饰和贵金属材料(如黄金和象牙)表明墓主人属于社会精英或统治阶层,具有显赫的身份和地位。狩猎狮子匕首体现了迈锡尼和米诺斯文化的融合,象征着勇敢和战斗力;而伟大之剑的装饰则象征着皇室的神圣权威,显示了马其顿时期的艺术风格。

通过比较和研究,我们发现这些金器都包含了《荷马史诗》的元素,这一点需要重点说

---

① Μανόλης Ανδρόνικος, *Βεργίνα, οι βασιλικοί τάφοι και οι άλλες αρχαιότητες*, pp. 142-143.

明。以上列举的迈锡尼金制品,阿伽门农金面具因其与《伊利亚特》中的迈锡尼国王阿伽门农联系紧密,尽管其真实性备受争议,但这一面具的发现被认为是对《荷马史诗》中人物的体现。该面具象征着英雄和王者的地位,类似于《荷马史诗》中描述的英雄。

涅斯托尔杯虽然与荷马描述的有所不同,但对其的命名展示了其与《荷马史诗》的关联性。涅斯托尔杯很可能象征着智慧和领导力,反映了《荷马史诗》中涅斯托尔的形象。

狩猎狮子匕首中狩猎狮子的场景与《荷马史诗》中关于英雄和狩猎的描述相符。尽管与史诗人物没有直接的联系,但这一场景仍然呼应了《荷马史诗》中的英雄行为。匕首上的狩猎场景象征着勇气和战斗力,与《荷马史诗》中的英雄特质一致。

在韦尔吉纳,金骨灰盒中的骨骸处理方式与《奥德赛》中阿喀琉斯的葬礼描述相符。骨骸被收集、包裹在紫色布中并置于金盒中,这种做法与荷马描述的葬礼习俗一致。金骨灰盒上的象征图案(如韦尔吉纳之星)反映了对神和皇权的崇敬,类似于《荷马史诗》中的神圣象征。

金花冠可能在火葬时佩戴在逝者头上,与《荷马史诗》中的英雄葬礼习俗相符。其精美的工艺和象征意义显示了对英雄和神圣权威的尊重。金花冠上的叶子和果实象征着力量和不朽,与《荷马史诗》中的神圣象征一致。

伟大之剑剑柄上的复杂装饰(如迷你金头盔)反映了《荷马史诗》中对武器和英雄装备的描述。剑的装饰和工艺显示了对英雄主义和军事荣誉的重视。剑柄上的装饰象征着战士的荣耀和地位,与《荷马史诗》中英雄的特质一致。

迈锡尼和韦尔吉纳的金制品体现了《荷马史诗》中的元素,具有更深层次的文化和宗教内涵。这些文物不仅展示了古希腊社会对英雄主义、神圣权威和军事荣誉的重视,还反映了《荷马史诗》对后世文化和艺术的深远影响。这种影响不仅限于文学,还延伸到工艺品和墓葬习俗中,使得荷马元素在古希腊文明中得以传承和发扬。

四、金制品的常用技术工艺

在古代,珠宝和金属器皿的制作涉及多种技术工艺,以下四种方法尤其重要:浮雕、冲压、镂刻和冲孔。这些技术工艺在形成和塑造金属薄片方面各有独特作用。迈锡尼和韦尔吉纳的金制葬礼物品显示出,这些技术工艺在这两个时期都已具备了。[1]

(一)浮雕(Repousse)

浮雕是金属成型的基础制造工艺,涉及对金、银、铜或青铜等金属薄片进行锤打。通过从背面锤打金属薄片,塑造出复杂的图案。浮雕技术包括手工浮雕、正负模具浮雕和应

---

[1] Tony Hackens and Rolf Winkes, eds., *Gold Jewelry: Craft, Style, and Meaning from Mycenae to Constantinopolis*, Louvain-la-Neuve: Art and Archaeology Publications, 1983, p. 171.

第一编　研究和项目

用浮雕等。

手工浮雕是一种在软垫(如皮革或树脂)上进行,用锤子和凿子从背面锤打金属,形成凸出的图案的技术。正负模具浮雕指使用正负模具将金属夹在中间,通过锤打将金属塑造成模具的形状的技术。应用浮雕指将多个浮雕组件组合在一起,形成更复杂的设计的技术。迈锡尼和韦尔吉纳的金面具和金杯常常使用浮雕技术,展示了复杂的图案和纹理。[1]

(二)冲压(Stamping)

冲压是浮雕技术的直接和标准化扩展,多用于大批量生产物品或装饰上。通过在金属薄片上冲压所需的形状,可以批量生产对象或设计,简化制造过程。使用冲压模具,将金属片放置在模具中,通过机械或手动压制形成所需的形状和图案。冲压技术常用于制作标准化的金饰和小物件,如迈锡尼的涅斯托尔杯的某些装饰部分就使用了冲压技术。[2]

(三)镂刻(Chasing)

镂刻使得在金属表面进行延展和系统化装饰成为可能。使用专门的工具对设计进行精细雕刻和细化,增强金属制品的美学吸引力。方法是使用凿子和小锤,从金属的正面雕刻出精细的图案和装饰。迈锡尼和韦尔吉纳的金制品,比如阿伽门农金面具以及挖掘出的许多其他金制品均展示了复杂的镂刻工艺,增加了艺术价值。[3]

(四)冲孔(Punching)

冲孔技术允许在设计中重复细节,形成复杂而重复的图案。通过在金属薄片上冲孔,可以精确和重复地进行装饰。方法是使用冲孔工具,在金属表面反复冲击形成所需的细节和图案。冲孔技术常用于金冠和其他装饰品上,使得图案更加精细和富有层次感。[4]

浮雕作为成型金属薄片的基础方法,适用于精美的耳环、宽大的盘子等各种物品。冲压是一种更高效的批量生产技术,适合制作大量具有标准化设计的物品。镂刻技术提供了详细和系统化的装饰手段,提升了金属制品的审美。冲孔允许重复复杂细节,增强了整体设计和装饰效果。运用这四种技术能够制作出多样且精美的金属制品,展示了古代金属工匠的巧思和技艺,突显了他们在创造多样且美观的金属制品方面的能力。迈锡尼和韦尔吉纳的金制葬礼物品不仅反映了当时的工艺技术,也展示了不同时期希腊在文化和艺术上的成就。

---

[1] Tony Hackens and Rolf Winkes, eds., *Gold Jewelry: Craft, Style, and Meaning from Mycenae to Constantinopolis*, pp.172–173.
[2] Tony Hackens and Rolf Winkes, eds., *Gold Jewelry: Craft, Style, and Meaning from Mycenae to Constantinopolis*, p. 174.
[3] Tony Hackens and Rolf Winkes, eds., *Gold Jewelry: Craft, Style, and Meaning from Mycenae to Constantinopolis*, p. 175.
[4] Tony Hackens and Rolf Winkes, eds., *Gold Jewelry: Craft, Style, and Meaning from Mycenae to Constantinopolis*, p. 178.

通过对迈锡尼和韦尔吉纳的金制品进行选择性分析,我们可以看到这两个时代金制品的相似之处和不同之处,由此探查了不同时代文化之间的细微差别及其所表达的深刻内涵。尽管跨越了千年之久,希腊文化遗产仍展现出卓越的延续性。

　　这些文物中共同采用的黄金技术工艺,见证了希腊文明中蕴藏的艺术风格和精湛工艺。每件作品中蕴含的复杂细节、象征性图案和文化意义,突显了黄金在表达社会地位、展示力量和对神灵的崇敬方面的深远作用。

《琉基佩和克里托丰》中同性与异性爱情的比较研究

肖丹力

摘要：本文将围绕阿基琉斯·塔提奥斯在公元172—196年创作的长篇爱情小说《琉基佩和克里托丰》，讨论其中同性恋和异性恋之间的关系。在小说中阿基琉斯叙述了两对同性恋情侣的故事，即克里尼阿斯（Clinias）和他的情人哈里克利斯（Chaliklis）以及梅内劳斯（Menelaus）与其情人的故事。基于对他们的故事的理解，以及对发生于他们之间的对话交流的分析，笔者将从爱情的态度、表达方式、模式和结局等方面对同性恋和异性恋故事之间的相似性和差异性进行比较和分析。最后，笔者将讨论同性恋故事以及其代表人物克莱尼亚在小说中起到的作用，以此让读者更加理解同性恋故事存在于小说中的价值和意义。

关键词：阿基琉斯·塔提奥斯；克里尼阿斯；少年爱；悲剧

Abstract: This article focuses on the relationship between homosexuality and heterosexuality in the long romance novel *Leucippe and Clitophon*, written by Achilles Tatius between 172 and 196 AD. In the novel, Achilles tells the stories of two homosexual couples: Clinias and his lover Chaliklis, and Menelaus and his lover. Based on an understanding of their stories and an analysis of the dialogues and interactions between them, the similarities and differences between homosexual and heterosexual stories are compared and analysed in terms of attitudes to love, expressions of love, patterns and outcomes. Finally, the role of the homosexual stories and their representative character, Clinias, in the novel, is discussed, thereby helping the reader to better understand the value and significance of the homosexual stories within the novel.

Keywords: Achilles Tatius; Clinias; Pederasty; Tragedy

作者：肖丹力，西安外国语学院希腊语讲师，雅典大学哲学院古典学系研究生。

罗马帝国时期,流行于古希腊的少男之爱逐渐被"纠正",文学作品中聚焦于两性间的爱情故事占据着越来越重要的地位。然而,男人对年轻男子的喜爱与追捧尽管被边缘化却依然是古希腊罗马文化中的重要组成部分。在古代小说中有一个固定的模式,即围绕男主和女主的爱情故事展开,按照相爱、分离、磨难和重逢的顺序发展。小说通常包含典型的元素:陆地和海上的旅程,海盗和盗贼,强奸,为奴,宗教融合,等等。[1]在阿基琉斯·塔提奥斯创作的这部小说中,除了包含上述典型的小说元素外,还具有一个独创性的特点,即讲述同性爱情故事。[2]

一

小说通过男主人公克里托丰(Clitophon)的视角分别讲述了克里尼阿斯和梅内劳斯各自的爱情故事,这也是小说中有且仅有的两段同性恋爱情故事。这两段故事分别出现在小说第一卷第七节和第二卷第三十四节中。[3]在他们的故事中存在一个巨大的相似性,即他们的情人都直接或间接地由他们本人的行为而导致意外死亡,落得英年早逝的结局。[4]

按照小说中的人物出场顺序,第一个故事是关于克里尼阿斯和他的情人哈里克利斯的。根据克里托丰的描述,克里尼阿斯是哈里克利斯的表哥,比他年长两岁,是一位名副其实的情场老手,只不过他所爱的对象是自己的表弟。克里尼阿斯对他的爱似骄阳般热烈。有一次,哈里克利斯看中了克里尼阿斯新买的一匹骏马,克里尼阿斯毫不犹豫地将这匹马送给了哈里克利斯当作礼物。克里托丰也因此嘲笑克里尼阿斯是爱情的奴隶。[5]

然而,克里尼阿斯和哈里克利斯之间的爱情却遭遇到了阻碍,起因是哈里克利斯的父亲想让他娶一位富家小姐。哈里克利斯认为他的婚姻是父亲为了获得财富而进行的交易,是财富的筹码。他的准新娘并非妙龄女子,而是一位丑陋的女人。克里尼阿斯对哈里克利斯的父亲所安排的婚姻计划感到无比震惊,因此他极力劝说哈里克利斯拒绝这门婚

---

[1] Tomas Hägg, *Το αρχαίο μυθιστόρημα*, μτφρ. Τζένη Μαστοράκη, μτφρ. παραθεμάτων Γιώργης Γιατρομανωλάκης, Αθήνα: ΜΙΕΤ, 1992, p. 115.
[2] Tim Whitmarsh, ed., *Achilles Tatius: Leucippe and Clitophon Books* Ⅰ–Ⅱ, Cambridge University Press, 2020, p. 8.
[3] Achilles Tatius, *Leucippe and Clitophon*, trans. by S. Gaselee, Loeb Classical Library 45, Cambridge, MA: Harvard University Press, 1969. 本文所使用的小说文本为Stephen Gaselee翻译编辑的洛布古典丛书英文译本,于1917年第一次出版。笔者将主要围绕书中第一和第二卷出现的同性与异性恋故事内容进行讨论、分析和比较。
[4] John F. Makowski, "Greek Love in the Greek Novel," in E.P. Cueva and S.N. Byrne, eds., *A Companion to the Ancient Novel*, 2014, pp. 490–501.
[5] Achilles Tatius, *Leucippe and Clitophon*, 1.7.1.

事。他列举了一系列故事和人物[①]来证明与女子的婚姻会招致丈夫的不幸。女人是危险的,女人会招来灾祸;女人不仅会因爱生恨,而且还会因恨杀人。因此无论爱恨,他认为女人会摧毁一个漂亮的年轻男性。此外,他认为婚姻会埋葬年轻男性的美[②],如果是与一个丑陋的女人成婚,这个男人的悲剧命运则是雪上加霜。没有人可以忍受这样的痛苦,尤其是哈里克利斯这种貌美的年轻男子更加不可以忍受。因此克里尼阿斯强烈恳求哈里克利斯三思而后行,不要因冲动而作出愚蠢的决定。哈里克利斯随后也停止了抱怨,以还未骑过克里尼阿斯送的新马为由结束了接下来的对话。然而,哈里克利斯在骑马时遇到意外死亡,这一次交谈也成为二人间最后一次对话。

在本卷第十二节中,克里托丰详细地描述了哈里克利斯死亡的原因以及场景。哈里克利斯在骑马过程中遇到马匹失控,马发疯似的奔跑,最终因撞上一棵树而停下来,哈里克利斯也因此被树枝刺伤了脸。与此同时,此马因不知被何物惊吓又疯狂撞击了哈里克利斯的身体,导致哈里克利斯死亡时面目全非。克里尼阿斯目睹这一切时,被无尽的悲痛与绝望包裹着,他的心灵遭受了沉重打击,同时陷入深深的自责,因为这匹马是他送给情人的礼物。克里尼阿斯因为爱他而送礼物,却也因为爱他而间接导致了他的死亡。他们被迫以如此悲惨的方式分开。然而不能忽视的是,即使哈里克利斯未死,他也将与一个丑陋的女人结婚,这对他们来说同样是一个悲剧。无论是婚姻还是死亡,克里尼阿斯和哈里克利斯之间的同性之爱注定是悲剧性的。[③]

克里托丰在船上叙述了关于梅内劳斯的故事。那时,克里尼阿斯和克里托丰正在船舱内吃早餐,突然偶遇了同在船上的梅内劳斯。三人交谈甚欢,梅内劳斯便逐渐聊起了往事。梅内劳斯来自埃及,此次乘船是因刑满释放归乡。他曾经深爱着一个年轻英俊的男子[④],他的小情人不仅拥有桀骜不驯的性格且酷爱冒险。在一次狩猎中,他们不幸遇上了野猪。然而他的情人因为年轻气盛不听劝阻,不仅不想办法避开野猪,反而逐渐向野猪靠

[①]赫里菲勒(Eriphyle)为了得到哈耳摩尼亚(Harmonia)的项链,在明知她的丈夫将战死的情况下,依然说服她丈夫安菲阿拉奥斯(Amphiaraus)远征底比斯;菲洛墨拉(Philomela)被姐夫强奸,姐姐普罗克妮(Procne)为替妹妹报仇,亲手杀死了自己的孩子并将其做成菜肴呈献给自己的丈夫铁流士(Tereus);斯忒涅玻娅(Stheneboea)爱上了贝勒罗丰(Bellerophon),遭到拒绝后,她对贝勒罗丰进行了诬告,向她的丈夫普洛托斯(Proetus)指控贝勒罗丰对她进行性骚扰甚至企图强奸她。正如《圣经》中波提乏之妻(Potiphar's wife)的故事一样,贝勒罗丰则是约翰;阿特柔斯(Atreus)的妻子埃洛柏(Aerope)与其弟弟梯厄斯忒斯(Thyestes)通奸;阿伽门农因达忒克律伊斯(Chryseis)的美貌而拒绝将其归还给其父亲。此举引起了阿波罗的愤怒,阿波罗让瘟疫降临希腊人的军队;阿伽门农在不得不归还自己的战利品之后,抢了属于阿喀琉斯的战利品布里塞伊斯(Briseis)。痛失布里塞伊斯后,阿喀琉斯感到极度愤怒和悲伤,拒绝为希腊人出战;阿伽门农的妻子克吕泰涅斯特拉(Clytemnestra)为了给被献祭的女儿伊菲革涅亚(Iphigenia)报仇,设计杀死了阿伽门农。
[②]通过之前的举例,说明克里尼阿斯将哈里克利斯比作一朵美丽的玫瑰,将女人比作令人厌烦的乡村小丑。可参见Achilles Tatius, *Leucippe and Clitophon*, 1.8.9,"do not hand over a lovely rose to be plucked by an ill-favoured rustic clown."。他认为哈里克利斯是接受过良好教育的有识之士,而非平庸之辈,自然懂得诗歌、修辞学等高等学问,也因此懂得女人和婚姻带来的痛苦,明白趋利避害。
[③]Achilles Tatius, *Leucippe and Clitophon*, 1.8.5. 据哈里克利斯的父亲所说,他已经为婚嫁准备好了所有的东西,只是现在婚礼变成了葬礼,婚房变成了坟墓。由此可以看出,两人的爱情结局已经注定了。
[④]小说中并未提到其情人的姓名。

近。梅内劳斯非常担心。为了保护他的爱人,梅内劳斯误把应该杀死野猪的长矛扔向了情人的身体,长矛刺穿了情人的身体,导致情人当场死亡。最终,梅内劳斯被情人的父母告上法庭,他因极度悲伤,在法庭上没有做任何辩护,坦然接受了三年的监禁。梅内劳斯的故事勾起了克里尼阿斯的回忆,相似的经历让他们迅速互相理解、共情并陷入了悲伤的情绪中。为了使梅内劳斯和克里尼阿斯从悲伤的情绪中解脱出来,克里托丰主动提问,随即在三人之间展开了一场讨论,主题是女性或男孩作为爱情对象的至高无上性。①

梅内劳斯提出了年轻男人比女人更加简单,他们的美貌更是让人愉悦的兴奋剂的想法。他认为,花无百日红,愉悦即是最令人渴望却未被满足的部分。时间越长,越容易让人乏味,而时间越短,则愈发珍贵。所以玫瑰是万花之王,因为它的美转瞬即逝。梅内劳斯和克里尼阿斯爱情中的刻骨铭心和念念不舍,就像是对早死的情人的映照。年轻男人的美貌是早逝的,如同生命是早逝的,命运是被父亲定下的婚姻主宰的。②接着,他从哲学的角度谈论天上的神和普通的神。他以伽倪墨得斯(Ganymede)和宙斯为例。他认为,宙斯会把一个貌美的男子带上奥林匹斯山,使其成为不朽的人,但是从没有一个女子得到如此优待。接着,他又举了一些说明宙斯幻化成各种各样的事物从天上到地下勾引女子,但是女子命运多舛的神话例子。少年之爱总是与希腊哲学有着长远的联系,尤其是柏拉图的两部作品《斐多篇》和《会饮篇》。③在柏拉图的《会饮篇》中,宝桑尼阿斯将爱分为两种:一种是天神的爱,一种是普通的神的爱。前者是对男性的爱,是在本性较为强壮和比较理智的人身上寻找快乐。而普通的神的爱受女性的吸引,受肉体的吸引,是缺乏理智的。伽倪墨得斯被带到天堂成为一名为神倒酒的持杯人,履行了赫拉应该履行的职责。而后,克里托丰打断了梅内劳斯,他认为女人的美丽更加接近天堂,因为这样的美丽不会快速褪去,是不易受到腐蚀的,是可以与神媲美的。而且因为女子的美貌,才吸引了宙斯离开奥林匹斯山。虽然宙斯将美少男带上了天堂,但依然是为众神服务,为赫拉服务,为女子服务的。此外,这个美少男是被一只鹰带上了天空,他认为这样的行为显得滑稽。为了进一步说明他的观点,他停止了对神话的讨论,将话题转移到对男欢女爱的描述上。在讨论的最后,梅内劳斯指出,女性的爱存在技巧,与男性的简单形成了对比。女性会涂脂抹粉,在乎穿着打扮。总而言之,女性的吻是行使技巧的行为,而男性的吻是自然朴素的。④在这段辩论中,蒂姆·惠特马什(Tim Whitmarsh)认为作者阿基琉斯表现出了对性欲(包括同性性欲)的探索。⑤在该小说中,注定悲剧的同性爱情也是该作品中的重要主题之一。

---

① Achilles Tatius, *Leucippe and Clitophon*, 2.35.
② Achilles Tatius, *Leucippe and Clitophon*, 2.36.
③ John F. Makowski, "Greek Love in the Greek Novel," p. 495.
④ John F. Makowski, "Greek Love in the Greek Novel," p. 496.
⑤ Tim Whitmarsh, ed., *Achilles Tatius: Leucippe and Clitophon Books* Ⅰ-Ⅱ, p. 8.

二

然而,就爱情小说而言,同性恋关系的地位相较于异性恋关系是边缘化的,被认为不如男女之间的爱情理想。从小说中相关故事的叙述中就可以发现,男性同性之间的爱情并不会持久,甚至会以一种令其中一方感到极度悲痛的方式结束。这种差异也带来了两种类型的爱情模式的差别和情爱者对爱的表达方式的不同。

首先,同性恋爱情通常是悲剧性的,甚至注定了是一个悲剧,异性恋爱情看似充满了艰险,实则是圆满的结局。[1] 在小说中,无论是克里尼阿斯还是梅内劳斯,都以痛失年轻的爱人而告终,他们的爱人甚至是以一种悲剧性的方式结束了生命。约瑟夫认为这两种死亡方式是对少年之爱模式下的两个爱人的劝诫,对任何试图去延长这类注定不会长久的爱情的人的警示。[2] 此外,正如上文所叙述,即使没有意外发生,克里尼阿斯和哈里克利斯也可能会因为婚姻问题而被迫分离。在克里尼阿斯激动地表达了他对女性和婚姻的厌恶后不久,他就与爱人阴阳两隔,这仿佛也是一种暗示。逃避婚姻和女人的男人,依然逃不过宿命,甚至惨死。[3] 从哈里克利斯和梅内劳斯的情人死亡时血腥的场景来看,阿基琉斯·塔提奥斯似乎是有意识地描述男性之间的性爱场景。[4] 哈里克利斯在马背上策马奔腾时因疯狂而失控,梅内劳斯的情人被一根巨大的长矛[5]刺穿身体而死,这无疑是给少年之爱增添了更加绝望的色彩,也是这段关系受到讽刺与不被看好的体现。男性的同性欲望是人的自然状态,是可以被接受的,但是一旦将这种欲望付诸行动就是有问题的。[6]古希腊的文化中,少年之爱也并不会长久。在少年之爱的关系中通常有一个主动者(erastes)和一个被动者(eromenos),主动者也是年长者,后者则是年纪较小的青少年。初长胡子的少年在开始散发青春的魅力时最能吸引人。然而,当男孩的下巴布满胡子时,便会失去爱人,抑或是自己成为下一个主动者,追求所爱之人。另外,当时在法律更加完善和严格后,这段关系中的双方不得不服从法律,在法律的约束下结束这段关系。

---

[1] Tim Whitmarsh, ed., *Achilles Tatius: Leucippe and Clitophon Books* Ⅰ-Ⅱ, p. 67.
[2] 参见 Joseph Dubé, "Boy, Oh Boy: Homoeroticism in the Ancient Greek Novel," *Hirundo: The McGill Journal of Classical Studies*, Vol. 3(2005), p. 86. "Thus, this terrifying occurrence seems to be symbolic, a sort of admonition against two men who are seeking to prolong the extent of their pederastic relationship beyond its fated lifespan."
[3] 参见 Joseph Dubé, "Boy, Oh Boy: Homoeroticism in the Ancient Greek Novel," p. 86. "We see that a young man who shuns women, like Charikles, is struck down by Fate and dies a horrible death."
[4] 参见 Joseph Dubé, "Boy, Oh Boy: Homoeroticism in the Ancient Greek Novel," p. 86. "This subtle linking on the part of Achilles Tatius, between the bloody, terrible death scene and homosexual intercourse, cannot be entirely unintentional."
[5] 约瑟夫将其描述为阳具。
[6] Joseph Dubé, "Boy, Oh Boy: Homoeroticism in the Ancient Greek Novel," p. 88.

其次，可以从环境描写和故事发展中窥见爱情表达方式的差异性。异性恋故事的开始往往发生在男女主人公的心里，对彼此悄悄地暗恋和欣赏，然后爱情的种子慢慢地萌芽，逐渐达到高潮后深爱不移。而少年之爱的故事的叙述则是从哈里克利斯哭着说他父亲要给他安排婚姻开始，内容平铺直叙。在克里尼阿斯和梅内劳斯与克里托丰的这两场对话中可以发现，同性之爱的表达方式直接且热烈，而少年的爱人具有哲学思想，且运用大量的例子和雄辩技巧以证明自己的观点。但是对于克里托丰来说，在寻求爱的过程中他经历了反复试探，以及确认对方心意的过程。因此异性之爱也受到了更多世俗的约束和限制。例如，主人公在还有婚姻之约时，不敢轻易向女主表达自己的感情，而女主在未出嫁之前也遵守着规矩不与男主见面。此外，在男性之爱的描述中，可以想象到的是骑马、狩猎、扔标枪，在第一卷第十二节和第十三节对哈里克利斯死亡场景的描述甚至充斥着血腥的画面。反观第十五节，当叙述回到男女主人公身上时，风吹动的叶子、盛开的花朵等都为此刻的氛围增添了浪漫的气息，氛围也变得柔和起来，相爱初期的紧张和兴奋感扑面而来。这种差异和作者的创作动机有关，当然也反映了社会对不同类型爱情的接受程度和态度。但是，随着故事的发展可以发现，少年之爱仅仅停留在口头劝说上，双方只会等待事情的发展而不会主动争取或提出有效的解决办法。相反，男女主人公在坠入爱河后，为了能见到彼此会迅速思考解决的办法。尽管中间遇到了琉基佩母亲的阻挠等挫折，但他们还是设计并实施了私奔的计划。从这一刻开始，他们的爱情更是遭遇到了无数的危险与挑战，例如遭遇海盗袭击等。尽管他们经历了许多次的分离，但他们依然敢为爱而冒险，不是等待解决办法从天而降，而是要确保爱情的成功。[1]

最后，从爱情模式中也能看到两种爱情观的差异性。在异性恋爱中，双方的地位和角色较为明确和传统，强调了爱情的平等和对称性。而同性恋爱情中，双方的角色和地位相对流动和不固定，爱情是非对称性的。古希腊小说中的爱情观，特别是关于异性恋关系，强调一种对称或互惠的爱情模式。[2] 在这种模式中，男女主角之间是平等的，他们的爱情基于相互吸引和承诺。这种爱情观在古希腊小说中被描绘成一种理想关系，其中男性和女性都是自由且平等的，他们的爱情故事通常以婚姻为最终目标。相反，同性恋（或同性）关系在古希腊和罗马的文学中则有所不同。在古希腊文化中，同性恋关系，特别是成年男子和少年的关系，被认为是一种教育和精神关系。其中年长的男子扮演指导和教育的角色，年轻的爱人则处于被动和顺从的地位。这种关系通常被描绘为一种权力和年龄的不对称，其中年长的男子拥有更多的社会地位和经验，而年轻的爱人则被认为需要指导和保

---

[1] 参见 Joseph Dubé, "Boy, Oh Boy: Homoeroticism in the Ancient Greek Novel," p. 85. "The inequality between the pederastic and the heterosexual couple is apparent: the former is relatively laisser-faire about its destiny, while the latter actively strives to secure its success."。

[2] David Konstan, *Sexual Symmetry: Love in the Ancient Novel and Related Genres*, Princeton: Princeton University Press, 1994, p. 161.

护。① 这是一种主动—被动模式的恋爱。②

但是,透过小说的描写可以发现同性爱情和异性爱情不仅有差异性,同时也具有一定的相似性。首先,二者在对待爱情的态度上具有相似性。在小说中,无论是克里尼阿斯对哈里克利斯的爱情,还是克里托丰对琉基佩的爱,都充满了激情和深情。从克里尼阿斯和克里托丰的谈话中可以看出两人都是爱情的奴隶。当提到所爱之人时,前者可以为了爱人奉献他喜欢的东西;后者从一开始就打算放弃克制欲望,并向更具有经验的克里尼阿斯讨教方法。这表明,无论性别如何,爱情的魔力和两人对爱的体验是相似的。其次,两种爱情在道德观念上的表达也有相似之处。在小说中,爱情被描绘为一种纯洁且神圣的情感,无论是同性恋还是异性恋,都需要忠诚、尊重和真诚。在克里尼阿斯和梅内劳斯的故事中,他们对爱人的忠诚和对爱情的执着与克里托丰对琉基佩的态度是相似的,这表明爱情在道德层面上具有共同的价值观。琉基佩和克里托丰的爱情和结合经历了三个阶段。第一阶段是他们相识并坠入爱河的时候。二人初相见时便相爱,因此两人间的情愫迅速滋生。然而,当时他们面对着来自社会和家庭的反对。因为琉基佩的父亲希望她嫁给一个富有的男人,而克里托丰在与琉基佩一见钟情时也并非单身,而是与卡利戈尼有婚约在身。这些事件考验了他们之间的勇气和信任。此外,在第二阶段的冒险过程中他们不断被迫分离因而失去对方的消息,甚至会收到错误的消息。但是无论是琉基佩被认为自杀,还是克里托丰被认为已经死亡,这对深深爱着对方的情侣总能坚守对爱的本心,最终找到彼此。因此,最后一个阶段是他们经过一系列波折后的重逢。他们的爱情经过了困难和障碍的考验,证明了他们对彼此的承诺和忠诚。他们的爱情故事展示了爱情、信任和勇气的重要性。无论是克里尼阿斯极力劝阻,还是梅内劳斯心甘情愿坐牢三年,毫无疑问,这些爱情故事都反映了一个共同特点,那就是他们都爱着另一半,渴望与另一半共相守。

三

在这部小说中,同性的与异性的爱情模式尽管存在差异,但并不是对立的关系。阿基琉斯对同性主题的关注使同性爱情不仅是一种表达形式,它还在推动情节发展、揭示小说主题和丰富人物形象方面发挥了重要作用。

首先,同性恋故事情节的描绘推动了小说情节的发展。克里尼阿斯和哈里克利斯的故事给了克里托丰一个教训。在看到哈里克利斯死亡的场景时,克里尼阿斯近乎崩溃的状态让克里托丰受到了打击。同时,哈里克利斯的血肉模糊的尸体也让克里托丰感到了

---

① 普鲁塔克在《论子女的教育》中说道:"苏格拉底、柏拉图、色诺芬、埃斯基涅斯、塞贝斯以及所有热衷同性之爱的男子,他们坚定地帮助和引导少年充实学识,理解政治,养成美德,每每想到此,我都会再次改变我对同性之爱的看法,而倾向于推崇和效仿他们。"成年男性确实在引导和教育未成年男性上有非凡的意义。
② Joseph Dubé, "Boy, Oh Boy: Homoeroticism in the Ancient Greek Novel," p. 78.

害怕。①克里托丰害怕失去琉基佩,意识到了爱情的脆弱性和珍惜爱情的必要性。因此,这种意识使克里托丰在追求琉基佩时更加果断和勇敢,并不再克制内心的冲动。所以,这个故事间接推动了克里托丰和琉基佩的爱情的发展。另外,梅内劳斯的故事作为小说中的一个情节元素,为克里托丰和琉基佩的爱情故事增添了复杂性,也为克里托丰提供了反思和学习的机会,促使他更坚定地守护和保护琉基佩。小说是从克里托丰的第一人称视角来叙述的,因此不难想象在克里托丰的叙述中他也有自己的情感表达。在描述克里尼阿斯和梅内劳斯都经历了失去年轻爱人的痛苦时,他也感受到了与爱人阴阳两隔的痛苦,因此寻找话题来转移他们的注意力。虽然克里尼阿斯和梅内劳斯的故事不是主要情节,但他们的故事为克里托丰和琉基佩的爱情故事创造了必要的背景和环境。他们的故事激发了克里托丰对爱情的思考,通过交流和讨论,使他从不同的角度和层面理解爱情,并看到感情的纯粹真诚。

其次,同性恋的描绘揭示了小说的主题。通过对同性恋和异性恋的比较,作者探讨了爱情的本质和道德价值,强调了爱情的多样性和复杂性。这种多维度的探讨使小说的主题更加深刻和丰富。虽然克里尼阿斯的爱情以悲剧告终,②但这使克里托丰在面对自己的爱情挑战时更加谨慎和坚持,更加珍惜与琉基佩的关系,并激励自己克服困难以保持他们的爱情。角色类型和故事内容的对比使异性恋爱情更为引人注目。因为悲剧的出现会使读者期待一个幸福的结局,而这样的结局只能由故事的主角——异性恋爱情——提供。与克里尼阿斯和梅内劳斯相比,克里托丰的爱情更加曲折、冲突不断。梅内劳斯的故事可以用来强调忠诚、背叛和爱情的力量等主题。梅内劳斯的故事作为希腊神话的一部分,还可以为小说提供一个文化背景,古希腊神话中的爱情故事充满戏剧性和悲剧性的特点,使克里托丰为自己的爱情挑战做好了准备。

最后,同性恋角色的出现丰富了小说的人物形象。克里尼阿斯是小说中第三重要的角色,其重要性仅次于男女主人公琉基佩和克里托丰。他在爱情上是克里托丰的老师,在亲情上给予克里托丰情感支撑,在男主的冒险旅途中一路陪伴,因此是克里托丰和琉基佩的爱情的引导者和见证者。他教授克里托丰站在女性的角度思考和表达,以让他拉近和喜爱之人在情感上和身体上的距离,逐渐吸引琉基佩并使琉基佩卸下防备。在他们的冒险旅途中,在克里托丰失去琉基佩时,他也冷静地向克里托丰提供帮助和支持。此外,在克里尼阿斯和哈里克利斯的对话中,克里尼阿斯表现出极端的厌女情绪。③在克里托丰和梅内劳斯的对话中,梅内劳斯表达了一种比较温和的不同观点,而克里托丰虽然最终有了一个愉快的结局,但也经历了无数的磨难。因此,三个人都有悲惨的经历。尽管他们的观点和性取向不同,但在整部小说中,尤其是在第一卷和第二卷中,这两次对话使角色更加

---

① Achilles Tatius, *Leucippe and Clitophon*, 1.15.
② 克里尼阿斯首先是一个恋童者,其次他所有拥有的爱情注定是失败的,但是他依然是克里托丰在爱情上的军师,从逻辑上来看,这个关系略带讽刺意味。但是,这也是两种爱情模式下的冲突对比以及和谐发展的体现。
③ John F. Makowski, "Greek Love in the Greek Novel," p. 495.

鲜明和生动。因此，克里尼阿斯和梅内劳斯不仅仅是配角，他们的故事和情感为小说增添了多样性和深度，使读者更全面地理解主人公的情感世界和成长历程。

结语

透过小说中对同性爱情片段的叙述，可以发现阿基琉斯对古希腊时期少年之爱这个文化现象的关注。同性爱情相较于异性爱情，结局注定是悲剧的，因为他们会受到婚姻的约束，以及法律的约束。此外，在少年之爱中，当年轻的一方长大后也会寻找自己的情人并与年长的一方分离。少年之爱者在约束中抗争，但是并没有付诸行动，只是口头炫技。反观异性爱情中的男女主人公，他们不畏艰险排除万难，迎来完满的结局。从爱情模式来看，前者是主动—被动的模式，后者则符合对称性爱情模式。尽管两种爱情存在差异，不可否认的是，他们对待爱情的真心如出一辙。即使这是一部以男女主人公爱情为主线的小说，但是同性恋故事情节的存在不仅不与主线情节相冲突或矛盾，反而通过具有不同性取向的人物之间的讨论使人物形象更加立体、故事更加丰富、情节更具张力。总体而言，克里尼阿斯和梅内劳斯的故事可以通过提供情感共鸣、教训、文化背景和角色对比，间接帮助克里托丰获得爱情。然而，这些效果主要通过增强故事的情感深度和文化丰富性来实现，而不是直接干涉克里托丰对爱情的追求。虽然在古罗马时期同性恋不占主要地位，但在古希腊精神中，同性恋仍然流行且被视为自然。因此，阿基琉斯·塔提奥斯强调了这种爱情的悲剧性结局，给读者留下了想象空间。

基督教视角中的太平天国
——从基督教神学和宗教社会学角度对太平天国政权宗教性质之概述性解读

郭子然

摘 要：太平天国运动既是对中国历史走向造成重大影响的政治运动，也是中国历史上少有的重大文化转型事件。太平天国政权的宗教性质和其与基督教和中国传统的关系一直是一个具有争议性的话题，从基督教神学和宗教社会学的角度探究太平天国的宗教性质，有利于更好地理解太平天国运动带来的文化转型。

关键词：太平天国；基督教神学；宗教社会学；中国传统

Abstract: The Taiping Heavenly Kingdom Movement is not only a significative political movement, but also is one of the most important cultural transformation. The subject of the nature of the religion of Taiping Heavenly Kingdom and the relationship between Taiping religion and Christianity and Chinese tradition is controversial, and the study of the nature of Taiping religion with Christian theology and social religion can help us to better understand the culture transformation.

Keywords: The Taiping Heavenly Kingdom Movement; Christian theology; social religion studies; Chinese tradition

作者：郭子然，雅典大学神学院博士，研究方向为教父神学、拜占庭学。

一、研究回顾与绪论

太平天国运动对于中国的影响是巨大的，史学界一般以鸦片战争为中国近代史的开端，但是由于鸦片战争对于中国社会的整体影响还没有立即显现出来，也可以说是太平天国运动撼动了中国传统的社会秩序，拉开了中国数千年来变局之序幕，而这种变革直到今日也没有结束。对于太平天国这一政教合一的政权，宗教是其立国和改革社会、推动文化转型的基础，故研究太平天国的宗教性质，对于理解太平天国运动推动近现代中国文化转型具有重大意义,不过迄今为止,对于太平天国政权宗教的认识虽然取得了巨大成就,但是还是各执一词,莫衷一是。

中科院周伟驰研究员在《太平天国与启示录》一书的开头总结了不同的太平天国史观。①太平天国运动爆发初期,曾国藩就注意到了太平天国运动的宗教意义:"士不能诵孔子之经,而别有所谓耶稣之说、《新约》之书,举中国数千年礼、义人伦诗书典则,一旦扫地荡尽。此岂独我大清之变,乃开辟以来名教之奇变,我孔子孟子之所痛哭于九原,凡读书识字者,又乌可袖手安坐,不思一为之所也。"②随着政治环境的变化,从清末革命党开始,太平天国运动的政治意义愈发凸显,中华民国南京政府时期的学者就很重视太平天国政权的革命意义,如王钟麟于民国十六年(1927)年出版的《太平天国革命史》③,之后从事太平天国史研究的罗尔纲也是循此思路重点关注太平天国运动的政治经济与社会意义,并加入了马克思主义史学的因素。可以说,在诸多研究太平天国的学者中,简又文先生是首个关注太平天国运动民族和社会意义同时探索太平天国的宗教革新意义的学者,而这与其基督徒身份不无关系。20世纪80年代以来,越来越多的学者着重研究太平天国宗教本身,如王庆成、夏春涛。

和中国学者长期关注太平天国运动的政治和社会改革意义相比,西方学者更关注太平天国运动中的宗教。在太平天国运动开始的同时,西方人就开始关注太平天国的宗教内涵,香港的瑞典传教士韩义山通过记录其友人洪仁玕的口述内容,第一次把洪秀全的神秘体验和宗教使命内容整理出版,当时上海英文报刊《北华捷报》着重讨论了太平天国宗教和正统基督教的异同以及暴力革命的合理性问题。④现代美国汉学家"太学"经典著作如史景迁的《太平天国》、裴士锋的《天国之秋》虽不限于宗教,但都重点探讨了太平天国宗教,两书中文版出版后均在短时期内多次重印,证明了中文读者对于美国汉学界太平天国研究方向和成果的认可。

《太平天国与启示录》一书通过集中探讨太平天国和新教千禧年主义的联系以及洪仁玕《资政新篇》和新教传教士中文著作的联系,论证了太平天国运动为宗教主导的观点。对于太平天国宗教之性质,作者和简又文同样认为太平天国的宗教虽非正统的基督教,但是依然可以算作基督教在中国的一个教派。⑤但是太平天国史权威王庆成就认为"拜上帝会"的宗教是在基督教影响下产生的一种不同于基督教的新宗教⑥,另一位"太学史"权威

---

① 参见周伟驰:《太平天国与启示录》,北京:中国社会科学出版社,2016年,第10—44页。
② 参见周伟驰:《太平天国与启示录》,北京:中国社会科学出版社,2016年,第10—44页。
③ 此书之后被不止一次重印,参见王钟麟:《太平天国革命史》,郑州:河南人民出版社,2017年。
④ 如英国伦敦会传教士艾约瑟在上海《北华捷报》上对于太平军的辩护,参见裴士锋:《天国之秋》,黄中宪译,北京:社会科学文献出版社,2014年。
⑤ 虽然作者对此观点有一定程度的保留,比如作者在提到太平天国政权信奉基督教之处不忘用"他们所以为的"来强调至少太平军自以为为基督徒。但是整本书中,作者大体是把太平天国当作一个基督教政权来看待的。
⑥ 参见王庆成:《"拜上帝会"释论》,《太平天国的历史和思想》,北京:中国人民大学出版社,2010年,第33—50页。

罗尔纲也秉持相同观点[1]。另外,在评价太平天国宗教对于其革命运动的影响方面,一部分学者认为整体来看,拜上帝教与反对儒家传统和民间宗教的政策在太平天国政权发展和社会管理中带来了负面影响[2],不过亦有学者强调以基督教为基础的太平天国宗教对于革新社会文化的积极意义(如简又文),或者至少有保留地肯定其对于太平天国发动起义斗争的激励作用[3]。由于太平天国宗教和基督教的亲和性,从基督教的角度探讨太平天国宗教性质对于理解太平天国官方宗教,乃至理解太平天国运动性质和中国基督教史等都有很大的意义,并且能够对于今日基督教和中国社会之关系塑造提供借鉴。虽然夏春涛在《天国的陨落——太平天国宗教在研究》一书中系统探讨了太平天国的宗教,但是作者尝试从各个方面探讨太平天国"上帝教"本身,且其太平天国宗教为中国民间宗教的一种的观点值得商榷。简又文先生有意从基督教神学的各个领域来探讨太平天国宗教并将其与基督教正统教义做比较,不过其皇皇大作《太平天国典志通考》还是注重阐释太平天国宗教本身,而对于其"太学"研究成果进行概括的《太平天国革命运动》中的宗教评述也注重讨论洪秀全创造出非正统教义的原因。本文则尝试简短地做一系统概论以尝试提供一种从正统基督教神学出发探究太平天国宗教的思路,希望未来会有专著详尽地从基督教神学的角度更加系统地评论,认识太平天国宗教。

有学者以"拜上帝教"为太平天国官方宗教,由于"上帝会"为太平天国起义之前所用[4],而太平天国起义立国后"上帝会"作为民间宗教团体便自然消失了[5],且太平天国政权也并没有使用"上帝教"来称谓自己的宗教,只是认为自己的宗教和国外基督徒的宗教是相同的,所以本文使用"太平天国宗教"一词。由于洪秀全在广州受到新教影响创立上帝教的事迹已经有众多论述以及本文的概述性,本文仅限于从基督教的角度解读太平天国宗教典籍,以便读者对太平天国宗教有个整体的认识,至于太平天国宗教典籍中内部的矛盾(比如洪秀全前后期作品的差别,洪仁玕和洪秀全作品的差别),以及基督教各派别的差别,除在特定场合做说明外,不具体考虑其复杂性。

二、太平天国宗教面面观

洪秀全创立拜上帝教的基本依据就是首位留有著作的华人新教传道者梁发的《创世良言》和在《传世良言》的启发下对于自我神秘体验的解读。虽然当代大学神学系依照所

---

[1] 虽然罗尔纲先生受到所在社会意识形态的影响着意提出"农民阶级革命"的官方宗教和西方"帝国主义基督教"不同,但也是因为其注意到了两者事实上的巨大差别。详见罗尔纲:《太平天国史》(二),北京:中华书局,2009年,第678—703页。
[2] 参见刘晨:《太平天国社会史》,北京:中国社会科学出版社,2019年,第366页。
[3] 详见罗尔纲:《太平天国史》(二),北京:中华书局,2009年,第659—663页。
[4] 参见王庆成:《"拜上帝会"释论》,《太平天国的历史和思想》,北京:中国人民大学出版社,2010年,第33—39页。
[5] 呤唎在《太平天国革命亲历记》中提到永安封开始上帝会的名称被废止,而代之以太平天国的新朝国号,详见呤唎:《太平天国革命亲历记》,王维周、王元化译,上海:上海人民出版社,1997年,第40页。

属教会侧重点有所不同,但是大学基督教神学系(天主教、新教、东正教)以及修道院普遍把神学分为"系统神学""教父神学""圣经学""礼仪学"等部分,我们尝试着基本按照基督教神学在学术上的划分,从不同部分考察太平天国宗教,并且加入"一神论""社会实践""与基督教各派别的联系""与中国文化的关系"这些特殊部分来概括太平天国宗教的特点。

(一)一神论[①]

一神论是亚伯拉罕系宗教的基础,即只信仰宇宙唯一的创世主及主宰,太平天国宗教信奉严格的一神论,即整个世间只有一位上帝,即皇上帝。太平天国强调独一真神信仰的文献很多,比如《天王诏旨》:"爷诏无别神别帝,神帝独一造天地。"[②]

(二)三一论和基督论中的亚略异端倾向

基督教会在尼西亚-君士坦丁堡会议上确立了三位一体的教义,即独一的上帝具有三位位格,为圣父圣子圣灵。太平天国宗教中对于正统基督教三位一体的教义有所体现,但是对其进行了扭曲的解读。我们已经在"一神论"部分中提到了太平天国宗教对于圣父作为独一真神的宣认,我们将在此部分着重观察太平天国宗教对于圣子和圣灵的理解。

太平天国宗教对于基督作为神子道成肉身,受难赎罪和复活升天,派遣门徒传教的功绩的理解是较为正统的,不过和自保罗宗徒始的基督教传统相比,不甚强调原祖亚当的罪过和耶稣作为"新亚当"对于原罪的补赎。在启蒙读物《三字经》中,旧约中的罪过被集中在以色列作为选民对上帝诫命的抗拒上:

> 皇上帝,悯世人,遣太子,降凡尘,曰耶稣,救世主,代赎罪,真受苦,十字架,钉其身,流宝血,救凡人。死三日,复番生,四十日,论天情,临升天,命门徒,传福音,宣诏书。信者救,得上天,不信者,定罪先。……[③]

然而太平天国宗教对于圣子的异端神学观体现为不承认基督独立圣子的地位和天父家族的扩大,根源在于洪秀全对于天父神人同形论的想象[④]。由于天父具有形象,可以和人间的家长一样了孙满堂,这样洪秀全兄妹和首义诸王的上帝次子、三子等的地位就可以理解了。我们可以通过太平天国政权后期天王和英国传教士艾约瑟关于教理上的争论看出洪秀全神学体系的内涵:对于太平天国政权抱有同情态度的艾约瑟牧师希望通过他的努力使太平天国的宗教正统化,凭借他较高的汉语水平,可能也借中国助手的润色,艾约

[①] 参见王庆成:《太平天国的一神论——一帝论》,《太平天国的历史和思想》,北京:中国人民大学出版社,2010年,第235—250页。
[②] 广东省太平天国研究会、广州市社会科学研究所:《洪秀全集》,广州:广东人民出版社,1985年,第215页。
[③] 陈历明:《新诗的生成:作为翻译的现代性》,北京:商务印书馆,2014年,第53页。
[④] 参见夏春涛:《天国的陨落——太平天国宗教再研究》,北京:中国人民大学出版社,2006年,第137—139页。

瑟给天王献了一部《上帝有形为喻无形为实论》,旨在纠正洪秀全对于上帝过于物质化的观念。

这种上帝论的教义讨论进一步引发了对三一论和基督论的辩论。洪秀全通过艾约瑟的文章发现了他本人的神学体系和阿里乌异端神学体系的亲和性。阿里乌是四世纪埃及亚历山大城的神父,其神学观点认为耶稣并无神性,只是被神拣选为子的受造物,正是由于其异端的三一观点的传播,君士坦丁大帝才在325年召开了尼西亚会议,并首次确定了信经。艾约瑟论中向洪秀全介绍了阿里乌异端,也许洪秀全对于耶稣是否具有神性的神学讨论并无太大兴趣,但是感到阿立厄斯(阿里乌)认为耶稣基督低于天父上帝的观点和自己的理解较接近,所以为阿立厄斯辩护。[1]

太平天国对于圣灵的理解也非常具有异端性。太平天国官方以东王杨秀清为圣灵,称为"圣神风",可能受到圣灵来自上帝的教义的影响,东王也被认为是上帝之子。

然而在民众的日常礼仪中依然保留了符合三一论的礼拜祷文,此祷文收录于太平天国基本官方文献之一的《天条书》中的礼拜日赞美词:"赞美上帝为天圣父。赞美耶稣为救世圣主。赞美圣神风为圣灵。赞美三位为合一真神。"[2]

另外需要补充的是,对于基督基本教义有较正统理解的洪仁玕也尝试将太平天国宗教正统化,虽然干王作为臣子不能像传教士那样更直白地批判天王的神学观。[3]在干王主持出版的太平天国后期官方文献中则仅仅把洪秀全梦中上天的神秘体验看作天王受命于天,解放中华的征兆,而避免承认洪秀全为上帝次子以及东王为圣灵的非正统理解。比如其《资政新篇》中的神学论述:

> 盖上帝为爷,以示包涵万象;基督为子,以示显身、指点;圣神上帝之风亦为子,则合父子一脉之至亲,盖子亦是由父身中出也,岂不是一体一脉哉!总之,谓为上帝者,能形形,能象象,能天天,能地地,能始终万物而自无始终,造化庶类而自无造化,转运四时而不为时所转,迹通万方而不为方所变。可以名指之曰:"自有者",即大主宰之天父上帝,救世主如一也。盖子由父出也,视子如父也。若讳此名,则此理不能彰矣。[4]

其中明确提出了圣子与圣灵由父所出(没有加入西方教会[5]的观点),并且和父一体的神学理念。

1.终末论

太平天国宗教和基督教新教千禧年主义及《圣经启示录》的联系是周伟驰《太平天国

---

[1] 详见史景迁:《太平天国》,朱庆葆、计秋枫、郑忠等译,桂林:广西师范大学出版社,2019年,第369—370页。
[2] 参见吟唎:《太平天国革命亲历记》,王维周、王元化译,上海:上海人民出版社,1997年,第699页。
[3] 简又文:《太平天国革命运动史》,北京:九州出版社,2020年,第330—332页。
[4] 洪秀全、洪仁玕:《中国近代名家名作宝库·第五辑:洪秀全、洪仁玕卷》,呼和浩特:内蒙古人民出版社,2000年,第246页。
[5] 西方教会后来在含有圣灵由父所发信条的《尼西亚—君士坦丁堡信经》中添加了圣灵由父及子所共发的信条(拉丁文filioque)。

与启示录》一书的核心部分。周著解释了千禧年主义对于太平天国运动的巨大影响:洪秀全以自己的天赋使命来解读自己升天的异梦传播上帝教,预言更大灾难的到来和信徒将进入千禧年的和平国度并且最终进入天国。混乱的广西社会中许多信徒为了避免灾难的到来归信上帝教。太平天国运动的参与者洪仁玕、呤唎以及学者唐德刚都认为上帝教信徒并非从一开始就立志于起义,但是官府的压迫促成了其将千禧年的盼望转变成了一场浩大的政治革命运动。①

《圣经启示录》中善和恶的对立在太平天国宗教与政治理念中也体现为中华和蛮夷的对立,而其现实意义就是要推翻满族的统治。太平天国的反满宣传将其宗教理念和民族政治理念有效结合在了一起,比如洪仁玕认为中国人普遍迷信邪恶偶像和满清皇室尊崇佛教有关。②

洪秀全神学体系并没有用"地上天国"取代真正的天国,不过地上天国和真正的、最终的天国存在对应性,且地上天国的具体内涵也随着革命斗争发展的需要而逐渐丰富,比如永安封王时候由于太平天国未来发展方向尚不明确,没有明确指定某个地上城市为对应天上天堂的"小天堂",而在起义军明确决定要在南京建都后,则赋予南京"小天堂"神学含义。③

2.礼仪

礼仪生活是基督教各教会和信徒生活的重要组成部分。太平天国政权的基本礼仪在借鉴了基督新教的礼拜仪式的基础上又增加了许多特色内容。大致可分为:

A.洗礼;

B.主日礼拜;

C.各类常规集体暨个人祷告;

D.讲道理;

E.特殊节日敬礼。④

祷文中包含忏悔祷文等不同形式的祷文,信众在不同场合都要祷告,比如士兵在战胜或者战败后。而祷文的形式是借着耶稣基督受难的功德向天父祈祷,虽然基督在太平天国祷文中的重要性有所减弱,但是其祷文和整个礼仪生活是较符合基督新教的规范的。⑤根据太平天国英籍将领呤唎的回忆,经过干王改革过的太平天国婚礼仪式,除了没有戒指外,与英国教堂的婚礼十分相似。⑥不过由于太平天国使用其官方"天历",其主日礼拜时间

---

① 参见周伟驰:《太平天国与启示录》,北京:中国社会科学出版社,2016年,第28—29页。
② 参见洪仁玕:《钦定英杰归真》,《中国近代思想家文库:洪秀全、洪仁玕卷》,北京:中国人民大学出版社,2014年,第280页。
③ 详见方之光、崔之清:《太平天国"小天堂"内涵演变考》,《太平天国学刊》(第一辑),北京:中华书局,1983年,第209—223页。
④ 罗尔纲先生对太平天国宗教典制的分类,参见罗尔纲:《太平天国史》(二),北京:中华书局,2009年,第707—733页。
⑤ 关于太平天国的祷文,参见罗尔纲:《太平天国史》(二),北京:中华书局,2009年,第711—724页。
⑥ 详见简又文:《太平天国革命亲历记》,北京:九州出版社,2020年,第334页及注2。

与现行公历和儒略历的礼拜日并非同一日。① 此外,为了易于让民众接受,太平天国宗教的礼拜借鉴了中国民间宗教仪式的一些形式。②

3. 教会论和教会组织

太平天国《三字经》虽然提到了宗徒传播福音的事迹("临升天,命门徒,传福音……"),但是没有继承传统的教会论,以及认同基督教会的大公性和使徒传承性,然而干王洪仁玕在政教合一的太平天国政权的宗教组织中也借鉴了公理宗伦敦会的教会组织形式:规定合二十五家为一教区,设教堂一所,又一个教士主持教务,合数教区设一牧师。在县有县的牧师,在省有省的牧师,这些牧师大概是地方长官兼任的。③ 而公理宗的集体治理(congregationism)形式明显受到加尔文宗日内瓦教会模式的影响。

4. 圣书

太平天国把《圣经》当作官方图书加以推广。太平天国以德国传教士郭实腊版的《圣经》为基础大力推动《圣经》的出版事业,不过目前国内外没有收藏太平天国全本《圣经》④。太平天国定都天京(今南京)不久后就在癸好三年(1853)出版了《旧遗诏圣书》(旧约)和《新遗诏圣书》(新约)⑤,此版《圣经》除了删去了《创世纪》中罗得妇女乱伦的内容外,整体上忠实于德国新教传教士郭实腊译本的文言《圣经》⑥。但是英国使节于1853年对天京的访问,东王杨秀清对基督教义的讨论,以及1860年天王本人和访问天京的新教教士的接触,让洪秀全感到应该对《圣经》不符合其本人神学体系之处加以改动,并且加上自己的批注来维持个人权威,以达到在宗教问题上和传教士争正统的目的。所以在清朝江南大营第二次被攻破,天京再次解围和向东开辟苏福行省的太平天国中兴时期,洪秀全改动并且重新出版了《圣经》,而对于其不赞同的地方通过眉批"此处有误"的形式表现自己对于流传本《圣经》的批驳,⑦并且在批注中加入其本人的神学解读。⑧ 洪秀全对于《圣经》的改动主要涉及基督为上帝的三位一体教义和不甚符合伦理道德的《旧约》历史。⑨

太平天国庚申十年(1860)重刻的新约改名为"钦定前遗诏圣书",因为洪秀全想借此明确表示即使是相对于《旧约》为"新"的《新约》和他本人带来的新的启示,也只能算"前约",而太平天国政权的建立则是"前约"的实现,而由于其自认的"上帝次子"地位,由他所撰写或钦定的作品也有"圣书"的权威性。

5. 太平天国宗教和基督教各派别的联系

太平天国运动是由新教在华传教事业所激发的,一些太平天国运动参与者比如后期

---

① 参见夏春涛:《天国的陨落——太平天国宗教再研究》,北京:中国人民大学出版社,2006年,第176页。
② 详见王治心:《中国基督教史纲》,上海:上海古籍出版社,2007年,第150—151页。
③ 王治心:《中国基督教史纲》,上海:上海古籍出版社,2007年,第152页。公理宗在中国的传教工作,参见第169—173页。
④ 详见任东升:《圣经汉译文化研究》,武汉:湖北教育出版社,2007年,第130—132页。
⑤ 参见罗尔纲:《太平天国史》(二),北京:中华书局,2009年,第1558—1564页。
⑥ 参见夏春涛:《天国的陨落——太平天国宗教再研究》,北京:中国人民大学出版社,2006年,第176页。
⑦ 详见夏春涛:《天国的陨落——太平天国宗教再研究》,北京:中国人民大学出版社,2006年,第1—128页。
⑧ 详见徐如雷:《读〈钦定旧前遗诏圣书批解〉》,《太平天国学刊》(第一辑),北京:中华书局,1983年,第224—242页。
⑨ 参见史景迁:《太平天国》,朱庆葆、计秋枫、郑忠等译,桂林:广西师范大学出版社,2019年,第323—331页。

实际的首领干王洪仁玕等均为新教基督徒,许多新教教士也对太平天国给予同情和支持。新教教士虽然认识到了太平天国宗教中有诸多非正统因素,但是许多教士希望通过努力使太平天国政权接受他们认可的正统的基督教义,①比如洪秀全曾经在广州的老师罗孝全就移居天京,天王给罗孝全封了"接天义"的爵位,让他负责接待访问天京的外国传教士。②但是由于洪秀全对于其异端教义的支持和太平天国形势的恶化,传教士最后全部离开了天京并且和太平天国断绝了联系。

与许多对于太平天国政权抱有同情态度的基督新教相比,天主教教士对于其负面意见要多一些,根据晚清著名来华教士丁韪良的说法,法国特使噶罗男爵受到天主教教士的影响厌恶太平军,在阻止额尔金男爵与清国交战的同时和太平天国政权谈判。③不过至少在某种程度上肯定了太平天国运动的天主教教士,比如第一个访问天京的神职人员法国耶稣会士葛必达神父④。

至于太平天国自身对于基督教各派别的态度,在太平天国自我认同其宗教、耶稣教(基督新教)和天主教(也包括东正教⑤)的基础上,对于新教和天主教做一区分。⑥作为新教徒的洪仁玕自然会以新教国家为效仿的楷模,并且和新教国家更为亲密。不过没有确切证据表明太平天国因为宗教仪式的不同(比如太平天国禁止人物像,而天主教圣物上带有基督、圣母和诸圣的圣像)而实际迫害过天主教徒。⑦但是在政教一体的太平天国政权统治下,天主教信徒应该也被迫参与了太平天国的宗教活动。

6.太平天国宗教的社会革新实践

基督教以信徒在圣灵的感召下通过对于基督复活的认信而获得重生,这种认信首先是内在的转变,不过基督教亦努力推动社会之革新。韦伯的《新教伦理与资本主义》提供了一个研究宗教对于社会革新之影响的范例,许多学者也关注太平天国对中国社会革新的巨大作用,太平天国尝试以太平天国官方的宗教思想来彻底改革中国社会,可谓是中国

---

①参见裴士锋:《天国之秋》,黄中宪译,北京:社会科学文献出版社,2014年,第156—163页。
②详见史景迁:《太平天国》,朱庆葆、计秋枫、郑忠等译,桂林:广西师范大学出版社,2019年,第355—381页。
③参见丁韪良:《花甲记忆》,沈弘、恽文捷、郝田虎译,上海:学林出版社,2019年,第134页。
④参见周伟驰:《太平天国与启示录》,北京:中国社会科学出版社,2016年,第253页。
⑤参见《资政新篇》对于俄罗斯的描述,洪仁玕把俄罗斯的宗教也归为"天主教",没有区别天主教和东正教。参见周伟驰:《太平天国与启示录》,北京:中国社会科学出版社,2016年,第329页。
⑥比如洪仁玕在《资政新篇》中对于法国的描述为:"佛兰西邦亦是信上帝、耶稣基督之邦,但其教多务异迹奇行,而少有别,故其邦今似半强半美之邦。"参见夏春涛:《中国近代思想家文库·洪秀全、洪仁玕卷》,北京:中国人民大学出版社,2014年,第256页。
⑦曾有过太平天国统治下天主教徒受迫害的传闻,不过1853年法国公使蒲步龙和葛必达神父来天京调查后发现并没有太平天国政权迫害天主教徒的事实,参见简又文:《太平天国革命运动》,北京:九州出版社,2020年,第120页。葛必达对于访问天京的感想参见周伟驰:《太平天国与启示录》,北京:中国社会科学出版社,2016年,第253页。《中国近代史资料丛刊续编·太平天国》(九),桂林:广西师范大学出版社,2004年,第117页。

近代社会的第一次全面的文化转型。①这种改革涉及社会的各个层面,比如太平天国以旧约十诫的伦理观为基础制定法律规章,而较少关注及实践福音书中对于爱的教导,所以简又文先生认为太平天国宗教更接近《旧约》的宗教。②太平天国对于中国社会进行了基于部分《圣经》伦理观的移风易俗运动,比如禁绝娼妓、鸦片和拜各种神祇③等,虽然实际执行情况因地而异。④太平军也尝试着改革土地制度,减少佃农受到的剥削,而这种经济上的实践基础既有"大同"的中国传统、客家人的文化,更有对于独一上帝信仰的支撑。⑤

和激进的政治社会革新运动相对应的是太平天国推动的文化心理上的革新。比如洪仁玕的作品中亦有指导人抵制诱惑和认真悔罪的灵修内容。⑥文化改革方面则侧重于打击中国流传千年的迷信:阎罗王在中国传统民间文化中作为阴间的掌控者并非负面形象,而是被民众敬畏的神祇⑦,而在太平天国宗教中,阎罗王被等同于基督教中的撒旦而成为被声讨的对象。同样地,太平天国彻底废除了延续数千年之久的带有迷信色彩的黄历⑧,而太平天国则代之以剔除黄道吉日迷信的"天历"。⑨天历为中国农历和基督教历法的结合,比如纳入了星期和节气的内容。⑩

7. 太平天国宗教和中国传统文化的关系

学者曾国藩和一些儒家官员认为太平天国运动是基督教文明和儒家文明之间的一场"圣战",⑪不过这种简单化的表述是不符合现实的。一方面,太平天国宗教虽然源出新教,却并非正统基督新教;另一方面,太平天国宗教与中国传统在对立的同时又有吸收。这种宗教战争史观淡化了太平天国运动的政治、民族革命性质。太平天国宗教和中国传统关系涵盖许多面向,笔者主要讨论常常被学者忽略的洪秀全思想和公羊学之联系。

公羊学是流传于汉代的以《公羊学》注疏解读《春秋》的史学派,并且延伸出了一系列对于人类历史和社会进程的宗教性解读,重视天道对于人类社会的神秘影响和人类历史

---

①把太平天国看作一场"新人"运动,而把太平天国运动看作"近代中国的第一场意识形态战争"(前言题目),是周伟驰《太平天国与启示录》的中心思想。不过,虽然太平天国运动是被新教传教运动激发的,作者似乎还是多少淡化了太平天国运动的本土因素和背景,比如两广地区大规模反抗清朝统治的时代背景。参见周伟驰:《太平天国"新人"理想及其道德》,《太平天国与启示录》,北京:中国社会科学出版社,2016年,第465—477页。
②详见简又文:《太平天国革命运动》,北京:九州出版社,2020年,第145—146页。
③对于太平天国毁灭偶像的政策,参见夏春涛:《太平天国毁灭偶像政策的由来及其影响》,《太平天国与晚清社会》,北京:北京师范大学出版社,2018年,第47—67页。
④参见夏春涛:《天国的陨落——太平天国宗教再研究》,北京:中国人民大学出版社,2006年,第222—234页。
⑤详见周伟驰:《太平天国与启示录》,北京:中国社会科学出版社,2016年,第35—36页。
⑥洪仁玕:《开朝精忠军师干王洪宝制》,《中国近代思想家文库·洪秀全、洪仁玕卷》,北京:中国人民大学出版社,2014年,第269—273页。
⑦参见荣孟源:《阎罗和玉历》,《太平天国学刊》(第一辑),北京:中华书局,1983年,第189—200页。
⑧详见《辞海》,上海:上海辞书出版社,1999年,第二册"黄历"条,第1541页。
⑨参见周伟驰:《太平天国与启示录》,北京:中国社会科学出版社,2016年,第356页。
⑩详见罗尔纲:《太平天国史》(二),北京:中华书局,2009年,第1223—1283页。
⑪参见唐文明:《儒教文明与基督教文明的相遇:略论现代儒门学者对中西问题的理解》,《比较经学》(第4辑),北京:宗教文化出版社,2014年,此文为唐文明对于周伟驰书的回应。

由乱到治的演变性。简又文在广东听到过洪秀全曾在广州师从公羊学大儒朱次琦的说法。①虽然此说法没有更多资料以资佐证,不过洪秀全的思想和公羊学确实有许多契合之处。和公羊学的传承者董仲舒一样,洪秀全的神学体系非常重视"天"的重要性,称政权为"太平天国",并且把中国传统的"天"和《圣经启示录》中的"新天"结合在一起②,《原道救世歌》首句"道之大原出于天"就出自董仲舒的《举贤良三册》③。洪秀全的思想和公羊学的亲和性可以通过与晚于他的另一位广东思想家康有为的思想的比较凸显出来。

洪秀全和康有为虽然政治立场和表面的思想均不相同,甚至全然对立,但其内在神哲学体系却因和公羊学相契合而具有相似性,因为二人皆认同"神道""天道"在历史各阶段各社会的具体表现形式的演变过程。不过洪秀全认为这是一个"V"字形的过程,即先不断衰败,不断从"神治"转向"妖治"后,又因为地上天国的建立而重新从"妖治"转向"神治"的过程;而康南海认为历史之进化遵循乱世—升平世—太平世的过程。④

虽然康有为更倾向于立宪改良而非革命,但是他的学说一样有颠覆性。由于公羊学派以符合其历史的义理为主,而经典只起阐释义理的辅助作用。如果以春秋为宗旨的儒家经典只是孔子在乱世"托古改制"的结果,那么在趋于"升平世""太平世"的时代,也应该重新制定符合新时代的制度。⑤相似地,洪秀全认为他本人有权补充、修改《圣经》。虽然方式似乎不同,但是同为粤人并且同样具有深刻变革意识的洪秀全和康有为都促进了近现代中国的社会变革和文化转型。

周伟驰将《资政新篇》的纲领归纳为"西体西用"⑥,由于《资政新篇》的施政纲领的具体措施都是借鉴西方(尤其是英美),而干王本人也愿意在具体施政过程中放弃传统"华夷之分"而以平等的关系和他国开展外交关系⑦,认为其"西体西用"自然是合适的,不过如果把《资政新篇》放在整个太平天国运动史来看,《资政新篇》依然是为以中华为本位的太平天国运动服务的。固然太平天国运动是由新教的传教活动所激发的,不过洪秀全依然是在中华文明的语境中来诠释拜上帝教的。我们在太平天国《三字经》中读到:

> 普天下,一上帝,大主宰,无有二,中国初,帝眷顾。同番国,共条路,盘古下,至三代,敬上帝,书册载,商有汤,周有文。敬上帝,最殷勤,汤盘铭,日日新,帝命汤,狂其身。文翼翼,昭事帝,人归心,三有二,至秦政,惑神仙,中魔计,二千年汉武宣,皆效尤,狂悖甚,秦政徒。武临老,虽悔悟,少壮时,既错路,汉明愚,迎佛法,立寺观,大遭劫。至宋徽,犹猖狂,改上帝,称玉皇,皇上帝,乃上主,普天下,

---

① 详见简又文:《太平天国革命运动史》,北京:九州出版社,2020年,第14页及注1。
② 参见周伟驰:《太平天国与启示录》,北京:中国社会科学出版社,2016年,第180页,"天国"主题。
③ 洪秀全:《原道救世歌》,《中国近代名家名作宝库·第五辑:洪秀全、洪仁玕卷》,呼和浩特:内蒙古人民出版社,2000年,第22页。班固:《汉书》,《二十五史》(第一卷),北京:中华书局,2007年。
④ 参见常超:《"托古改制"与"三世进化":康有为公羊学思想研究》,北京:北京大学出版社,2015年,第151—163页。
⑤ 参见周伟驰:《太平天国与启示录》,北京:中国社会科学出版社,2016年,第149—238页。
⑥ 参见周伟驰:《太平天国与启示录》,北京:中国社会科学出版社,2016年,第353—358页。
⑦ 参见周伟驰:《太平天国与启示录》,北京:中国社会科学出版社,2016年,第356—357页。

大天父。号尊崇,传久载,徽何人,敢乱改,宜宋徽,被金掳,同其子,漠北朽。自宋徽,到于今,七百年,陷溺深,讲上帝,人不识,阎罗妖,作怪极。皇上帝,海底量,魔害人,不成样……①

尽管没有证据表明《三字经》为洪秀全自己所作,但是其很准确地表达了洪秀全的思想。洪秀全认为中国本来是和基督教国家一样是尊崇皇上帝的,只是由于从始皇帝开始经历了许多皇帝因自己的僭越行为和佛道教的影响逐渐背离了对于上帝的纯洁信仰,而他的使命就是帮助中国人重归原初的信仰。太平天国不但在宗教层面结合了中国传统,太平天国政权的制度也沿袭了中国的传统,比如来自周礼的军政制度、避讳制度、服饰、建筑、礼拜仪式等,甚至连后期的科举考试都出现了《论语》的内容②,太平天国极端敌视佛道教的一些因素都可能被融入到了太平天国的宗教仪式中③。总而言之,虽然太平天国宗教仇视社会体制风俗,但是其旨在更新中华文化,依然是以中国为中心的,并且把中国传统的基督教的某些因素创造性地结合在一起,这和五四时期推崇"全盘西化",放弃中华传统的激进思想是不同的。钱穆、冯友兰继承了曾国藩的观点,认为太平天国代表西方和中华文明对立,因此要捍卫中华文明就必须要否定太平天国运动的立论基础是先以个人意见把中华文明简单等同为钱冯二氏推崇的理学,因为太平天国宗教不合理学的标准,又受到基督教的影响,于是就"反中华文化",这恐怕只是一种狭隘的个人偏见④。

三、总结

首先我们可以排除对于太平天国宗教"邪教"称谓和合理性。王庆成、夏春涛、周伟驰等学者均对于潘澜旭、史式等人的"邪教说"做了批判⑤。邪教是一个基于特定政治标准的判断,学者使用这个词语表达个人好恶是无益于我们对于太平天国宗教性质的正确认识的。

那么太平天国宗教到底是基督教在中国的一个分支或者说别样的、有不足的基督教(简又文、周伟驰、呤唎)、基督教异端(艾约瑟),还是一种新的宗教(王庆成)? 我们对于太平天国宗教性质这个问题依照不同层面作出不同的回答:依照基督教传统的定义,自然可以把太平天国的拜上帝教看作一种异端。因为教父不但用异端称呼教会内部思想与正统教义不符合的潮流以及分裂出去的教会,也会用异端指称那些接受了亚伯拉罕一神传统的宗教(犹太教、伊斯兰教)以及认可耶稣基督为神的其他宗教(诺斯替派、摩尼教),而

---

① 参见舒新城:《中国近代教育史资料》(上册),北京:人民教育出版社,1981年,第10页。
② 详见裴士锋:《天国之秋》,黄中宪译,北京:社会科学文献出版社,2014年,第173页及注61。
③ 参见王治心:《中国基督教史纲》,上海:上海古籍出版社,2007年,第150—151页。
④ 参见周伟驰:《太平天国与启示录》,北京:中国社会科学出版社,2016年,第22页。
⑤ 详见夏春涛:《太平天国宗教"邪教"说辩证》,《天国的陨落——太平天国宗教再研究》,北京:中国人民大学出版社,2006年,第436—457页;周伟驰:《太平天国与启示录》,北京:中国社会科学出版社,2016年,第26—30页。

太平天国不但接受新旧约(虽然有所保留),还认可耶稣基督的圣子地位和救世功绩,虽然和正统基督教教义大相径庭,比上述宗教更贴近基督教,也完全可以被认为是基督教的一种异端。同时,从基督教史角度来看,太平天国宗教作为基督新教千禧年主义在中国出现的结果自然也可被纳为基督教史的一部分。

然而当我们在宗教学方面对于太平天国宗教本身做鉴定时,我们不得不承认太平天国宗教本身已经超出了基督教范畴而成为一个独立的宗教,因为太平天国并没有把基督道成肉身和复活的启示作为其宗教的核心部分,而其核心部分为洪秀全宣称的丁酉异梦开始接受的新的启示和其启示所指引的建立政权、革新社会之实践。

虽然太平天国宗教可以视作一种和基督教区分的独立宗教,作为新教在华福传工作产物的太平天国依然是基督教在华传教史中浓墨重彩之一笔。比如太平天国是中国历史上唯一把《圣经》作为官方经书的政权,太平天国对于《圣经》的出版为中国人首次独立出版《圣经》(虽然后来洪氏为了和传教士争正统对《圣经》做了修改);对于太平天国作为基督教政权迅速发展的报道也促进了英国基督教会印刷、传播汉语《圣经》的热情[1];太平天国出版的一些文献,如《十款天条》、《三字经》(删去洪秀全的个人体验和对其的解读)完全可以被当代的基督徒当作良好的启蒙读物继承使用。我们应该看到,太平天国运动既有拉开了中国各阶层反省、改革、抗争腐朽的现存体制和推动文化社会转型序幕的积极意义,也造成了数千万人生灵涂炭的巨大人间悲剧,虽然这种悲剧的主要责任可能不能让太平天国政权本身承担[2]。太平天国的宗教实践对于当今的中国基督信徒有反省、借鉴的作用,使他们思考如何在实践福音精神和在追求社会公义之间,在追求终极的天国和理想社会之间,在结合社会现实的独特性解读和教义的纯正性之间找到平衡。

---

[1] 参见刘云:《白话、文言与方言:19世纪中期官话〈圣经〉译本的诞生》,《中国比较文学》2020年第2期。
[2] 虽然太平天国运动中对立各方(太平军及捻军,天地会等合作者,清军和其西方列强合作者)都对太平天国运动的破坏负有责任,不过整体看来,即使是在太平军由于接纳大量土匪降兵导致军纪败坏的后期,清军的残暴性依然超过太平军。同时,帮助清军对抗太平军的西洋军队也对平民进行残酷杀戮。比如上海的英国和法国军队为了报复太平天国,在上海地区大肆杀戮平民,参见简又文:《太平天国革命运动》,北京:九州出版社,2020年,第360页及注3。

第二编

研究历史回顾

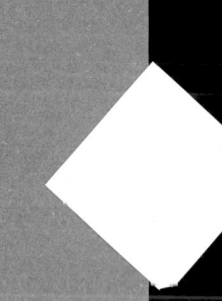

中国的古希腊史研究回顾

徐松岩

摘要：中国的古希腊史研究始于中华人民共和国成立以后，特别是20世纪八九十年代以来，中国学者关注国际学术动态，注重梳理古典学术史源流，力图运用马克思主义历史理论阐释古希腊史，陆续译介古希腊原始文献和近现代学者的著作，主办世界古代史国际学术研讨会，大力培养专门人才，在希腊史主要研究领域诸如政治史、经济史、文化史、性别史、海洋史等方面著述颇丰，提出了许多独到的见解，取得了显著的成就。

关键词：古希腊史；古典学术；马克思主义；中国

Abstract: The study of ancient Greece in China dates back to the founding of the People's Republic of China. Since then and especially since the 1980s/90s, Chinese scholars have made remarkable achievements in this field: namely, They have paid attention to international academic trends, worked hard to disentangle the sources of classical academic history, tried to interpret the history of ancient Greece with Marxist historical theory, successively translated and introduced the original documents of ancient Greece and the works of modern and contemporary scholars, hosted international academic seminars on ancient world history, vigorously cultivated specialized talents, published a number of treatises based on the study in the main research fields of Greece history, such as political history, economic history, cultural history, gender history, maritime history, etc.; put forward unique academic views.

Keywords: Hellenic history; classical scholarship; Marxism; China

作者：徐松岩，西南大学历史文化学院民族学院教授，中希文明互鉴中心特聘专家。

一、古希腊史研究概况（迄20世纪90年代初）

古代希腊以其多彩而独特的城邦文明出现在东地中海地区，在世界历史上居于重要地位。迄今为止，关于希腊的历史知识大都是由西方学者提供和书写的。在古代，"希腊"从无到有，作为地理的、文化的、族群的概念无疑是存在的。公元前4世纪末希腊诸邦沦为马其顿人的附庸，公元前2世纪中期又被罗马人征服、统治，后改信基督教，1453年被奥斯曼土耳其人征服、统治，1821年希腊人掀起独立战争，19世纪30年代获得国际承认。希腊共和国作为独立国家出现在世界历史舞台上至今约200年。

传统上历史学家将古希腊史粗略地划分为几个大的时段，结合近期研究进展，大致可以做如下分期。[①]

①青铜时代（约公元前3100—前1070）；
②早期铁器时代（约公元前1070—前800）；
③古风时期（公元前800—前500）；
④古典时期（公元前500—前338）；
⑤希腊化时期（公元前338—前146或前30）。

青铜时代希腊地区出现了文明。大约在公元前1900年，克里特岛出现了早期国家，即"克里特文明"（约公元前1900—前1400）；公元前1600年左右，希腊大陆以伯罗奔尼撒半岛为中心进入文明阶段，即"迈锡尼文明"（约公元前1600—前1200），二者通常被合称为"爱琴文明"。迈锡尼文明衰亡之后，文化发展出现低潮，进入所谓"黑暗时代"。至公元前8世纪古风时代，新型国家形态城邦出现，随后进行了大规模海外拓殖扩张活动，这也是大量吸纳、融合东方文化的时代，为希腊文化进入高度繁荣时期的古典时代奠定了基础。古典时代发生的重要历史事件有希波战争（公元前500—前479），雅典海上霸国的崛起和伯罗奔尼撒战争（公元前431—404）等。公元前338年，马其顿王国击败希腊城邦联军。希腊历史进入所谓的"希腊化"时期。以上就是通常所说的希腊史研究的主要历史阶段。

在中国，早在明朝末年，就有来华传教士陆续译介希腊语文献，传播希腊文明知识。时至近代，改观甚微。1886年，传教士艾约瑟（Joseph Edkins）编译了英国学者法伊夫（C. A. Fyffe）的《希腊志略》，这是第一部极为简略但较为系统的古希腊史中文著作。原作者法伊夫是19世纪后期英国的历史学家。[②]此后直至20世纪上半叶，少数中国留学生前往欧美，归国后写了有关欧洲的历史著作或教科书，其中涉及古代希腊的历史、哲学、文学等内容；在一些大学开设的西洋史课程中，包含简略的希腊史内容。[③]曾任国立四川大学史

[①]黄洋、晏绍祥：《希腊史研究入门》，北京：北京大学出版社，2021年，第1—3页。
[②]法伊夫、克赖顿：《〈希腊志略〉〈罗马志略〉校注》，艾约瑟编译，陈德正、韩薛兵校注，北京：商务印书馆，2014年。
[③]王敦书：《〈西洋文化史纲要〉导读》，《西洋文化史纲要》，上海：上海古籍出版社，2001年，第15页。

学系首届系主任的何鲁之所著《希腊史》,乃是根据其讲义整理而成。作者早年留学法国,此书主要参考法文资料和法国的希腊史教科书编写而成。全书分为15章,从希腊文明兴起直至罗马被征服。讲义堪称中国学者所著第一部系统的希腊史专著。留学法国、瑞士的阎宗临归国后在大学开设希腊史课程。①古希腊的一些作品如《伊索寓言》《伊利亚特》《奥德赛》等,近代学者的专著如法国学者库朗热(Fustel de Coulanges)所著《希腊罗马古代社会研究》②,都有中译本出版。总体而言,1949年以前,中国尚缺乏对古希腊史的严肃学术研究。③

中华人民共和国的成立开启了中国希腊史研究的一个新时代。首先是努力学习和运用马克思主义历史理论解释古希腊史。其次是在很多综合性大学和师范大学建立历史学系,世界通史成为与中国通史并列的专业基础课。世界通史按阶段教学被划分为世界古代史、世界中世纪史、世界近代史和世界现代史等部分。其中古希腊史就是世界古代史的重要内容之一。20世纪50年代,东北师范大学在苏联专家协助下举办世界古代史研究班和世界古代史教师进修班,这两批学员后来成为中国20世纪80年代古希腊史教学和研究的骨干力量。当时高校教材缺乏,苏联小学教科书《古代世界史》④、日知翻译的《古代世界史》⑤都曾被作为教学参考书,它们通常将世界古代史分为原始社会、古代东方、古代希腊、古代罗马四个部分。1955年,B. C. 塞尔格叶夫所著《古希腊史》⑥的出版对于国内古希腊研究具有重要意义,此书直到20世纪八九十年代仍被视为中文学界的权威著作,甚至可以说,近70年来学术水平全面超越此书的希腊史专著寥寥无几。1959年,由吉林师大、北京师大历史系主编的《世界古代史史料选辑》(上下册)出版;随后苏联十卷本《世界通史》⑦(前两卷)出版,中国学者周一良、吴于廑主编的四卷本《世界通史》(古代部分)⑧,与此配套的《世界通史资料选辑》(上古部分)⑨,以及吴于廑所著《古代希腊和罗马》⑩,都在普及古希腊历史知识方面发挥了积极作用。

20世纪五六十年代,古希腊史资料建设成就显著。古希腊历史学家希罗多德所著《历史》⑪、修昔底德所著《伯罗奔尼撒战争史》⑫等史学名著的全译本,希腊悲剧家埃斯库罗斯、索福克勒斯、欧里庇得斯以及喜剧家阿里斯托芬的部分作品,与中国读者见面。亚里

---

① 阎宗临:《欧洲文化史论》,桂林:广西师范大学出版社,2007年。
② 古郎士(Fustel de Coulanges):《希腊罗马古代社会研究》,李玄伯译,长沙:商务印书馆,1938年。
③ 参阅刘家和、廖学盛:《世界古代文明史研究导论》,北京:高等教育出版社,2001年,第198—200页。
④ 米舒林:《古代世界史》,王易今译,北京:中国青年出版社,1954年。
⑤ 狄雅可夫、尼科尔斯基:《古代世界史》,上海:商务印书馆,1954年。
⑥ 塞尔格叶夫:《古希腊史》,缪灵珠译,北京:高等教育出版社,1955年。
⑦ 参阅苏联科学院:《世界通史》第一、二卷(涉及晚至公元5世纪世界史),北京:生活·读书·新知三联书店,分别出版于1959、1960年。
⑧ 周一良、吴于廑:《世界通史》(古代部分,齐思和主编),北京:人民出版社,1962年。
⑨ 周一良、吴于廑:《世界通史资料选辑》(上古部分,林志纯主编),北京:商务印书馆,1963年。
⑩ 吴于廑:《古代的希腊和罗马》,北京:中国青年出版社,1957年。
⑪ 希罗多德:《历史》,王嘉隽(王以铸)译,北京:商务印书馆,1959年。
⑫ 修昔底德:《伯罗奔尼撒战争史》,谢德风译,北京:商务印书馆,1960年。

士多德所著《雅典政制》①和《政治学》②，色诺芬所著《经济论 雅典的收入》③等著作的中译本也相继出版。吴于廑主编的《外国史学名著选》中，也收录了希罗多德、修昔底德、普鲁塔克以及近代英国学者乔治·格罗特章节选译本。商务印书馆的中译本历来被公认具有相当的权威性，但自出版半个多世纪以来，其不足也日益显露出来。④必须承认，由于种种原因，其间国内书籍发行量较小，只有极少数高校可以开设希腊罗马史课程⑤，总体而言，希腊历史知识传播的深度和广度都是很有限的。

新中国的希腊古史研究者在掌握一定历史资料的基础上，试图就某些重要问题提出自己的见解。林志纯（日知）组织人力翻译若干重要史料和苏联的教科书，密切关注国际学术研究动态，介绍不久前被释读的线形文字B文献和所谓"泰米斯托克利"命令。其时史学界主流意见是用马克思主义理论阐释古代社会，普遍认为古希腊罗马是"发达的"或"典型的"奴隶制社会，与古代东方（西亚两河流域、埃及、印度、中国等）明显不同。至于古代东方社会是否属于奴隶制社会或奴隶占有制社会，则是见仁见智、争讼纷纭。争论涉及古代西方（希腊罗马）与古代东方究竟是属于奴隶制社会的"两种类型"还是"两个阶段"，经典著作中"亚细亚生产方式"的历史内涵，尤其是如何理解古代世界历史的统一性与多样性等重大理论问题。

中国学者以《文史哲》《历史研究》杂志为主要学术阵地，并展开激烈的论争，虽然有时代局限性，但也不乏亮点。争论的焦点之一是如何理解斯巴达黑劳士的阶级属性问题，即所谓的"奴隶和农奴的纠葛"。郭沫若是最早运用马克思主义理论进行奴隶制比较研究的史家之一。早在1942年，郭沫若就已指出奴隶制亦有种种形态，希腊时代亦然。西周的奴隶制多少有点Helots（黑劳士）的味道，这是农业生产奴隶的典型形态。⑥他在《奴隶制时代》中，指出西周的农业奴隶与斯巴达的"黑劳士"相类，周人向他们"征取地租，征取力役"，"很有点类似农奴"。二者相同或相似之处是最初都来源于征服的国有奴隶，不同或

---

① 亚里士多德：《雅典政制》，日知、力野译，北京：生活·读书·新知三联书店，1957年。
② 亚里士多德：《政治学》，吴寿彭译，北京：商务印书馆，1965年。
③ 色诺芬：《经济论 雅典的收入》，张伯健、陆大年译，北京：商务印书馆，1961年。
④ 主要问题是未能及时而全面吸收近几十年来国际学界在历史学、文献学、考古学等诸多方面的研究成果。《历史》中译本缺乏参考地图，刻意删除必要的注释，译者生前未再专门修订，重印本几乎完全保持初版文字内容；《伯罗奔尼撒战争史》依据英译本转译，译者1980年去世，生前未再专门修订。该书去掉了西方古典丛书通用的章节划分。这些做法在当时似乎具有某种合理性。另外，译者自作主张把正文的部分内容移到脚注中，虽使行文稍显流畅，但给研究者和读者核实原文内容造成明显不便。
⑤ 东北师范大学、南开大学、山东大学等是世界古代史教学科研水平较高的几所高校。南开大学雷海宗教授编写过《世界上古史讲义》（雷海宗著，王敦书整理，北京：中华书局，2012年），山东大学陈同燮教授开设希腊罗马史课程，也属凤毛麟角。其讲义后来由山东大学历史系1957年毕业生李道铭、1960年毕业生李永采联合整理出版。参见陈同燮：《希腊罗马简史》，济南：山东教育出版社，1982年。时任西南师范学院历史系世界古代中世纪史教研室主任吴宓教授，在讲授世界古代史课程中，也介绍了一些希腊文史知识。参阅郭涛、陈莹：《"吴宓赠书"与吴宓的西方古典学知识》，《西南大学学报》（社会科学版）2023年第4期。
⑥ 参阅《郭沫若全集·历史编》（第三卷），北京：人民出版社，1984年。

不完全相同之处主要表现在两者和生产资料的结合方式上。①童书业将黑劳士视为农奴，理由是黑劳士只向主人缴纳地租，主人不得提高地租比例；尽管黑劳士被固定在土地上，但主人不得买卖；黑劳士拥有某种程度的经济独立，即他们可以保有自己的收入。②林志纯发表了一系列文章介绍欧美最新的史料研究成果，也参与了黑劳士问题的争论。他详尽搜罗了古典作家关于黑劳士的史料，强调黑劳士的奴隶身份。③胡钟达关注奴隶社会中奴隶数目问题，他在国内学界率先指出古典作家所记载且为恩格斯所转引的有关古代希腊的某些数字，其出处只能是阿泰奈乌斯(Athenaeus)的记载，那几个数字严重夸大并脱离历史实际，是不可靠的；他还指出在那些公认的奴隶社会(如雅典、罗马等)，奴隶在社会总人口中不仅不占多数，反而经常占少数。在奴隶社会的初期，奴隶制经济在整个社会经济中所占比重显然很小；即使在它发展时期，它在整个社会经济中也只占有相对的优势；只有在极少数特殊条件下，它在整个社会经济中才占有绝对优势。胡钟达在论及雅典民主政治的阶级基础时，指出雅典民主政治从其阶级本质看是奴隶主的民主政治，但在具体讨论时则似乎有意无意地拔高西方古代社会商品经济发展水平，从而过于强调雅典工商业奴隶主的成分和作用。④

随着改革开放和对外学术交流的重启，古希腊史研究进入快速恢复和发展时期。1979年，中国世界古代史研究会成立后学术研讨会接连召开；1985年，在林志纯等人多方奔走努力下，世界古典文明史研究所在东北师范大学成立，同时创办发行英文版《世界古典文明史杂志》，此前出版的古典史学名著不断重印，一些重要的希腊古典文献如色诺芬《长征记》《回忆苏格拉底》、阿里安《亚历山大远征记》⑤、普鲁塔克《传记集》(部分)⑥等陆续有了中译本。在北京师范大学历史系部分教师集体编译的《世界古代及中古史资料选集》⑦、巫宝三主编的《古代希腊、罗马经济思想资料选辑》⑧、罗念生编译的《希腊罗马散文选》⑨等书中，都包含部分古希腊史料。

林志纯主持的编写组编写的《世界上古史纲》⑩是中国学者力图运用马克思主义历史理论全面系统阐述世界上古史的开山之作。尽管书中提出的观点引起广泛争论，但其学术价值和所展示的学术气派是不容忽视的。该书特别重视城邦和帝国问题，探讨古代国

---

① 《郭沫若全集·历史编》(第三卷)，北京：人民出版社，1984年，第27、29页；参阅林甘泉、黄烈：《郭沫若与中国史学》，北京：中国社会科学出版社，1992年，第309—314页。
② 童书业：《"古代史研究中的几个问题"的补充》，《文史哲》1956年第6期。
③ 日知：《我们在研究古代史中所存在的一些问题》，《历史研究》1956年第12期；《古典作家所记的黑劳士制度》，《东北师范大学科学集刊》1957年第3期。
④ 胡钟达：《雅典的民主政治及其阶级基础》，《历史教学》1957年第6期。
⑤ 色诺芬：《长征记》，崔金戎译，北京：商务印书馆，1985年；《回忆苏格拉底》，吴永泉译，北京：商务印书馆，1984年。阿里安：《亚历山大远征记》，李活译，北京：商务印书馆，1979年。
⑥ 普鲁塔克：《希腊罗马名人传》(上册)，陆永庭、吴彭鹏等译，北京：商务印书馆，1990年。
⑦ 北京师范大学历史系世界古代中史教研室：《世界古代及中古史资料选集》，北京：北京师范大学出版社，1991年。
⑧ 巫宝三：《古代希腊、罗马经济思想资料选辑》，北京：商务印书馆，1990年。
⑨ 罗念生：《希腊罗马散文选》，长沙：湖南人民出版社，1985年。
⑩ 参见《世界上古史纲》编写组：《世界上古史纲》，北京：人民出版社，上、下册分别出版于1979、1981年。

家形态和发展道路,专辟一章讨论希腊史,提出若干重要论点。如作者认为最早的国家,就现在所知道的,都是城市公社,城市国家或简称城邦,城邦本质是奴隶制的;奴隶制城邦是古代一切奴隶制国家必经的阶段;奴隶制是要发展的,小农的破产,城邦经济基础的崩溃和城邦本身的灭亡,都是不可避免的历史命运;起而代之的是奴隶制帝国,如马其顿·希腊帝国、罗马帝国等等;奴隶制帝国是专制主义制度的国家。①作者提出的城邦具有普遍性、城邦政体为民主制等引起广泛争议,但也大大加深了学界对希腊城邦问题的认识。日知主编的《古代城邦史研究》②全面阐述了世界古代历史上的城邦问题,是城邦史的重要专题论著。作者认为古典时代文明和国家的发展史,就目前所知道的各地区的情况而言,基本上都包括城邦和帝国两大阶段;城邦即通常所说的城市国家,其政体是共和制(贵族共和或民主共和)的;城邦并非古希腊罗马所特有,古代西亚、埃及、印度、中国都有此类国家;有城邦,同时也就有城邦联盟,城邦联盟不是统一帝国;城邦走向解体,城邦走向衰亡,代之而起的是帝国时代。③在该书城邦史分论部分,收录了廖学盛关于公元前6—前4世纪雅典民主兴衰的专论,这是作者的代表作之一。文章认为雅典民主产生于公元前6世纪上半叶,有一个长期而曲折的逐渐完善过程,至公元前461年埃菲阿尔特改革而结束了第一个发展阶段。这个阶段的基本内容是雅典公民中四个等级的成员都得到了积极参与国政、为国效力的机会,雅典民主的主要机构公民大会、五百人会议和民众法庭,确实摆脱了氏族贵族的控制,成了真正管理国家事务的最高权力机关。④此外,还有郝际陶关于阿尔戈斯城邦历史的讨论。⑤《希腊城邦制度》⑥是作者顾准生前未完成的读书笔记。作为一位有造诣的经济学家,在那个特殊年代里,对古代希腊城邦制度的特殊性提出了自己独到的理解。其主要史料来源是英文版《剑桥古代史》(第1版)相关部分和塞尔格叶夫的《古希腊史》。作者对于城邦的特点尤其是其主权在民、轮番为治的关注,引起了学界的广泛关注。顾准似乎更倾向于认为城邦是古希腊社会的独特产物,核心特征是主权在民,并因此而衍生出诸如公民兵制度等特点。这与中国古代的政治制度迥然不同。李天祜所著《古代希腊史》⑦是中国学者撰写的第一部较有分量的希腊史专著,主要资料来自《剑桥古代史》(第1版)和俄文资料,对于一些重要问题的论述缺乏突破性观点。

20世纪80年代国内学者发表多篇关于希腊史研究的重要论文。日知探讨了雅典国家产生的年代和早期雅典政体的演进问题。他认为雅典国家在迈锡尼时代已经产生,经

---

① 《世界上古史纲》编写组:《世界上古史纲》(上册),北京:人民出版社,1979年,第25—27页。
② 日知:《古代城邦史研究》,北京:人民出版社,1989年。
③ 参阅日知:《古代城邦史研究》,北京:人民出版社,1989年,第3—83页。
④ 廖学盛:《公元前6—4世纪雅典民主政治的若干问题》,《古代城邦史研究》,北京:人民出版社,1989年,第237—260页。
⑤ 郝际陶:《阿尔戈斯简史》,《古代城邦史研究》,北京:人民出版社,1989年,第217—236页。
⑥ 顾准:《希腊城邦制度》,北京:中国社会科学出版社,1982年。
⑦ 李天祜:《古代希腊史》,兰州:兰州大学出版社,1991年。

历了从君政、王政到贵族政治的演变。[①]刘家和在《论黑劳士制度》[②]一文中广泛搜集古典史料,吸收现代学者的研究成果,有力地论证了黑劳士为斯巴达国有奴隶的观点,为斯巴达黑劳士阶级属性问题的讨论提供了坚实的理论和史实基础。王敦书在《斯巴达早期土地制度考》[③]一文中,搜罗了大量古典史料,指出斯巴达土地分配可能是分期进行的,其中美塞尼亚的土地本质上属于公有地,公民只是占有者。公元前4世纪初开始,私有制迅速增长,斯巴达土地国有制急剧瓦解。廖学盛在《希波战争和雅典城邦制度的发展》一文中通过探讨得出结论,"总括起来说,希波战争对雅典城邦制度发展的影响,最根本的一点,就是这一特殊历史环境促进和便利了在雅典形成一个强大的从事劳动的公民阶层。正是这样一个公民阶层构成了雅典城邦的脊梁"。[④]他在《试论城邦的历史地位和结构》一文中指出,"城邦是人类社会最早自行瓦解的原始共产公社演化出来的一种公民集体的经济、政治、社会、意识形态的统一体系。原始社会的普遍性决定了城邦的普遍性";他多处援引希腊罗马的史料和史实,认为城邦作为原始的国家,"由于私有制的发展,人口的增加,经济联系的加强,阶级矛盾的深化,小国林立的城邦时代,不管在世界的哪一地区,或迟或早地被地域比较广阔靠常备军和官僚机构进行统治的高一级的国家组织占主导地位的时代所取代"。[⑤]郭小凌对希腊战俘奴隶与奴隶制发展的关系加以探究,指出"一个国家奴隶制发展与否主要不是由存在或缺少能带来大批战俘奴隶的胜利的战争所决定的,它取决于该社会内部占主导地位的生产关系的发展程度,取决于大量吸收战俘在经济上以及在政治上的利弊多寡"。[⑥]徐松岩以雅典为例,指出城邦危机萌芽的具体表现,分析伯罗奔尼撒战争期间城邦危机深化的种种因素以及这场战争的关键作用。[⑦]郭圣铭在《西方史学史概要》[⑧]中,对于古希腊史学和史家的贡献和成就有颇为精到的评述。值得一提的是,国内学者集体编著的《外国历史名人传》(古代部分上册)和《外国历史大事集》(古代部分第一分册),[⑨]具有一定的学术水准,其中多篇涉及希腊历史。

[①] 日知、际陶:《关于雅典国家产生的年代问题》,《社会科学战线》1980年第4期。
[②] 刘家和:《论黑劳士制度》,《世界古代史论丛》(第一集),北京:生活·读书·新知三联书店,1982年,第167—221页。
[③] 王敦书:《斯巴达早期土地制度考》,《历史研究》1983年第6期。
[④] 廖学盛:《希波战争和雅典城邦制度的发展》,《世界古代史研究》,北京:北京大学出版社,1982年,第54—69页。
[⑤] 廖学盛:《试论城邦的历史地位和结构》,《世界历史》1986年第6期。
[⑥] 郭小凌:《论希腊战俘的命运及其与奴隶制发展的关系》,《北京师范大学学报》(社会科学版)1988年第5期。
[⑦] 徐松岩:《公元前五世纪末雅典城邦危机的深化及其原因》,《齐鲁学刊》1989年第4期。
[⑧] 郭圣铭:《西方史学史概要》,上海:上海人民出版社,1983年。
[⑨] 参阅朱庭光:《外国历史名人传》(古代部分上册),《外国历史大事集》(古代部分第一分册),重庆:重庆出版社,分别出版于1982、1986年。

二、近30年来国内希腊史研究：成就和问题

20世纪90年代以来,中国的希腊史研究呈现出良好的发展势头。经济社会的发展,对外开放的深化,学术交流日益频密和扩大,互联网的广泛应用,更多的古典文献出版,更多的著作和论文面世,国内和国际研究逐步接轨,这一切都促成希腊史领域取得较多研究成果。1993年,在王敦书的主持下,南开大学主办了中国第一届世界古代史的国际学术研讨会,开中国与西方学者直接对话之先河。此后的1997年、2005年和2012年又分别召开了三次世界古代史国际学术研讨会。四次国际会议均有大批高水平欧美亚澳各地希腊史研究者与会,就各种学术问题进行广泛深入的交流研讨。北京大学希腊研究中心率先利用海外资金资助我国的希腊史研究,我国有关部门资助研究及出版的力度不断加大,希腊历史资料建设和出版工作收效日益显著。随着中国高等教育和研究生教育的发展,新一代经过系统研究训练的学者逐步成长起来,成为大学和某些科研机构希腊史研究的主力。部分在国外高水平大学完成学业的学者陆续回国,充实了中国古希腊史研究者队伍。2007年,《世界古典文明史研究》杂志社出版中文版《古代文明》,这是中国第一本以发表世界古代史论文为主的专业学术刊物;北京大学希腊研究中心于2003年创办的《西学研究》(不定期出版,已出版5辑),西南大学古典文明研究所、希腊研究中心于2015年创办的《古典学评论》辑刊(每年1辑,已出版10辑),也发表了不少有关古希腊史的论文、译文和评论,它们皆已成为海内外古希腊史研究者发表作品的重要园地。

希腊古典文献和国外著作的翻译出版,近20年来呈快速发展态势。希腊古典时代最重要的三部史著,修昔底德《伯罗奔尼撒战争史》[1]、希罗多德《历史》[2]新译注本经译者不断修订已出三版,发行量相当可观;值得一提的是,有研究者对修昔底德著作进行译注[3]。可喜的是,2013年色诺芬《希腊史》[4]出版,"希腊三史"中文版至此悉数出齐。此外,《亚里士多德全集》[5]、《柏拉图全集》[6]、《古希腊悲喜剧全集》[7]、《古希腊抒情诗集》[8]以及普鲁塔克

---

[1] 修昔底德:《伯罗奔尼撒战争史》,徐松岩、黄贤全译,桂林:广西师范大学出版社,2004年;徐松岩译注,详注修订版上、下册,上海:上海人民出版社,分别出版于2012、2017年。
[2] 希罗多德:《历史》,徐松岩译注,上海:上海三联书店,2008年;北京:中信出版社,2013年;详注修订版(上下册),上海:上海人民出版社,2018年。
[3] 修昔底德:《伯罗奔尼撒战争史》,何元国译注,北京:中国社会科学出版社,2017年。
[4] 色诺芬:《希腊史》,徐松岩译注,上海:上海三联书店,2013年;详注修订版,上海:上海人民出版社,2020年。
[5] 苗力田:《亚里士多德全集》(10卷),北京:中国人民大学出版社,1994年。
[6] 《柏拉图全集》(4卷),王晓朝译,北京:人民出版社,2002年。
[7] 《古希腊悲喜剧全集》(8卷),张竹明、王焕生译,南京:译林出版社,2007年。
[8] 恩斯特·狄尔:《古希腊抒情诗集》(4卷),王扬译注,上海:上海人民出版社,2018年。

的《传记集》①、《道德论集》②、狄奥多罗斯的《历史丛书》③、斯特拉波的《地理学》④等全译本陆续出版;罗念生、王焕生译自古希腊文的荷马史诗《伊利亚特》⑤、《奥德赛》⑥严格按照原诗的行对应翻译;之前有杨宪益翻译的散文体《奥德修纪》⑦;另外,荷马史诗还有陈中梅翻译的中译本。商务印书馆"汉译世界学术名著丛书"中,收录了大量古希腊作家的原著;上海人民出版社推出的"日知古典丛书",采用原文和中译文相对照的形式,已出版阿里斯托芬等名家作品多种。在对铭文史料的系统整理和翻译中,东北师大张强教授贡献突出,他在《古希腊铭文辑要》《希腊拉丁历史铭文举要》等书中,翻译、注释希腊重要铭文共100余篇。⑧

在近现代国际学界代表性研究成果的翻译出版方面,取得了令人瞩目的成就。这其中既包括一些经典名著,如 G. 格罗特的《希腊史》(节译本)⑨、A. 齐默恩的《希腊共和国:公元前 5 世纪雅典政治和经济》⑩、J. B. 伯里的《希腊史》⑪、A. T. 奥姆斯特德的《波斯帝国史》⑫、W. 弗格森的《希腊帝国主义》⑬等,也包括一些晚近出版的专著,如 N. G. L. 哈蒙德的《希腊史》⑭、波麦罗伊等的《古代希腊政治、社会与文化史》⑮、В. И. 库济辛的《古希腊史》⑯、I. 莫里斯等的《希腊人》⑰、J. 博德曼等的《牛津古希腊史》⑱等等。专题研究的译著数量巨大,在此难以一一列举。值得一提的是,国内几家出版社如商务印书馆、北京大学出版社、上海人民出版社、上海三联书店、中国社会科学出版社、华东师范大学出版社、北京师范大学出版社等都推出多种较高质量的古典学系列译著。商务印书馆出版了 M. I. 芬利的《古代经济》《古代世界的政治》《古代民主与现代民主》⑲、雨宫健的《古希腊的经济与经济

---

① 普鲁塔克:《希腊罗马名人传》(3卷),席代岳译,长春:吉林出版集团有限责任公司,2009年。普鲁塔克此著中文书名有译为"平行列传"或"对比列传"的,但其中有几篇传记未对比,也有单篇的;多数学者通常将其译为"希腊罗马名人传",因其中有一位波斯国王,故而这些译名似皆有不妥之处。笔者觉得译为"传记集"是比较好的选择。
② 普鲁塔克:《道德论集》(4卷),席代岳译,长春:吉林出版集团有限责任公司,2015年。
③ 狄奥多罗斯:《历史丛书》(5卷),席代岳译(译名《希腊史纲》),北京:文化发展出版社,2019年。
④ 斯特拉波:《地理学》(上下册),李铁匠译,上海:上海三联书店,2014年。
⑤ 荷马:《伊利亚特》,罗念生、王焕生译,北京:人民文学出版社,1994年。
⑥ 荷马:《奥德赛》,王焕生译,北京:人民文学出版社,1997年。
⑦ 荷马:《奥德修纪》,杨宪益译,上海:上海译文出版社,2008年。
⑧《希腊拉丁历史铭文举要》,张强、张楠译注,北京:商务印书馆,2016年;《古希腊铭文辑要》,张强译注,北京:中华书局,2018年。
⑨ 格罗特:《希腊史:从梭伦时代到公元前403年》(上、下册),晏绍祥、陈恩伟译,北京:北京理工大学出版社,2019年。
⑩ 齐默思:《希腊共和国:公元前5世纪雅典的政治和经济》,龚萍、傅洁莹、阚怀未译,上海:格致出版社,2011年。
⑪ 伯里:《希腊史》(3卷),陈思伟译,长春:吉林出版集团有限责任公司,2016年。
⑫ 奥姆斯特德:《波斯帝国史》,李铁匠、顾金梅译,上海:上海三联书店,2010年。
⑬ 弗格森:《希腊帝国主义》,晏绍祥译,上海:上海三联书店,2005年。
⑭ 哈蒙德:《希腊史:迄至公元前322年》,朱龙华译,北京:商务印书馆,2016年。
⑮ 波默罗伊等:《古希腊政治、社会和文化史》,傅洁莹、龚萍、周平译,上海:上海三联书店,2010年。
⑯ 库济辛:《古希腊史》,甄修钰、张克勤、张淑娟等译,呼和浩特:内蒙古大学出版社,2013年。
⑰ 莫里斯、鲍威尔:《希腊人:历史、文化和社会》,陈恒、屈伯文、贾斐等译,上海:格致出版社,2014年。
⑱ 博德曼、格里芬、穆瑞:《牛津古希腊史》,郭小凌等译,北京:北京师范大学出版社,2015年。
⑲ 芬利:《古代经济》,黄洋译,北京:商务印书馆,2021年;《古代世界的政治》,晏绍祥、黄洋译,北京:商务印书馆,2016年;《古代民主与现代民主》,郭小凌、郭子林译,北京:商务印书馆,2018年。

学》①、J. 哈斯布鲁克的《古希腊贸易与政治》②；上海三联书店出版了伯克特的《东方化革命》《修昔底德：神话与历史之间》《伯里克利：伟人考验下的雅典民主》《斯巴达人：一部英雄的史诗》等③；华东师范大学出版社出版了唐纳德·卡根的《伯罗奔尼撒战争的爆发》、M. H. 汉森的《德摩斯提尼时代的雅典民主》等④；上海人民出版社出版了徐松岩译注的"希腊三史"⑤以及"丰塔纳古代史丛书"中的《早期希腊》《民主政治与古典希腊》《希腊化世界》⑥。考古学方面，浙江人民出版社出版了《会说话的希腊石头》⑦。关于希腊奴隶制研究，有《古希腊罗马奴隶制》⑧。希腊文化史方面，有伊迪丝·汉密尔顿的《希腊方式：通向西方文明的源流》⑨、M. I. 芬利的《希腊的遗产》⑩、韦尔南的《神话与政治之间》《希腊思想的起源》《古代希腊的神话与思想》⑪，还有学者们集体编撰的《剑桥希腊罗马政治思想史》⑫。特别值得一提的是，中国古代中世纪史研究会组织了对《剑桥古代史》新版（14卷，19册）的翻译工作，这项浩大的翻译工程目前已基本完成，出版过半，其他卷册也已进入编校阶段。这是对国内学界的外国古史研究力量的一次大检阅。该书的出版，将有力推动中国的世界古代史包括希腊史的研究。

近30年来出版的中国学者的希腊史专著，如雨后春笋，洋洋大观。前辈学者日知、胡钟达、刘家和、廖学盛、王敦书、孙道天、李长林等先后出版个人文集或专著，包括他们发表过的论文，其中很多与希腊史有关。⑬施治生主编的三部古代政治史专题研究论集，可以

---

① 雨宫健：《古希腊的经济与经济学》，王大庆译，北京：商务印书馆，2019年。
② 哈斯布鲁克：《古希腊贸易与政治》，陈思伟译，北京：商务印书馆，2019年。
③ 伯克特：《东方化革命：古风时代前期近东对古希腊文化的影响》，刘智译，上海：上海三联书店，2010年；康福德：《修昔底德：神话与历史之间》，孙艳萍译，上海：上海三联书店，2006年；阿祖莱：《伯里克利：伟人考验下的雅典民主》，方颂华译，上海：上海三联书店，2015年；卡特利奇：《斯巴达人：一部英雄的史诗》，梁建东、章颜译，上海：上海三联书店，2010年。
④ 卡根：《伯罗奔尼撒战争的爆发》，曾德华译；汉森：《德摩斯提尼时代的雅典民主》，何世健、欧阳旭东译，上海：华东师范大学出版社，2014年。
⑤ 希罗多德的《历史》，修昔底德的《伯罗奔尼撒战争史》，色诺芬的《希腊史》，上海人民出版社，分别出版于2018、2017、2020年。
⑥ 默里：《早期希腊》，晏绍祥译，上海：上海人民出版社，2008年；戴维斯：《民主政治与古典希腊》，黄洋、宋可即译，上海：上海人民出版社，2010年；沃尔班克：《希腊化世界》，陈恒、茹倩译，上海：上海人民出版社，2009年。
⑦ 麦克金德里克：《会说话的希腊石头》，晏绍祥译，杭州：浙江人民出版社，2000年。
⑧ 威斯特曼：《古希腊罗马奴隶制》，邢颖译，郑州：大象出版社，2011年。
⑨ 汉密尔顿：《希腊方式：通向西方文明的源流》，徐齐平译，杭州：浙江人民出版社，1988年。
⑩ 芬利：《希腊的遗产》，张强、唐均、赵沛林等译，上海：上海人民出版社，2016年。
⑪ 韦尔南：《神话与政治之间》，余中先译，北京：生活·读书·新知三联书店，2001年；《希腊思想的起源》，秦海鹰译，上海：东方出版中心，2021年；《古希腊的神话与宗教》，杜小真译，商务印书馆，2021年。
⑫ 罗、斯科菲尔德：《剑桥希腊罗马政治思想史》，晏绍祥译，北京：商务印书馆，2016年。
⑬ 林志纯：《日知文集》（5卷），北京：高等教育出版社，2012年；胡钟达：《胡钟达史学论文集》，呼和浩特：内蒙古大学出版社，1997年；刘家和：《古代中国与世界》，武汉：武汉出版社，1995年；廖学盛：《廖学盛文集》，上海：上海辞书出版社，2005年；王敦书：《贻书堂史集》，北京：中华书局，2003年；孙道天：《古希腊的历史遗产》，上海：上海辞书出版社，2004年；李长林：《采蜜集》，长沙：岳麓书社，2010年。

代表中国20世纪该领域最高研究水平。①

新一代的希腊史研究者开始崭露头角,一系列著作和论文相继问世,新史料、新观点不断发表。郝际陶所著《古代希腊研究》乃是作者的一部文集②,作者追溯了从石器时代到爱琴文明、荷马时代和古典时代的希腊史,第6章就《雅典政制》与《周官》进行了比较研究。易宁、祝宏俊、王大庆合著了一部古希腊通史。③该书吸收了近期国际史学的研究成果,对于希腊历史上爱琴文明、"黑暗时代"、古风时代、古典时代和希腊化时代给予了同样的重视。黄洋所著《古代希腊土地制度研究》乃是其英国伦敦大学博士论文中文版,系统探讨了希腊从迈锡尼时代到古典时代斯巴达、雅典等城邦,直至马其顿统治时期土地制度的发展和变迁。④他的论文集《古代希腊政治与社会初探》对于希腊城邦的起源、雅典民主政治、希腊经济的农业特征、修昔底德史学及同性文化等问题进行了探讨。⑤晏绍祥所著《荷马社会研究》综合探讨了荷马时代的社会结构、城邦、军事和宗教等问题,提出希腊城邦萌芽于荷马社会。⑥他的另一部著作《古代希腊民主政治》系国内第一部系统研究古希腊民主政治的专著。该书史料翔实,论证充分。作者从迈锡尼时代开始,重点探讨希腊主要城邦雅典、斯巴达政治制度中的民主成分,同时也关注阿尔戈斯、叙拉古、忒拜(底比斯)等邦政治制度中的民主因素。⑦

王以欣长期关注希腊神话和早期希腊史领域,出版了《寻找迷宫——神话、考古与米诺文明》《神话与历史——古希腊英雄故事的历史和文化内涵》《神话与竞技:古希腊体育运动与奥林匹克赛会起源》等著作⑧,发表多篇论文,系统探讨米诺斯文明的考古发现史和历史,充分吸收和运用近现代西方学者的研究成果,对于希腊神话的思想文化和历史内涵及其与历史现实的关系,希腊神话与竞技比赛等活动的关系,进行了深入挖掘和解读。王大庆的《古代希腊的赛会研究》⑨,对于古希腊体育比赛的制度、文化及其思想内涵进行了系统探析。张巍的《希腊古风诗教考论》⑩,从赫西俄德、梭伦和提奥格尼斯等的诗歌入手,力图证明古代希腊的哲学、智术和演说等都是在早期诗歌的化育下出现的,诗歌实际承载着古风时代希腊人的文化理想。这是中国学者出版的第一部系统讨论早期希腊教育的专

---

① 施治生、刘欣如:《古代王权与专制主义》;施治生、郭方:《古代民主与共和制度》;施治生、徐建新:《古代国家的等级制度》,北京:中国社会科学出版社,分别出版于1993、1998、2003年。
② 郝际陶:《古代希腊研究》,长春:东北师范大学出版社,1994年。
③ 易宁、祝宏俊、王大庆等:《古代希腊文明》,北京:北京师范大学出版社,2014年。
④ 黄洋:《古代希腊土地制度研究》,上海:复旦大学出版社,1995年。
⑤ 黄洋:《古代希腊政治与社会初探》,北京:北京大学出版社,2014年。
⑥ 晏绍祥:《荷马社会研究》,上海:上海三联书店,2006年。
⑦ 晏绍祥:《古代希腊民主政治》,北京:商务印书馆,2019年;《希腊城邦民主与罗马共和政治》,北京:人民出版社,2018年。
⑧ 王以欣:《寻找迷宫——神话、考古与米诺文明》,天津:天津人民出版社,2000年;《神话与历史——古希腊英雄故事的历史和文化内涵》,北京:商务印书馆,2006年,修订版由陕西师范大学出版社2018年出版;《神话与竞技:古希腊体育运动与奥林匹克赛会起源》,天津:天津人民出版社,2008年。
⑨ 王大庆:《古代希腊的赛会研究》,北京:中国社会科学出版社,2017年。
⑩ 张巍:《希腊古风诗教考论》,北京:北京大学出版社,2018年。

著。裔昭印主要关注妇女史研究,她的《古希腊的妇女——文化视域中的研究》[①],就雅典、斯巴达妇女地位的差别及其原因进行了探讨。

祝宏俊近年来主要关注斯巴达史的研究,他的两部专著《古代斯巴达政制研究》《古代斯巴达经济社会史研究》[②],就斯巴达政治、经济、社会若干问题进行了全面深入的探讨。解光云就雅典城市、文化进行了探讨。白春晓主要研究修昔底德著作的流传以及修昔底德的政治和道德思想。李尚君根据德摩斯梯尼的演说,探讨当时雅典民主政治中精英与大众的关系;王志超就德摩斯梯尼与当时雅典外交政策的成败得失进行了系统研究,提出了自己的思考。吴晓群关注希腊仪式文化,并与先秦时代的中国进行比较研究。[③]在古希腊史学史研究方面,张广智、刘家和、郭小凌、易宁、吴晓群、徐松岩、吕厚量等都有论著发表。[④]晏绍祥多年来致力于古典学术史的梳理,经过修订的两卷本《古典历史研究史》[⑤],评述客观精详,堪称国内这方面最有分量的著作。

在比较研究方面,胡庆钧主编的《早期奴隶占有制社会比较研究》[⑥],运用部分民族学资料,对于希腊荷马时代、罗马王政时代、西亚以及中国夏商时代奴隶制社会进行了比较研究;王大庆的《本与末——古代中国与古代希腊经济思想比较研究》[⑦],就中国先秦时代与古希腊经济上的"本末观"进行了比较研究。作者并非就经济思想而论经济思想,还注意从经济史、伦理史、哲学史的角度来探讨经济思想。

杨巨平、陈恒等则致力于希腊化历史文化研究。前者所著《碰撞与交融:希腊化时代的历史与文化》实际上是他关于希腊化时代的论文集,涉及希腊化世界的历史、政治制度、文化发展、文明交融诸方面,对于希腊化时代东西方文化交流以及希腊化世界遗产的研究贡献突出。他的另一部著作《古希腊罗马犬儒现象研究》,讨论了犬儒学派在希腊的起源和发展。[⑧]陈恒的《希腊化研究》概述希腊化政治史,阐述了希腊化世界的文化成就。[⑨]徐晓旭的《腓利二世:霸权与泛希腊主义》,从现实政治和族群认同的角度探索马其顿霸权的确立。[⑩]

[①] 裔昭印:《古希腊的妇女——文化视域中的研究》,北京:商务印书馆,2001年。
[②] 祝宏俊:《古代斯巴达政制研究》,北京:中央编译出版社,2013年;《古代斯巴达经济社会史研究》,北京:中国社会科学出版社,2021年。
[③] 解光云:《古典时期的雅典城市研究》,北京:中国社会科学出版社,2006年;李尚君:《"演说舞台"上的雅典民主:德谟斯提尼的演说表演与民众的政治认知》,北京:北京大学出版社,2015年;王志超:《德摩斯梯尼与雅典对外政策》,北京:中国社会科学出版社,2012年;吴晓群:《古代希腊仪式文化研究》,上海:上海社会科学院出版社,2000年。
[④] 张广智团队长期从事西方史学史研究,他主编的多卷本《西方史学通史》(复旦大学出版社,2011年),广泛涉及希腊史学研究,其中第二卷为古代时期(作者吴晓群);刘家和:《中西古代历史、史学与史学理论比较研究》,北京:北京师范大学出版社,2013年。
[⑤] 晏绍祥:《古典历史研究史》(上下册),北京:北京大学出版社,2013年。
[⑥] 胡庆钧:《早期奴隶占有制社会比较研究》,北京:中国社会科学出版社,1996年。
[⑦] 王大庆:《本与末——古代中国与古代希腊经济思想比较研究》,北京:商务印书馆,2006年。
[⑧] 杨巨平:《碰撞与交融:希腊化时代的历史与文化》,北京:中国社会科学出版社,2018年;《古希腊罗马犬儒现象研究》,北京:人民出版社,2002年。
[⑨] 陈恒:《希腊化研究》,北京:商务印书馆,2006年。
[⑩] 徐晓旭:《腓利二世:霸权与泛希腊主义》,武汉:华中师范大学出版社,2009年。

徐松岩在2023年出版了个人文集《多彩的雅典娜——古希腊文明史述论集》,实际上是他多年勤奋钻研古希腊历史成果的结集。作者强调,始终坚持以马克思主义历史理论为指导,在深入扎实研究史料的基础上,从考察古代经济状况入手,结合实地调研和考察,探究希腊早期居民源流、海上拓殖、城邦的起源和政制、邦国相互关系、国家发展道路,进而阐释希腊城邦经济结构、经济思想、政治思想、海洋意识,在希腊文明史和比较研究领域形成较为系统而独到的看法。作者在以下五个领域有一定开拓性、创新性的贡献:一是从理论上和史实上厘清古代奴隶制发展状况、城邦经济结构,指出古代东西方国家奴隶制和经济结构只是量的差别而非质的不同,古希腊城邦经济以农业为主,工商业始终处于次要地位。二是古代雅典民主政治和邦国相互关系的研究,指出雅典民主制在公元前462年民主制确立以前、至公元前404年、公元前404—前338年各阶段性质明显不同;雅典在希波战争后对原提洛同盟诸邦的奴役和剥削,是其国家强盛的物质基础,是理解公元前5世纪中后期希腊世界国际关系的关键;古代"希腊"是一个动态演化的地域、文化概念,希腊诸城邦之间的关系是国际关系。三是古代海洋史研究,对古代希腊罗马世界的海盗行为做定性研究,认为它是该地区社会矛盾和阶级斗争的有机组成部分,特洛伊远征是地中海地区有史以来第一次大规模有组织的海盗劫掠活动,从这个角度看海盗活动具有某种历史进步性。四是对古代希腊史家和史料的研究,指出希腊三大史家史学方法、史学思想的时代特征,剖析近代以来国际学界褒修昔底德,贬希罗多德、色诺芬的原因。五是古代国家发展道路的统一性与多样性研究,对于古代国家的发展路径作出既符合马克思主义经典作家的理论阐释,又符合历史事实的论述。就雅典国家而言,指出其并非一直国小民寡,国家版图或疆域历经由小而大、由大而小的过程,向外扩张和征服是古代国家发展的常规路径。[1]有评论者充分肯定该书的学术贡献,认为其为中希文明互鉴提供了坚实的学理基础。[2]

根据笔者视野所及,近30年国内希腊研究成果按内容分述如下:

(一)政治史研究[3]

政治史是古希腊研究领域最重要的研究方向之一。国内古希腊政治史研究较为关注希腊城邦的政治实践和政治文化,尤其关注以雅典为代表的城邦民主政治的发生、发展、衰落及其实质。国内希腊政治史研究是在翻译政治制度的古代文献史料和国际研究成果的基础上展开的。如上所述,亚里士多德的《雅典政制》《政治学》、柏拉图的《理想国》,以及涅尔谢相茨的《古希腊政治学说》、萨拜因的《政治学说史》、安德鲁斯的《希腊僭主》等著

---

[1] 徐松岩:《多彩的雅典娜——古希腊文明史述论集》,上海:上海人民出版社,2023年,第1—10页。
[2] 陈安民:《为中希文明互鉴提供坚实学理基础》,《中国社会科学报》2024年3月20日。
[3] 本部分由刘豪执笔。

作的中译本出版,为古希腊政治史研究提供了史料基础。[1]日知、郝际陶、徐松岩、晏绍祥、刘先春等探讨了雅典国家的起源和早期发展状况。[2]廖学盛、黄洋、顾銮斋等从多方面深入探讨雅典民主制。廖学盛指出,公元前6至前4世纪存在于雅典的民主政体,是雅典公民在一定时期内利益一致的政治表现;黄洋则考察了雅典民主政治中民众参与、私有财产的作用以及民众领袖的角色等问题;顾銮斋重新考定、论证雅典政治确立的时间问题。[3]陈德正、蔡连增等考察了雅典政制的具体运作。[4]关于希腊政治史的其他领域,日知考察了梭伦以前雅典从君政王政到贵族政治的历史变迁,余丽珍考察了早期希腊僭主政治的形成,朱建军探讨了马其顿王权发展的物质基础,杨巨平则分析了希腊化时期君主制的形成与特点。[5]顾准、日知、刘家和等认为希腊城邦虽政体各异,但或多或少都有民主因素,胡钟达则强调古典希腊城邦政治发展具有不平衡性。[6]

施治生等主编的《古代王权和专制主义》《古代民主与共和制度》《古代国家的等级制度》以宽阔的视野总论世界古代诸国政治制度史,其中关于希腊政体的探讨可视为是对20世纪国内希腊政治史研究的总结。魏凤莲所著的《古希腊民主制研究的历史考察近现代》[7],系统梳理了18世纪以来,特别是20世纪以来国际史学界对古希腊民主制度的研究,

---

[1] 柏拉图:《理想国》,郭斌和、张竹明译,北京:商务印书馆,1986年;涅尔谢相茨:《古希腊政治学说》,蔡拓译,北京:商务印书馆,1991年;萨拜因:《政治学说史》(上下册),盛葵阳、崔妙因译,北京:商务印书馆,1990年;安德鲁斯:《希腊僭主》,钟嵩译,北京:商务印书馆,1997年。

[2] 日知、际陶:《关于雅典国家产生的年代问题》,《社会科学战线》1980年第4期。日知:《从君政王政到贵族政治——梭伦以前雅典政治简史》,《郑州大学学报》(哲学社会科学版)1983年第4期;日知、张强:《雅典帝国与周天下——兼论公卿执政制时代》,《世界历史》1989年第6期;徐松岩:《提秀斯改革新论》,《安徽史学》2003年第1期;徐松岩:《雅典帝国、周天下与早期国家》,《重庆师院学报》(哲学社会科学版)1999年第1期;晏绍祥、罗静兰:《早期雅典国家若干问题》,《华中师范大学学报》(哲学社会科学版)1992年第3期;刘先春:《也谈雅典国家的产生——兼与晏绍祥、罗静兰同志商榷》,《华中师范大学学报》(哲学社会科学版)1994年第4期。

[3] 廖学盛:《希波战争和雅典城邦制度的发展》,《世界古代史研究》,北京:北京大学出版社,1982年,第54—69页;廖学盛:《公元前6—4世纪雅典民主政治的若干问题》,廖学盛:《廖学盛文集》,上海:上海辞书出版社,2005年,第87—110页;廖学盛:《试析古代雅典民主产生的条件》,《世界历史》1997年第2期;黄洋:《雅典民主政治新论》,《世界历史》1994年第1期;顾銮斋:《论雅典奴隶制民主政治的形成》,《历史研究》1996年第4期;顾銮斋:《谈雅典奴隶制民主政体创立问题的研究》,《齐鲁学刊》1998年第3期。

[4] 陈德正:《管仲与梭伦选官制度改革的比较研究》,《史学月刊》1995年第5期;蔡连增:《论公元前四世纪雅典陪审法庭的政治权力》,《厦门大学学报》(哲学社会科学版)1997年第1期;尹明明、鲁运庚:《古代雅典的"公益捐献"制》,《历史教学》1998年第12期;尹明明、鲁运庚:《雅典民主政治中的公职津贴制》,《历史教学》1999年第6期。

[5] 日知:《从君政王政到贵族政治——梭伦以前雅典政治简史》,《郑州大学学报》(哲学社会科学版)1983年第4期;余丽珍:《试论希腊早期僭政产生的历史背景》,《世界历史》1992年第2期;朱建军:《论物质财富对古代马其顿王权消长的决定作用》,《世界历史》1987年第2期;朱建军:《论古代王权的发展及其与财富的关系》,《世界历史》1992年第3期;杨巨平:《试析"希腊化"时期君主制的形成与特点》,《山西大学学报》(哲学社会科学版)1991年第1期。

[6] 顾准:《希腊城邦制度》,北京:中国社会科学出版社,1982年;日知:《古代城邦史研究》,北京:人民出版社,1989年;刘家和:《古代中国与世界:一个古史研究者的思考》,武汉:武汉出版社,1995年;胡钟达:《古典时代中国希腊政治制度演变的比较研究》,《内蒙古大学学报》(哲学社会科学版)1996年第6期。

[7] 魏凤莲:《古希腊民主制研究的历史考察:近现代》,济南:山东大学出版社,2008年。

以及国内学者的相关研究。

进入21世纪,国内的古希腊政治史研究有较多新进展。第一,对古典时期以外希腊其他历史时期的政治发展有了更深入的研究。徐松岩考辨了提秀斯改革的历史真实性,从历史实际出发指出该改革促使散居的阿提卡诸公社初步联合,并非国家组织取代氏族部落组织过程中的决定性事件;他着重探讨民主发展与雅典国家规模扩大、国家机构强化的关系,论析了公元前5世纪末政坛风云人物塞拉麦涅斯的角色,关注到雅典民主制历史上的两次"无痕蜕变",以及公元前4世纪民主制发展的基础和特点。[①]晏绍祥探讨了荷马社会的性质,重点分析了荷马时代的王权结构、社会等级和政治特点,他还考察了克里特国家的起源;徐晓旭通过梳理腓力二世的军事政治改革,厘清了马其顿王国的霸权扩张与泛希腊主义之间的互动关系;陈恒较宏观地探讨了希腊化时期的社会发展及文化特征,崔丽娜则具体考察了希腊化时期塞琉古帝国君主制的特点。[②]

第二,对民主政治的探讨从民主制度本身转移到研究民主制形成的历史情境上。学者们关注到精英与民众的关系和领袖与希腊民主政治的关系,通过历时考察和个案分析探讨精英阶层如何动用政治手段影响民主决策过程,同时注意到其他政制与民主制的互动关系。晏绍祥认为演说家并非所谓激进民主的产物,在希腊各城邦都存在不同数量和类型的演说家,演说家是城邦政治的必然产物,在希腊世界具有共性;蒋保指出演说的兴盛是民主政治的一种内在需要,作为演说家的政治领袖和民众间存在的张力使雅典民主政治在长达二百多年的历史中处于一种相对稳定的状态;杨巨平和王志超则认为演说家作为知识精英和政治精英与希腊城邦民主制度之间存在着一种特殊的相互依存、相互制约的关系;王以欣认为在古希腊宗教和哲学中存在着根深蒂固的防范英雄的观念,这种观念深刻影响了古典时代雅典的法律和政治制度;陈莹指出公元前6世纪长期活跃于雅典政坛的阿尔克迈翁家族与民众之间的斗争促成了民主的诞生;徐松岩和陈超均考察了政治领袖塞拉麦涅斯的事迹,徐松岩认为塞拉麦涅斯的政治活动实际上是借民主派或寡头派之力使其彼此攻击、相互削弱,力图通过"托古改制"实现修订宪法,进而实现其政治主张;陈超进一步指出塞拉麦涅斯不断变换立场,不属于任何"党派",他主要依靠"结社"解决个别的政治或司法问题,性质和政党明显不同;李尚君和贾文言则分别以演说家德谟斯

[①] 徐松岩:《雅典民主城邦何以发生逆向蜕变》,《经济—社会史评论》,北京:生活·读书·新知三联书店,2008年;徐松岩:《塞拉麦涅斯与公元前5世纪末的雅典政治》,《世界历史》2015年第2期;徐松岩:《雅典民主制历史上的两次"无痕蜕变"》,《光明日报》2016年5月7日;徐松岩:《论古代雅典国家的发展道路——兼及雅典国家的版图问题》,《四川大学学报》(哲学社会科学版)2016年第4期。

[②] 徐松岩:《提秀斯改革新论》,《安徽史学》2003年第1期;晏绍祥:《荷马社会研究》,上海:上海三联书店,2006年;晏绍祥:《克里特国家的起源及特征》,《史学集刊》2021年第3期;陈恒:《希腊化研究》,北京:商务印书馆,2006年;徐晓旭:《腓力二世:霸权与泛希腊主义》,武汉:华中师范大学出版社,2009年;崔丽娜:《塞琉古帝国君主制的特征及其合法性》,《首都师范大学学报》(社会科学版)2022年第3期。

提尼和安多基德斯的政治生涯为主线,探讨民主政治下贵族的处境及其与民主政治的关系,并反思演说这一表演形式在民主政治中的作用。①

第三,对具体的政治制度和法律实践的实证研究有所增多。祝宏俊考察了斯巴达城邦的监察官、公民大会、长老议会和王政等制度;晏绍祥考辨了雅典首席将军制、陶片放逐法和国葬礼制的兴起发展和具体实施;张春梅探析了雅典的陪审法庭的运作细节和雅典官员监督的具体实施;阴元涛梳理了公民法庭的历史变迁和议事会司书制的政治职能;崔丽娜分析了社会捐献行为对雅典政治生活的影响;吴娟挖掘了雅典政厅公餐制对政治身份认同的积极作用;张朵朵和郭子龙梳理了雅典司库制度的历史发展;周洪祥系统探究了雅典公民大会的历史沿革。上述研究用历史事实解释了雅典民主政治长期发展的制度性原因。张新刚则通过分析修昔底德对雅典政治情况的描绘,发现了雅典政制的三个政治品性。②

第四,对雅典以外地区政治发展的关注增加。祝宏俊在前期研究基础上系统考察了斯巴达政制,除前述斯巴达政制的基本制度外,还考察了阿高盖制度、职官制度、地方和境外治理等,认为斯巴达政制是一种特殊民主制;晏绍祥也认为斯巴达政制中有较多民主因素,他们的研究突破了过去国内学界认为斯巴达城邦是寡头制的认知。晏绍祥还考察了公元前5世纪阿尔戈斯和叙拉古地区民主政治发展;王以欣考察了科林斯地区的僭主制;陈克考察了德尔菲的外邦代理人制度;贾文言分析了公元前4世纪初底比斯对雅典的外

---

① 晏绍祥:《演说家与希腊城邦政治》,《历史研究》2006年第6期;蒋保:《演说与雅典民主政治》,《历史研究》2006年第6期;蒋保:《古希腊演说研究》,北京:中央编译出版社,2020年;杨巨平、王志超:《试论演说家与雅典民主政治的互动》,《世界历史》2007年第4期;王以欣:《英雄与民主——古代雅典民主政治剖析》,《世界历史》2007年第4期;陈超:《论公元前5世纪后期雅典民主政治的贵族传统》,《首都师范大学学报》(社会科学版)2020年第4期;陈莹:《与民众结盟——阿尔克迈翁家族与雅典民主的诞生》,《世界历史》2012年第1期;徐松岩:《塞拉麦涅斯与公元前5世纪末的雅典政治》,《世界历史》2015年第2期;陈超:《塞拉麦涅斯与公元前5世纪后期的雅典政治》,《史林》2018年第2期;陈超:《僭主想象与公元前5世纪的雅典政治》,《古代文明》2018年第3期;陈超:《贵族话语与雅典民主政治的关系——以"刺杀僭主"叙事为中心》,《史学月刊》2020年第1期;陈超:《从并肩到对立:公元前5世纪雅典政体光谱中的民主制与寡头制》,《世界历史》2022年第5期;李尚君:《德谟斯提尼的修辞策略与雅典民众政治角色的塑造》,《历史研究》2011年第4期;李尚君:《雅典民主政治研究的新视角:德谟斯提尼的演说修辞策略与民众的政治认知》,《史林》2012年第4期;李尚君:《演说舞台上的雅典民主:德谟斯提尼的演说表演与民众的政治认知》,北京:北京大学出版社,2015年;李尚君:《政治领袖与雅典民主:政治文化视角的深描》,北京:商务印书馆,2023年;贾文言:《安多基德斯与雅典城邦政治》,北京:中国社会科学出版社,2020年。

② 祝宏俊:《斯巴达的"监察官"》,《历史研究》2005年第5期;祝宏俊:《斯巴达"监察官"与政治分权》,《世界历史》2007年第4期;祝宏俊:《斯巴达元老院研究》,《史学集刊》2007年第5期;祝宏俊:《古代斯巴达的公民大会》,《世界历史》2008年第1期;祝宏俊:《斯巴达的王政及其特征》,《历史研究》2009年第3期;晏绍祥:《雅典首席将军考辨》,《历史研究》2002年第2期;晏绍祥:《雅典陶片放逐法考辨》,《世界历史》2017年第1期;晏绍祥:《梭伦与雅典国葬典礼制度的发端》,《古代文明》2017年第4期;张春梅:《试论公元前5世纪中期雅典的陪审法庭变革》,《古代文明》2009年第2期;阴元涛:《试论雅典公民法庭的发展与演变》,《世界历史》2012年第2期;崔丽娜:《古典时代雅典的捐献与政治》,《世界历史》2012年第3期;张春梅:《古典时期雅典的官员监督机制》,《古代文明》2014年第4期;阴元涛:《雅典议事会司书考述》,《古代文明》2020年第2期;吴娟:《古典时期雅典政厅公餐制度论析》,《历史教学》(下半月刊)2021年第4期;张朵朵、郭子龙:《雅典司库制度考述》,《古代文明》2022年第1期;周洪祥:《古代雅典公民大会研究》,北京:人民出版社,2019年。

交政策从敌对到结盟的转变;邢颖分析了以奥林匹亚节为代表的泛希腊节日对完善希腊城邦制度的作用;符莹岩、齐虹考察了阿凯亚城邦联盟的政治体制;张爱礼探讨了德尔斐近邻同盟的政治博弈;曾晨宇论证了公元前5世纪末小亚细亚希腊人同盟在国际关系中的自主性;罗俊睿梳理了彼奥提亚同盟与底比斯霸权的兴衰过程。晏绍祥于2019年出版的《古代希腊民主政治》在其前期研究基础上,系统梳理了古代希腊城邦的民主实践,包括雅典民主政治的演进、斯巴达政制中的民主因素考察、古希腊其他地区的民主政治发展,是对新世纪国内古希腊民主政治研究的系统总结,是国内古希腊民主政治研究的代表性成果。①

第五,在关注政治制度的同时,也重视古希腊政治思想史研究。其一是宏观考察古希腊政治思想的源流。杨巨平梳理了古希腊乌托邦思想的起源与流变,认为古希腊乌托邦思想经历了"神话乌托邦—政治乌托邦—自然乌托邦"的发展;晏绍祥分析了不同古代作家对雅典民主的评价,指出公元前5世纪的希腊人对民主政治毁誉参半,但肯定的意见似乎是主流,他还考察了希腊化时期和罗马时代对雅典民主的评价,指出现实因素深刻影响着不同时代人们对民主政治的评判;黄洋认为理解西方政治学兴起的关键在于公元前5世纪希腊人的政治与哲学探索,确立西方政治学传统的柏拉图与亚里士多德等思想家深受前一个世纪希腊政治与思想深刻变革的影响;刘玮指出古希腊德性政治观念虽有不同源流,却有共同的价值取向;王邵励、魏凤莲、颜荻等人则尝试剖析社会文化因素对古希腊政治思想的影响。②

其二是具体阐述某些个人的政治思想。苏格拉底、柏拉图和亚里士多德等古希腊先贤的政治思想是国内学者关注的重点,相关研究主要是政治学与哲学的阵地,成果颇丰,

---

① 祝宏俊:《军事教育与斯巴达的阿高盖制度》,《世界历史》2013年第4期;祝宏俊:《古代斯巴达政制研究》,北京:中央编译出版社,2013年;晏绍祥:《古典斯巴达政治制度中的民主因素》,《世界历史》2008年第1期;晏绍祥:《公元前5世纪阿尔戈斯的民主政治》,《世界历史》2019年第6期;晏绍祥:《公元前5世纪中后期叙拉古的民主政治》,《首都师范大学学报》(社会科学版)2020年第4期;王以欣:《科林斯两代僭主考》,《古代文明》2021年第4期;陈克:《论德尔菲外邦代理人制的礼仪性》,《古代文明》2021年第2期;贾文言:《公元前4世纪初底比斯对雅典的外交政策论析》,《西华师范大学学报》(哲学社会科学版)2021年第1期;邢颖:《希腊城邦与奥林匹亚节》,《世界历史》2013年第6期;符莹岩:《浅析希腊化时期阿凯亚城邦联盟的政治体制》,《世界历史》2011年第6期;符莹岩:《试论阿凯亚城邦联盟"辛诺多斯"和"辛克莱托斯"的组成》,《古代文明》2011年第2期;齐虹:《在城邦与联邦之间:古代阿卡狄亚的政治史》,北京:中国社会科学出版社,2023年;张爱礼:《从德尔斐近邻同盟看希腊城邦的政治博弈》,《北京师范大学学报》(社会科学版)2018年第2期;曾晨宇:《公元前5世纪末小亚细亚希腊人同盟考》,《历史研究》2022年第2期;罗俊睿:《彼奥提亚同盟与底比斯霸权的兴衰》,《内蒙古大学学报》(哲学社会科学版)2022年第2期;晏绍祥:《古代希腊民主政治》,北京:商务印书馆,2019年。

② 杨巨平:《古希腊乌托邦思想的起源与演变》,《世界历史》2003年第6期;晏绍祥:《从理想到暴政——古典时代希腊人的雅典民主观》,《华东师范大学学报》(哲学社会科学版)2003年第6期;晏绍祥:《民主还是暴政——希腊化时代与罗马时代思想史中的雅典民主问题》,《世界历史》2004年第1期;晏绍祥:《古典民主与共和传统》,北京:北京大学出版社,2013年;黄洋:《西方政治学的前史:公元前5世纪希腊的政治思想》,《历史研究》2020年第1期;刘玮:《用智慧驯化勇敢:古希腊德性政治的演进》,《道德与文明》2021年第1期;王邵励:《奥林匹亚节视角中的古希腊城邦政治》,《历史教学问题》2003年第6期;魏凤莲:《狄奥尼索斯崇拜与雅典民主政治》,《世界历史》2015年第6期;颜荻:《"地生人"与雅典民主》,北京:生活·读书·新知三联书店,2022年。

限于篇幅难以展开。国内学者对古希腊先贤政治思想的研究除了关注其政治理想和政治哲学外,还尝试比较中希古代先贤政治思想的异同。①除了著名的思想家、哲学家,国内学者也注重考察其他古代作家的政治思想。张巍挖掘了立法者梭伦对优良政制的构想;吴小锋、焦颖莹、贾瑞霞、娄林等分别探讨了史家希罗多德、修昔底德和色诺芬的政治思想;晏绍祥、肖有志、张文涛、崔嵬、黄薇薇等人则聚焦古代戏剧家的政治表达;何琾解读了演说家伊索克拉底的泛希腊主义政治主张;张新刚则在《友爱共同体:古希腊政治思想研究》中系统梳理了数位古代作家的思想,将内乱、友爱与和谐作为理解希腊城邦政治思想的核心。②

其三是通过比较研判古代民主与现代民主的区别与联系。上文所提施治生等主编的《古代民主与共和制度》已关注到古今民主政治的差异。黄洋和晏绍祥展开的系列讨论在中国学者中具有代表性。二者基本肯定雅典民主的制度性优点,但强调古今民主存在差异。黄洋指出现代西方民主制度并非全来源于古希腊,古代民主和现代民主的根本不同在于对于民主、大众与精英关系的不同理解以及对于个人自由所持的不同态度,而当代西方的古典学者往往忽视古今民主的区别,强调其相似性的价值取向则有些耐人寻味。晏

---

① 古希腊先贤政治思想研究参见王岩:《柏拉图、亚里士多德政治哲学比较研究》,《政治学研究》2001年第4期;王蓓:《柏拉图政治哲学新析》,《政治学研究》2003年第3期;罗克全:《规范性政治哲学的道德基础:柏拉图与亚里士多德》,《法制与社会发展》2003年第6期;林国荣:《柏拉图论民主政制的正当性》,《江海学刊》2012年第2期;赵亮:《权衡的政治哲学:重思苏格拉底》,《求索》2012年第11期;李涛:《亚里士多德的伦理性政治学》,《哲学动态》2012年第11期;王志超:《试析苏格拉底对雅典民主政治的认同》,《安徽史学》2013年第5期;陶涛:《亚里士多德论最优政体》,《哲学动态》2013年第5期;黄璇:《"好人"与"好公民":一个政治伦理难题的亚里士多德解》,《武汉大学学报》(哲学社会科学版)2014年第3期;贾文言:《现实因素与亚里士多德最优政体的选择》,《南昌大学学报》(人文社会科学版)2015年第2期;陈玮:《在个体善和城邦善之间——亚里士多德论伦理学和政治学》,《浙江社会科学》2016年第7期;梁海森:《亚里士多德理想政体探析》,《理论月刊》2016年第11期;史彤彪:《试析柏拉图法律思想的转变》,《山东社会科学》2018年第5期。中希先贤政治思想比较研究参见杨师群:《东周诸子与古希腊智者之比较》,《学术月刊》2002年第7期;林振武:《亚里士多德与墨子政治哲学比较研究》,《齐鲁学刊》2003年第5期;王显峰、高剑平:《孟子与柏拉图政治思想之比较》,《学术论坛》2004年第3期;陈明:《儒家政治哲学的特点及其范式建构——以亚里士多德〈政治学〉为参照》,《哲学动态》2007年第12期;张维新:《孔子和亚里士多德的政治学说之比较》,《湖北社会科学》2010年第12期;曾雪灵:《论柏拉图与孟子的政治价值观及其分工理论》,《浙江学刊》2014年第5期;谈火生:《中西政治思想中的家国观比较——以亚里士多德和先秦儒家为中心的考察》,《政治学研究》2017年第6期;刘丹忱:《孔子与柏拉图治国思想之比较互鉴》,《孔子研究》2020年第2期;孙雅薇:《〈理想国〉〈商君书〉政治思想之比较》,《学习与探索》2023年第7期。

② 吴小锋:《希罗多德笔下的爱欲与礼法》,《浙江学刊》2011年第2期;焦颖莹:《修昔底德的启示——对于城邦政治的另一种反思》,《现代哲学》2012年第6期;贾瑞霞:《色诺芬的政体说》,《首都师范大学学报》(社会科学版)2011年第S1期;娄林:《民主政制与国际关系——论色诺芬的〈雅典政制〉》,《学术界》2018年第11期;任军锋:《帝国的政治理论——修昔底德与希罗多德》,《云南大学学报》(社会科学版)2022年第3期;晏绍祥:《冲突与调适——埃斯库罗斯悲剧中的城邦政治》,《政治思想史》2015年第1期;肖有志:《政治与生命感觉——索福克勒斯悲剧主题研究》,《海南大学学报》(人文社会科学版)2017年第1期;肖有志:《哲人索福克勒斯的政治思想研究》,《海南大学学报》(人文社会科学版)2020年第5期;崔嵬:《微茫正声:阿里斯托芬的政治与哲学》,《外国语文》2019年第3期;张文涛:《哲人与城邦正义——阿里斯托芬〈云〉浅析》,《现代哲学》2011年第5期;黄薇薇:《从"梵静之邦"到"云中鹁鸪国"——阿里斯托芬〈鸟〉的政治含义》,《思想战线》2014年第2期;黄薇薇:《谐剧诗人笔下的启蒙——再议阿里斯托芬〈鸟〉的政治含义》,《江汉论坛》2018年第8期;何琾:《伊索克拉底的〈泛希腊集会辞〉与泛希腊主义》,《世界历史》2015年第4期;张新刚:《友爱共同体:古希腊政治思想研究》,北京:北京大学出版社,2020年。

绍祥在《古典民主与共和传统》下卷中系统阐述了近现代西方国家对古代民主的反思,他的新近研究强调了近现代西方学者对古代民主政治的界定不可避免地与他们对现代民主政治的认识和评价紧密联系。大部分学者在考察古希腊政治过程中都或多或少从古今民主政治变迁去反思近现代西方世界自由民主话语体系,表明国内古希腊政治思想研究始终坚持摒弃西方学者学术研究的政治意识形态。[①]

第六,大力引入优秀的国外研究成果。随着国内学者外文读译水平不断提升,越来越多国外古希腊政治史研究被引进,在此不再赘举。国内学者在借鉴国外前沿研究成果的基础上,正在急起直追,进行原创性研究。

国内古希腊政治制度史研究主要关注古典时期各城邦政治的发展,尤其注重探讨民主政治的发生发展,其中又以雅典民主政治为研究重心。郝际陶对亚里士多德《雅典政制》的重新翻译、注释,吸收了国际学界的重要研究成果,集中展示了作者多年的研究心得。[②]国内学者不仅明晰了不同历史时期和不同地区古希腊人的政治实践,对其社会生活和文化背景也做了诸多探讨,大大拓展了古希腊政治史研究的范围和内容。令人欣喜的是,国内研究不仅仅是对国外学者研究成果、研究方法的译介,更是在反思和客观评价西方学者研究基础上独立思考,开展原创性研究。

(二)经济史研究

古代经济史研究历来受到古史学界特别是马克思主义史学界的重视。但是,关于古希腊城邦的经济结构、经济性质、经济思想以及奴隶制的史料零碎且匮乏,后世学者的理解、阐释歧异颇多,很多问题至今难以取得共识。国内学界长期流行的观点基本上照搬苏联相关著作,大体上认为古希腊经济工商业发达、奴隶制发达是其奴隶制民主制度趋于完善和文化繁荣的社会经济基础。在东西方经济社会的比较研究中,如20世纪关于古代东方与古典世界(希腊罗马)社会的"两阶段说""两类型说"以及亚细亚生产方式的讨论等都与对古希腊经济的认识密切相关。[③]

对于古希腊经济的探讨始于近代西欧。启蒙运动期间,法德等国学者开始论述希腊经济特质。19世纪末至20世纪前期,某些学者本着历史循环论史观,认为古代希腊经济类同于近现代资本主义,古代工商业奴隶类似于近代雇佣工人,希腊城邦如雅典等是工商

[①] 黄洋:《民主政治诞生2500周年?——当代西方雅典民主政治研究》,《历史研究》2002年第6期;黄洋:《古代与现代的民主政治》,《史林》2007年第3期;黄洋:《古典希腊理想化:作为一种文化现象的Hellenism》,《中国社会科学》2009年第2期;黄洋:《希腊城邦政治与西方法治传统的建立》,《经济社会史评论》2015年第2期;晏绍祥:《"新世纪、新民主?"——近十年来雅典民主研究的某些取向》,《史学理论研究》2009年第4期;晏绍祥:《古典民主与共和传统》,北京:北京大学出版社,2013年;晏绍祥:《雅典民主政治发端之论争》,《武汉大学学报》(哲学社会科学版)2019年第1期。
[②] 郝际陶:《〈雅典政制〉汉译与研究》,北京:高等教育出版社,2016年。
[③] 20世纪30年代形成了苏联史学界的所谓两阶段论,即把奴隶制社会划分为两个阶段,古代东方是早期的、不发达的奴隶制社会,古代希腊罗马是发达的奴隶制社会;产生于50年代的两类型论,即把古代奴隶制社会划分为古代东方和古代希腊罗马两种发展道路不同的类型。参阅詹义康:《试评奴隶社会两阶段论和两类型论》,《江西师院学报》1981年第4期。

业城邦,古希腊历史似乎经历了一次资本主义时代。这就是所谓的"古史现代化派"。这些观点在史学界一度占主导地位,影响深远。进入20世纪30年代以后,随着学术研究的深入,某些论点虽然遭到被称为"原始主义派"特别是马克思主义学者的有力反驳,但其影响至今不可低估。

学界一般认为古希腊城邦是工商业高度发达的文明,国内学者常常有工商业城邦或工商业国家的说法;有学者循此进一步推论,认为雅典改革家梭伦代表工商业阶层的利益,雅典民主制是工商业奴隶主阶级的民主政治等,诸如此类的说法相当流行且笼统。① 其中关键的问题是:"发达"的标准是如何确定的?徐松岩在多篇论文中首先界定了工商业城邦的概念,那就是其国民大多数以工商业为生或以工商业收入为其国家主要财政收入。他指出农业始终是古代国家的主要经济部门,希腊城邦公民原则上都是土地所有者,农业始终是其公民最重要的谋生手段,所谓"工商业城邦"的概念似是而非,实际上是指工商业比较充分发展的农业城邦而已。古希腊世界范围内有上千个城邦,其中工商业较发达的有雅典、科林斯等,而工商业最发达的时段在古典时代,没有确凿的史料史实证明其时雅典城邦是工商业城邦。② 黄洋指出,希腊城邦社会同古代中国社会一样,是一个以农业而不是以工商业为特征的社会。他搜罗了大量史料,深入考察了古希腊人的农业观念、农业在经济中所占之地位、土地财产与公民政治权利之间的关系以及工商业在经济结构中所占的比例等问题,结论具有一定的说服力。③

古希腊经济史研究中不可回避的是奴隶制问题。首先是关于斯巴达黑劳士的阶级属性的争论。上文提及的刘家和《论黑劳士制度》以翔实史料有力地论证了黑劳士制度就是斯巴达城邦土地国有制基础上的奴隶制。该文发表以后,国内的相关争论趋于沉寂。国内学者一致认定除了斯巴达等邦以外,雅典等工商业发达的城邦在非农业领域大量地、普遍地使用奴隶。其中最具代表性的是《世界史·古代史编》的说法:自耕农或小农所私有和使用的奴隶,在雅典等希腊城邦农业中最常见,在公元前5世纪也是最为发达的农业奴隶经济形式。当时奴隶价格约等于一头毛驴,因此能拥有一两头牲口的小农往往也购买一两名奴隶。在雅典以第三等级为主的小农几乎都使用奴隶,数目由五六名至二三名不等,甚至第四等级的贫农也常以一名奴隶帮工,可见希腊农业中使用奴隶是非常普遍的,几乎可说是有耕牛处就有奴隶。④ 这种说法的致命缺陷是毫无根据地压低主人使用奴隶的条件,从而把雅典奴隶使用的普遍程度、奴隶制水平夸大到令人瞠目的程度。徐松岩在一系列论文中讨论了雅典工商业奴隶制发展的历史状况,考证了古典时代雅典奴隶人数的变化和成因,澄清了"持续增长说"的种种不实依据。他从严格考证奴隶作坊的若干史料入手,指出国内学界对雅典奴隶制状况描述夸大失实之处:史料所记雅典史上规模最大的作

---

① 刘家和、王敦书:《世界史·古代史编》(上卷),北京:高等教育出版社,1994年,第249、260页。
② 徐松岩:《古希腊城邦经济结构刍论——兼评东西古国经济结构"迥异"说》,《西南师范大学学报》(哲学社会科学版)1995年第3期;《古代世界不存在"工商业城邦"》,《重庆师院学报》(哲学社会科学版)1998年第1期。
③ 黄洋:《希腊城邦社会的农业特征》,《历史研究》1996年第4期。
④ 参见刘家和、王敦书:《世界史·古代史编》(上卷),北京:高等教育出版社,1994年,第264页。

坊出现在公元前5世纪末,公元前4世纪规模更小,并非呈不断扩大之趋势;基于经营手工业的利润数倍于从事农业而认定雅典存在人数众多的工商业奴隶主阶层的论点脱离实际;公元前4世纪雅典公民占有奴隶并未趋于普遍化,直接拥有奴隶的公民始终只是公民集体中的极少数。古典时代雅典奴隶数量的顶峰只能在公元前5世纪的伯里克利时代,公元前4世纪虽有恢复性增长,但奴隶制总体水平远低于此前高峰期。国家经济整体水平提升、财富积聚增长、武力增强是本国奴隶制发展的必要前提,而非其必然结果。[1]国内学者对希腊奴隶制度理解发生偏差的根源,主要是恣意夸大其奴隶占有的普遍性,并且"以点代面",即把个别城邦(如雅典)顶峰时段(如伯里克利时代一二十年)的情况笼统地理解为古典时代一两百年甚至全希腊数百个城邦的普遍状况。

中国学界对于古希腊经济的研究亦在相当程度上笼罩在古史现代化的阴影之下。国内唯一以古希腊经济史为题的专著明显有些名不副实。粗读此著,就不难发现其资料来源庞杂,缺乏史学专业水准,古史现代化的痕迹显露无遗。该书上编名为"希腊城邦制度",下编名为"希腊化时代",很难称得上是专门讨论希腊经济的专著,只是一部广泛涉及从爱琴文明直至罗马时代希腊城邦及希腊化诸国政治、经济、文化的综合性历史汇编。[2]已有评论指出,作为知名经济学家,该书作者所重点讨论的古典时代希腊奴隶制问题,是以现代社会化商品经济的供需关系阐释古代奴隶制度发展,不少结论特别是对古典时代雅典奴隶制发展状况的判断,并非以认真扎实的史料研究为基础,而是凭主观想象推演出来的。[3]

古希腊经济史研究另一个重要领域是海外贸易问题。关于这方面国内专门的研究成果不多。古代地中海贸易往往是与海外殖民、海上劫掠(海盗行为)或战争密切交织在一起的。希腊城邦以农为本的经济结构,决定了城邦内部商品交换的规模是有限的;至于如何评估陆路和海陆的国际贸易的规模和地位,则一直争议不断。希腊诸邦农业生产条件不佳,海外贸易交换的首要商品是谷物,其次还有造船木材、纺织品、橄榄油、葡萄酒、陶器、贵重金属等。海外贸易目的地有黑海沿岸、埃及、叙利亚、小亚细亚、西西里等地。雅典帝国强盛时期拥有海上霸权,迫使海外属邦定期缴纳贡金,伯里克利时代平均600塔连特,最高数额达到每年超过1000塔连特。在雅典历史上,海外与"国外"要区别对待,海外贡金与海上贸易收入不可混同。雅典失去海上霸权后,公元前4世纪海外贸易得到一定发展。陈思伟多篇文章论及其间雅典海外贸易问题。[4]

---

[1] 徐松岩:《关于雅典奴隶制状况的两个问题》,《世界历史》1993年第5期;《古典时代雅典奴隶人数考析——兼评"持续增长说"》,《世界历史》1994年第3期;《公元前四世纪前期雅典采银业状况考》,《西南师范大学学报》(哲学社会科学版)1994年第3期;《关于希腊奴隶制的理论和实际》,《世界历史》2000年第1期。
[2] 厉以宁:《希腊古代经济史》(上下编),北京:商务印书馆,2013年。
[3] 刘峰、宋艾:《经济学家笔下的古希腊史——厉以宁教授〈希腊古代经济史〉上卷读后》,《古典学评论》(第2辑),上海:上海三联书店,2016年,第237—244页。
[4] 陈思伟:《古典时代雅典私人钱庄与海上贸易融资》,《世界历史》2015年第4期;《公元前4世纪雅典海上贸易借贷特征》,《世界历史》2018年第6期;《公元前4世纪雅典海上贸易从业者的政治参与》,《古代文明》2019年第1期。

(三)文化史研究[①]

古希腊文化史研究领域涵盖面较广。如上所述,20世纪罗念生、周作人、王焕生等学者就开始了古希腊文献的翻译工作,陈中梅翻译了《埃斯库罗斯悲剧全集》,刘皓明翻译了品达的《竞技赛会庆胜赞歌集》。[②]商务印书馆、上海人民出版社、华夏出版社等都有外文著作引进。基尔克、拉文、斯科菲尔德的《前苏格拉底哲学家——原文精选的批评史》翻译出版,内容包含前苏格拉底所有哲学家传世残篇的原文和译文,并附有详尽注释。[③]

在国内,古希腊文化史作为一个整体较晚才得到学者们的关注,大多数研究是分散的,且处于不同的专题下。布克哈特的《希腊人和希腊文明》展现了他的希腊文化史研究路径。王大庆对布克哈特的希腊文化史研究的思想来源、贡献及特色进行了一些尝试性的总结和评析。吴晓群的《希腊思想与文化》较为系统地介绍了古希腊的思想与文化,包括诗歌、戏剧、赛会、艺术等丰富的内容,并十分注重其与政治、经济、社会、战争等方面的联系。[④]

1.神话、仪式与宗教

近三十年国内希腊神话研究发展迅速,尤其在神话与历史的探究上取得了许多成果。王以欣的几部著作以及系列论文贡献突出。唐卉的《希腊神话历史探赜——神、英雄与人》运用语言学和神话历史主义的方法,对古希腊的神、英雄与人进行神话考古与文化解释。[⑤]杨巨平探讨了俄耳甫斯教的起源、特征及其对古希腊社会的影响。魏凤莲关注狄奥尼索斯崇拜在希腊的发展过程,强调狄奥尼索斯与阿波罗的联系,讨论了狄奥尼索斯崇拜和梭伦改革、雅典民主政治的关系,以探究宗教与国家政治权力的互动。唐卉、李永斌梳理了阿波罗崇拜可能的起源与演变谱系。纪盛主要研究了阿芙洛蒂忒的形象。武文君细致分析了阿耳忒弥斯的起源及其在成年仪式中的作用。朱毅璋则关注"金苹果的故事"的演变过程和阿喀琉斯的形象。泛阿卡狄亚神祇崇拜、塞壬的形象也在历史语

---

① 本部分由冉光耀执笔。
② 狄尔:《古希腊抒情诗集》(4卷),王扬译注,上海:上海人民出版社,2018年;埃斯库罗斯:《埃斯库罗斯悲剧全集》,陈中梅译,上海:上海译文出版社,2016年;品达:《竞技赛会庆胜赞歌集》,刘皓明译,北京:北京大学出版社,2021年。
③ 基尔克、拉文、斯科菲尔德:《前苏格拉底哲学家——原文精选的批评史》,聂敏里译,上海:华东师范大学出版社,2014年。
④ 布克哈特:《希腊人和希腊文明》,王大庆译,上海:上海人民出版社,2012年;王大庆:《论雅各布·布克哈特的希腊文化史研究——兼评〈希腊人和希腊文明〉》,《史学理论研究》2009年第2期;吴晓群:《希腊思想与文化》,北京:中信出版社,2021年。
⑤ 王以欣、王敦书:《神话与历史:忒拜建城故事考》,《历史研究》2005年第6期;王以欣:《迈锡尼时代的王权:起源和发展》,《世界历史》2005年第1期;王以欣、王敦书:《克里特公牛舞:神王周期性登基祭礼的一部分》,《世界历史》2000年第2期;王以欣:《克诺索斯"迷宫"与克里特的"王权"》,《世界历史》1998年第2期;王以欣:《古希腊神话与土地占有权》,《世界历史》2002年第4期;王敦书、王以欣:《古希腊人的"神话—古史"观和神话与历史的相互融合》,《史学理论研究》2000年第2期;唐卉:《希腊神话历史探赜——神、英雄与人》,上海:复旦大学出版社,2019年。

境中得到了讨论。①

　　古希腊的仪式与宗教一向受到学者重视。吴晓群的著作《古代希腊仪式文化研究》较为全面地介绍和研究了古希腊的宗教仪式，探讨了其文化意义和社会价值。在她发表的一系列论文中，她关注古代希腊的杀牲献祭仪式的形式与结构，还原古代希腊式哀哭的仪式化规定，在具体语境下分析其社会功能。吴晓群还尝试把希腊城邦时代与中国先秦时期的葬礼进行比较，从哀悼仪式出发，讨论这背后希腊与中国不同的思想观念。白雪梳理了古风时代希腊人的葬仪过程，分析葬仪活动在希腊古风时代的作用。纪盛从古希腊人的奠酒仪式切入，探究其体现的希腊人的价值体系与天地观。②

　　古希腊的城邦与宗教也逐渐受到学者的关注。黄洋比较强调希腊城邦与宗教之间的相互支持，宗教崇拜在城邦共同体意识的形塑中起了重要作用，社会组织与宗教崇拜共同构成了城邦的社会和政治结构。吴晓群更重视城邦对宗教的影响，宗教管理本质上是城邦管理的一部分。徐晓旭从长时段考察形成希腊宗教的多重因素，讨论了前希腊宗教、米诺斯-迈锡尼宗教和印欧宗教的影响。魏凤莲认为在雅典，宗教礼仪制度促成了城邦构建自己的政治边界，公民获得其身份认同。③

　　随着国外古希腊神话与宗教研究重要著作的译介，神话研究的理论方法愈发受到国内学者的关注和重视。其中赫丽生的《古希腊宗教的社会起源》《希腊宗教研究导论》《古代的艺术与仪式》；法国巴黎学派韦尔南的《希腊思想的起源》《古希腊的神话与宗教》《希腊人的神话和思想——历史心理分析研究》，韦尔南和维达尔-纳凯的《古希腊神话与悲剧》，维达尔-纳凯的《黑色猎手——古希腊世界的思想形式和社会形式》；神话历史主义的尼尔森的《希腊神话的迈锡尼源头》；将暴力与神话、仪式联系起来的基拉尔的《祭牲与成神》；受到仪式学派与结构主义影响并进一步思考神话与仪式的伯克特的《古希腊献祭仪

---

① 杨巨平：《奥尔弗斯教及其主要影响》，《历史研究》1993年第4期；魏凤莲：《狄奥尼索斯崇拜探析》，《世界历史》2005年第3期；魏凤莲：《论狄奥尼索斯和阿波罗的关系》，《古代文明》2009年第2期；魏凤莲：《狄奥尼索斯崇拜与雅典民主政治》，《世界历史》2015年第6期；唐卉：《阿波罗形象的演变系谱———古希腊神话历史研究之一》，《文艺理论研究》2012年第2期；李永斌、郭小凌：《阿波罗崇拜的起源与传播路线》，《历史研究》2011年第3期；纪盛：《比雷埃夫斯港的阿芙洛蒂忒圣所研究》，《历史教学》（下半月刊）2020年第2期；武文君、李天宇：《阿尔忒弥斯崇拜在成年礼仪式中的作用——以斯巴达为中心的考察》，《内蒙古大学学报》（哲学社会科学版）2022年第4期；武文君：《阿尔忒弥斯崇拜起源研究》，《历史教学》（下半月刊）2023年第5期；朱毅璋：《阿喀琉斯形象的演变和还原》，《古代文明》2017年第2期；朱毅璋：《"金苹果的故事"的历史演变》，《古代文明》2023年第1期；齐虹、徐晓旭：《泛阿卡狄亚神祇崇拜》，《古代文明》2018年第2期；王以欣：《塞壬的起源、形象与功能》，《古代文明》2019年第2期。
② 吴晓群：《古代希腊仪式文化研究》，上海：上海社会科学院出版社，2000年；吴晓群：《古代希腊的献祭仪式研究》，《世界历史》1999年第6期；吴晓群：《论希腊城邦时代与中国先秦时期葬礼比较研究之可能》，《云南大学学报》（社会科学版）2013年第1期；吴晓群：《希腊式哀哭：仪式化的哀歌抑或危险的声音》，《社会科学研究》2015年第1期；吴晓群：《文化表演与思想阐释——公元前8—前3世纪希腊与中国哀悼仪式中的两个主要环节》，《北京师范大学学报》（社会科学版）2020年第3期；白雪：《古风时代希腊人的葬仪》，《古代文明》2014年第2期；纪盛：《古希腊人的奠酒仪式——以荷马史诗为例》，《古代文明》2020年第2期。
③ 黄洋：《古代希腊的城邦与宗教——以雅典为个案的探讨》，《北京大学学报》（哲学社会科学版）2010年第6期；吴晓群：《公民宗教与城邦政权——雅典城邦的宗教管理》，《世界历史》2008年第3期；徐晓旭：《古代希腊宗教：一项"长时段"的考察》，《古代文明》2007年第4期；魏凤莲：《古代雅典的城邦与宗教礼仪制度》，《外国问题研究》2016年第2期。

式与神话人类学》《希腊神话和仪式中的结构与历史》。王倩和邢颖对希腊宗教、神话研究的方法进行了梳理,国内新的研究也非常重视对理论和方法的反思与运用。①

2. 诗歌和戏剧

荷马史诗是国内学界关注的重要领域,相关研究的译介也开始得较早。芬利的《奥德修斯的世界》将荷马史诗视为历史文献,探究当时的社会。维达尔-纳凯的《荷马的世界》讨论了史诗中对战争、死亡、神人关系的呈现,纳吉的《荷马诸问题》探讨了荷马史诗的书面文本与口述传统之间的关联。格里芬的《荷马史诗中的生与死》以文本细读的研究方式,重点讨论了荷马史诗中的生死与神灵。此外,施特劳斯学派伯纳德特的《弓弦与竖琴:从柏拉图解读〈奥德赛〉》也得到了译介。程志敏的《荷马史诗导读》是国内第一部荷马研究导读,梳理了研究线索和重要著述。晏绍祥的《荷马社会研究》研究了荷马时代的社会结构、城邦、军事和宗教。王以欣解读了《奥德赛》中独眼巨人的故事,讨论了古希腊神话传统与民间故事的结合问题。张绪强着重介绍和分析了荷马研究中的"口头传统"理论,以及其在梭伦形象研究中的应用。②

国内学者对赫西俄德的关注相对较少,主要成就以翻译的形式呈现。德拉孔波的《赫西俄德:神话之艺》收录了欧洲当代古典学家的论文,集中解读赫西俄德神话诗的写作方式。博伊-斯通、豪波德的《柏拉图与赫西俄德》关注柏拉图与赫西俄德的相互关系。克莱的《赫西俄德的宇宙》尝试将《神谱》与《劳作与时日》整合为同一宇宙论。祝宏俊着重从赫西俄德的著作中挖掘其历史思想。张文涛、白云安着眼于其中的神人关系,分析其神义论叙事体系。③

---

① 赫丽生:《古希腊宗教的社会起源》,谢世坚译,桂林:广西师范大学出版社,2004年;赫丽生:《希腊宗教研究导论》,谢世坚译,桂林:广西师范大学出版社,2006年;哈里森:《古代的艺术与仪式》,吴晓群译,郑州:大象出版社,2011年;韦尔南:《希腊思想的起源》,秦海鹰译,北京:生活·读书·新知三联书店,1996年;韦尔南:《古希腊的神话与宗教》,杜小真译,北京:生活·读书·新知三联书店,2001年;韦尔南:《希腊人的神话和思想——历史心理分析研究》,黄艳红译,北京:中国人民大学出版社,2007年;韦尔南、纳凯:《古希腊神话与悲剧》,张苗、杨淑岚译,上海:华东师范大学出版社,2016年;纳凯:《黑色猎手——古希腊世界的思想形式和社会形式》,张竝译,上海:华东师范大学出版社,2016年;尼尔森:《希腊神话的迈锡尼源头》,王倩译,西安:陕西师范大学出版社,2016年;基拉尔:《祭牲与成神:初民社会的秩序》,周莽译,北京:生活·读书·新知三联书店,2022年;伯克特:《古希腊献祭仪式与神话人类学》,吴玉萍、高雁译,北京:社会科学文献出版社,2021年;伯克特:《希腊神话和仪式中的结构与历史》,刘宗迪译,北京:生活·读书·新知三联书店,2024年;王倩:《20世纪希腊神话研究史略》,西安:陕西师范大学出版社,2011年;邢颖:《多路径探索古希腊宗教》,《中国社会科学报》2015年第865期。

② 芬利:《奥德修斯的世界》,刘淳、曾毅译,北京:北京大学出版社,2019年;纳杰:《荷马的世界》,王莹译,北京:中国人民大学出版社,2007年;纳吉:《荷马诸问题》,巴莫曲布嫫译,桂林:广西师范大学出版社,2008年;格里芬:《荷马史诗中的生与死》,刘淳译,上海:上海文艺出版社,2024年;伯纳德特:《弓弦与竖琴:从柏拉图解读〈奥德赛〉》,程志敏译,北京:华夏出版社,2003年;程志敏:《荷马史诗导读》,上海:华东师范大学出版社,2007年;晏绍祥:《荷马社会研究》,上海:上海三联书店,2006年;王以欣:《史诗〈奥德赛〉中独眼巨人故事的文化解读》,《历史教学》(下半月刊)2021年第1期;张绪强:《"口头传统"理论与荷马研究》,《西南大学学报》(社会科学版)2021年第5期;张绪强:《从荷马到梭伦:"口头传统"理论在早期希腊历史研究中的运用》,《史学理论与史学史刊》2021年第1期。

③ 德拉孔波:《赫西俄德:神话之艺》,吴雅凌译,北京:华夏出版社,2021年;斯通、豪波德:《柏拉图与赫西俄德》,罗逍然译,上海:华东师范大学出版社,2016年;克莱:《赫西俄德的宇宙》,何为、余江陵译,北京:华夏出版社,2020年;祝宏俊:《赫西俄德的史学地位》,《史学史研究》2002年第4期;张文涛、白云安:《赫西俄德与古希腊正统神义论的确立》,《海南大学学报》(人文社会科学版)2022年第1期。

在对古希腊文本的研究中，张巍倡导以"问题"为导向的思想研究法，在研究《特奥格尼斯诗集》时，他从古风希腊诗歌的特性出发，对特奥格尼斯的"印章"如何蕴含古风诗人传达"智慧"的特殊方式作思想史的考察。张巍讨论了《理想国》提出的"诗歌与哲学的古老纷争"，将其置于柏拉图创建哲学的思想史事件中。他还以梭伦诗篇为材料，分析了梭伦的Eunomia的实现。其著作《希腊古风诗教考论》依据叙事学理论，从赫西俄德、梭伦和提奥格尼斯等的诗歌入手，探讨了古代希腊诗教的地位及其与哲学、智术的分野。张巍主编的《苏格拉底的申辩》《品达与诗人的天职》介绍了西方学界古希腊诗歌研究方法与理论。[①]

在戏剧方面，国内学界的关注集中在悲剧上。20世纪80年代，相关研究的译介就已开始。陈洪文、水建馥选编的《古希腊三大悲剧家研究》收录了19、20世纪西方学界的悲剧研究论文。纳斯鲍姆的《善的脆弱性：古希腊悲剧和哲学中的运气与伦理》和布伦戴尔的《扶友损敌：索福克勒斯与古希腊伦理》关注古典悲剧中的道德哲学，寻求伦理学上的意义。肖厚国的《自然与人为：人类自由的古典意义——古希腊神话、悲剧及哲学》则从政治哲学角度进行讨论。罗米伊的《古希腊悲剧研究》探讨了三大悲剧作家的特点，并关注悲剧与雅典城邦、公民政治的关系。陈红薇关注悲剧教诲民众、形塑城邦共同体的社会功能。李渊从悲剧的文本出发，探讨了埃斯库罗斯的蛮族观并与希罗多德作了比较。颜荻把悲剧放到公元前5世纪的诗歌与哲学之争中思考。吴晓群以《俄狄浦斯王》为例，讨论了对悲剧的解读是跟随现代思潮还是返回古典语境，指出需要注意理论的有效性边界。潘静静、魏凤莲则从阿里斯托芬喜剧出发，观察伯罗奔尼撒战争时期希腊的社会政治。[②]

3. 艺术、考古与社会生活

古希腊的艺术、考古作为其物质文化的呈现，在国内受到的关注较少，相关成果主要以翻译的形式出现。伍德福德的《剑桥艺术史：古希腊罗马艺术史》、埃提内的《古代希腊——考古发现之旅》、佩德利的《希腊艺术与考古学》、策拉姆的《神祇、陵墓与学者：考古学传奇》、奥斯本的《古风与古典时期的希腊艺术》、李军的《希腊艺术与希腊精神》对古希

---

① 张巍：《特奥格尼斯的"印章"——古风诗歌与智慧的传达》，《外国文学评论》2008年第1期；张巍：《Eunomia：梭伦的理想政制》，《历史研究》2014年第1期；张巍《诗歌与哲学的古老纷争——柏拉图"哲学"(philosophia)的思想史研究》，《历史研究》2008年第1期；张巍：《希腊古风诗教考论》，北京：北京大学出版社，2018年；张巍：《西方古典学辑刊(第三辑)：苏格拉底的申辩》，上海：复旦大学出版社，2021年；张巍：《西方古典学辑刊(第六辑)·品达与诗人的天职》，上海：复旦大学出版社，2024年。

② 陈洪文、水建馥：《古希腊三大悲剧家研究》，北京：中国社会科学出版社，1986年；纳斯鲍姆：《善的脆弱性：古希腊悲剧和哲学中的运气与伦理》，徐向东、陆萌译，南京：译林出版社，2018年；布伦戴尔：《扶友损敌：索福克勒斯与古希腊伦理》，包利民、吴新民、李春树等译，北京：生活·读书·新知三联书店，2009年；肖厚国：《自然与人为：人类自由的古典意义——古希腊神话、悲剧及哲学》，上海：华东师范大学出版社，2006年；罗米伊：《古希腊悲剧研究》，高建红译，上海：华东师范大学出版社，2017年；陈红薇：《古希腊悲剧中的伦理教诲与城邦共同体》，《外国文学研究》2024年第2期；李渊：《希罗多德与埃斯库罗斯的蛮族观念之比较》，《史学月刊》2013年第6期；颜荻：《〈僭主俄狄浦斯〉中的诗歌与哲学之争》，《外国文学评论》2021年第3期；吴晓群：《哲学的解读与古典的语境：试析〈俄狄浦斯王〉的阅读策略》，《山西师大学报》(社会科学版)2024年第2期；潘静静、魏凤莲：《从阿里斯托芬喜剧透视伯罗奔尼撒战争时期希腊的社会政治》，《鲁东大学学报》(哲学社会科学版)2018年第6期。

腊的艺术和考古成就进行了介绍，并试图讨论艺术与思想的联系。默滕斯的《如何解读希腊陶瓶》以纽约大都会艺术博物馆的馆藏为例，展现了分析希腊陶瓶的方式。[①]

节日与竞技是古希腊人生活中重要的一部分。王邵励考察了古希腊世界中，奥林匹亚公祭竞技会勃兴的历史背景。邢颖分析了奥林匹亚节与希腊城邦制度、城邦社会之间的密切关联，指出奥林匹亚节是希腊城邦制度的内在组成部分。王大庆结合希腊哲学家柏拉图和亚里士多德关于两种"平等"的思想，分析奥林匹亚赛会中古希腊人的平等观念。他还梳理了古希腊裸体竞技的起源，以及在宗教、社会、政治及哲学语境下探讨了其意义与内涵。此外，斯坎伦的《爱欲与古希腊竞技》也被翻译，作者探究了古希腊的竞技运动与宗教崇拜、性别等因素的广泛联系。[②]

4. 文化特征与文明交流

古希腊文化的特征一直受到学者们的关注，学界在探究其文化特征时，也尝试立足中国文化自身，与之进行对比。黄洋在《希罗多德：历史学的开创与异域文明的话语》中，在充分肯定希罗多德开创西方历史学这一突破性成就的同时，又指出希罗多德在描述异域文明时使用了特定历史书写视角，从而向希腊人展示出他眼中的由希腊人—蛮族人组成的世界，这种东西方二分的世界史书写传统影响至今。[③]国内读者在阅读希罗多德作品时，难免有一些误解。郭小凌教授指出，"希罗多德所处的时代，是希腊人引以为豪的抵抗波斯的战争之后，希腊人已经颇为自信，但即使如此，这时也谈不上形成了高人一等的希腊民族优越感。色诺芬的《居鲁士的教育》和《远征记》都反映出公元前5世纪末叶和4世纪初叶的希腊人对老小居鲁士的高度敬意，具有一定的象征意义。所以希罗多德所谓的亲蛮族实际上是他那个时代的希腊人思想，并不是他个人的。只是到了公元前4世纪后半叶，希腊人才真正开始夸大希腊人与蛮族人的差别，提出了一套希腊人优越的理论"[④]。汉密尔顿的《希腊精神》《希腊的回声》介绍了希腊的思想和艺术成就，讨论了希腊的自由观念。祝宏俊将古希腊的"节制""正义"思想置于具体的历史情境中加以认识。晏绍祥、毛丹、李永明也分别探讨了荷马时代与修昔底德笔下的正义观念。张新刚讨论了希腊"自由"观念的塑造过程。杨适解析了古希腊的原创文化和智慧形态。周巩固整理了希腊化

[①] 伍德福德：《剑桥艺术史：古希腊罗马艺术史》，钱乘旦译，南京：译林出版社，2009年；Roland Etienne、Francoise Etienne：《古代希腊——考古发现之旅》，徐晓旭译，上海：上海世纪出版集团，2004年；佩德利：《希腊艺术与考古学》，李冰清译，桂林：广西师范大学出版社，2005年；策拉姆：《神祇、陵墓与学者：考古学传奇》，张芸、孟薇译，北京：生活·读书·新知三联书店，2018年；奥斯本：《古风与古典时期的希腊艺术》，胡晓岚译，上海：上海人民出版社，2015年；李军：《希腊艺术与希腊精神》，石家庄：河北教育出版社，2003年；默滕斯：《如何解读希腊陶瓶》，汪瑞译，长沙：湖南美术出版社，2019年。

[②] 王邵励：《奥林匹亚公祭竞技会的勃兴背景：一项历史学的综合考察》，《世界历史》2008年第6期；邢颖：《希腊城邦与奥林匹亚节》，《世界历史》2013年第6期；王大庆：《从奥林匹亚赛会看古希腊人的平等观念》，《史学理论研究》2011年第2期；王大庆：《古希腊体育竞技中的裸体习俗探析》，《世界历史》2015年第2期；斯坎伦：《爱欲与古希腊竞技》，肖洒译，上海：华东师范大学出版社，2016年。

[③] 黄洋：《希罗多德：历史学的开创与异域文明的话语》，《世界历史》2008年第4期。

[④] 郭小凌：《被误读的希罗多德》，《西学研究》（第1辑），北京：商务印书馆2003年，第14页。

时代的思想流派。江华分析了希腊化宗教的特征,认为希腊化宗教为基督教的产生奠定了基石。黄洋认为Hellenism有着强烈的古典希腊理想化的色彩,成为欧洲在希腊推行文化殖民主义的方式,而现代性的一些基本特征也由此渗入我们对古希腊历史一些关键问题的理解。刘家和比较了世界主要文明区在心智和文化的发展上所经历的精神觉醒,并试图分析其特点。①

古希腊文明并非孤立形成,早期近东的影响以及希腊化时代不同文明的交流互鉴是研究的重要领域。贝尔纳的《黑色雅典娜:古典文明的亚非之根》强调了近东尤其是埃及文明对希腊文明的影响,伯克特的《东方化革命》和《希腊文化的东方语境》也探讨了东方对希腊的影响。李永斌、郭丹彤主要关注早期希腊与东方的交流。而在希腊化时代,杨巨平的《碰撞与交融》、陈恒的《希腊化研究》及其一系列论文体现了他们对希腊化时代古希腊的文化发展、东西方文化交流的深入研究。②

国内古希腊文化史研究主要关注古希腊神话与历史的联系,探讨宗教与城邦的互动,明晰其文化特征,观照古希腊文明与其他文明的交流互鉴。虽然学者们对物质文化关注较少,但在神话、宗教、诗歌等领域的研究理论和方法上已逐步与国际学界接轨,并且立足中国的独特视角和关怀,一定程度上能独立进行研究并与国外学者对话。

---

① 汉密尔顿:《希腊精神》,葛海滨译,北京:华夏出版社,2014年;汉密尔顿:《希腊的回声》,曹博译,北京:华夏出版社,2014年;刘家和:《论古代的人类精神觉醒》,《北京师范大学学报》1989年第5期;祝宏俊:《古希腊节制思想》,北京:社会科学文献出版社,2009年;祝宏俊:《希腊神话语境中的"正义"》,《史学集刊》2004年第1期;晏绍祥:《英雄、正义与共同体:荷马时代的道德与城邦》,《华中师范大学学报》(人文社会科学版)2023年第5期;毛丹:《修昔底德的正义论:对〈伯罗奔尼撒战争史〉的一种政治思想史读法》,《浙江大学学报》(人文社会科学版)2003年第1期;李永斌:《修昔底德的"正义"观》,《世界历史》2006年第6期;张新刚:《希腊"自由"观念的历史考察》,《史林》2012年第3期;周巩固:《冬天里的哲学:希腊化时代的思想流派》,《历史教学问题》2009年第4期;黄洋:《古典希腊理想化:作为一种文化现象的Hellenism》,《中国社会科学》2009年第2期。

② 贝尔纳:《黑色雅典娜:古典文明的亚非之根》(3卷),郝田虎、程英、李静滢等译,南京:南京大学出版社,2020年;伯克特:《东方化革命:古风时代前期近东对古希腊文化的影响》,刘智译,上海:上海三联书店,2010年;伯克特:《希腊文化的东方语境》,唐卉译,北京:社会科学文献出版社,2015年;郭丹彤:《论古代埃及文明和爱琴文明的关系》,《东北师大学报》(哲学社会科学版)2005年第6期;李永斌:《希腊与东方:文明交流与互鉴》,北京:商务印书馆,2023年;李永斌:《古典学与东方学的碰撞——古希腊"东方化革命"的现代想象》,《中国社会科学》2014年第10期;李永斌:《古风时代早期希腊与东方的文明交流图景》,《历史研究》2018年第6期;李永斌:《地中海共同体:古代文明交流研究的一种新范式》,《史学理论研究》2020年第6期;杨巨平:《碰撞与交融:希腊化时代的历史与文化》,北京:中国社会科学出版社,2018年;陈恒:《希腊化研究》,北京:商务印书馆,2006年;杨巨平:《希腊化文明的形成、影响与古代诸文明的交叉渗透》,《陕西师范大学学报》(哲学社会科学版)1998年第3期;杨巨平:《论希腊化文化的多元与统一》,《世界历史》1992年第3期;杨巨平:《阿伊·哈努姆遗址与"希腊化"时期东西方诸文明的互动》,《西域研究》2007年第1期;杨巨平:《亚历山大东征与丝绸之路开通》,《历史研究》2007年第4期;杨巨平:《希腊式钱币的变迁与古代东西方文化交融》,《北京师范大学学报》(社会科学版)2007年第6期;陈恒:《略论古希腊文明中的东方因素》,《上海师范大学学报》(哲学社会科学版)2004年第1期;陈恒:《美索不达米亚遗产及其对希腊文明的影响》,《上海师范大学学报》(哲学社会科学版)2006年第6期;陈恒:《论希腊化时代的城市及其功能》,《上海师范大学学报》(哲学社会科学版)2005年第5期;陈恒、李月:《托勒密埃及专营制度的多因素透视》,《世界历史》2013年第3期;陈恒、李月:《托勒密埃及油类专营制度考》,《历史研究》2014年第6期。

(四)妇女史研究①

近几十年来,国内妇女史的研究取得了长足进步。学者们在研究中主要涉及婚姻家庭、妇女地位、宗教、性别文化和妇女观念等方面,跨学科的研究方法越来越受到重视,研究呈现出愈发多元化的趋势。

古希腊妇女社会地位的研究,是古希腊妇女史这一研究领域中的重点问题之一。相关论文主题涉及政治地位、经济权利、宗教生活和婚姻家庭关系等多个方面。裔昭印在该领域贡献最为突出。她在《从城邦的特征看古代雅典妇女的地位》②一文中指出,在古希腊史的研究中,雅典妇女的地位问题一直存在争论。作者聚焦于雅典妇女在公共生活中的地位问题,根据雅典城邦制度这一特定的历史条件,就政治、法律、婚姻、财产等方面,探讨了古代雅典妇女与城邦的关系,以及她们在城邦中的地位与作用。她的《从家庭和私人生活看古雅典妇女的地位》③则从家庭和私人生活的角度入手,指出古雅典妇女无论在家庭还是私人生活中都处于屈从于男性统治的低下地位,作者深入探讨了造成古雅典妇女地位低下的原因,指出这种地位是雅典的社会制度、经济、政治、教育、结婚年龄和社会风尚等多种文化因素相互作用的结果。在宗教生活方面,裔昭印的《古希腊妇女宗教地位探析》④探讨了古希腊妇女在宗教领域中的地位,运用宗教心理学和宗教社会学的跨学科方法进行研究并指出,由于对丰产的期盼、对死亡的恐惧、对"不洁"的禁忌和对神的敬畏,尽管古希腊妇女受到社会压迫并被排斥在城邦政治生活之外,但她们却被包括在城邦宗教生活之内。而宗教所具有的补偿和社会交往等功能,则是古希腊妇女热衷于参加宗教仪式和活动的重要心理因素。

裔昭印在《希腊化时代的妇女与东西文化交流》⑤中指出,希腊化时代妇女的社会和家庭地位有了较大的提高和变化,这种变化是由当时的社会文化环境造成的,它是东西文化汇合交融、妇女经济权力增长、城邦衰弱、古典价值观崩溃和新的哲学思想兴起等多种因素相互作用的结果。对于希腊化时代妇女地位的考察,充分说明了这个时期东西文化交流的特征是双向的,在希腊文化向东方传播的同时,东方文化也对希腊人产生了不可低估的深刻影响。

关于妇女与政治的关系。张晓校的《从雅典妇女地位看其民主政治局限性》从妇女社会地位的角度入手,探讨了雅典民主政治的局限性。作者对古代雅典妇女的政治地位与社会处境进行研究,指出妇女的政治地位、社会地位低到了极点,无缘城邦公民享有的参加公民大会、担任公职等诸多政治权利,民主政治实质上是建立在父权制的基础之上的,成为极少数男性公民独占的特权。林中泽在《古代雅典的妇女与民主政治》中通过分析雅

---

① 本部分由张之言执笔。
② 裔昭印:《从城邦的特征看古代雅典妇女的地位》,《世界历史》1999年第5期。
③ 裔昭印:《从家庭和私人生活看古雅典妇女的地位》,《历史研究》2000年第2期。
④ 裔昭印:《古希腊妇女宗教地位探析》,《世界宗教研究》2001年第1期。
⑤ 裔昭印:《希腊化时代的妇女与东西文化交流》,《北方论丛》1999年第6期。

典公民家庭生活与城邦政治体制的关系以及古典时代雅典妇女的社会状况,认为雅典妇女的社会地位随着国家制度的完善而日益下降。随着私有制的发展和国家政治制度的完善,雅典的妇女也被从公共生活当中排挤出去,并被牢牢地束缚在家长制的家庭体系里。陈超的《雅典城邦制度下的妇女地位》从政治生活、婚姻家庭和宗教活动几个层面研究雅典各阶层妇女,指出在雅典城邦制度下妇女的社会地位极其低下,其主要原因是雅典城邦制度的狭隘性。①

刘扬的《古希腊女神与女人的两种角色》②从古希腊神话的视角,分析了希腊神话中女神的地位和现实中妇女的地位,指出神话中的女神与现实中的女性并不总是能够对应起来的。作者指出,神话中认为女人是罪恶的根源的观念,无疑是希腊人占主导地位的心理写照,从这个角度来说,现实中女人的地位同神话中的一样,都处于一种卑微、低下的状态。

苏振兴的《古希腊娼妓制度探析》③将研究视角转向处于社会"边缘"地位的娼妓群体,指出古希腊的娼妓业始于宗教仪式,根据服务群体的不同可以将妓女划分为女奴、歌妓和艺妓三个等级。作者认为,希腊社会虽然为妓女提供了宽裕的存在空间,但她们仍旧受到社会的歧视,其地位也低于妻子和妾。

徐朗的《斯巴达妇女与战争的关系初探》④则将斯巴达妇女作为研究对象,探讨了斯巴达妇女对战争的参与及其影响,由于斯巴达独特的政治军事体制和尚武风气,斯巴达妇女直接和间接地以多种方式影响当时的战争,在城邦防御中发挥了不可替代的作用。作者对斯巴达妇女能够深入参与战争的原因进行了较为全面的分析并指出,这并不能掩盖斯巴达社会男女公民深层次的不平等,斯巴达女性处于男权社会从属者的地位并未发生本质性的改变。

古希腊妇女观念是对希腊妇女地位的直观反映,妇女观念作为一种社会意识形态,又在很大程度上深刻影响着妇女在社会中的地位与生活状况。肖巍的《古希腊哲人的妇女观》⑤分析了古希腊文学中的妇女观念,以及古希腊哲学中的一些代表人物如柏拉图、亚里士多德的妇女观,尤其是他们对于妇女地位和女性道德的思考。作者指出,古希腊哲人对妇女的歧视贯穿始终,而这实际上是他们所处时代的男女地位不平等的直观反映。裔昭印的《古希腊人妇女观的衍变》⑥通过对希腊人妇女观的衍变进行追溯,对希腊妇女地位的变化及其对后世的影响作出剖析。作者认为,古希腊人妇女观的发展变化也反映了不同

---

① 张晓校:《从雅典妇女地位看其民主政治局限性》,《史学集刊》1993年第1期;林中泽:《古代雅典的妇女与民主政治》,《华南师范大学学报》(社会科学版)1996年第3期;陈超:《雅典城邦制度下的妇女地位》,《历史教学问题》2008年第3期。
② 刘扬:《古希腊女神与女人的两种角色》,《历史教学》2004年第3期。
③ 苏振兴:《古希腊娼妓制度探析》,《中华女子学院学报》2009年第4期。
④ 徐朗:《斯巴达妇女与战争的关系初探》,《古代文明》2010年第4期。
⑤ 肖巍:《古希腊哲人的妇女观》,《妇女研究论丛》1997年第4期。
⑥ 裔昭印:《古希腊人妇女观的衍变》,《上海师范大学学报》(哲学社会科学版)1999年第3期。

时期希腊妇女地位的变化。郭小凌的《论古希腊人的妇女观》[1]也提出了类似观点,认为从荷马时代开始到古风时代再到古典时代,大众化的戏剧家和精英化的哲学家的作品中不时重复着男性中心论及与之相关的歧视、鄙视妇女的陈词滥调,表明它们不仅是流行的社会观念,而且是一种既定的传统观念。

将不同历史阶段、不同地域的妇女进行横向或纵向的比较研究也是学者们关注的问题之一。雅典和斯巴达作为古希腊最具有代表性的两个城邦,不同的社会文化传统很大程度上影响了当地的妇女观念,使得其妇女地位也有着较大的区别。郝际陶、那志文合写的《古代雅典和斯巴达妇女》[2]从妇女扮演的角色,妇女的婚姻家庭生活、政治地位和宗教活动几个方面对斯巴达和雅典妇女进行了比较。作者指出,尽管斯巴达妇女在社会上的地位和自由度要高于雅典妇女,但同样受制于男人的世界。另外,王雅、孙艳萍在《论斯巴达女性的户外活动》[3]中指出,无论在空间上还是在时间上,斯巴达女性的自由度比其他希腊女性更大,这体现在斯巴达女性所接受的体育锻炼及她们可以骑马、参加马拉战车的比赛中。斯巴达城邦是一个军事共同体,城邦给予女性这些户外活动自由的目的是保证她们能生育强壮合格的公民战士。

东西方的比较研究始终是史学界比较关注的重点问题。林英的《夏商时代中国和早期希腊时期雅典婚姻制度的异同》[4]将从原生的社会形态向次生社会形态转变的夏商时代的中国和早期希腊时期的雅典两地婚姻状况进行比较,分析了二者的婚姻形式以及婚姻中妇女的地位。唐莉的《试析古希腊与先秦妇女婚姻生活的异同》[5],根据有关学者对古希腊妇女生活状况的研究及中国先秦文献对妇女婚姻生活的记载,指出在结婚、离婚、婚后生活及对家庭财产的支配权上,两地女性所处地位基本相同而略有不同。许强、魏凤莲合写的《古希腊妇女与先秦妇女婚姻地位的异同》[6]通过对古希腊妇女和先秦妇女婚姻地位的比较研究,指出无论是在古希腊还是在中国的先秦时代,妇女在家庭中的境遇不尽相同,但地位都是很低的。

古希腊两性关系和同性恋现象也是部分学者关注的问题。在古希腊,婚姻并非以夫妻双方的感情为基础,而是为了生育子女。另外,古希腊社会女性社会地位十分低下,妇女完全被排除在社会生活之外,进而形成了一个以男性为中心的单性社会,这样的社会环境催生出古希腊社会普遍的同性恋现象。而这种普遍的同性恋现象又反过来深刻地影响了男女两性之间的关系。

黄洋在《从同性恋透视古代希腊社会———一项历史学的分析》中指出,在古代希腊,男女社会地位的不平等、男性和女性之间的隔离、单一的男性社交环境,以及人们对优美人

---

[1] 郭小凌:《论古希腊人的妇女观》,《学术研究》2007年第1期。
[2] 郝际陶、那志文:《古代雅典和斯巴达妇女》,《东北师大学报》(哲学社会科学版)1997年第4期。
[3] 王雅、孙艳萍:《论斯巴达女性的户外活动》,《广西社会科学》2008年第2期。
[4] 林英:《夏商时代中国和早期希腊时期雅典婚姻制度的比较》,《中山大学学报》(社会科学版)1998年第1期。
[5] 唐莉:《试析古希腊与先秦妇女婚姻生活的异同》,《中央民族大学学报》(哲学社会科学版)2005年第2期。
[6] 许强、魏凤莲:《古希腊妇女与先秦妇女婚姻地位的异同》,《管子学刊》2011年第2期。

体的推崇,导致了男性同性恋的流行。相比起来,女性的同性恋则缺乏必要的社会基础,且妇女的活动范围基本上被限制在家庭之中,很少有机会参与任何形式的社会活动或集体活动,因此,女性的同性恋并不十分普遍。[1]裔昭印在《论古希腊男人与少男之爱》一文中则认为古希腊妇女的低下地位,尤其是女性公民与公共领域的隔绝、古希腊人对美和智慧的追求,是男人与少男之爱得以在古希腊社会长期盛行的原因。男人与少男之爱的流行对古希腊男女两性的关系产生了某些消极的影响。[2]

裔昭印在《萨福与古希腊女同性恋》[3]中通过文本分析的方法研究了古希腊著名女诗人诗歌中表现出的较明显的同性恋倾向。作者将萨福与同是同性恋者的苏格拉底进行比较,指出古希腊社会对男同性恋者的态度极为宽容,苏格拉底的性倾向和爱情观始终受到人们的赞扬,而萨福的性倾向和爱情观则经历了由褒到贬最终被社会舆论所否定的历程。此外,许枫叶在《由萨福及其诗歌看古希腊女子同性恋》[4]中指出,在古希腊社会中,女子被排除在政治生活和社会生活之外,局限在家庭之中,因此女子同性恋并不像男子同性恋那样普遍,但仍然存在。作者以女诗人萨福这一典型人物为例,通过其诗歌探讨了古希腊女子同性恋现象。

近年来,随着古希腊妇女史研究日趋深入,其研究对象和范围不断扩大,研究的深度和广度得到了很大拓展。裔昭印的《论古希腊女性在丧葬仪式中的作用》[5]运用文献资料,讨论了女性作为悼丧者在整理死者仪容、哀悼、净化等丧葬仪式中扮演了何种角色的问题。作者认为,尽管古希腊男性在丧葬仪式中占主导地位,但由于家庭与城邦的传承、对死亡仪式污染的恐惧和对两性情感表达差异的看法等原因,古希腊女性得以深度介入丧葬仪式并起到了不可或缺的作用,她们活跃的丧葬活动加强了城邦私人空间与公共空间的联系,也在一定程度上凸显了其家庭和社会地位。裔昭印、李乐的《论古希腊人的女性污染观念与净化仪式》[6]一文从社会性别与社会控制的视角,考察了古希腊人对污染,尤其是女性污染问题的认识和相关净化仪式。作者指出,古希腊人普遍持有的神话思维方式和歧视女性的妇女观使他们对污染,尤其是女性污染持有恐惧而焦虑的态度,促使城邦采取措施管束女性在生育、丧葬、性生活等方面的行为方式。这些观念和措施体现了古希腊城邦对女性道德与越界行为的控制,充分反映了古希腊城邦男权社会的本质。

许鸿以吕西阿斯所撰演说词《关于谋杀埃拉斯托斯特尼》为主要史料,结合其他古典文献,集中探析雅典妇女的实际地位。雅典公民欧菲勒托斯因杀死与其妻通奸的埃拉斯托斯特尼,而被指控犯下谋杀罪。作者从法庭上对女性名字的刻意隐藏、夫妻家庭生活、对通奸罪的惩罚三个方面加以探讨,指出雅典所制定的相关法律旨在维护男性公民的财

---

[1] 黄洋:《从同性恋透视古代希腊社会——一项历史学的分析》,《世界历史》1998年第5期。
[2] 裔昭印:《论古希腊男人与少男之爱》,《上海师范大学学报》(哲学社会科学版)2007年第1期。
[3] 裔昭印:《萨福与古希腊女同性恋》,《史林》2009年第3期。
[4] 许枫叶:《由萨福及其诗歌看古希腊女子同性恋》,《四川大学学报》(哲学社会科学版)2004年第S1期。
[5] 裔昭印:《论古希腊女性在丧葬仪式中的作用》,《历史教学》(下半月刊)2019年第10期。
[6] 裔昭印、李乐:《论古希腊人的女性污染观念与净化仪式》,《历史教学》(下半月刊)2023年第14期。

产和荣誉,依法通奸罪重于强奸罪。这些都深刻反映了其时雅典社会男尊女卑的实际生活状况。[1]

孙仁朋的《地母节与古典时期雅典妇女的身份塑造》[2]分析了地母节中禁欲和淫秽放纵这两种相互矛盾又对立统一的仪式元素以及参与者的感受,认为该节日对妇女的性别和公民身份塑造发挥了重要促进作用。作为雅典已婚妇女参加的主要节日之一,地母节最基本的特征和功能在于祈求丰产,但其社会功能并不局限于此,更在于规训与约束妇女,维护城邦的延续与秩序。

国内对于古希腊妇女史的研究已经取得了可喜的成果,有数量可观的学术论文和有价值的学术著作。裔昭印的《古希腊的妇女——文化视域中的研究》[3]是国内第一部将古希腊妇女作为历史研究主体的专著,主要讨论了古希腊妇女的社会地位及其变化、妇女的家庭和私人生活以及宗教生活。该书资料丰富翔实,采用了社会性别这一分析方法探讨古希腊妇女的生活状况,在古希腊妇女观念的变化和雅典与斯巴达妇女的地位及其差异方面提出了许多独到的见解。裔昭印的《西方妇女史》[4]进一步运用社会性别的理论和方法,较为全面地论述了从古至今西方妇女的历史,是一部系统地研究西方妇女史的专题性著作。其中第一章涉及从爱琴文明时代、荷马时代、古风时代、古典时代直至希腊化时代妇女地位的变化,作者指出,古代雅典妇女无论在公共生活中还是家庭和婚姻生活中的地位都比较低下。

对于国际学界研究成果的引入也陆续展开。安德烈·比尔基埃(Andre Burguiere)等人主编的《家庭史》第1卷第4章论及公元前5—前4世纪希腊城邦中的家庭,对城邦社会以及女性的财产继承问题进行了集中探讨。[5]利奇德的《古希腊风化史》[6]研究了古希腊人的性观念和性风俗,涉及婚嫁习俗、衣着服饰、节庆活动、戏剧文艺作品和性爱关系等方面。该书论述踏实精细,得出了自己独特的结论,为研究人类文明史提供了新的切入点。

(五)海洋史研究[7]

20世纪80年代以降,国内学界开始关注希腊海洋史研究。以下拟从海洋认识与开拓研究、海洋文化研究、海盗问题研究三个方面介绍国内学者的主要研究成果。当然,海上贸易研究也是海洋史研究的重要内容之一,此前已述及。

---

[1]许鸿:《从〈关于谋杀埃拉斯托斯特尼〉窥探古典时期雅典的妇女地位》,《古典学评论》(第2辑),上海:上海三联书店,2016年,第54—62页。
[2]孙仁朋:《地母节与古典时期雅典妇女的身份塑造》,《世界历史》2023年第2期。
[3]裔昭印:《古希腊的妇女——文化视域中的研究》,北京:商务印书馆,2001年。
[4]裔昭印:《西方妇女史》,北京:商务印书馆,2009年。
[5]比尔基埃等:《家庭史》,袁树仁、姚静、肖佳译,北京:生活·读书·新知三联书店出版社,1998年。
[6]利奇德:《古希腊风化史》,杜之、常鸣译,沈阳:辽宁教育出版社,2000年。
[7]本部分由李霖执笔。

1. 海洋认识与开拓研究

海洋认识与开拓是古希腊海洋史研究中最早受到关注的问题，包括航海探险、造船技术、殖民开拓等内容。20世纪80年代初有文章对古代爱琴海及其周边的航海活动、海上探险家进行科普性介绍。张富强于1989年发表的《人类早期航海之谜初探》一文基于伯罗奔尼撒半岛史前遗址中的黑曜石考古与探测，认为该地区的猎人采集者在1.3万年前渡海至米洛斯岛开采黑曜石，是迄今所知的最早而明确的航海活动；同时他依托舟船考古成果，分析了最早的船只技艺与建造，是国内较早对古代爱琴海地区航海活动进行专门讨论的文章。[1]李永采等人所著的《海洋开拓争霸简史》、隋竹丽的《航海活动对古希腊社会转型的影响》都对航海活动的兴起有所叙述，前者关注早期古希腊人的海洋拓察、海上角逐、造船及航海技术，附录部分还提供了海洋拓察、通航大事年表；后者介绍了公元前8世纪到公元前5世纪航海活动的兴起，但更侧重于其兴起对希腊社会阶层格局的影响。[2]

造船技术的发展对人类海上活动影响重大。杨槱的《帆船史》一书从技术演进、设计特点和历史背景等角度讨论了早期克里特人的帆船及其后希腊三列桨战船的发展。[3]郭涛的《古希腊"三列桨战船"的产生及特征》则专门研究三列桨战船的前身、结构特征、人员组织和战斗性能。在他看来，三列桨战船的发展与演变很大程度上是古典希腊兴衰的集中体现。[4]毛丹、江晓原合作的《希腊化晚期至罗马帝国初年西方航海术东渐考》一文以中国史籍中频繁出现外船的记载为切入点，论及希腊化晚期风帆与海船技术由地中海向印度洋乃至中国沿海地区缓慢传播的过程，为理解当时东西文明的海上交往提供了新的视角。[5]

海外殖民活动也是海洋史的一个部分，但相关研究往往将其与政治史、经济史结合在一起。顾准的《希腊城邦制度》述及海外移民的方向、条件与原因等内容。甄修钰的《顾准笔下的古希腊海外殖民及其联想》一文就顾准所论加以概括，认为顾准是国内第一个论述古希腊海外殖民活动的连续性的学者。[6]启良对希腊殖民运动做了阶段性的划分[7]，孙道天介绍了古风时代希腊人大规模海外殖民的社会背景及殖民地选择，还简要列举了参加和兴建的主要城邦。[8]李韵琴指出，无论从希腊社会经济结构还是具体的殖民过程看，商业都不是殖民的主要原因，而是结果。土地和人口是殖民的两大动因。其时希腊的殖民运动之所以区别于其他殖民的关键要从当时具体的历史环境来理解。它更多的是早期国

---

[1]张富强：《人类早期航海之谜初探》，《华中师范大学学报》（哲学社会科学版）1989年第2期。
[2]李永采、王春良、盖莉等：《海洋开拓争霸简史》，北京：海洋出版社，1990年；隋竹丽：《航海活动对古希腊社会转型的影响》，《佳木斯大学社会科学学报》2007年第1期。
[3]杨槱：《帆船史》，上海：上海交通大学出版社，2005年。
[4]郭涛：《古希腊"三列桨战船"的产生及特征》，《历史教学问题》2018年第3期。
[5]毛丹、江晓原：《希腊化晚期至罗马帝国初年西方航海术东渐考》，《上海交通大学学报》（哲学社会科学版）2015年第2期。
[6]甄修钰：《顾准笔下的古希腊海外殖民及其联想》，《内蒙古大学学报》（人文社会科学版）2007年第4期。
[7]启良：《公元前八—六世纪希腊移民运动中的农商关系》，《北京师范大学学报》1987年第4期。
[8]孙道天：《古希腊历史遗产》，上海：上海辞书出版社，2004年。

家在形成和发展阶段,生存空间和生存方式扩张的一种表现,再加上其他客观条件,如有利的国际环境和进步的航海条件等,才在古朴的希腊形成如此规模的殖民运动。[1]此外,黄洋、徐跃勤、阴元涛、崔艳华、莫怀平、李永斌等人对古希腊各城邦的殖民运动,尤其是雅典殖民运动的原因、性质、影响有较为详细的讨论,但其著述都更侧重于从政治史角度进行分析。

部分国外学者的研究陆续被译介至国内,为相关学术研究提供了重要参考。陈思伟、徐松岩的《从托尔、布罗代尔到莱昂内尔·卡森:古代地中海史研究》一文介绍了古地中海航海活动及航海志,回顾了17世纪以降古地中海史研究的发展历程,其中重点叙述托尔、布罗代尔、卡森三位伟大的地中海研究者以及著作。该文对古地中海海洋史发展过程及重要节点有较为全面的梳理。[2]美国学者约翰·R.黑尔的《海上霸主——雅典海军的壮丽史诗及民主的诞生》一书出版中文版,该书作者实地考察古雅典人的海上战役或海陆两栖作战的发生地,并深入水下搜寻古代战舰,借助考古发现和三列桨实验模型,对雅典船舰、海军以及海事英雄进行了详细的论述。[3]美国学者林肯·佩恩的《海洋与文明》一书介绍了海外移民、船只、航线、海外贸易以及海战等问题,对古典时期的航海业及其社会也有涉及。[4]大卫·阿布拉菲亚的《伟大的海——地中海人类史》从地中海地区的多样性互动角度理解古希腊人利用先进的航海技术和船只制造技术建立的广泛的海上贸易网络,同时该书也论及制海权问题。[5]佩里格林·霍登和尼古拉斯·珀塞尔的《堕落之海:地中海史研究》以流动性、连通性和去中心化视角研究古代地中海历史,认为小型船只的贴岸近海贸易是联系各微生态环境的主要方式,是地中海史研究的重要代表作。[6]伊迪丝·霍尔著的《古希腊人:从青铜时代的航海者到西方文明的领航员》、雅克·阿塔利的《海洋文明小史》对古希腊人造船、港口建设、船员水手、海上争霸状况等内容有所介绍。[7]这些译著都以不同视角和方法揭示了古希腊人的航海活动及其对文明发展的影响。

2.海洋文化研究

海洋文化研究涉及海洋与海权意识、宗教崇拜等内容。2001年,娄琳和徐松岩的《关于希腊罗马海上势力的历史反思——海上势力与西方文明研究之一》阐释了古希腊罗马的海上活动及其发展过程,指出海洋意识是一个历史概念,大致包含海洋领土意识、海洋

---

[1]李韵琴:《试析公元前八—六世纪希腊殖民运动的主要原因》,《世界历史》1989年第4期。
[2]陈思伟、徐松岩:《从托尔、布罗代尔到莱昂内尔·卡森:古代地中海史研究》,《海洋史研究》(第10辑),北京:社会科学文献出版社,2017年,第3—24页。
[3]黑尔:《海上霸主——雅典海军的壮丽史诗及民主的诞生》,史晓洁译,桂林:广西师范大学出版社,2012年。
[4]佩恩:《海洋与文明》,陈建军、罗燚英译,天津:天津人民出版社,2017年。
[5]阿布拉菲亚:《伟大的海——地中海人类史》,徐家玲等译,北京:社会科学文献出版社,2018年。
[6]霍登、珀塞尔:《堕落之海:地中海史研究》,吕厚量译,北京:中信出版社,2018年。
[7]霍尔:《古希腊人——从青铜时代的航海者到西方文明的领航员》,李崇华译,上海:上海社会科学院出版社,2019年;阿塔利:《海洋文明小史》,王存苗译,北京:中信出版社,2020年。

经济意识、海洋国防意识三个方面的内容。①詹姆斯·费尔格里夫的《地理与世界霸权》一书探讨了古希腊及其殖民活动如何利用地理优势实现扩张和霸权，认为海洋支配着希腊的历史，理解古希腊的历史必须重视海洋带来的战略价值。②

波塞冬集海神、马神、震地神于一身，与海洋贸易、航海活动紧密相连。王晓朝的《希腊宗教概论》、吴晓群的《古代希腊仪式文化研究》、王以欣的《寻找迷宫——神话、考古与米诺文明》、晏绍祥的《荷马社会研究》涉及波塞冬作为海神的职能、崇拜仪式、神话故事以及他在希腊宗教中的重要地位，有助于理解海洋与希腊社会、文化、宗教之间的复杂关系。③隋竹丽的《古希腊神话研究》以神话作为切入点，将波塞冬的三叉戟与船锚相联系，认为波塞冬是自然约束力的体现，大海是人类的"异己力量"。④朱毅璋在《论荷马史诗中的波塞冬形象》《波塞冬崇拜起源论考》两篇文章中，对波塞冬研究提出了一些独到的见解。前者主要是对荷马史诗中波塞冬的形象及其地位的研究，后者综合分析波塞冬起源的古今文献和相关讨论，对波塞冬神职演变进行考察，揭示了古希腊文明与周边文明共生互动的关系。⑤国外学者有关波塞冬的研究也陆续被译介成中文，包括让-皮埃尔·韦尔南的《希腊思想的起源》，英国学者简·哈里森的《希腊宗教研究导论》和《古希腊宗教的社会起源》，法国学者裘利亚·西萨和马塞尔·德蒂安的《古希腊众神的生活》，美国学者伊恩·莫里斯和巴里·鲍威尔的《希腊人——历史、文化和社会》，上述著作对波塞冬的职能、形象等方面有概括性的论述。⑥英国学者西蒙·普莱斯的《古希腊人的宗教生活》对波塞冬也略有提及，他推测波塞冬的来源应该和近东有关。⑦近来，随着对海神崇拜研究的逐渐深入，多数研究者不再局限于波塞冬作为海神的单一形象，而是扩展了对其多重角色与象征意义的探讨。同时，研究也逐步涵盖了波塞冬以外的其他海神，如纪盛的《比雷埃夫斯港的阿芙洛蒂忒圣所研究》一文考察了比雷埃夫斯港阿芙洛蒂忒圣所的来历，分析阿芙洛蒂忒的海神属性及其作用，认为相较于易怒的海神波塞冬的形象，古典时期投身海洋事业的雅典人或许更加青睐与平静的海洋相联系的女神阿芙洛蒂忒，这都有助于我们更加全面和

---

① 娄琳、徐松岩：《关于希腊罗马海上势力的历史反思——海上势力与西方文明研究之一》，《西南师范大学学报》（人文社会科学版）2001年第1期。
② 费尔格里夫：《地理与世界霸权》，胡坚译，杭州：浙江人民出版社，2016年。
③ 王晓朝：《希腊宗教概论》，上海：上海人民出版社，1997年；吴晓群：《古代希腊仪式文化研究》，上海：上海社会科学院出版社，2000年；王以欣：《寻找迷宫——神话、考古与米诺文明》，天津：天津人民出版社，2000年；晏绍祥：《荷马社会研究》，上海：上海三联书店，2006年。
④ 隋竹丽：《古希腊神话研究》，哈尔滨：黑龙江人民出版社，2005年。
⑤ 朱毅璋：《论荷马史诗中的波塞冬形象》，《古代文明》2012年第4期；朱毅璋：《波塞冬崇拜起源论考》，《世界宗教研究》2013年第4期。
⑥ 韦尔南：《希腊思想的起源》，秦海鹰译，北京：生活·读书·新知三联书店，1996年；赫丽生：《古希腊宗教的社会起源》，谢世坚译，桂林：广西师范大学出版社，2004年；赫丽生：《希腊宗教研究导论》，谢世坚译，桂林：广西师范大学出版社，2006年；西萨、德蒂安：《古希腊众神的生活》，郑元华译，上海：上海人民出版社，2008年；莫里斯、鲍威尔：《希腊人——历史、文化和社会》，陈恒、屈伯文、贾斐等译，上海：格致出版社，2014年。
⑦ 普莱斯：《古希腊人的宗教生活》，邢颖译，北京：北京大学出版社，2015年。

丰富地理解古希腊的海神崇拜。[1]

3. 海盗问题研究

海盗问题研究是古代地中海文明史研究的重要内容。徐松岩的《古代海盗行为述论》通过对古代地中海地区海盗行为的通盘考察,认为古代海盗行为是阶级社会初期地中海地区特殊地理环境下的产物,是该地区奴隶制社会阶级斗争的有机组成部分,同时肯定了海盗行为在对古代社会发展中的某种历史进步性,这是国内学界首次对古代海盗行为作出的定性评价。[2] 娄琳和徐松岩的《关于希腊罗马海上势力的历史反思》、徐松岩的《略谈古代地中海地区的海盗行为》肯定了海盗行为对西方古典文明的重要贡献,指出奴隶制时代的希腊人的海上开拓和生产实践活动在一定程度上造就了西方人勇于探索的冒险精神和海洋意识。[3] 熊莹的书评《简评〈希腊罗马世界的海盗行为〉》较为精练地概括了海盗史专家德·苏萨(Philip de Souza)的首部专著的主要内容和学术价值,认为作者扩大了分析范畴,广泛运用"观念""话语"等概念使得许多旧史料呈现出新的价值。[4] 刘婧的《前城邦时代希腊世界的海盗活动述论》集中探讨了古代希腊世界前城邦时期的海盗活动。[5] 徐松岩、李杰合作的《论希腊化时期罗德岛海上势力的兴衰》基于古典史料,从互动和博弈的视角论及海盗势力在罗德岛霸权发展中的历史作用。[6] 李杰的博士学位论文《古希腊罗马时期海盗形象嬗变研究》以概念史方法研究古代文本的海盗叙事及其反映的社会观念变迁和历史现实演进,他认为海盗行为观念的嬗变与书写对罗马帝国、中世纪乃至近现代世界的海盗叙事产生了深远影响,其研究成果深化了对海盗形象的理解。[7]

国内关于希腊的海洋史研究已经取得一定进展。学者们有关航海探险殖民、造船工艺和海上贸易等方面的研究,反映了希腊人海上活动的广泛性,对波塞冬崇拜等宗教现象展示了海洋意识在古希腊社会的重要性,而关于海盗问题的研究有助于理解当时社会的复杂图景。尽管复原古代历史原貌困难重重,但展示在世人面前的,必将是更加清晰的古希腊海洋文明的形象。

(六)族群认同问题[8]

作为对后殖民主义思潮以及"全球化"时代后日益尖锐的民族矛盾与冲突现象的回应与反思,族群认同研究以希腊人族群意识的兴起成因及其认同建构情境为问题导向,成为

---

[1] 纪盛:《比雷埃夫斯港的阿芙洛蒂忒圣所研究》,《历史教学》(下半月刊)2020年第2期。
[2] 徐松岩:《古代海盗行为述论》,《世界历史》1999年第4期。
[3] 娄琳、徐松岩:《关于希腊罗马海上势力的历史反思——海上势力与西方文明研究之一》,《西南师范大学学报》(人文社会科学版)2001年第1期;徐松岩:《略谈古代地中海地区的海盗行为》,《海洋史研究》(第12辑),北京:社会科学文献出版社,2018年。
[4] 熊莹:《简评〈希腊罗马世界的海盗行为〉》,《世界历史》2005年第2期。
[5] 刘婧:《前城邦时代希腊世界的海盗活动述论》,《历史教学》2006年第6期。
[6] 徐松岩、李杰:《论希腊化时期罗德岛海上势力的兴衰》,《海洋史研究》(第14辑),北京:社会科学文献出版社,2020年。
[7] 李杰:《古希腊罗马时期海盗形象嬗变研究》,博士学位论文,西南大学,2022年。
[8] 本部分由朱洪武执笔。

西方学界近30年来希腊史研究的热点之一，并迅速在中国学界引起反响。①

徐晓旭在族群认同研究领域深耕多年，成果斐然。他注重文本研读过程中将历史语言学与考古资料相结合，从而重构文本所处的历史时空情境以进行解读，其研究成果可概括为古代世界希腊族群意识的生成与生长以及古希腊文明在欧亚大陆的文化互动。对于希腊族群认同研究中"马其顿人是否为希腊人？"他在《腓利二世：霸权与泛希腊主义》一书，以及《马其顿帝国主义中的希腊认同》《希腊化时代马其顿人的身份认同》《罗马统治时期希腊人的民族认同》三篇论文中，从生成情境与创造动机的考察角度解析了"希腊人—马其顿人—蛮族人"三分法身份认同背后的历史传统与现实政治因素，对泛希腊主义在希腊认同的建构与操纵过程中所起的作用进行了探讨②，从而为此争议提供了一个解答视角。对于"希腊人与蛮族人"这一不断被翻新的经典议题，他曾撰文对学界研究概况进行过系统的学术脉络梳理，并以"希腊人与蛮族人：一对不断被修改的画像"作为题名进行总结。③文章论述了该议题在认同政治和学术领域产生的强烈影响，指出其中"希腊人—蛮族人"两极对立观念的重要地位是学者们无法绕开的。文章最后认为无论是在古代当事人的观念中，还是在现代学术领域，希腊人和蛮族人都构成了一对被不断修改的画像，并在此基础上指出研究者可采用中国画技法为这对画像作出新一轮绘制的尝试，例如将古代中国的"夷夏之辨"引入，将中希历史上族称演进互为参照，以此发现两者不同的概念用法，从而对背后隐藏的族群关系模式差异进行探究。

徐晓旭在《古希腊人的"民族"概念》《古代希腊民族认同中的各别主义与泛希腊主义》《古代希腊人族群认同的形成》《古代希腊人的族群话语》《创造蛮族：古代希腊人建构他者新探》《奥林匹亚赛会设立"希腊人的裁判"年代考》六篇论文中，对"希腊人"族称的兴起缘由与传播过程、在不同情境中的实际运用状况以及蕴含于其中的各别主义与泛希腊主义间的复杂张力关系进行了梳理、考证与说明④，进而在《波斯人的希腊祖先：跨越族群边界的名祖神话》《奥西里斯的远征：跨文化神话与托勒密埃及的认同政治》两篇论文中，论证了名祖神话的谱系变动具备多重族群和政治深意，由此表明族称是对思想传统的承载以及对现实政治的反馈，从而质疑以想象的血缘作为界定族群决定性标准的理论。⑤在考察希腊人从"自我"与"他者"两方面进行族称建构与操纵的动态过程中，他发现了其中文化

---

① 黄洋、晏绍祥：《希腊史研究入门》，北京：北京大学出版社，2021年，第305、311页。
② 徐晓旭：《腓利二世：霸权与泛希腊主义》，武汉：华中师范大学出版社，2009年；徐晓旭：《马其顿帝国主义中的希腊认同》，《世界历史》2008年第4期；徐晓旭：《希腊化时代马其顿人的身份认同》，《郑州大学学报》（哲学社会科学版）2018年第3期；徐晓旭：《罗马统治时期希腊人的民族认同》，《历史研究》2006年第4期。
③ 徐晓旭：《希腊人和蛮族人：一对不断被修改的画像》，《历史研究》2014年第6期。
④ 徐晓旭：《古希腊人的"民族"概念》，《世界民族》2004年第2期；《古代希腊民族认同中的各别主义与泛希腊主义》，《华中师范大学学报》（人文社会科学版）2008年第4期；《古代希腊人族群认同的形成》，《外国问题研究》2017年第1期；《古代希腊人的族群话语》，《古代文明》2017年第2期；《创造蛮族：古代希腊人建构他者新探》，《武汉大学学报》（哲学社会科学版）2019年第2期；《奥林匹亚赛会设立"希腊人的裁判"年代考》，《华中师范大学学报》（人文社会科学版）2019年第5期。
⑤ 徐晓旭：《波斯人的希腊祖先：跨越族群边界的名祖神话》，《历史研究》2019年第2期；《奥西里斯的远征：跨文化神话与托勒密埃及的认同政治》，《武汉大学学报》（哲学社会科学版）2024年第2期。

交流互动的复杂多样性,在综合考虑学者们曾采用的文化融合、隔离、涵化、悖论、迁移等多种模式和理论后,他提出一种新的"文化选择"模式以观察族群认同建构与文化互动的关系,并以"小历史"的研究方法展现其复杂性。①"小历史"研究作为一种小问题大历史的方法论②,是研究者从看似细小的问题入手,得出具有全局性的结论。③他的《古代中国和希腊族群祖先谱系研究方法述评》《"大宛"和"大夏":张骞带回的两个希腊族称》两文,即是以在希腊史族群认同领域积累的学术涵养为基础,分别从理论指导与具体研究的层面对他倡议的"采用中国画技法"的落实。④

徐松岩在希腊史领域主要关注国家形态的演进及其展开的比较研究,对于外语文献的翻译与引用,他注重词义的准确与表述的流畅,在史料方面译注有《历史》《伯罗奔尼撒战争史》《希腊史》。⑤在族群认同方面,其研究重视马克思主义历史理论的运用,侧重从政治与经济的角度对建构过程进行考察并由此作进一步分析,其成果见论著《多彩的雅典娜——古希腊文明史述论集》第1章所收录的四篇文章。⑥在《古代"希腊"的起源与流变———项概念史考察》一文中,他梳理了希腊作为一个地名的演化路径,从概念史的角度论证了希腊存在历史的悠久,同时指出了其所承载的区域内涵、文化内涵、族群内涵、历史内涵。⑦在《"希腊人"与"皮拉斯基人"——古代希腊早期居民源流考述》一文中,他又进一步对希腊作为一个族称在希腊半岛的形成与传播的动态过程作了具体解读,并指出希腊人与皮拉斯基人的关系史是古希腊早期民族关系史的主轴,古希腊文化乃是希腊人与皮拉斯基人共同创造出的一种新文化。作者在文章结尾提出诘问:雅典最终走上海外扩张并形成雅典帝国与伯罗奔尼撒同盟对峙的格局是否受到了民族的、历史的或传统的因素影响?⑧这一疑问引导读者就族群认同的建构与同盟政治的开展之间的逻辑关系加以思考。《提秀斯改革新论》一文是作者站在国家形态演进路径的视角,将当时的古希腊移民活动作为时空背景,对提秀斯改革进行新的解读,揭示了雅典民族是经过数千年的发展和融合逐步形成的,而源远流长、兼收并蓄、开放性强的雅典文化是雅典成为古典时代希腊文化中心最重要的历史原因。⑨在《关于特洛伊战争的若干问题》一文中,作者通过探讨特洛伊传说的形成与传播,揭示出移民活动的动荡与文化中心的转移之间的互动过程。⑩

黄洋在族群认同领域的关注重点为西方话语体系与思想传统中的古典因素,其研究

---

① 徐晓旭:《文化选择与希腊化时代的族群认同》,《中国社会科学》2015年第3期。
② 晏绍祥:《70年来中国的世界上古史研究》,《古代文明》2020年第4期。
③ 黄洋、晏绍祥:《希腊史研究入门》,北京:北京大学出版社,2021年,第262页。
④ 徐晓旭:《古代中国和希腊族群祖先谱系研究方法述评》,《史学史研究》2014年第3期;《"大宛"和"大夏":张骞带回的两个希腊族称》,《华中师范大学学报》(人文社会科学版)2023年第6期。
⑤ 希罗多德:《历史》,徐松岩译注,上海:上海人民出版社,2018年;修昔底德:《伯罗奔尼撒战争史》,徐松岩译注,上海:上海人民出版社,2017年;色诺芬:《希腊史》,徐松岩译注,上海:上海人民出版社,2020年。
⑥ 徐松岩:《多彩的雅典娜——古希腊文明史述论集》,上海:上海人民出版社,2023年,第13—89页。
⑦ 徐松岩:《古代"希腊"的起源与流变———项概念史考察》,《北京师范大学学报》(社会科学版)2019年第4期。
⑧ 徐松岩:《"希腊人"与"皮拉斯基人"——古代希腊早期居民源流考述》,《西南大学学报》(社会科学版)2016年第1期。
⑨ 徐松岩:《提秀斯改革新论》,《安徽史学》2003年第1期。
⑩ 徐松岩:《关于特洛伊战争的若干问题》,《世界历史》2002年第2期。

视野广阔,不止于古典传统,对近代的接受状况亦作考察,其探究程度深入,族称—主义—意象,思考对象不断抽离而上,从而达成对族群认同构建过程中的思想成果及其文化影响的完整论证,其成果体现出西方古典学之职责:研究者通过对作为文明根源的古典世界的研究,反思当下的社会现状。

他在《古典希腊理想化:作为一种文化现象的Hellenism》一文中将研究视线聚焦于Hellenism背后的意识形态作用。①通过考察18世纪中后期和19世纪前期西欧知识界对于希腊文化的阐述,指出理想化的希腊不仅是欧洲现代性自我形塑和自我表述的方式,以现代性为归宿的希腊想象还深刻影响了现代希腊民族国家的塑造。不仅如此,黄洋在文中还提到,这种影响也蔓延至学界关于古希腊历史的认识,成为欧洲在希腊推行文化殖民主义的方式的Hellenism,将现代性的一些基本特征渗透进了我们对古希腊历史一些关键问题的理解。而在《古代希腊罗马文明的"东方"想像》一文中,他将萨义德在政治意义层面重点论述的东方主义置于希腊罗马文明对"东方"意象进行描绘的时空情境中,通过考察特洛伊战争、希波战争、亚历山大东征、共和与帝制之交的罗马等时期希腊罗马人对东方诸民族的认知,论证了东方主义在西方话语体系中由来已久,作为一种思想传统根深蒂固。②

随着族群认同问题在中国希腊史研究领域愈发受到关注,年轻一代的古史学者开始接过前辈学者手中的接力棒,投入到该方向的研究中。郭涛在《希罗多德与雅典"史前史"的书写》一文中将文学批评方法引入,对希罗多德记载的蛮族做了"文明的蛮族"埃及人、"野蛮的蛮族"皮拉斯基人以及"曾经的蛮族"伊奥尼亚人的细化探究,从而对文本记载中的政治宣传与历史知识进行分辨。③戴鑫在《托勒密二世税制改革与埃及的"希腊人"》一文中,指出税制改革与"希腊人"特权的联系,通过对包含希腊化的埃及人在内的"特权希腊人"群体进行考察,说明了政治经济因素在族群认同建构过程中的作用,特权希腊人的制造一方面促进了埃及的希腊化,但同时也割裂了埃及的社会阶层,埋下了"族群"冲突的隐患。④在《古希腊人与先秦华夏人异族观念之异同》一文中,李渊将中国的夷夏之辨和希腊的"希腊人 蛮族人"两分法进行比较,指出血缘、文化和政治这三类相互联系而又影响各异的要素在古代希腊和中国先秦的具体作用不同,并由此展开对希腊、华夏的内外关系与二要素特性的讨论。⑤

值得注意的是,近来古基因组学的兴起让客观的共同血缘概念能够具象化地被历史学家纳入考虑范围,其中以分子人类学为代表的研究成果被历史学者应用于种族起源的研究中,相关成果主要集中于史前史方面,对象为原始印欧人与原始希腊人。徐晓旭在《历史语言学、考古学与希腊人种族起源研究》一文中介绍了学者在历史语言学和考古学

---

① 黄洋:《古典希腊理想化:作为一种文化现象的Hellenism》,《中国社会科学》2009年第2期。
② 黄洋:《古代希腊罗马文明的"东方"想像》,《历史研究》2006年第1期。
③ 郭涛:《希罗多德与雅典"史前史"的书写》,《世界历史》2021年第4期。
④ 戴鑫:《托勒密二世税制改革与埃及的"希腊人"》,《世界历史》2022年第1期。
⑤ 李渊:《古希腊人与先秦华夏人异族观念之异同》,《古代文明》2016年第1期。

主导下,综合运用多种方法和理论模式进行多学科交叉合作的研究路径。他将建立在历史语言学和考古学基础上的史前史研究作为基因证据分析的参照系,对原始印欧人及其语言和故乡、前希腊底层语言、"希腊人的到来"等史前历史做了系统深入的探讨,从而表明此路径在研究希腊人的种族起源这一技术难度大且极具理论和方法论意义的问题方面具有实质性的奠基作用。[1]

虽然学界对于族群认同的研究对象为古希腊人主观建构的观念,而分子人类学的研究结果则是指向作为客观存在的古希腊人基因,古基因组学的证据并不一定对古代希腊人的族群认同产生影响,但在历史学研究者手中可作为一种检验族群认同结果的手段。如同考古学家通过考古材料鉴定文明发展程度一样,族群认同研究者也可通过古基因组研究结果了解族群融合的程度。

随着解读视角的转变、考古材料的出土以及多学科联系的加强,这些因素都能够对学者的认知更新产生影响,从而在族群认同的研究领域不断翻新"希腊人的定义"这一经典问题,推进优秀研究成果的产出。

总体而言,与积累深厚的欧美古史学界相比,中国希腊史研究尚处于初级阶段。随着国内多家希腊研究中心、中希文明互鉴中心、中国希腊研究院等机构的设立,中外文化交流的持续扩大,大量优秀成果的引进,希腊史研究者队伍日渐壮大,在语言学、考古学、文献学、碑铭学等方面的短板逐渐得到弥补,相信不久的将来,中国希腊史研究在国际古史学界必将占有一席之地。

---

[1] 徐晓旭:《历史语言学、考古学与希腊人种族起源研究》,《史学理论研究》2019年第1期。

中国的伊朗研究回顾

冀开运　韩雪纯

摘要： 中国是有完整历史记载的文明古国，中国古代史书对域外世界，特别是对伊朗地区，有着相对理性而概括的描述。自1979年以来，在中国强大的科研支持体系的支撑下，从事伊朗研究的学者们通过国家社科基金已申请到了五十余项研究课题，而这些伊朗研究课题也充分体现了学者自主选题研究与国家宏观整体规划的有机融合。此外，伊朗研究方面的译著、著作、论文，从研究主题来看，展现了当前伊朗研究多学科并进、多学科交叉的研究态势；从研究内容来看，中国伊朗研究，论证了伊朗与维族、藏族、回族、塔吉克族以及汉族的千丝万缕的联系，支撑和论证了中华民族多元一体化格局的形成。

关键词： 伊朗研究；文明互鉴；课题；译著；著作；论文

Abstract: China is an ancient civilized country with complete historical records, and the ancient Chinese history books have relatively rational and general descriptions of the outside world, especially Iranian region. Since 1979, supported by China's strong scientific research support system, scholars engaged in Iranian studies have applied for more than 50 research projects through the National Social Science Fund. These Iranian research projects also fully reflect the organic integration of scholars' self-selected research and national macro-overall planning. In addition, the results of Iranian studies, such as translations, treatises, and papers, from the perspective of research topics, show the current trend of multi-disciplinary and cross-disciplinary research in Iranian studies. From the perspective of research content, Iranian studies in China demonstrate the inextricable ties between Iran and Uyghurs, Zang, Hui, Tajiks and Han ethnic group, and support and demonstrate the pattern of diversity and integration of the Chinese nation.

Keywords: Iranian studies; mutual learning among civilizations; subject; translation; treatise; paper

作者： 冀开运，西南大学历史文化学院世界史教授，西南大学伊朗研究中心主任；韩雪纯，西南大学历史文化学院研究生。

伊朗，坐落于亚洲西南地区，是一个有着五千年历史的文明古国。现代伊朗所在的大致区域，曾以"波斯"的名号享誉世界，后因巴列维国王的变革更名为"伊朗"。伊朗的历史文化颇为厚重悠久，从盛极一时的古波斯帝国到政教合一的伊朗伊斯兰共和国，伊朗经历了众多王朝的更迭与思想文化的变革；伊朗的地理环境极为独特，虽气候干燥、地形复杂，但身处西亚心脏地带的区位优势使其成为"欧亚陆桥"与"东西方空中走廊"；此外，伊朗的油气资源也非常丰富，位居世界第四位的石油储量与位居世界第二位的天然气储量，不仅带动了伊朗经济的发展，也加剧了地区局势的动荡。总之，伊朗历史的悠久与当前严峻的局势互相交织，使得伊朗在中东地区越发重要，也使得伊朗研究在世界史领域愈加重要。

同为文明古国，中国与伊朗均有悠久的历史与独特的文化；而同为地区大国，中国与伊朗的文明交往，始于古丝绸之路，也将盛于"一带一路"。西汉初期，伴随张骞出使西域，中国古代的西汉王朝与伊朗古代的帕提亚王朝（中国史书称"安息"）开启了首次交流往来。自此，中国的民众知晓了来自西方大漠中的伊朗，而伊朗也在中国的史书中留下了浓墨重彩的一笔。自中华人民共和国成立以来，面对复杂的国际环境与外交形势，秉承和平与发展的合作理念，中国与第三世界国家相互支持、团结互助，伊朗研究也在世界史领域初露头角。而今，伴随中伊友好外交关系的建立与"一带一路"的开展，伊朗研究备受关注。

在上述背景下，本文将以"文明互鉴"为研究理念，从课题、译著、著作、论文等方面入手，细致梳理中华人民共和国成立以来国内学界有关伊朗的研究，具体说明国内学界的研究状况，着重分析国内学界伊朗研究各时段的特点。

一、中国伊朗研究课题梳理

据不完全统计，自20世纪80年代以来，伴随伊朗研究队伍的壮大及研究能力的提升，加之国家对于地区国别史研究的重视，国内学界关于伊朗研究的国家社科基金立项高达50余项。这些课题涵盖重大项目、重点项目、西部项目、青年项目、一般项目、后期资助项目、优秀博士论文出版项目、国别史专项等众多类别，包含法学、史学、文学、哲学等多个领域，涉及世界历史、政治学、宗教学、国际问题研究、中国历史、法学、语言学、外国文学、中国文学等多个方面。

首先，就史学这一领域来看，国内学界关于伊朗学的研究主要涉及中国历史和世界历史两个方面。其中，世界历史方面的立项有：孙培良与杨群章负责并于1987年立项的"伊朗通史"、张振国负责并于1989年立项的"伊朗白色革命研究"、李铁匠负责并于1991年立项的"伊朗古代史"、冀开运负责并于2007年立项的"伊朗与伊斯兰世界关系研究"、蒋真负责并于2008年立项的"变动中的神权政治——当代伊朗政治改革与发展研究"、王一丹负责并于2010年立项的"波斯文《五族谱》整理与研究"、冀开运负责并于2012年立项的

"两伊战争及其影响研究"、韩建伟负责并于2013年立项的"伊朗伊斯兰革命后的经济现代化研究"、杜林泽负责并于2014年立项的"伊朗现代化进程中农民与乡村变迁的历史考察"、陈安全负责并于2014年立项的"冷战格局下美国对伊朗同盟政策的困境研究"、蒋真负责并于2016年立项的"美国制裁伊朗问题研究"、吴成负责并于2016年立项的"20世纪伊朗政治现代化进程研究"、张超负责并于2017年立项的"现代伊朗社会转型中的中产阶层研究（1925—2009）"、贺婷负责并于2018年立项的"伊朗萨法维王朝时期的部落与国家建构研究"、冀开运负责并于2018年立项的"伊朗多民族统一国家的建构与治理研究"、吴欣负责并于2018年立项的"考古景观视阈下的古波斯帝国与中亚研究"、李晗负责并于2020年立项的"伊朗现代化进程中的知识分子研究"、龙沛负责并于2022年立项的"罗马波斯战争研究（公元前66年—前628年）"、冯广宜负责并于2022年立项的"伊朗恺加王朝（1796—1926）现代化进程研究"、杜林泽负责并于2022年立项的"近代以来伊朗社会治理的历史考察研究"、吴赟培负责并于2022年立项的"中古波斯语经典文献（本元创造）校勘、翻译与研究"、邢文海负责并于2023年立项的"伊朗海洋战略的历史考察"、金鹏负责并于2023年立项的"伊朗萨法维时期的史学史研究"。

  国内学界关于伊朗研究在中国历史领域的立项有：张云负责并于1997年立项的"唐代吐蕃与我国文明关系问题研究"、朝克图负责并于2008年立项的"元代波斯文蒙古史史料研究：拉施德《史集·部族志》诸抄本比较研究"、王媛媛负责并于2010年立项的"从波斯到中国：摩尼教在中亚和中国的传播"、华涛负责并于2011年立项的"中古时代阿拉伯波斯等穆斯林文献中有关中国资料的整理与研究"、魏曙光负责并于2015年立项的"波斯文《史集·成吉思汗纪》整理与研究"、韩香负责并于2015年立项的"中古中国与波斯文明"、朝克图负责并于2017年立项的"13—14世纪波斯文蒙古史史料搜集与研究"、刘英军负责并于2019年立项的"波斯史诗文献里的中西交通研究"、陈春晓负责并于2019年立项的"波斯文《迹象与生命》译注与研究"；乌罕奇负责并于2020年立项的"波斯文《贵显世系》译释与整理研究"、于月负责并于2020年立项的"基于波斯语文献的蒙古部族迁移与重构研究"、胡晓丹负责并于2020年立项的"摩尼教中古伊朗语赞美诗在中亚和中国的创作研究"。

  其次，就法学这一领域来看，国内学界关于伊朗学的研究主要涉及法学和政治学两个方面。其中，法学方面的立项有：赵晶负责并于2020年立项的"萨珊波斯与中古中国的比较法制史研究"。此外，政治学方面的有：范鸿达负责并于2023年立项的"近年来伊朗面临的社会稳定挑战、政府应对及其启示研究"。

  再次，就文学领域来看，国内学界关于伊朗学的研究主要涉及语言学、外国文学、中国文学等三个方面。其中，语言学方面的立项有：丁士仁负责并于2013年立项的"中国阿拉伯语波斯语文献整理与研究"；外国文学方面的立项有：张鸿年负责并于2005年立项的"列王纪研究"、买买提吐尔逊负责并于2013年立项的"中世纪阿拉伯、波斯文学对维吾尔文学的影响研究";中国文学方面的立项有:扎米尔·塞都负责并于1999年立项的"阿拉伯——波斯文学中的'阿鲁孜格律'与我国突厥语文学比较研究"、艾赛提·苏来负责并于2000年立项的"波斯与我国突厥语民族文学中的'海米赛现象'比较研究"、扎米尔·赛都负责并于2013年立项的"阿拉伯—波斯诗歌理论与我国维吾尔族诗歌理论的关系研究"。

最后,国内学界关于伊朗学的研究还涉及宗教学与国际问题研究。其中,宗教学方面的立项成果有:龚方震与晏可佳负责并于1989年立项的"祆教史"、李福泉负责并于2017年立项的"1501年以来伊朗政教关系研究"、孟振华负责并于2020年立项的"波斯时期希伯来宗教的传承与革新研究"、李福泉负责并于2023年立项的"伊斯兰教在伊朗的本土化历程研究";国际问题研究方面的立项成果有:杨兴礼负责并于2004年立项的"新时期中国与伊朗关系研究"、姚继德负责并于2010年立项的"中国伊朗关系史"、陈俊华负责并于2010年立项的"伊朗核危机的演变趋势与中国能源安全及对策研究"、赵建明负责并于2014年立项的"伊斯兰使命、撒旦话语与革命后伊朗的外交战略研究"、赵广成负责并于2017年立项的"鲁哈尼任总统以来的伊朗外交研究"、吕海军负责并于2020年立项的"伊朗反美思潮研究"、叶青负责并于2021年立项的"美国和伊朗反恐新动向对我国反恐怖斗争的影响及对策研究"、苏欣负责并于2022年立项的"伊朗应对美国制裁的反制战略研究"、王国兵负责并于2023年立项的"伊斯兰革命卫队与伊朗内政外交研究"。

从纵向维度来看,国内学界关于伊朗研究的国家社科基金项目,数量呈递增趋势,涉及主题不但愈加具体,而且更具现实观照。例如,杨兴礼负责的"新时期中国与伊朗关系研究",照应了21世纪初中国外交新形势这一现实;冀开运负责的"伊朗与伊斯兰世界关系研究",映射了中东地区长期动荡的社会现实。从横向维度来看,国内学界关于伊朗研究的国家社科基金项目,既对重要主题进行了反复研究,又及时完善了研究体系,其所涉领域愈加宽广,所涉主题更加丰富。例如,金鹏负责的"伊朗萨法维时期的史学史研究",弥补了国内学界在伊朗史学史研究上的薄弱之处。

二、中国伊朗研究译著梳理

自新中国成立以来,在"和平共处五项原则"的指导下,中国与众多第三世界国家进行了友好交往,也与伊朗于1971年建立了邦交关系。在此背景下,伊朗研究备受关注,而国内学界也出版了众多与伊朗相关的优秀译著。下面,针对国内学界有关伊朗研究的译著,就研究时段、研究领域、研究专题、对外关系等方面进行逐一说明。

首先,国内学界有关伊朗的研究译著,按研究时段可以划分为伊朗通史、前伊斯兰时代的伊朗历史、伊斯兰时代的伊朗历史、伊斯兰革命及其后的伊朗历史。其一,关于伊朗通史这一时段的研究译著有:李希泌等学者所译、苏联史学家米·谢·伊凡诺夫所著的《伊朗史纲》[1];叶奕良所译、伊朗史学家阿宝斯·艾克巴尔·奥希梯扬尼所著的《伊朗通史》[2];铁匠所译、美国伊朗研究专家埃尔顿·丹尼尔所著的《伊朗史》[3];赵象察与胡轶凡所译、英国史学家迈克尔·阿克斯沃西所著的《伊朗简史：从琐罗亚斯德到今天》[4];安宁所译、伊朗学者霍昌·纳哈万迪与法国学者伊夫·博马提所著的《伊朗四千年》[5];赵乙深所译、英国史学家迈克尔·阿克斯沃西所著的《伊朗：被低估的文明与未完成的变革》[6];冀开运等学者所译、美国学者阿巴斯·阿马纳特所著的《伊朗五百年》[7];王东辉所译、伊朗学者霍马·卡图赞所著的《新月与蔷薇——波斯五千年》[8];徐弛所译、印度史学家哈迪·哈桑所著的《波斯航海史》[9]。其二，关于前伊斯兰时代这一时段的研究译著有：李铁匠所译、美国学者比尔冈所著的《古代波斯诸帝国》[10];邵会秋所译、爱莱娜·库兹米娜所著的《印度—伊朗人的起源》[11];史孝文所译、莱昂纳德·W.金所著的《古代巴比伦：从王权建立到波斯征服》[12];徐松岩所译、古希腊史学家希罗多德所著的《历史》[13];王淑芬所译、美国学者戴尔·布朗所著的《波斯人：帝国的主人》[14];李铁匠与顾国梅所译、美国史学家A.T.奥姆斯特德所著的《波斯帝国史》[15];张鸿年所译、伊朗学者所著的《波斯帝国史》[16];张静端等所译、古希腊史学家色诺芬所著的《波斯帝国王位争夺战回忆录》[17];于润生所译、英国学者汤姆·霍兰所著的《波斯战火：第一个世界帝国及其西征》[18];刘满芸所译、英国史学家G.W.考克斯所著的《希波战争：文明冲突与波斯帝国世界霸权的终结》[19];高万博与李达所译、英国学者卡韦赫·法鲁赫所著的《伊朗前传：波斯前年战争》[20];吴赟培所译、伊朗学者图拉吉·达利遥义所著的《萨珊波斯》[21];吴玥所译、美国学者马特·沃斯特所著的《古代波斯：阿契美尼德帝国简史（公元

---

[1] 伊凡诺夫：《伊朗史纲》，李希泌、孙伟、汪德全译，北京：生活·读书·新知三联书店，1973年。
[2] 奥希梯扬尼：《伊朗通史》，叶奕良译，北京：经济日报出版社，1997年。
[3] 丹尼尔：《伊朗史》，李铁匠译，上海：东方出版中心，2010年。
[4] 阿克斯沃西：《伊朗简史：从琐罗亚斯德到今天》，赵象察、胡轶凡译，北京：民主与建设出版社，2020年。
[5] 纳哈万迪、博马提：《伊朗四千年》，安宁译，长沙：湖南文艺出版社，2021年。
[6] 阿克斯沃西：《伊朗：被低估的文明与未完成的变革》，赵乙深译，杭州：浙江人民出版社，2021年。
[7] 阿马纳特：《伊朗五百年》，冀开运、邢文海、李昕译，北京：人民日报出版社，2022年。
[8] 卡图赞：《新月与蔷薇——波斯五千年》，王东辉译，南京：译林出版社，2022年。
[9] 哈桑：《波斯航海史》，徐弛译，桂林：广西师范大学出版社，2023年。
[10] 比尔冈：《古代波斯诸帝国》，李铁匠译，北京：商务印书馆，2015年。
[11] 库兹米娜：《印度—伊朗人的起源》，邵会秋译，上海：上海古籍出版社，2020年。
[12] 莱昂纳德：《古代巴比伦：从王权建立到波斯征服》，史孝文译，北京：北京理工大学出版社，2020年。
[13] 希罗多德：《历史》，徐松岩译注，上海：上海三联书店，2008年。
[14] 布朗：《波斯人：帝国的主人》，王淑芬译，北京：华夏出版社，2002年。
[15] 奥姆斯特德：《波斯帝国史》，李铁匠、顾国梅译，上海：上海三联书店，2010年。
[16] 扎林库伯：《波斯帝国史》，张鸿年译，北京：昆仑出版社，2014年。
[17] 色诺芬：《波斯帝国王位争夺战回忆录》，张静端、孙立佳、任秉鹏译，上海：东方出版社，2015年。
[18] 霍兰：《波斯战火：第一个世界帝国及其西征》，丁润生译，北京：中信出版社，2016年。
[19] 考克斯：《希波战争：文明冲突与波斯帝国世界霸权的终结》，刘满芸译，北京：华文出版社，2019年。
[20] 法鲁赫：《伊朗前传：波斯千年战争》，高万博、李达译，南京：江苏凤凰文艺出版社，2020年。
[21] 达利遥义：《萨珊波斯》，吴赟培译，北京：北京大学出版社，2021年。

前550—前300年）》①。其三，关于伊斯兰时代这一时段的研究译著有：文津等所译、苏联史学家伊凡诺夫所著的《伊朗现代史概要》②；何高济所译、伊朗史学家志费尼所著的《世界征服者》③；何克勇等所译、伊朗史学家霍马·卡图简与英国学者侯赛因·沙希迪所著的《21世纪的伊朗：政治、经济与冲突》④；冯广宜所译、伊朗学者胡桑·阿米拉马迪所著的《伊朗恺加王朝（1796—1926）政治经济学：社会、政治、经济及外交》⑤。其四，关于伊斯兰革命及其后的伊朗历史这一时期的研究译著有：吴成所译、伊朗伊斯兰革命领导者与伊斯兰共和国精神领袖赛义德·鲁胡拉·霍梅尼所著的《教法学家治国》⑥；马生贵所译、伊朗前总统穆罕默德·哈塔米所著的《从城邦世界到世界城市》⑦。

其次，国内学界有关伊朗的研究译著，按研究领域可以划分为伊朗货币史、社会文化史、外交战略思想史、古代宗教与伊斯兰教史、文学艺术史等方面。其一，关于伊朗货币史这一研究领域的译著有：武宝成所译、鲁迪·马特等美国学者所著的《伊朗货币史》⑧；付瑶所译、大卫·塞尔伍德等英国学者所著的《萨珊王朝货币史》⑨；武宝成所译、英国学者大卫·塞尔伍德所著的《帕提亚货币史》⑩。其二，关于社会文化史这一研究领域的译著有：张鸿年所译、伊朗学者扎比胡拉·萨法所著的《伊朗文化及其对世界的影响》⑪；北京大学地质地理系经济地理专业所译、英国学者W.B.费舍尔主编的《伊朗》⑫；孙唯瀚所译、美国学者理查德·W.布利特所著的《9—12世纪伊朗的棉花、气候与骆驼》⑬；何飞所译、伊朗学者莫特扎·瑞万法所著的《波斯遗产》⑭。其三，关于外交战略思想史这一研究领域的译著有：元文琪所译、伊朗学者阿布杜尔礼萨·胡尚格·马赫德维所著的《伊朗外交四百五十年》⑮。其四，关于古代宗教与伊斯兰教史这一研究领域的译著有：张小贵与殷小平所译、美国学者玛丽·博伊斯所著的《伊朗琐罗亚斯德教村落》⑯；元文琪所译、伊朗学者贾利尔·杜斯特哈赫选编的《阿维斯塔：琐罗亚斯德教圣书》⑰；姚继德所译、塔巴塔巴伊所著的《伊斯兰教

---

① 沃斯特：《古代波斯：阿契美尼德帝国简史（公元前550—前330年）》，北京：商务印书馆，2022年。
② 伊凡诺夫：《伊朗现代史概要》，文津、孙伟、张芹译，北京：生活·读书·新知三联书店，1959年。
③ 志费尼：《世界征服者史》，何高济译，北京：商务印书馆，2004年。
④ 卡图简、沙希迪：《21世纪的伊朗：政治、经济与冲突》，李凤、袁敬娜、何克勇译，南京：江苏人民出版社，2014年。
⑤ 阿米拉马迪：《伊朗恺加王朝（1796—1926）政治经济学：社会、政治、经济及外交》，冯广宜译，北京：中国社会科学出版社，2021年。
⑥ 霍梅尼：《教法学家治国》，吴成译，北京：线装书局，2010年。
⑦ 哈塔米：《从城邦世界到世界城市》，马生贵译，北京：中国文联出版社，2002年。
⑧ 马特、富勒、克劳森：《伊朗货币史》，武宝成译，北京：法律出版社，2019年。
⑨ 塞尔伍德、惠廷、威廉姆斯：《萨珊王朝货币史》，付瑶译，北京：法律出版社，2019年。
⑩ 塞尔伍德：《帕提亚货币史》，武宝成译，北京：法律出版社，2020年。
⑪ 萨法：《伊朗文化及其对世界的影响》，张鸿年译，北京：商务印书馆，2011年。
⑫ 费舍尔：《伊朗》，北京大学地质地理系经济地理专业译，北京：人民出版社，1977年。
⑬ 布利特：《9—12世纪伊朗的棉花、气候与骆驼》，孙唯瀚等译，北京：北京大学出版社，2022年。
⑭ 瑞万法：《波斯遗产》，何飞译，北京：研究出版社，2022年。
⑮ 马赫德维：《伊朗外交四百五十年》，元文琪译，北京：商务印书馆，1982年。
⑯ 博伊斯：《伊朗琐罗亚斯德教村落》，张小贵、殷小平译，北京：中华书局，2005年。
⑰ 杜斯特哈赫：《阿维斯塔：琐罗亚斯德教圣书》，元文琪译，北京：商务印书馆，2005年。

什叶派》①。其五,关于文学艺术史这一研究领域的译著有:关祎所译、俄国学者弗拉基米尔·卢科宁与阿纳托利·伊万诺夫所著的《波斯艺术》②;纳思霖·达斯坦所著的《伊朗细密画中的中国元素》③;王泽壮所译、伊朗艺术史家哈比比安拉·阿亚图拉希所著的《伊朗艺术史》④。

再次,国内学界有关伊朗的研究译著,按研究专题可以划分为历史人物、回忆录、现代化研究、地区安全、史学史等方面。其一,关于历史人物这一专题的研究译著有:倪卫所译、奥地利记者努斯鲍默所著的《霍梅尼——以真主名义造反的革命者》⑤;张许萍与潘庆舲所译、维利埃所著的《巴列维传》⑥;张桂娟所译、美国作家雅各布·阿伯特所著的《居鲁士大帝:争霸战争与波斯开国》⑦;赵秀兰所译、美国学者雅各布·阿伯特所著的《大流士:制度创新与波斯帝国统一》⑧;周思所译、英国学者迈克尔·阿克斯沃西所著的《波斯之剑:纳迪尔沙与现代伊朗的崛起》⑨。其二,关于回忆录这一专题的研究译著有:元文琪所译、伊朗巴列维国王所著的《我对祖国的职责》⑩;周仲贤所译、伊朗首相之弟费雷敦·胡韦达所著的《伊朗国王倒台始末记》⑪;邱应觉等学者所译、美国驻伊朗大使沙利文所著的《出使伊朗》⑫;许博所译、伊朗巴列维王朝公主阿什拉芙所著的《伊朗公主回忆录》⑬;刘津坤和黄晓健所译、伊朗末代国王巴列维所著的《对历史的回答——前伊朗国王巴列维回忆录》⑭;姜丽与彭修彬所译、伊朗末代国王的妻子法拉赫·巴列维所著的《忠贞不渝的爱:我与伊朗国王巴列维的生活》⑮;李玉琦所译、伊朗外交研究所主编的《巴列维王朝的兴衰:伊朗前情报总管的揭秘》⑯。其三,关于现代化研究这一专题的译著有:何修瑜所译、美国学者埃凡德·亚伯拉罕米安所著的《1953:伊朗关键之年,一场被掩盖的政变》⑰;刘岚雨所译、伊朗史学家霍马·卡图赞所著的《现代伊朗的政治经济学:1926—1979》⑱。其四,关于地区安全这一

---

① 塔巴塔巴伊:《伊斯兰教什叶派》,姚继德译,昆明:云南大学出版社,2017年。
② 卢科宁、伊万诺夫:《波斯艺术》,关祎译,重庆:重庆大学出版社,2021年。
③ 达斯坦:《伊朗细密画中的中国元素》,郑州:大象出版社,2022年。
④ 阿亚图拉希:《伊朗艺术史》,王泽壮译,长沙:湖南美术出版社,2023年。
⑤ 努斯鲍默:《霍梅尼——以真主名义造反的革命者》,倪卫译,北京:世界知识出版社,1980年。
⑥ 维利埃:《巴列维传》,张许萍、潘庆舲译,北京:商务印书馆,1986年。
⑦ 阿伯特:《居鲁士大帝:争霸战争与波斯开国》,张桂娟译,北京:华文出版社,2017年。
⑧ 阿伯特:《大流士大帝:制度创新与波斯帝国统一》,赵秀兰译,北京:华文出版社,2018年。
⑨ 阿克斯沃西:《波斯之剑:纳迪尔沙与现代伊朗的崛起》,周思译,北京:民主与建设出版社,2021年。
⑩ 巴列维:《我对祖国的职责》,元文琪译,北京:商务印书馆,1977年。
⑪ 胡韦达:《伊朗国王倒台始末记》,周仲贤译,广州:广东人民出版社,1981年。
⑫ 沙利文:《出使伊朗》,邱应觉等译,北京:世界知识出版社,1984年。
⑬ 巴列维:《伊朗公主回忆录》,许博译,北京:新华出版社,1984年。
⑭ 巴列维:《对历史的回答——前伊朗国王巴列维回忆录》,刘津坤、黄晓健译,北京:中国对外翻译出版社,1986年。
⑮ 巴列维:《忠贞不渝的爱:我与伊朗国王巴列维的生活》,姜丽、彭修彬译,上海:东方出版社,2006年。
⑯ 伊朗外交研究所:《巴列维王朝的兴衰:伊朗前情报总管的揭秘》,李玉琦译,北京:新华出版社,2009年。
⑰ 亚伯拉罕米安:《1953:伊朗关键之年,一场被掩盖的政变》,何修瑜译,台北:台湾商务印书馆,2022年。
⑱ 卡图赞:《现代伊朗的政治经济学:1926—1979》,刘岚雨译,北京:中国社会科学出版社,2023年。

专题的研究译著有:张火焱等学者所译、都德等学者所著的《伊朗石油问题》;郑道镛等学者所译、英国学者艾尔威尔·萨顿所著的《伊朗石油:对强权政治的研究》[1]。其五,关于史学史这一专题的研究译著有:耿昇与穆根来所译、法国学者费琅辑注的《阿拉伯波斯突厥人东方文献辑注》[2];李铁匠选译的《古代伊朗史料选辑》[3];韩中义所译、英国学者G.勒·斯特兰奇所著的《大食东部历史地理研究:从阿拉伯帝国兴起到帖木儿朝时期的美索不达米亚、波斯和中亚诸地》[4];李莎等学者所译、澳大利亚学者克里布所著的《游牧考古学:在伊朗和土耳其的田野调查》[5];姚继德所译校、美国学者鲁迪·马特与尼基·凯迪所主编的《伊朗学在欧洲和东亚》[6]。

最后,国内学界有关伊朗的研究译著,按对外关系可以划分为伊朗与西方国家关系研究、伊朗与中国关系研究。其一,关于伊朗与西方国家关系研究这一方面的译著有:杨优明等译、美国学者诺思所著的《伊朗门内幕大曝光》[7];蒋真所译、英国学者戴维·P.霍顿所著的《败退德黑兰:吉米·卡特的悲剧外交》[8];吴冰冰等学者所译、美国学者弗林特·莱弗瑞特与希拉里·曼·莱弗瑞特所著的《去德黑兰:为什么美国必须与伊朗伊斯兰共和国和解》[9]。其二,关于伊朗与中国关系研究这一方面的译著有:耿昇所译、法国学者阿里·玛扎海里所著的《丝绸之路:中国——波斯文化交流史》[10];林筠因所译、美国史学家劳费尔所著的《中国伊朗编:中国对古代伊朗文明史的贡献》[11];穆宏燕所译、伊朗学者穆罕默德·巴格尔·乌苏吉所著的《波斯湾航海家在中国港口的奇迹:广州、泉州、杭州》[12]。

国内学界在伊朗研究译著方面取得了显著成绩,不仅做到了对伊朗研究的前沿领域及问题的及时、有效追踪,也做到了对重要领域及问题的再度关注。由徐弛所译、印度史学家哈迪·哈桑所著的《波斯航海史》一书,叙述了自神话时代、阿契美尼德王朝、萨珊王朝、穆罕默德时代早期,直至16世纪第三帝国覆灭时期的波斯航海历史,包含航线开发、海上贸易、海洋战争等内容。由安宁所译、伊朗学者霍昌·纳哈万迪与法国学者伊夫·博马提所著的《伊朗四千年》一书,从伊朗与法国双历史视角出发,在大量波斯语、法语史料的

---

[1] 萨顿:《伊朗石油:对强权政治的研究》,郑道镛等译,北京:世界知识出版社,1958年。
[2] 费琅:《阿拉伯波斯突厥人东方文献辑注》,耿昇、穆根来译,北京:中华书局,1989年。
[3] 《古代伊朗史料选辑》,李铁匠选译,北京:商务印书馆,1992年。
[4] 斯特兰奇:《大食东部历史地理研究:从阿拉伯帝国兴起到帖木儿朝时期的美索不达米亚、波斯和中亚诸地》,韩中义译,北京:社会科学文献出版社,2018年。
[5] 克里布:《游牧考古学:在伊朗和土耳其的田野调查》,李莎、唐仲明、于澎涛译,郑州:郑州大学出版社,2015年。
[6] 马特、凯迪:《伊朗学在欧洲和东亚》,姚继德译校,银川:宁夏人民出版社,2008年。
[7] 诺思:《伊朗门内幕大曝光》,杨优明等译,北京:中国国际广播出版社,1992年。
[8] 霍顿:《败退德黑兰:吉米·卡特的悲剧外交》,蒋真译,北京:社会科学文献出版社,2018年。
[9] 弗林特·莱弗瑞特、希拉里·曼·莱弗瑞特:《去德黑兰:为什么美国必须与伊朗伊斯兰共和国和解》,吴冰冰、黄慧、张博伦等译,北京:世界知识出版社,2021年。
[10] 玛扎海里:《丝绸之路:中国——波斯文化交流史》,耿昇译,北京:中国藏学出版社,2014年。
[11] 劳费尔:《中国伊朗编:中国对古代伊朗文明史的贡献》,林筠因译,北京:商务印书馆,2015年。
[12] 乌苏吉:《波斯湾航海家在中国港口的遗迹:广州、泉州、杭州》,穆宏燕译,成都:四川人民出版社,2020年。

支撑下,对自雅利安征服开始至礼萨汗时代结束的伊朗历史进行了描述,为广大读者提供了一扇了解伊朗历史的窗口。

三、中国伊朗研究著作梳理

自20世纪以来,伴随中东局势的动荡与中国外交工作的开展,伊朗逐渐走进人们的视野,受到了学者们的关注。但由于了解的不足和语言的欠缺,相较其他国别地区研究,伊朗研究起步较晚,研究群体相对较少,研究领域也有待开掘。尽管如此,随着波斯语、阿拉伯语等人才队伍的壮大与伊朗研究中心等科研机构的建立,伊朗研究日渐取得显著成果。就著作来看,国内学界关于伊朗研究的现状,大致可从研究时段、研究领域、研究专题、对外关系等四个方面进行划分。

首先,国内学界关于伊朗研究的著作,按研究时段可以划分为伊朗通史、前伊斯兰时代的伊朗历史、伊斯兰时代的伊朗历史、伊斯兰革命及其后的伊朗历史。其一,关于伊朗通史这一方面的研究著作有:王新中、冀开运合著的《中东国家通史·伊朗卷》[1];哈全安所著的《伊朗通史》[2];冀开运、邢文海所著的《伊朗史话》[3]。其二,关于前伊斯兰时代的伊朗历史这一方面的研究著作有:孙培良所著的《萨珊朝伊朗》[4];王兴运所著的《古代伊朗文明探源》[5];刘文鹏等学者所著的《古代西亚北非文明》[6];李海峰所著的《古代近东文明:古代两河流域、古埃及、波斯等古文明探研》[7];亓佩成所著的《古代西亚文明》[8];周启迪、沃淑萍所著的《古代印度波斯文明》[9];卢苇所著的《波斯帝国》[10];于卫青所著的《波斯帝国》[11];周启迪、沃淑萍所著的《波斯帝国史》[12];于卫青所著的《波斯帝国》[13];王三三所著的《安息王朝兴衰记》[14]。其三,关于伊斯兰时代的伊朗历史这一方面的研究著作有:赵伟明所著的《近代伊朗》;冀开运、蔺焕萍所著的《二十世纪伊朗史:现代伊朗研究》[15];徐良利所著的《伊儿

---

[1] 王新中、冀开运:《中东国家通史·伊朗卷》,北京:商务印书馆,2002年。
[2] 哈全安:《伊朗通史》,上海:上海社会科学院出版社,2020年。
[3] 冀开运、邢文海:《伊朗史话》,北京:中国书籍出版社,2020年。
[4] 孙培良:《萨珊朝伊朗》,重庆:西南师范大学出版社,1995年。
[5] 王兴运:《古代伊朗文明探源》,北京:商务印书馆,2008年。
[6] 刘文鹏、吴宇虹、李铁匠:《古代西亚北非文明》,福州:福建教育出版社,2008年。
[7] 李海峰:《古代近东文明:古代两河流域、古埃及、波斯等古文明探研》,北京:科学出版社,2014年。
[8] 亓佩成:《古代西亚文明》,济南:山东大学出版社,2016年。
[9] 周启迪、沃淑萍:《古代印度波斯文明》,北京:北京师范大学出版社,2018年。
[10] 卢苇:《波斯帝国》,北京:商务印书馆,1985年。
[11] 于卫青:《波斯帝国》,西安:三秦出版社,2001年。
[12] 周启迪、沃淑萍:《波斯帝国史》,北京:北京师范大学出版社,2014年。
[13] 于卫青:《波斯帝国》,北京:中国国际广播出版社,2014年。
[14] 王三三:《安息王朝兴衰记》,北京:商务印书馆,2022年。
[15] 冀开运、蔺焕萍:《二十世纪伊朗史:现代伊朗研究》,兰州:甘肃人民出版社,2002年。

汗国史研究》[1];哈全安所著的《中东国家史:610—2000·伊朗史》[2];许序雅所著的《中亚萨曼王朝史研究》[3]。其四,关于伊斯兰革命及其后的伊朗历史这一方面的研究著作有:陈安全所著的《伊朗伊斯兰革命及其世界影响》[4];吴成所著的《霍梅尼"教法学家治国"理论研究》[5]和《走进共和:伊朗伊斯兰共和国的第一个十年》[6];蒋真所著的《后霍梅尼时代伊朗政治发展研究》[7];王振容所著的《伊朗伊斯兰共和国政治制度研究》[8];吴成所著的《巴列维王朝的最后四百天》[9]。

其次,国内学界关于伊朗研究的著作,按研究领域可以划分为伊朗货币史、伊朗社会文化史、伊朗外交战略思想史、伊朗古代宗教与伊斯兰教史、伊朗文学艺术史等方面。其一,关于伊朗货币史这一研究领域的著作有:《古波斯币:阿契美尼德、帕提亚、萨珊》[10];《伊朗现代化进程中农民与乡村变迁的历史考察》。其二,关于伊朗社会文化史这一研究领域的著作有:李铁匠所著的《伊朗古代历史与文化》[11];李铁匠所著的《大漠风流:波斯文明探秘》[12];王锋、陈冬梅所著的《波斯历史文化与伊朗穆斯林风情礼仪》[13];李铁匠所著的《古代伊朗文化史》[14];邢秉顺所著的《伊朗文化》[15];刘慧所著的《当代伊朗社会与文化》[16];穆宏燕所著的《波斯文化多元性研究》[17]。其三,关于伊朗外交战略思想史这一研究领域的著作有:金良祥所著的《伊朗外交的国内根源研究》[18];赵广成所著的《霍梅尼外交思想的渊源和理论体系》[19];刘强所著的《伊朗国际战略地位论:一种全球多视角的解析》[20];赵建明所著的《伊朗国家安全战略的动力分析》[21]。其四,关于伊朗古代宗教与伊斯兰教史这一研究领域

---

[1] 徐良利:《伊儿汗国史研究》,北京:人民出版社,2009年。
[2] 哈全安:《中东国家史:610—2000·伊朗史》,天津:天津人民出版社,2016年。
[3] 许序雅:《中亚萨曼王朝史研究》,北京:商务印书馆,2017年。
[4] 陈安全:《伊朗伊斯兰革命及其世界影响》,上海:复旦大学出版社,2007年。
[5] 吴成:《霍梅尼"教法学家治国"理论研究》,北京:线装书局,2011年。
[6] 吴成:《走进共和:伊朗伊斯兰共和国的第一个十年》,北京:线装书局,2008年。
[7] 蒋真:《后霍梅尼时代伊朗政治发展研究》,北京:人民出版社,2014年。
[8] 王振容:《伊朗伊斯兰共和国政治制度研究》,北京:世界知识出版社,2015年。
[9] 吴成:《巴列维王朝的最后四百天》,上海:上海交通大学出版社,2018年。
[10] 李铁生:《古波斯币:阿契美尼德、帕提亚、萨珊》,北京:北京出版社,2006年。
[11] 李铁匠:《伊朗古代历史与文化》,南昌:江西人民出版社,1993年。
[12] 李铁匠:《大漠风流:波斯文明探秘》,昆明:云南人民出版社,2001年。
[13] 王锋、陈冬梅:《波斯历史文化与伊朗穆斯林风情礼仪》,昆明:民族出版社,2002年。
[14] 李铁匠:《古代伊朗文化史》,苏州:苏州大学出版社,2003年。
[15] 邢秉顺:《伊朗文化》,北京:文化艺术出版社,2003年。
[16] 刘慧:《当代伊朗社会与文化》,上海:上海外语教育出版社,2007年。
[17] 穆宏燕:《波斯文化多元性研究》,北京:人民出版社,2021年。
[18] 金良祥:《伊朗外交的国内根源研究》,北京:世界知识出版社,2015年。
[19] 赵广成:《霍梅尼外交思想的渊源和理论体系》,北京:世界知识出版社,2016年。
[20] 刘强:《伊朗国际战略地位论:一种全球多视角的解析》,北京:世界知识出版社,2007年。
[21] 赵建明:《伊朗国家安全战略的动力分析》,北京:新华出版社,2010年。

的著作有：龚方震、晏可佳所著的《祆教史》[1]；王宇洁所著的《伊朗伊斯兰教史》[2]；程彤所著的《"正统"观念与伊朗什叶派：从旭烈兀到阿巴斯一世之间的伊朗》[3]；张小贵所著的《祆教史考论与述评》[4]；程彤所著的《古代伊朗上层建筑与宗教》[5]；元文琪所著的《二元神论：古波斯宗教神话研究》[6]；王宇洁所著的《什叶派：历史、思想与现实》[7]；张小贵所著的《中古祆教东传及其华化研究》[8]。其五，关于伊朗文学艺术史这一研究领域的著作有：何乃英主编的《伊朗古今名诗选评》[9]；陶德臻、何乃英主编的《伊朗文学论集》[10]；张鸿年所著的《波斯文学史》[11]；穆宏燕所著的《凤凰再生：伊朗现代新诗研究》[12]；王鸿年所著的《列王纪研究》[13]；高力、任晓楠所著的《镜像东方：纪实主义：从伊朗新电影到中国新生代》[14]；罗世平、齐东方所著的《波斯和伊斯兰美术》[15]；俞灏东、杨秀琴所著的《中古伊朗八大诗人》[16]；熊文醉雄所著的《伊朗新电影研究》[17]；穆宏燕所著的《伊朗小说发展史》[18]；刘英军所著的《文学对民族记忆的重构——伊朗史诗〈库什王纪〉》[19]；沈一鸣所著的《贾米作品在明末清初中国的流传与翻译》[20]；白钢所著的《古波斯语教程：语法·文本·词汇》[21]；于桂丽所著的《波斯文学简史》[22]；林梅村所著的《波斯考古与艺术》[23]；罗世平与齐东方所著的《波斯和伊斯兰美术》[24]。

再次，国内学界关于伊朗研究的著作，按研究专题可以划分为历史人物、国别概况、随笔札记、现代化研究、地区安全、史学史等方面。其一，关于伊朗历史人物这一研究专题的著作有：赵增泉等学者所著的《白色君主巴列维》[25]；徐蔚与何立波所著的《波斯之父：居鲁

---

[1] 龚方震、晏可佳：《祆教史》，上海：上海社会科学院出版社，1988年。
[2] 王宇洁：《伊朗伊斯兰教史》，银川：宁夏人民出版社，2006年。
[3] 程彤：《"正统"观念与伊朗什叶派：从旭烈兀到阿巴斯一世之间的伊朗》，北京：宗教文化出版社，2010年。
[4] 张小贵：《祆教史考论与述评》，兰州：兰州大学出版社，2013年。
[5] 程彤：《古代伊朗上层建筑与宗教》，北京：宗教文化出版社，2016年。
[6] 元文琪：《二元神论：古波斯宗教神话研究》，北京：商务印书馆，2018年。
[7] 王宇洁：《什叶派：历史、思想与现实》，北京：社会科学文献出版社，2022年。
[8] 张小贵：《中古祆教东传及其华化研究》，上海：上海古籍出版社，2022年。
[9] 何乃英：《伊朗古今名诗选评》，北京：北京师范大学出版社，1992年。
[10] 陶德臻、何乃英：《伊朗文学论集》，南昌：江西人民出版社，1993年。
[11] 张鸿年：《波斯文学史》，北京：昆仑出版社，2003年。
[12] 穆宏燕：《凤凰再生：伊朗现代新诗研究》，北京：北京大学出版社，2004年。
[13] 张鸿年：《列王纪研究》，北京：北京大学出版社，2009年。
[14] 高力、任晓楠：《镜像东方：纪实主义：从伊朗新电影到中国新生代》，成都：巴蜀书社，2009年。
[15] 罗世平、齐东方：《波斯和伊斯兰美术》，北京：中国人民大学出版社，2010年。
[16] 俞灏东、杨秀琴：《中古伊朗八大诗人》，银川：宁夏人民出版社，2013年。
[17] 熊文醉雄：《伊朗新电影研究》，北京：中国广播影视出版社，2017年。
[18] 穆宏燕：《伊朗小说发展史》，杭州：浙江工商大学出版社，2019年。
[19] 刘英军：《文学对民族记忆的重构——伊朗史诗〈库什王纪〉研究》，上海：中西书局，2021年。
[20] 沈一鸣：《贾米作品在明末清初中国的流传与翻译》，北京：宗教文化出版社，2022年。
[21] 白钢：《古波斯语教程：语法·文本·词汇》，上海：华东师范大学出版社，2022年。
[22] 于桂丽：《波斯文学简史》，北京：商务印书馆，2023年。
[23] 林梅村：《波斯考古与艺术》，北京：北京大学出版社，2023年。
[24] 罗世平、齐东方：《波斯和伊斯兰美术》，北京：中国人民大学出版社，2010年。
[25] 赵增泉、林明扬、郑耀群：《白色君主巴列维》，北京：中国社会科学出版社，1994年。

士》[1]。其二，关于伊朗国别概况这一研究专题的著作有：贝达棣所著的《伊朗》[2]；李铁伟编著的《列国志：伊朗》[3]；杨涛、张立明所著的《伊朗概论》[4]；杨姗姗等学者所著的《当代伊朗人文地理研究》[5]；冀开运主编的《伊朗发展报告》蓝皮书系列[6]。其三，关于伊朗随笔札记这一研究专题的著作有：王蒙所著的《伊朗印象》[7]；王锋所著的《解读波斯》[8]；刘振堂所著的《伊朗零距离》[9]；穆宏燕所著的《伊朗札记》[10]；田端惠所著的《走进伊朗》[11]；李零所著的《波斯笔记》[12]。其四，关于伊朗现代化研究这一研究专题的著作有：张振国主编的《未成功的现代化：关于巴列维的"白色革命"研究》[13]；冀开运所著的《伊朗现代化历程》[14]；张超所著的《现代伊朗转型社会中的中产阶层研究（1925—2009）》[15]；任孟山、张建中所著的《伊朗大众传媒研究：社会变迁与政治沿革》[16]；冀开运所著的《伊朗综合国力研究》[17]；韩建伟所著的《伊朗伊斯兰共和国经济现代化研究》[18]；王锋与王丽莹所著的《伊朗教育制度与政策研究》[19]。其五，关于伊朗地区安全这一研究专题的著作有：郑雪飞所著的《伊朗核问题与国际安全》[20]；吴成所著的《伊朗核问题与世界格局转型》[21]；岳汉景所著的《伊核问题破局多角透视》[22]。其六，关于伊朗史学史这一研究专题的著作有：王一丹所著的《波斯拉施特〈史集·中国史〉研究与文本翻译》[23]；叶奕良主编的三册《伊朗学在中国论文集》[24]；姚继德主编

---

[1] 徐蔚、何立波：《波斯之父：居鲁士》，哈尔滨：黑龙江人民出版社，1999年。
[2] 贝达棣：《伊朗》，北京：商务印书馆，1974年。
[3] 张铁伟：《列国志：伊朗》，北京：社会科学文献出版社，2005年。
[4] 杨涛、张立明：《伊朗概论》，北京：世界图书出版公司，2016年。
[5] 杨姗姗、杨兴礼、冀开运等：《当代伊朗人文地理研究》，北京：时事出版社，2018年。
[6] 伊朗蓝皮书系列有：冀开运主编：《伊朗发展报告2015—2016》，北京：社会科学文献出版社，2016年；冀开运主编：《伊朗发展报告2016—2017》，北京：社会科学文献出版社，2018年；冀开运主编：《伊朗发展报告2017—2018》，北京：社会科学文献出版社，2019年；冀开运主编：《伊朗发展报告2018—2019》，北京：社会科学文献出版社，2020年；冀开运主编：《伊朗发展报告2019—2020》，北京：社会科学文献出版社，2024年。
[7] 王蒙：《伊朗印象》，济南：山东友谊出版社，2007年。
[8] 王锋：《解读波斯》，银川：宁夏人民出版社，2008年。
[9] 刘振堂：《伊朗零距离》，上海：上海辞书出版社，2009年。
[10] 穆宏燕：《波斯札记》，郑州：河南大学出版社，2014年。
[11] 田端惠：《走进伊朗》，北京：当代世界出版社，2017年。
[12] 李零：《波斯笔记》，北京：生活·读书·新知三联书店，2019年。
[13] 张振国：《未成功的现代化：关于巴列维的"白色革命"研究》，北京：北京大学出版社，1993年。
[14] 冀开运：《伊朗现代化历程》，北京：人民出版社，2015年。
[15] 张超：《现代伊朗转型社会中的中产阶层研究（1925—2009）》，北京：中国社会科学出版社，2016年。
[16] 任孟山、张建中：《伊朗大众传媒研究：社会变迁与政治沿革》，北京：中国传媒大学出版社，2016年。
[17] 冀开运：《伊朗综合国力研究》，北京：时事出版社，2016年。
[18] 韩建伟：《伊朗伊斯兰共和国经济现代化研究》，北京：时事出版社，2019年。
[19] 王锋、王丽莹：《伊朗教育制度与政策研究》，北京：人民出版社，2020年。
[20] 郑雪飞：《伊朗核问题与国际安全》，郑州：河南人民出版社，2007年。
[21] 吴成：《伊朗核问题与世界格局转型》，北京：时事出版社，2014年。
[22] 岳汉景：《伊核问题破局多角透视》，北京：社会科学文献出版社，2018年。
[23] 王一丹：《波斯拉施特〈史集·中国史〉研究与文本翻译》，北京：昆仑出版社，2006年。
[24] 叶奕良：《伊朗学在中国论文集》（3集），北京：北京大学出版社，分别出版于1993、1998、2003年。

的《中国伊朗学论集》[1];姚继德、白志所主编的《和平与和谐文明对话:国际会议论文选集》[2];陈春晓所著的《伊利汗国的中国文明:移民、使者和物质交流》[3]。

最后,国内学界关于伊朗研究的著作,按对外关系可以划分为伊朗与西方国家关系研究、伊朗与中国关系研究、伊朗与中东国家关系研究。其一,关于伊朗与西方国家关系这一方向的研究著作有:杨兴礼等学者所著的《伊朗与美国关系研究》[4];范鸿达所著的《美国与伊朗:曾经的亲密》[5];李春放所著的《伊朗危机与冷战起源(1941—1947年)》[6];范鸿达所著的《伊朗与美国:从朋友到仇敌》[7];岳汉景所著的《奥巴马政府对伊朗的"接触政策"研究》[8];王明芳所著的《冷战后美国的伊朗政策研究》[9];石斌所著的《"清除人民党":1953年美英对伊朗的准军事行动》[10]。其二,关于伊朗与中国关系这一方向的研究著作有:朱杰勤所著的《中国和伊朗关系史稿》[11];宋岘所著的《古代波斯医学与中国》[12];杨兴礼等学者所著的《现代中国与伊朗关系》[13];程彤主编的《丝绸之路上的照世杯:"中国与伊朗:丝绸之路上的文化交流"国际研讨会论文集》[14];张云所著的《上古西藏与波斯文明》[15];陆瑾、王建所著的《中国与伊朗共建"一带一路"的新机遇与风险评估》[16];林海村所著的《轴心时代的波斯与中国》[17];韩香所著的《波斯锦与锁子甲:中古中国与萨珊文明》[18]。其三,关于伊朗与中东国家关系这一方向的研究著作有:冀开运所著的《伊朗与伊斯兰世界关系研究》[19];王光远所著的《沙特与伊朗关系研究》[20];冀开运所著的《两伊战争及其影响研究》[21];吴成所著的《两伊战争》[22]。

国内学界对于伊朗的研究,虽起步较晚,但经过一代代学者的传承与开拓,已取得了

---

[1] 姚继德:《中国伊朗学论集》,银川:宁夏人民出版社,2008年。
[2] 姚继德、白志所:《和平与和谐文明对话:国际会议论文选集》,昆明:云南大学出版社,2015年。
[3] 陈春晓:《伊利汗国的中国文明:移民、使者和物质交流》,北京:社会科学文献出版社,2023年。
[4] 杨兴礼、冀开运、陈俊华:《伊朗与美国关系研究》,北京:时事出版社,2006年。
[5] 范鸿达:《美国与伊朗:曾经的亲密》,北京:社会科学文献出版社,2006年。
[6] 李春放:《伊朗危机与冷战的起源(1941—1947年)》,北京:社会科学文献出版社,2007年。
[7] 范鸿达:《伊朗与美国:从朋友到仇敌》,北京:新华出版社,2012年。
[8] 岳汉景:《奥巴马政府对伊朗的"接触政策"研究》,北京:社会科学文献出版社,2014年。
[9] 王明芳:《冷战后美国的伊朗政策研究》,北京:社会科学文献出版社,2015年。
[10] 石斌:《"清除人民党":1953年美英对伊朗的准军事行动》,南京:南京大学出版社,2018年。
[11] 朱杰勤:《中国和伊朗关系史稿》,乌鲁木齐:新疆人民出版社,1988年。
[12] 宋岘:《古代波斯医学与中国》,北京:经济日报出版社,2001年。
[13] 杨兴礼、冀开运、陈俊华:《现代中国与伊朗关系》,北京:时事出版社,2013年。
[14] 程彤:《丝绸之路上的照世杯:"中国与伊朗:丝绸之路上的文化交流"国际研讨会论文集》,上海:中西书局,2016年。
[15] 张云:《上古西藏与波斯文明》,北京:中国藏学出版社,2017年。
[16] 陆瑾、王建:《中国和伊朗共建"一带一路"的新机遇与风险评估》,北京:中国社会科学出版社,2017年。
[17] 林海村:《轴心时代的波斯与中国》,西安:西北大学出版社,2021年。
[18] 韩香:《波斯锦与锁子甲:中古中国与萨珊文明》,北京:社会科学文献出版社,2022年。
[19] 冀开运:《伊朗与伊斯兰世界关系研究》,北京:时事出版社,2012年。
[20] 王光远:《沙特与伊朗关系研究》,北京:时事出版社,2018年。
[21] 冀开运:《两伊战争及其影响研究》,北京:世界知识出版社,2023年。
[22] 吴成:《两伊战争》,北京:线装书局,2009年。

丰硕的成绩。同时,国内学界关于伊朗学的研究著作也呈现出以下特点。其一,以文明交往的视角看待伊朗历史。例如,由王新中、冀开运合著的《中东国家通史·伊朗卷》一书,作为第一部由中国学者撰写的伊朗通史性著作,以唯物史观为指导,以文明交往为视角,概述了伊朗自史前时期到20世纪末期的历史,梳理了伊朗的历史情况与现实情况。其二,叙论结合,学术性强。例如,由哈全安所著的《伊朗通史》一书,论述了伊朗自史前时期至后霍梅尼时期长达四千多年的历史,重点分析了伊朗自伊斯兰时代以来的历史,并秉承学术批判、深入浅出的著述原则与治学方法,对伊朗各历史时期进行了解读,对伊朗各阶段特点进行了分析。其三,研究资料来源丰富,研究方法切合实际。由王兴运所著的《古代伊朗文明探源》一书,依托伊朗人类学、考古学等资料,通过介绍埃兰的文字、宗教、艺术、建筑等文化,通过分析古代埃兰的政治体制与经济状况,对伊朗史前时期的政治、经济、文化、社会等状况进行了探讨;由徐良利所著的《伊儿汗国史研究》一书,通过中古时期游牧群体与农耕世界的双向交流视角,考察了13、14世纪伊儿汗国的历史状况,并研究了伊朗在此时期的政治、经济、社会与对外交往情况。

四、中国伊朗研究论文梳理

经过数代研究学者的努力,伊朗研究已经取得了显著成绩,其中最具代表性与说服力是学术论文。而今,伊朗学方面的研究业已涉及宗教、中国政治与国际政治、中国语言文字、中国古代史、中等教育、戏剧电影与电视艺术、外国语言文字、体育、世界文学、世界历史、石油天然气工业、美术书法雕塑与摄影、贸易经济、考古、军事、经济体制改革、金融、工业经济、法理与法史、地质学等众多领域。下面,将就宗教、中国政治与国际政治、世界历史、中国古代史等领域的研究情况,对国内学界关于伊朗研究的论文情况进行说明。

首先,国内学界对宗教领域的伊朗研究的论文主要涉及伊斯兰教与琐罗亚斯德教两个方面。其一,国内学界对于伊朗伊斯兰教的研究主要涉及三个层面。一是再度解读伊朗伊斯兰教,如李雪妍的《多元包容与伊斯兰教本土化关系探讨:以"伊朗间奏曲"时期为中心》[1]、李福泉与王昕祎的《伊朗伊斯兰教本土化的流变与特点》[2]、赵锦浩的《谢赫·巴哈伊在伊斯法罕城市建设上的政治—宗教理念》[3]、李万春的《公元9到12世纪伊斯兰史学发展中的"地方意识"——以〈布哈拉史〉为例》[4]、马景的《伊斯兰教与世俗化理论及实践困境》[5]等。二是探究伊斯兰教视阈下中国与伊朗的互动关系,如沈一鸣的《明末清初中国伊

---

[1] 李雪妍:《多元包容与伊斯兰教本土化关系探讨:以"伊朗间奏曲"时期为中心》,《中国穆斯林》2024年第2期。
[2] 李福泉、王昕祎:《伊朗伊斯兰教本土化的流变与特点》,《中国穆斯林》2021年第1期。
[3] 赵锦浩:《谢赫·巴哈伊在伊斯法罕城市建设上的政治—宗教理念》,《世界宗教文化》2021年第6期。
[4] 李万春:《公元9至12世纪伊斯兰史学发展中的"地方意识"——以〈布哈拉史〉为例》,《世界宗教文化》2021年第2期。
[5] 马景:《伊斯兰教与世俗化理论及实践困境》,《世界宗教文化》2016年第4期。

斯兰汉文译著中的波斯诗歌》[1]、朱剑虹的《伊斯兰教文本中国化的典型案例——〈贾米作品在明末清初中国的流传与翻译〉评介》[2]、中国伊斯兰教经堂教育中的"波斯四书"及其译本、赵锦浩的《"一带一路"倡议实施中伊朗的宗教风险研究》[3]、马仲荣与陈元龙的《伊斯兰教中国化新探——以消经文为中心》[4]、王建新与关楠楠的《外来宗教中国化考论——唐代景教与伊斯兰教传播比较》[5]等。三是对伊朗伊斯兰教义进行深入解读,如沙西里的《伊朗思想家毛拉·萨德拉关于灵魂返回而非轮回的哲学论证》[6]、吕海军的《试析伊朗的泛伊斯兰教主义》[7]、李福泉与金鹏的《伊朗"光明行者"活动初探》[8]、吕耀军的《宗教与民主:阿卜杜卡里姆·索罗什人权思想浅析》[9]、马彩砾与冯璐璐的《新教思想的旅行:阿富汗尼"伊斯兰新教"思想探析》[10]等。其二,国内学界对于琐罗亚斯德教的研究主要涉及两个层面。一是关注琐罗亚斯德教与其他文明间的交流互动,如赵洪娟的《从端午竞渡节俗探析祆教习俗与中原文化的互动》[11]、陈才俊与张蕾的《祆教华化与夷教中国化之早期尝试——评〈中古祆教东传及其华化研究〉》[12]、穆宏燕的《琐罗亚斯德教学说对古希腊哲学的影响》[13]、赵洪娟的《中国西北地区燎疳习俗之祆教因素探原》[14]、李进新的《祆教在新疆的传播及其地域特点》[15]、赵洪娟的《从晚唐五代敦煌"赛祆"探祆教习俗与中国节庆风俗的融合》[16]等。二是对琐罗亚斯德教进行深度解读,如刘英军的《琐罗亚斯德教文化在波斯语史诗中的传承》[17]、韩志斌与谢志斌的《伊朗琐罗亚斯德教的流变轨迹》[18]和《琐罗亚斯德教宗教哲学思想及其影响》[19]等。

其次,国内学界对中国政治与国际政治这一领域的伊朗研究的论文,主要涉及伊朗与中东国家的交涉、伊朗与西方国家的交涉、伊朗与中国的外交关系、伊朗国内的政治发展

---

[1] 沈一鸣:《明末清初中国伊斯兰汉文译著中的波斯诗歌》,《中国穆斯林》2023年第2期。
[2] 朱剑虹:《伊斯兰教文本中国化的典型案例——〈贾米作品在明末清初中国的流传与翻译〉评价》,《中国穆斯林》2023年第1期。
[3] 赵锦浩:《"一带一路"倡议实施中伊朗的宗教风险研究》,《世界宗教文化》2023年第3期。
[4] 马仲荣、陈元龙:《伊斯兰教中国化新探——以消经文为中心》,《世界宗教文化》2021年第5期。
[5] 王建新、关楠楠:《外来宗教中国化考论——唐代景教与伊斯兰教传播比较》,《世界宗教文化》2020年第4期。
[6] 沙西里:《伊朗思想家毛拉·萨德拉关于灵魂返回而非轮回的哲学论证》,《中国穆斯林》2015年第6期。
[7] 吕海军:《试析伊朗的泛伊斯兰主义》,《世界宗教文化》2015年第6期。
[8] 李福泉、金鹏:《伊朗"光明行者"活动初探》,《世界宗教研究》2019年第1期。
[9] 吕耀军:《宗教与民主:阿卜杜卡里姆·索罗什人权思想浅析》,《西亚非洲》2015年第5期。
[10] 马彩砾、冯璐璐:《新教思想的旅行:阿富汗尼"伊斯兰新教"思想探析》,《宁夏社会科学》2014年第6期。
[11] 赵洪娟:《从端午竞渡节俗探析祆教习俗与中原文化的互动》,《世界宗教文化》2021年第4期。
[12] 陈才俊、张蕾:《祆教华化与夷教中国化之早期尝试——评〈中古祆教东传及其华化研究〉》,《世界宗教研究》2023年第8期。
[13] 穆宏燕:《琐罗亚斯德教学说对古希腊哲学的影响》,《世界宗教研究》2023年第2期。
[14] 赵洪娟:《中国西北地区燎疳习俗之祆教因素探原》,《世界宗教研究》2019年第6期。
[15] 李进新:《祆教在新疆的传播及其地域特点》,《西域研究》2007年第1期。
[16] 赵洪娟:《从晚唐五代敦煌"赛祆"探祆教习俗与中国节庆风俗的融合》,《宁夏社会科学》2018年第2期。
[17] 刘英军:《琐罗亚斯德教文化在波斯语史诗中的传承》,《世界宗教文化》2019年第6期。
[18] 韩志斌、谢志斌:《伊朗琐罗亚斯德教的流变轨迹》,《世界宗教文化》2019年第6期。
[19] 韩志斌、谢志斌:《琐罗亚斯德教宗教哲学思想及其影响》,《世界宗教研究》2022年第2期。

与政权建设、伊朗总体外交战略等方面。其一,关于伊朗与中东国家的交涉这一方面的研究论文有:陈瑶的《伊朗与以色列网络空间冲突的演进、动因及影响》[1]、金良祥的《伊斯兰革命以来伊朗在中东地区秩序演变中的角色变化》[2]、陈天社的《伊朗与哈马斯关系探析》[3]、张妮与何志龙的《霍梅尼时期叙利亚与伊朗关系》[4]、张来仪的《新世纪土耳其与伊朗关系走向探析》[5]、柳树的《九一一事件后伊朗对阿富汗政策》[6]等。其二,关于伊朗与西方国家的交涉这一方面的研究论文有:范鸿达的《拜登政府对伊朗的缓和外交及美伊关系走向》[7]、樊吉社的《伊核问题与美国政策:历史演进与经验教训》[8]、范鸿达的《美国特朗普政府极限施压伊朗:内涵、动因和影响》[9]、覃辉银的《伊朗在核问题上与美国的抗争解析》[10]、岳汉景的《奥巴马政府在伊朗核问题上的困局浅析》[11]、汪波的《美国与伊朗构想的海湾安全秩序之争》[12]等。其三,关于伊朗与中国的外交关系这一方面的研究论文有:范鸿达的《基于国家发展和社会心理比较的中国同伊朗关系》[13]和《中国在伊朗推进"一带一路"战略倡议的政治环境与因应》[14]、陆瑾的《历史与现实视阈下的中伊合作:基于伊朗人对"一带一路"认知的解读》[15]等。其四,关于伊朗国内的政治发展与政权建设这一方面的研究论文有:王国兵与王铁铮的《伊斯兰革命卫队与伊朗政治发展》[16]、李福泉的《什叶派乌里玛与伊朗伊斯兰政权的演进》[17]、陆瑾的《从"十月抗议"事件审思伊朗二元政治结构的稳定性》[18]、金良祥的《伊朗的领袖治国模式刍议》[19]等。其五,关于伊朗总体外交战略方面的研究论文有:金良祥的《伊朗与国际体系:融入还是对抗?》[20]、刘中民的《论霍梅尼外交思想与实践中的意识形态和国家利益》[21]、王泽壮与赵锦浩的《哈梅内伊外交思想探析》[22]、赵广成的《霍梅

---

[1] 陈瑶:《伊朗与以色列网络空间冲突的演进、动因及影响》,《西亚非洲》2024年第3期。
[2] 金良祥:《伊斯兰革命以来伊朗在中东地区秩序演变中的角色变化》,《西亚非洲》2022年第4期。
[3] 陈天社:《伊朗与哈马斯关系探析》,《西亚非洲》2013年第3期。
[4] 张妮、何志龙:《霍梅尼时期叙利亚与伊朗关系》,《西亚非洲》2010年第6期。
[5] 张来仪:《新世纪土耳其与伊朗关系走向探析》,《西亚非洲》2009年第8期。
[6] 柳树:《九一一事件后伊朗对阿富汗政策》,《西亚非洲》2009年第6期。
[7] 范鸿达:《拜登政府对伊朗的缓和外交及美伊关系走向》,《西亚非洲》2022年第4期。
[8] 樊吉社:《伊核问题与美国政策:历史演进与经验教训》,《西亚非洲》2020年第4期。
[9] 范鸿达:《美国特朗普政府极限施压伊朗:内涵、动因及影响》,《西亚非洲》2019年第5期。
[10] 覃辉银:《伊朗在核问题上与美国的抗争解析》,《西亚非洲》2010年第2期。
[11] 岳汉景:《奥巴马政府在伊朗核问题上的困局浅析》,《西亚非洲》2010年第2期。
[12] 汪波:《美国与伊朗构想的海湾安全秩序之争》,《西亚非洲》2009年第9期。
[13] 范鸿达:《基于国家发展和社会心理比较的中国同伊朗关系》,《西亚非洲》2020年第4期。
[14] 范鸿达:《中国在伊朗推进"一带一路"战略倡议的政治环境与因应》,《西亚非洲》2016年第2期。
[15] 陆瑾:《历史与现实视阈下的中伊合作:基于伊朗人对"一带一路"认知的解读》,《西亚非洲》2015年第6期。
[16] 王国兵、王铁铮:《伊斯兰革命卫队与伊朗政治发展》,《西亚非洲》2019年第6期。
[17] 李福泉:《什叶派乌里玛与伊朗伊斯兰政权的演进》,《西亚非洲》2019年第1期。
[18] 陆瑾:《从"十月抗议"事件审思伊朗二元政治结构的稳定性》,《西亚非洲》2019年第1期。
[19] 金良祥:《伊朗的领袖治国模式刍议》,《西亚非洲》2015年第4期。
[20] 金良祥:《伊朗与国际体系:融入还是对抗?》,《西亚非洲》2019年第1期。
[21] 刘中民:《论霍梅尼外交思想与实践中的意识形态和国家利益》,《西亚非洲》2018年第4期。
[22] 王泽壮、赵锦浩:《哈梅内伊外交思想探析》,《西亚非洲》2018年第4期。

尼的外交思想及其影响》[1]等。

再次,国内学界对世界历史这一领域的伊朗研究的论文,主要涉及王朝兴衰与政权建设研究、经济与贸易研究、伊朗文明与波斯文化研究、对外关系研究、社会及思想史研究、现代化研究、城市史研究、伊朗伊斯兰革命及伊斯兰共和国研究。其一,关于王朝兴衰与政权建设方面的研究论文有:龙沛的《伊朗阿夫沙尔王朝的崛起机遇、扩张困境及历史遗产》[2]、李春放的《论伊朗巴列维王朝的覆灭》[3]、李铁匠的《古代伊朗的种姓制度》[4]、郭丹彤的《阿契美尼德王朝对波斯帝国的治理》[5]、吴欣的《帝国印记:波斯阿契美尼德王朝在中亚的统治》[6]、李立华的《波斯帝国政制中的希腊流亡者探析》[7]、安希孟的《伊朗历史上的萨珊王朝》[8]、马超与黄民兴的《近代早期至20世纪伊朗对波斯帝国历史记忆的发现》[9]、彭树智的《礼萨汗在伊朗的改革》[10]、纳忠的《倭马亚王朝的统治与哈里发王朝的分裂》[11]等。其二,关于经济与贸易方面的研究论文有:车效梅与张静雪的《17世纪波斯亚美尼亚人跨区域贸易网络的形成、发展与地位》[12]、蒋真与郭欣如的《论19世纪末20世纪初伊朗巴扎商人政治参与地位的嬗变》[13]等。其三,关于波斯文明与伊朗文化方面的研究成果有:魏杞文的《伊朗远古文化的新研究》[14]、吕厚量的《古典学、古波斯史料学与波斯文明》[15]、李继荣的《文明交往视域下波斯希腊化时期叙利亚文明特质沿革阐释》[16]、倪学德的《古希腊文化传统与希罗多德对波斯的态度》[17]、龙沛的《"希腊化"与"伊朗性"反思——帕提亚帝国多元文化属性的合分之辨》[18]、杨静与沈爱凤的《萨珊时期的帝王狩猎图研究》[19]、冯定雄的《波斯帝国时期波斯文化对犹太文化的影响》[20]、冀开运的《论"伊朗"与"波斯"的区别和联系》等。其四,关于对外关系方面的研究成果有:孟振华的《波斯早期犹大政策重探》[21]、蒋保的《试

---

[1] 赵广成:《霍梅尼的外交思想及其影响》,《西亚非洲》2016年第5期。
[2] 龙沛:《伊朗阿夫沙尔王朝的崛起机遇、扩张困境及历史遗产》,《世界历史》2019年第5期。
[3] 李春放:《论伊朗巴列维王朝的覆灭》,《世界历史》2002年第1期。
[4] 李铁匠:《古代伊朗的种姓制度》,《世界历史》1998年第2期。
[5] 郭丹彤:《阿契美尼德王朝对波斯帝国的治理》,《历史研究》2022年第6期。
[6] 吴欣:《帝国印记:波斯阿契美尼德王朝在中亚的统治》,《历史研究》2021年第3期。
[7] 李立华:《波斯帝国政制中的希腊流亡者探析》,《历史研究》2018年第6期。
[8] 安希孟:《伊朗历史上的萨珊王朝》,《阿拉伯世界》1988年第2期。
[9] 马超、黄民兴:《近代早期至20世纪伊朗对波斯帝国历史记忆的发现》,《历史教学》(下半月刊)2024年第3期。
[10] 彭树智:《礼萨汗在伊朗的改革》,《历史教学》1988年第1期。
[11] 纳忠:《倭马亚王朝的统治与哈里发王朝的分裂》,《历史教学》1958年第4期。
[12] 车效梅、张静雪:《17世纪波斯亚美尼亚人跨区域贸易网络的形成、发展与地位》,《西亚非洲》2023年第1期。
[13] 蒋真、郭欣如:《论19世纪末20世纪初伊朗巴扎商人政治参与地位的嬗变》,《西亚非洲》2023年第1期。
[14] 魏杞文:《伊朗远古文化的新研究》,《世界历史》1979年第1期。
[15] 吕厚量:《古典学、古波斯史料学与波斯文明》,《历史研究》2014年第6期。
[16] 李继荣:《文明交往视域下波斯希腊化时期叙利亚文明特质沿革阐释》,《史学月刊》2022年第8期。
[17] 倪学德:《古希腊文化传统与希罗多德对波斯的态度》,《历史教学》2000年第10期。
[18] 龙沛:《"希腊化"与"伊朗性"的反思——帕提亚帝国多元文化属性的合分之辨》,《西域研究》2024年第2期。
[19] 杨静、沈爱凤:《萨珊时期的帝王狩猎图研究》,《西域研究》2022年第3期。
[20] 冯定雄:《波斯帝国时期波斯文化对犹太文化的影响》,《西亚非洲》2011年第3期。
[21] 孟振华:《波斯早期犹大政策重探》,《世界历史》2010年第4期。

论波斯对伯罗奔尼撒战争的介入》[1]、姚大学的《伊朗核危机的历史考察》[2]、何志龙的《20世纪伊朗与以色列关系评析》[3]、赵伟明的《两伊冲突的历史根源》[4]、张之毅的《沙俄夺取整个伊朗的侵略方针与俄英对波斯湾的争夺》[5]、王珺的《来华景教徒与怛罗斯冲突之形成》[6]、刘英军的《从〈库什王纪〉看古代伊朗与东亚之交通》[7]等。其五,关于社会及思想史方面的研究成果有:吴欣的《众神之地:古波斯帝国统治时期中亚的信仰世界》[8]、吕厚量的《希罗多德波斯史及其对古希腊知识精英波斯观的塑造——〈历史〉卷三与〈贝希斯敦铭文〉比较研究》[9]、张小贵的《古波斯"烧铁灼舌"考》[10]、冀开运与廖希玮的《伊朗彩礼制度的起源、演变及特征》[11]、冯燚的《论1889—1892年瘟疫大流行与伊朗社会抗疫运动》[12]、毕健康的《从巴列维王朝的突然倾覆看伊朗社会变革与社会稳定问题》[13]、杨珊珊的《简论伊斯兰革命以来伊朗妇女的就业状况》[14]等。其六,关于现代化研究的成果有:哈全安的《从白色革命到伊斯兰革命——伊朗现代化的历史轨迹》[15]、蒋真与郭欣如的《阿米尔·卡比尔改革与伊朗现代化的开端》[16]、钱乘旦的《论伊朗现代化的失误及其原因》[17]等。其七,关于城市史的研究成果有:车效梅与郑敏的《"丝绸之路"与13—14世纪大不里士的兴起》[18]、晏绍祥的《米利都与波斯:专制帝国中地方共同体的地位》[19]、车效梅的《德黑兰都市困境探析》[20]、车效梅与王泽壮的《城市化、城市边缘群体与伊朗伊斯兰革命》[21]等。其八,关于伊朗伊斯兰革命及伊斯兰共和国建设的研究成果有:詹家峰与张金荣的《霍梅尼提出"不要东

---

[1] 蒋保:《试论波斯对伯罗奔尼撒战争的介入》,《世界历史》2010年第4期。
[2] 姚大学:《伊朗核危机的历史考察》,《世界历史》2009年第2期。
[3] 何志龙:《20世纪伊朗与以色列关系评析》,《世界历史》2007年第4期。
[4] 赵伟明:《两伊冲突的历史根源》,《世界历史》1995年第5期。
[5] 张之毅:《沙俄夺取整个伊朗的侵略方针与俄英对波斯湾的争夺》,《世界历史》1979年第2期。
[6] 王珺:《来华景教徒与怛逻斯冲突之形成》,《历史教学》(下半月刊)2017年第7期。
[7] 刘英军:《从〈库什王纪〉看古代伊朗与东亚之交通》,《西域研究》2017年第1期。
[8] 吴欣:《众神之地:古波斯帝国统治时期中亚的信仰世界》,《世界历史》2023年第6期。
[9] 吕厚量:《希罗多德波斯史及其对古希腊知识精英波斯观的塑造——〈历史〉卷三与〈贝希斯敦铭文〉比较研究》,《历史研究》2014年第1期。
[10] 张小贵:《古波斯"烧铁灼舌"考》,《西域研究》2011年第1期。
[11] 冀开运、廖希玮:《伊朗彩礼制度的起源、演变及特征》,《西亚非洲》2023年第1期。
[12] 冯燚:《论1889—1892年瘟疫大流行与伊朗社会抗议运动》,《史学集刊》2021年第4期。
[13] 毕健康:《从巴列维王朝的突然倾覆看伊朗社会变革与社会稳定问题》,《史学集刊》2014年第4期。
[14] 杨珊珊:《简论伊斯兰革命以来伊朗妇女的就业状况》,《世界民族》2007年第3期。
[15] 哈全安:《从白色革命到伊斯兰革命——伊朗现代化的历史轨迹》,《历史研究》2001年第6期。
[16] 蒋真、郭欣如:《阿米尔·卡比尔改革与伊朗现代化的开端》,《世界历史》2023年第2期。
[17] 钱乘旦:《论伊朗现代化的失误及其原因》,《世界历史》1998年第3期。
[18] 车效梅、郑敏:《"丝绸之路"与13—14世纪大不里士的兴起》,《世界历史》2017年第5期。
[19] 晏绍祥:《米利都与波斯:专制帝国中地方共同体的地位》,《世界历史》2015年第3期。
[20] 车效梅:《德黑兰都市困境探析》,《世界历史》2007年第4期。
[21] 车效梅、王泽壮:《城市化、城市边缘群体与伊朗伊斯兰革命》,《历史研究》2011年第5期。

方,不要西方,只要伊斯兰"政策的根源》[1]、李春放的《论伊朗现代伊斯兰政治模式》[2]、王莹的《伊朗伊斯兰共和国政体制度探析》[3]、穆宏燕的《权力结构与权力制衡:反思伊朗伊斯兰革命》[4]、蒋真的《伊朗伊斯兰革命及其影响探析》[5]等。

最后,国内学界对中国古代史这一领域的伊朗研究的论文,主要涉及波斯语史料视阈下的中国史问题研究、中国与伊朗的交流互动研究等方面。其一,关于波斯语史料视阈下的中国史问题研究方面的论文有:陈希的《窝阔台家族的公主姻亲——以波斯文〈五族谱〉为线索》[6]和《贵由汗之子禾忽家族史事考略——基于波斯文〈五族谱〉的考察》[7]、邱轶皓的《十四世纪初斡儿答兀鲁思的汗位继承危机——相关波斯语、阿拉伯语史料的对比与研究》[8]、乌罕奇的《泰亦赤兀惕祖先传说的文献学研究——以〈元秘史〉、〈元史〉、〈史集〉为中心》[9]等。其二,关于中国与伊朗的交流互动研究方面的研究论文有:达吾力江·叶尔哈力克《中古入华胡人双语墓志书写与祆教丧葬文化》[10]、陈明的《"法出波斯":"三勒浆"源流考》[11]、宋岘的《七世纪中大食进兵阿姆河北的年代》[12]、朱杰勤的《中国和伊朗历史上的友好关系》[13]、王永生的《波斯伊利汗国曾仿行元朝钞法》[14]等。

此外,国内学界在伊朗研究领域也出现了许多优秀的博士论文,例如伊朗对外交往方面有:龙沛的《罗马波斯战争研究(66BC-628AD)》[15]、王光远的《沙特与伊朗关系研究(1979—2016)》、杨明星的《"第三方外交"理论与实践——伊朗外交研究》[16]、王平的《萨法维王朝对外交往研究》[17];伊朗历史文化与文学艺术研究方面有:苏沛权的《青花瓷与中外文化交流》[18]、黄津的《伊朗新电影的民族化书写》;伊朗现代化研究方面有:冯广宜的《十九世纪伊朗恺加王朝的现代化改革研究》[19]、杜林泽的《伊朗现代化进程中的农业发展与乡村

---

[1] 詹家峰、张金荣:《霍梅尼提出"不要东方,不要西方,只要伊斯兰"政策的根源》,《世界历史》2000年第2期。
[2] 李春放:《论伊朗现代伊斯兰政治模式》,《历史研究》2001年第6期。
[3] 王莹:《伊朗伊斯兰共和国政体制度探析》,《历史教学》(高校版)2008年第1期。
[4] 穆宏燕:《权力结构与权力制衡:反思伊朗伊斯兰革命》,《西亚非洲》2019年第1期。
[5] 蒋真:《伊朗伊斯兰革命及其影响探析》,《西亚非洲》2009年第9期。
[6] 陈希:《窝阔台家族的公主姻亲——以波斯文〈五族谱〉为线索》,《西域研究》2023年第1期。
[7] 陈希:《贵由汗之子禾忽家族史事考略——基于波斯文〈五族谱〉的考察》,《西域研究》2019年第3期。
[8] 邱轶皓:《十四世纪初斡儿答兀鲁思的汗位继承危机——相关波斯语、阿拉伯语史料的对比与研究》,《西域研究》2013年第4期。
[9] 乌罕奇:《泰亦赤兀惕祖先传说的文献学研究——以〈元秘史〉、〈元史〉、〈史集〉为中心》,《元史及民族与边疆研究集刊》2018年第1期。
[10] 达吾力江·叶尔哈力克:《中古入华胡人双语墓志书写与祆教丧葬文化》,《历史研究》2022年第6期。
[11] 陈明:《"法出波斯":"三勒浆"源流考》,《历史研究》2012年第1期。
[12] 宋岘:《七世纪中大食进兵阿姆河北的年代》,《历史研究》1981年第3期。
[13] 朱杰勤:《中国和伊朗历史上的友好关系》,《历史研究》1978年第7期。
[14] 王永生:《波斯伊利汗国曾仿行元朝钞法》,《西域研究》1991年第2期。
[15] 龙沛:《罗马波斯战争研究(66BC-628AD)》,博士学位论文,西北大学,2021年。
[16] 杨明星:《"第三方外交"理论与实践——伊朗外交研究》,博士学位论文,上海外国语大学,2009年。
[17] 王平:《萨法维王朝对外交往研究》,博士学位论文,西北大学,2009年。
[18] 苏沛权:《青花瓷与中外文化交流》,博士学位论文,暨南大学,2005年。
[19] 冯广宜:《十九世纪伊朗恺加王朝的现代化改革研究》,博士学位论文,西北大学,2018年。

社会变迁》[1]、王莹的《宪政主义、绝对主义与现代伊斯兰主义：伊朗现代化进程中政治变动的历史模式研究》；伊朗当代社会研究方面有：穆岚的《伊朗吸引外国投资法律制度研究》、刘雁冰的《20世纪中东伊斯兰国家的法律变革——以土耳其、埃及、伊朗与沙特阿拉伯四国为案例》[2]、李忠海的《伊朗60—70年代经济发展研究》[3]；伊朗政权建设与民族认同研究方面有：贺婷的《萨法维王朝时期土库曼部落与国家关系研究》[4]、吕海军的《伊朗民族主义思潮研究》[5]、张文奕的《伊朗史诗〈列王纪〉的民族认同研究》、刘英军的《文学对民族记忆的重构：伊朗史诗〈库什王纪〉研究》、王振容的《伊朗伊斯兰共和国政治制度研究（1979—2012年）》[6]、蒋真的《后霍梅尼时代的伊朗政治发展研究》[7]、陈安全的《伊朗伊斯兰革命及其世界影响》、吴成的《霍梅尼"毛拉治国"思想研究》[8]；伊朗核问题与国家安全研究方面有：卢姝杏的《中国、欧盟与伊朗核问题的冲突研究》、宗伟的《地缘区位、战略选择与自我——"关键他者"互动：朝鲜、利比亚和伊朗核行为研究》[9]、周士新的《伊朗核问题中的强制性外交研究》[10]、赵建明的《伊朗国家安全战略的动力学分析（1953—2007）》[11]、徐劲鑫的《论伊朗核问题及伊朗与大国关系》[12]。

从伊朗研究的论文情况来看，国内学者取得了众多成果，涉及宗教、中国政治与国际政治、世界历史、中国古代史等领域，包含对伊朗伊斯兰教的深入解读、探究伊斯兰教视阈下中国与伊朗的互动关系、对伊朗伊斯兰教义的深入解读、琐罗亚斯德教与其他文明间的交流互动、对琐罗亚斯德教的深度解读、伊朗与中东国家的交涉、伊朗与西方国家的交涉、伊朗与中国的外交关系、伊朗国内的政治发展与政权建设、伊朗总体外交战略、王朝兴衰与政权建设、伊朗经济及贸易、波斯文明与伊朗文化、伊朗对外关系、伊朗社会及思想史研究、现代化研究、城市史研究、伊朗伊斯兰革命及伊斯兰共和国研究、波斯语史料视阈下的中国史问题研究、中国与伊朗的交流互动研究等主题，并呈现出以下特点。

首先，国内学者关于伊朗研究的论文，选题新颖，视角独特，研究方法颇具创新性。李雪妍在其《多元包容与伊斯兰教本土化关系探讨：以"伊朗间奏曲"时期为中心》一文中，通过研究"伊朗官僚"对伊斯兰文化的影响，通过分析"舒毕运动"、文化交融与本土化的"伊

---

[1] 杜林泽：《伊朗现代化进程中的农业发展与乡村社会变迁》，博士学位论文，南开大学，2012年。
[2] 刘雁冰：《20世纪中东伊斯兰国家的法律变革——以土耳其、埃及、伊朗与沙特阿拉伯四国为案例》，博士学位论文，西北大学，2015年。
[3] 李忠海：《伊朗60—70年代经济发展研究》，博士学位论文，西北大学，1995年。
[4] 贺婷：《萨法维王朝时期土库曼部落与国家关系研究》，博士学位论文，西北大学，2016年。
[5] 吕海军：《伊朗民族主义思潮研究》，博士学位论文，西北大学，2016年。
[6] 王振容：《伊朗伊斯兰共和国政治制度研究（1979—2012年）》，博士学位论文，上海外国语大学，2014年。
[7] 蒋真：《后霍梅尼时代的伊朗政治发展研究》，博士学位论文，西北大学，2007年。
[8] 吴成：《霍梅尼"毛拉治国"思想研究》，博士学位论文，西北大学，2004年。
[9] 宗伟：《地缘区位、战略选择与自我——"关键他者"互动：朝鲜、利比亚和伊朗核行为研究》，博士学位论文，复旦大学，2011年。
[10] 周士新：《伊朗核问题中的强制性外交研究》，博士学位论文，上海外国语大学，2008年。
[11] 赵建明：《伊朗国家安全战略的动力学分析（1953—2007）》，博士学位论文，复旦大学，2007年。
[12] 徐劲鑫：《论伊朗核问题及伊朗与大国关系》，博士学位论文，中共中央党校，2006年。

朗元素",对"伊朗间奏曲"(指阿拔斯王朝中期阿拉伯人、波斯人、突厥人同时活跃的一个历史时段)期间的伊朗文化与伊斯兰文明的双向影响进行了细致分析,也为验证伊朗文明的多元包容性、伊斯兰教在伊朗的本土化提供了有力证明。李万春在其《公元9至12世纪伊斯兰史学发展中的"地方意识"——以〈布哈拉史〉为例》一文中,立足于中古时期中亚地区民众"地域"认同的增强与"地方意识"的加强这一背景,通过分析《布哈拉史》的创作背景并参照同时期的地方史料,解读产生于中古时期的"地域"认同与"地方意识"是怎样影响地方史书的撰写的。马超与黄民兴在其《近代早期至20世纪伊朗对波斯帝国历史记忆的发现》一文中,立足于近代东方学与民族主义互动这一历史背景,通过考察前现代波斯帝国历史记忆的传承路径,从"阿契美尼德王朝的遗忘与凯扬王朝历史记忆的形成""凯扬王朝神圣历史观的嬗递与阿契美尼德王朝的'发现'""从亨利·罗林森到赫兹菲尔德:东方学与阿契美尼德研究的实证化""居鲁士的回归:20世纪伊朗民族主义精英对阿契美尼德遗产的接受与内化"等方面,探究了古代历史与建构国家认同之间的互动逻辑。

其次,国内学者的研究极具现实关怀。国内学者既紧密关注国际动向、及时追踪世界发展趋势,又紧密围绕新时代中国发展新态势,以最新的研究成果为中国式现代化贡献一份力量。其一,近年来,中东局势日渐紧张,学者们立足于国际形势,对重点问题、突出问题进行全面了解与细致研究。例如,陈瑶在其《伊朗与以色列网络空间冲突的演进、动因及影响》一文中,通过考察"伊朗与以色列网络空间对抗的演化"、分析"伊朗和以色列对抗向网络空间延伸的动因"、探究"网络空间冲突对伊朗和以色列对抗的影响",对"伊朗与以色列的相互对抗向网络空间延伸并不断加剧的原因"与"日益激化的空间空间对伊、以两国现实战略对抗的影响表现"两个问题进行了回应。范鸿达在其《拜登政府对伊朗的缓和外交及美伊关系走向》一文中,通过分析"国际政治格局对美国与伊朗关系的影响"、解读"拜登政府缓和对伊朗外交的有利环境"、探究"维也纳谈判对美伊关系缓和的推动",对美国的缓和外交进行了具体分析,也对美伊关系的未来走向进行了展望。

其二,伴随"一带一路"倡议的实施与"文明交流互鉴"中国方案的出台,学者们深度挖掘中伊之间的文明交流,助力中伊友好交往。例如,达吾力江·叶尔哈力克在其《中古入华胡人双语墓志书写与祆教丧葬文化》一文中,通过"入华胡人的双语墓志书写""达克玛与伊朗地区的丧葬铭文""纳骨器与花剌子模丧葬铭文""墓志及图像所示入华胡人的祆教丧葬文化"等,展现了墓志书写中汉语与波斯语等胡语的相互影响,体现了中华文化与波斯文化等外族文化的相互交融;范鸿达在其《中国在伊朗推进"一带一路"战略倡议的政治环境与因应》一文中,通过伊朗的地缘政治环境、伊朗的国内政治走向、中国在伊朗推进"一带一路"倡议的因应之策等三方面的内容,就现代伊朗的内政外交状况与发展趋势进行了分析,就中国的"一带一路"战略如何在伊朗顺利推进给出了建议。

五、中国伊朗研究现状分析

中国与伊朗的第一次深入接触,源于西汉武帝时期的张骞出西域,正是那一条横贯亚欧大陆的古代丝绸之路将东方的中国与大漠中的伊朗连结在一起。自那时起,两国的文明通过古老的丝绸之路相互吸收、借鉴,同时,伊朗的身影也走入了中国的史书。二战结束后,同为西方殖民体系中被侵略的国家,同为第三世界阵营里的国家,中国与伊朗同样面临人民解放与民族振兴的历史重任,而伊朗那神秘的历史面貌也重新引起了国内学者的关注。改革开放以来,中国凭借"引进来"与"走出去"的战略定位,日渐融入国际经济体系,成为世界经济发展的重要一环,伊朗研究的队伍也在此时开始壮大。21 世纪以来,在"和平与发展"的时代背景下,中东地区频发动荡,作为中东地区的关键之国,伊朗吸引了众多学者的目光,伊朗研究也得以发展。近年来,伴随中国"一带一路"倡议落地生根,中国与众多发展中国家开启了友好的经济往来与文化交流,而作为古今"丝路"的重要中枢,伊朗已然成为一个热点国家,伊朗研究也迎来了极大的发展。总之,中国伊朗研究经历了中国古代文献记载、二战后初步开展、改革开放后的发展、21 世纪的发展、近年来的发展等五个阶段。

首先,中国古代文献记载这一阶段是中国伊朗研究的前期铺垫。中国与伊朗的交流往来,在中国古代史上最为人们所熟知的是西汉张骞出西域这一时期,其实,中国与伊朗在更早之前就已经建立了联系。根据已有的考古发现,中国境内已多次发现了带有古波斯楔形文字的马骨,这证实了中、伊两国早在公元前 6 世纪就已经开始了交往。而后,张骞开通的古代丝绸之路推动了中国与伊朗的交流往来与文明互鉴。也正是自这一时期开始,伊朗广泛出现在中国官方史书的记载上。司马迁在《史记·大宛列传》中这样写道:"安息在大月氏西可数千里。其俗土著,耕田,田稻麦,蒲陶酒。城邑如大宛。其属小大数百城,地方数千里,最为大国。"这里的"安息"指的是伊朗历史上的帕提亚王朝,中国西汉王朝称之为安息王朝。魏收在《魏书·西域传》中这样写道:"波斯国,都宿利城,在忸密西,古条支国也。去代二万四千二百二十八里。城方十里,户十余万,河经其城中南流。"这里的"波斯国"指的是伊朗历史上的萨珊波斯王朝,中国北齐称之为"波斯"。此外,唐代魏书在其主编的《隋书·西域传》中,介绍了萨珊波斯的制度与习俗文化,也记述了隋炀帝派遣使者出使伊朗的历史。《北史·西域传》在前朝史书的基础上,详细介绍了伊朗的政治制度、经济制度,详细记述了两国间的往来情况。伴随古代中国与古代伊朗交往的日渐加深,伊朗也出现在了民间记述之中,如慧皎所著的《高僧传》、杜环所著的《经行记》。总之,中国与伊朗的交流往来与文明互鉴,因古代丝绸之路而发展,而中国官方史书中有关伊朗的记载,向我们展示了古代中国官方对于伊朗的重视;中国民间文献中有关伊朗的记载,向我们展示了古代中伊两国之间普遍的交往与活跃的联系。

二战结束后,中国与伊朗都有人民解放与民族振兴的历史任务。新中国成立后,在"和平共处五项原则"与"求同存异"方针的指引下,中国与第三世界国家展开了友好交往。

在此背景下,中国与伊朗于1971年8月16日正式建立了外交关系。1945年至1979年,中国处在新民主主义革命、社会主义革命、社会主义建设的历史阶段。在此背景下,前期国内学界对伊朗的认识主要是通过苏联的伊朗研究论著。例如,由李希泌等学者所译、苏联史学家米·谢·伊凡诺夫所著的《伊朗史纲》一书,运用苏联时期马克思主义的立场、观点与方法,介绍了伊朗自古代至现代(1951年)的历史,肯定了伊朗诸民族的历史贡献与突出成就,批判了帝国主义国家对近代伊朗的殖民侵略;由文津等所译、苏联史学家伊凡诺夫所著的《伊朗现代史概要》一书,记述了伊朗自1905年立宪革命至1956年间的历史,包含现代史概要、政党与政治组织、工人运动与工会运动等部分内容。而后,伴随中国外交事业的开展与国内学界研究的深入,国内学者对伊朗争夺石油国有化的斗争、伊朗反对美国和苏联的控制、伊朗的颠覆和渗透斗争等现实问题进行了关注并进行了研究。例如,由元文琪所译、伊朗巴列维国王所著的《我对祖国的职责》一书,在自述生平事迹的同时,回顾了伊朗的历史、巴列维王朝的建立、礼萨汗的改革等近些年来伊朗重大历史事件,阐明了巴列维王朝君主的治国理念与路线方针;由张火焱等学者所译、都德等学者所著的《伊朗石油问题》一书,在摘录、翻译七篇刊登在国外期刊的相关文章的基础上,阐述了20世纪40年代末50年代初的伊朗石油问题;吴继德在其《略论沙皇俄国对伊朗的侵略扩张》[①]一文中,介绍了沙俄对伊朗领土的侵略情况,记述了沙俄从政治、经济方面将伊朗变为殖民地的演进过程。总之,国内学界自1945年至1979年的伊朗研究,前期借助于苏联的伊朗研究成果,后期广泛关注伊朗的现实问题,并紧紧围绕"反殖民、反压迫、反霸权"这一主题。

改革开放以来,伴随中国经济的发展,伊朗研究学者的队伍日渐壮大。这一时期,伊朗研究的相关学者,其所涉领域愈加宽广,研究视角更加多样。例如,由孙培良所著的《萨珊朝伊朗》一书,以萨珊王朝为考察对象,对伊朗前伊斯兰时期的历史文化进行了分析研究,作者认为萨珊王朝既在政治、宗教、艺术领域对伊朗历史产生了广泛影响,又促进了东西方文化的交流沟通;由李铁匠所著的《伊朗古代历史与文化》一书,介绍了公元前3世纪到公元7世纪伊朗古代的历史与文化,记述了古代中国与古代伊朗就丝绸之路所开展的各项经济、文化活动;由赵增泉等学者所著的《白色君主巴列维》一书,简要记叙了礼萨汗建立巴列维王朝的过程,重点介绍了巴列维国王的童年经历与统治情况。总之,自1979年开始,伴随中国融入并适应全球化,中国对伊朗的研究更加全面、客观。此外,伴随众多中国学生留学伊朗,语言的学习与亲身的见闻使得青年学生具备了良好的研究素养。

进入20世纪后,伴随石油、天然气等能源贸易的往来,中国与伊朗的友好关系进一步加强。同时,信息时代的到来与互联网科技的普及,极大便捷了学者的研究。在此背景下,伊朗研究在领域上进一步扩大,在选题上更加新颖。由王兴运所著的《古代伊朗文明探源》一书,依托伊朗人类学、考古学等资料,通过介绍埃兰的文字、宗教、艺术、建筑等方面,通过分析古代埃兰的政治体制与经济状况,对伊朗史前时期的政治、经济、文化、社会

[①] 吴继德:《略论沙皇俄国对伊朗的侵略扩张》,《思想战线》1979年第3期。

等状况进行了探讨;由李铁生编著的《古波斯币:阿契美尼德、帕提亚、萨珊》一书,通过大量的历史材料与细致的实证考察,对阿契美尼德王朝的货币、帕提亚王朝在不同历史时期的货币及其附属国的货币、萨珊王朝不同历史时期的货币进行了细致的研究与深入的分析;由王锋、陈冬梅所著的《波斯历史文化与伊朗穆斯林风情礼仪》一书,从历史学、文化、哲学等多学科视角出发,系统分析了中伊就丝绸之路所开展的古今各项文化交流活动。总之,进入新世纪后,国内学者不断拓宽研究领域、日益更新研究方法,伊朗研究日渐深入。

近年来,随着中国外交事业的发展与经贸事业的推进,中伊关系得到了很好的加强,伊朗研究如火如荼。2016年中伊全面战略伙伴关系的建立、"一带一路"下的中伊交往、"文明交流互鉴"形势下的中伊对话,为国内学者的研究提供了新的选题与方向。由沈一鸣所著的《贾米作品在明末清初中国的流传与翻译》一书,考察了贾米作品得以在中国传播的原因与过程,分析了译者的翻译策略及其原因;赵洪娟在其《从端午竞渡节俗探析祆教习俗与中原文化的互动》一文中,通过分析中国魏晋时期出现的端午竞渡习俗,对祆教文化在中原的留存以及与本土文化的交流进行了研究,进而探究了中古时期西南丝绸之路对文化传播的意义。

六、小结

中国是有完整历史记载的文明古国,中国古代史书对域外世界,特别是对伊朗地区,有着相对理性而概括的描述。自1979年以来,在中国强大的科研支持体系的支撑下,从事伊朗研究的学者们通过国家社科基金已申请到了五十余项研究课题,而这些伊朗研究课题也充分体现了学者自主选题研究与国家宏观整体规划的有机融合。此外,伊朗研究方面的译著、著作、论文,从研究主题来看,涵盖了历史学、国际政治学、国际关系学、民族学、宗教学、人类学、文学等众多学科,展现了当前伊朗研究多学科并进、多学科交叉的研究态势;从研究内容来看,主要包含文学、史学、哲学等基础研究,也涉及伊朗国情与伊朗现状研究,体现了伊朗研究以文史哲等基础研究为中心、适当向伊朗国情与伊朗现状研究延伸的发展趋势;从研究学者来看,虽然从事伊朗研究的汉族学者居多,但维吾尔族、回族、哈萨克族等少数民族学者也为伊朗研究提供了独特的思路与深刻的见解。

从中国伊朗研究的学术成果来看,自1979年以来,中国对伊朗史的研究,具有三个明显的特征。其一,学者自主选题与国家宏观规划有机结合。例如,张云负责并于1997年立项的"唐代吐蕃与我国文明关系问题研究"、扎米尔·塞都负责并于1999年立项的"阿拉伯——波斯文学中的'阿鲁孜格律'与我国突厥语文学比较研究"、韩香负责并于2015年立项的"中古中国与波斯文明"、杨兴礼负责并于2004年立项的"新时期中国与伊朗关系研究"、华涛负责并于2011年立项的"中古时代阿拉伯波斯等穆斯林文献中有关中国资料的整理与研究",韩香负责并于2015年立项的"中古中国与波斯文明"等研究课题,均立足于中国的外交战略,对中伊历史上的文明交往进行了深入研究。这既体现出国家对学者个人学术研究的尊重,也体现出学者服务国家外交等战略的愿景。

其二,多学科齐头并进,多学科交叉;以基础研究为支撑,向应用研究适当延伸。中国伊朗研究的学术成果,其主题涵盖了历史学、国际政治学、国际关系学、民族学、宗教学、人类学、文学等众多学科;其内容包含了文学、史学、哲学等基础研究,也涉及伊朗国情与伊朗现状研究。例如,由王锋与王丽莹所著的《伊朗教育制度与政策研究》一书,在实证调查的基础上,运用政治学、教育学等多学科知识,梳理了伊朗各教育制度的特点,分析了伊朗未来教育的趋势走向;由冀开运主编的《伊朗发展报告》蓝皮书系列,分析了伊朗每一年度的政治、经济、社会、外交等方面的演变特征与发展态势,解读了伊朗的国情与未来走向。此外,中国博士研究生开始研究体育、传统医学、中小企业、法律体系、地震灾害、动植物分类、开心果产业、建筑材料、岛屿生态系统、矿床构造、石油地质等领域。总之,中国伊朗研究,展现了当前伊朗研究人文社会和自然科学齐头并进、多学科交叉的研究态势,体现了伊朗研究以基础研究为中心、适当向伊朗国情与伊朗现状研究延伸的发展趋势。

其三,研究者体现出中华民族多元一体的格局特点,研究领域也支撑了中华民族共同体建构。中国伊朗研究,从学者群体来看,汉族学者居多,而维吾尔族、回族、哈萨克族等少数民族学者不仅与汉族学者并肩作战,也凭借一定的义化认知为伊朗研究提供了独特的思路与深刻的见解。例如,回族学者哈全安在其所著的《伊朗通史》一书中,论述了伊朗自史前时期至后霍梅尼时期长达四千多年的历史,重点分析了伊朗白伊斯兰时代以来的历史,并秉承学术研判、深入浅出的著述原则与方法对伊朗各历史时期的特点进行了解读;哈萨克族学者达吾力江·叶尔哈力克在其《中古入华胡人双语墓志书写与祆教丧葬文化》一文中,展现了墓志书写中汉语与波斯语等胡语的相互影响,体现了中华文化与波斯文化等外族文化的相互交融。总之,在中国伊朗研究领域,各民族学者取长补短、团结共进,用优秀的学术成果向中国人民展现了一个真实、全面、立体的伊朗。

通过回顾中国伊朗研究的学术情况,我们看到了中国学者对干伊朗研究的热忱,看到了中华文明对于伊朗文明发自内心深处的文明交流互鉴的期望。习近平总书记曾说,"文明因交流而多彩,文明因互鉴而丰富。文明交流互鉴,是推动人类文明进步和世界和平发展的重要动力。推动文明交流互鉴,需要秉持正确的态度和原则"。而今,中国学者致力于对伊朗文明进行全方位、多角度、深层次的细致研究,这既体现了中国学者对伊朗文明的尊重,也为中伊文明交流互鉴提供了知识支撑。

中国的俄罗斯研究回顾

谢 周　张铖栋　蔡博雯　陈 淼

摘要：中国对俄罗斯这一重要邻国的研究已逾数百年，可划分为新中国成立以前的记载译介期、新中国成立至20世纪70年代末的高度政治化时期、改革开放以来至20世纪末学术研究发展期、21世纪以来的跨学科区域国别研究建构期四个阶段。新中国成立特别是改革开放以来，我国学界对俄罗斯的研究围绕着尊重世界文化多样性与文明互鉴的主线展开，在机构队伍、学术期刊、研究成果等方面的建设均取得不俗成就，呈现出一种整合化、整体化、跨学科的发展趋势。然而，俄罗斯研究作为中国区域国别学建设的重要组成部分，仍需构建出新时期有中国特色的学科理论体系，才能取得更为长足的进步，为实现中华民族伟大复兴的中国梦和人类的团结、进步与发展作出更大贡献。

关键词：俄罗斯研究；中俄关系；俄苏问题；中国俄罗斯学；学术史

Abstract: China's research on its important neighboring country, Russia, has been going on for more than hundreds of years, and can be divided into four phases: the documentation and translation period before the founding of People's Republic of China (PRC), the highly politicized period from the founding of PRC to the end of the 1970s, the development of academic research from the Reform and Opening-up to the end of the 20th century, and the construction period for interdisciplinary international and regional studies from the 21st century onwards. Since the founding of PRC and especially since the Reform and Opening-up, the research on Russia in China has been carried out around the main line of respecting the world's cultural diversity and mutual appreciation of civilizations, and has made remarkable achievements in the construction of academic institutions and teams, academic journals, and the research results, presenting an integrative, holistic, and interdisciplinary development trend. However, as an important part of China's international and regional studies, Russian studies still need to build a theoretical system of the discipline with Chinese characteristics in the new period in order to make further progress and contribute more to the realization of the Chinese dream of the great rejuvenation of the Chinese nation, and the unity, progress and development of mankind.

Keywords：Russian studies；Sino-Russian relations；Russian/Soviet issues；Chinese school of Russian studies；academic history

作者：谢周，西南大学外国语学院俄语系主任、教授，西南大学俄语国家研究中心主任；张铖栋，西南大学俄语国家研究中心科研秘书；蔡博雯，西南大学外国语学院俄语系研究生；陈淼，西南大学外国语学院俄语系研究生。

2024年是中俄建交七十五周年，两国元首在5月16日签署并发表的联合声明中表示：2001年7月16日签署的《中华人民共和国和俄罗斯联邦睦邻友好合作条约》为持续全面加强中俄关系奠定坚实基础，双边关系定位不断提升，达到新时代全面战略协作伙伴关系这一历史最高水平。①值此之际，回顾中国数百年来对俄罗斯的记载与研究可发现，中国的俄罗斯研究始终从国家现实需求出发，与中国社会发展进程及中俄关系息息相关。尤其是新中国成立以来，即便尚未有作为区域国别学学科架构下的"俄罗斯学"学科自觉之前，我国学界对俄罗斯的研究也自发地呈现出一种整合化、整体化、跨学科的发展趋势，并且围绕着尊重世界文化多样性与文明互鉴这一主线展开，因为"文明交流互鉴与马克思主义共同体思想一脉相承，是构建人类命运共同体理念的人文基础和实现路径"②。

回顾我国的俄罗斯研究，可以发现，我国学界在不同时期受到政治、经济、文化、社会等因素的影响，其研究工作也相应呈现出各自的时代特征与兴趣偏好。若整体而论，可大致将我国的俄罗斯研究分为以下四个阶段：①新中国成立以前俄罗斯研究的雏形；②新中国成立至20世纪70年代末的高度政治化时期；③改革开放至20世纪末的学术研究发展期；④21世纪以来的新兴交叉学科建构期。在此基础上，我们将对中国的俄罗斯研究发展历程进行回顾和梳理，概括各时期的主要特征，并从机构建设与队伍发展、学术期刊建设、研究成果等方面进行详略结合的考察，力图勾勒出数百年来中国俄罗斯研究的全貌。

一、发展阶段及主要特征

（一）新中国成立以前俄罗斯研究的雏形：译介与记载

1.中国的俄罗斯研究溯源

当今的俄罗斯作为一个地跨欧亚的国家，拥有194个民族。中国史书中早有关于其亚洲部分古代民族的记录，关于远东地区的史料甚至可以上溯到先秦时期。③这些记载

---

①参见《中华人民共和国和俄罗斯联邦在两国建交七十五周年之际关于深化新时代全面战略协作伙伴关系的联合声明》，《人民日报》2024年5月17日。
②于江、张玉环、陈文兵：《以文明交流互鉴推动构建人类命运共同体》，《当代中国与世界》2023年第3期，第25页。
③参见沈莉华：《隋唐以前中国古代史书中的俄罗斯远东地区》，《西伯利亚研究》1998年第4期；《六世纪以前中国古代史书中的贝加尔湖地区》，《西伯利亚研究》2002年第4期。

虽然为当代俄罗斯的远东与西伯利亚地区研究提供了丰富的文献资料,然而,在1582年叶尔马克率领哥萨克远征西伯利亚汗国以前,西伯利亚地区并不从属于沙皇俄国,至于现今俄罗斯的远东地区,则更是在17世纪末之后俄罗斯通过不断东征才攫取的领土。

根据现有文献,中国关于俄罗斯的最早记载可以追溯到元朝的《蒙古秘史》(明朝改称《元朝秘史》),当时的俄罗斯被称为"斡鲁速惕":"又令速别额台把阿秃儿去征伐北方的康里、钦察、巴只吉惕、斡鲁速惕、马札剌惕、……十一部国,渡亦札勒河,札牙黑河,直抵乞瓦绵,客儿绵城等地。"① 据巴雅尔考证,该书于1240年用蒙古畏兀文写成,于元六年(1269)文字改革后出现汉译本,于明朝洪武元年(1368)至永乐六年(1408)被二次翻译为汉语。② 因此,汉语史料中关于俄罗斯的最早记载也来源于此。汉语版《蒙古秘史》的译文属性与记录属性象征性地描绘了明清至民国时期中国对俄罗斯研究的两大突出特征:①文献与史料译介;②见闻与档案记载。

明朝时期,中俄虽有间接性的贸易往来,但两国没有实质性的边境接壤与文化交流,中国对俄罗斯的了解与记载都极少,就连明修《元史》中涉及俄罗斯的零星片段中,也对其没有统一的称呼,常见为"斡罗思"或"斡罗斯"。1618—1619年,俄国人伊万·佩特林率使团来华觐见万历皇帝,并带回明朝皇帝致俄国的国书。现今中俄学界不少学者主张将此事视为中俄外交层面上的第一次接触③,然而这一史料在《明史》中并没有被记载,而是来源于佩特林所著报告④。所以,学界一般认为,中国的俄罗斯研究,实则肇始于明末清初年间。

2. 清朝至民国时期的俄文翻译与俄国研究的萌芽

明末清初,随着沙皇俄国不断东扩并多次入侵中国边疆,中俄两国政府开始频繁接触,然而双方对彼此都知之甚少,且语言不通。1689年,中俄在《尼布楚条约》谈判期间只能以拉丁文为中介语言,并由耶稣会教士进行翻译,盖章时的正式文本也是拉丁文。⑤ 随着两国互通有无,来往频繁,清政府体会到了解俄罗斯和培养俄语人才在外交层面上的切实需求,着手开办中国最早的培养俄文人才的专门学校——俄罗斯文馆(1708年创立,至1862年并入京师同文馆),中国的俄语人才培养由此开始。虽然后世对俄罗斯文馆的人才培养整体效果评价不高⑥,但高文凤在对比现存档案资料后指出,该馆学生为清代俄文外交文件的翻译作出不俗的贡献,且译文质量尚可。"例如,内阁大库残存乾隆、嘉庆、道光

---

① 转引自单素玉:《俄罗斯中译名称的传承与启示》,《社会科学战线》1996年第4期,第238页。
② 参见巴雅尔:《关于〈蒙古秘史〉的作者和译者》,《内蒙古师范学院学报》(哲学社会科学版)1978年第1期。
③ 参见万明:《寻找契丹:明代中俄的第一次直接接触》,《社会科学战线》2018年第4期。
④ 详见《关于中国、喇嘛国和其他国土、游牧地区与兀鲁思,以及大鄂毕河和其他海路、道路等情况之报告》,《在华俄国外交使者(1618—1658)》,北京:社会科学文献出版社,2010年。
⑤ 参见张雪峰:《清朝初期中俄交往文化障碍的克服与俄国宗教传道团来华》,《中俄关系的历史与现实》(第二辑),北京:社会科学文献出版社,2009年。
⑥ 参见郝淑霞:《中国俄语教育的最早尝试——俄罗斯文馆》,《中国俄语教学》2005年第1期;刘丹凤:《简论清代俄罗斯文馆的教学效果与失效原因》,《渤海大学学报》(哲学社会科学版)2014年第2期。

三朝的俄文档案,尚有十九本之多,多系该馆学员整理、译缮;道光、咸丰、同治三朝的《筹办夷务始末》及《清季外交史料》所收录的俄国外交文件的译文,当亦是出自该馆学员的手笔。这些译文流畅通顺,基本忠实原件,表达了原件的内容,这在当时历史条件下是难能可贵的。"①

两次鸦片战争失败后,晚清开启了以"师夷长技以制夷"为口号的晚清洋务运动,这一时期的俄文教育机构遍布北京、天津、广州、武昌、乌鲁木齐、伊犁、珲春、黑龙江等地。在北京同文馆的带动下,全国各处开设俄语教育的学堂纷纷将办学目标由培养单纯的语言文字翻译而向着培养"通才"的方向转变,课程设置上增加许多自然科学和人文科学的内容。② 这种"通才"教育具有现代俄语复合型人才,乃至区域国别人才培养模式的雏形,为清政府培养了代表国家参与国际谈判的外交人才和知晓俄语的实用翻译人才。然而,以现存文献来看,清朝俄语教育对俄罗斯研究与学术翻译方面的人才培养所作出的贡献却不多,仅有《俄国史略》、《西学考略》(桂荣等译)、《俄史辑译》(徐景罗译)及张庆桐编撰的《俄游术感》等。③

从现代视角来看,清代对俄罗斯的研究并非严格意义上的学术研究,除上述翻译的外交文件与少量译著外,其形式主要还是游记见闻与档案记载及整理,其中既有官方编撰的中俄交涉文件汇编(《平定罗刹方略》),也有文人与边疆官员根据历史记载与自身见闻撰写的作品。

从内容上来看,中俄关系是研究主旋律,其中,对中俄边境问题的记载考察与研究尤为丰富,且对中国边疆史的研究具有较高的学术史料价值。从康熙年间方式济的《龙沙纪略》、吴振臣的《宁古塔纪略》、杨宾的《柳边纪略》,到清末钱恂的《中俄界约斠注》、邹代钧的《中俄界记》等,这些著作均对中俄边境问题进行了历史学与地理学意义上的考订和论述。即便是那些对俄罗斯进行介绍或以见闻记载为主的著作,也始终离不开对中俄关系的探讨,例如图理琛的《异域录》、魏源的《俄罗斯盟聘记》、林则徐组织人力编译的《俄罗斯国总记》等。但由于这一部分书籍是普及性读物,缺乏对资料的深度挖掘、考证与分析。④ 学界普遍认为,唯一的例外应属于何秋涛所著的《朔方备乘》。该书是中国近代第一部真正研究中俄关系的代表巨著⑤,"集康熙以来研究中俄关系之大成,对当时所能搜集到的一切有关中俄关系的资料和著述,详加考订,纠其谬误"⑥。杨成也遵循郭丽萍在《绝域与绝学——清代中叶西北史地学研究》一书中对《朔方备乘》的评价,将其视为清朝俄国

---

① 高文风:《我国的第一所俄语学校——俄罗斯文馆》,《黑龙江大学学报》(外语版)1979年第2期。
② 韩莉:《清代中国俄语教育述评》,《西伯利亚研究》2010年第1期。
③ 参见韩莉:《清代中国俄语教育述评》,《西伯利亚研究》2010年第1期。
④ 参见吕一燃:《清代和民国时期的中国中俄关系史研究述评》,《黑龙江社会科学》2000年第6期。
⑤ 参见张建华:《中国俄国史研究百年检视与思考》,《史学月刊》2020年第1期。
⑥ 吕一燃:《清代和民国时期的中国中俄关系史研究述评》,《黑龙江社会科学》2000年第6期。

研究的学术风向标与转型之作。①

部分清代对俄外交史料和对中俄关系研究的成果,直到20世纪二三十年代才得以出版,如清朝官方纂辑的道光、咸丰、同治三朝的《筹办夷务始末》,王彦威、王亮纂辑的《清季外交史料》和王亮编辑的《清宣统朝外交史料》等。当然,同期也翻译出版了一部分当时苏联出版的有关清俄关系史的文献资料与历史档案,如1936年国立北平故宫博物院文献馆出版的《故宫俄文史料:清康乾间俄国来文原档》、1937年商务印书馆出版的《帝俄侵略满洲史》(罗曼诺夫著,民耿译)等。这个时期虽仍有若干关于清俄关系史的书籍陆续出版,如陈登元的《中俄关系史述略》(1926)、陈博文的《中俄外交史》(1928)等,但因大多数无法或来不及深度研究档案与史料而少有研究新意与创见。当然,此时期该研究领域仍有备受后世推崇之作——陈复光的《有清一代之中俄关系》(云南崇文印书馆,1947)。该书作者在自序中表示其资料收集工作长达二十年之久,收集内容包括各国外交档册、官书、当事人之传记、奏议、回忆录、日记、谈话记录及其他有关的外交史名著和译述,涵盖中、俄、英等多个语种。据史学家谢本书所言,20世纪六七十年代,我国组织力量重启中俄关系史研究时,"在相当大程度上,是在陈复光教授提供资料及其线索的基础上开展并扩大的"②。

3.民国知识界的"苏联热"

整体来说,民国时期的中国知识界对俄国观察与研究的重心因国内外的局势变化发生了明显转向,从考察中俄关系与边疆问题转移到了对苏联制度与社会主义理论的评述与推广上。

在我国国内还处于北洋军阀割据混战之时,随着1917年俄国十月革命的胜利与苏联成立,以陈独秀、李大钊、瞿秋白等人为代表的五四运动进步人士出于救国救民的伟大理想,对苏联与社会主义表现出浓厚的兴趣。例如,李大钊就于1918年先后发表了《法俄革命之比较观》《庶民的胜利》《布尔什维主义的胜利》等文章,阐述十月革命的重要意义。然而,由于1927年"中东路事件"的爆发与《伯力协定》的签订,20年代后期中国知识分子对苏联的态度明显降温,甚至对其大国沙文主义进行批判。

30年代初,由于苏联"十一五"计划的提前达成与1929年资本主义世界爆发的经济危机,中国知识分子心中重燃社会主义道路救中国的希望火苗,"苏联热"再度兴起。据当代学者们的不完全统计,30年代初有100多人在《东方杂志》《独立评论》《大公报》等当时影响较大的刊物上发表过介绍和评论苏联的文章和译文371篇,且无论是以俄罗斯为主题的刊物(如《俄罗斯研究》《苏俄评论》等),还是无党派倾向的报刊(如《申报》等),都充斥着苏联话题。这些文章主要集中在对苏联政治制度、外交政策、社会生活三个方面的介绍和

---

① 参见杨成:《中国俄苏研究的范式重构与智识革命——基于学术史回顾和比较研究的展望》,《俄罗斯研究》2011年第1期。
② 谢本书:《近代奇书——简评〈有清一代之中俄关系〉》,《学术探索》1990年第3期。

评价上,且多表达对苏联的钦佩与羡慕之感。[1]虽然该时期大多数关于俄罗斯的研究与记载都主要局限在十月革命前与苏联阶段的俄国,但出于学习苏联的需要,中国知识界迫切想要了解其方方面面,因此民国时期的俄罗斯研究领域较之清朝时期明显拓宽。

值得一提的是,民国时期除了通过翻译出版一些苏、英、日等国外学者的俄苏研究著作来认识苏联外,还开展了一大批俄苏文学的翻译与研究工作。抱着"盗天火给人类"的理想,鲁迅、茅盾、巴金、郭沫若、耿介之、戈宝权、曹靖华等文学大家与翻译家纷纷投身俄国文学的翻译和推广队伍之中。俄罗斯文学也与法国启蒙运动、德国马克思主义一起被视为五四运动的思想基础。五四时期至20世纪三四十年代可谓中国俄罗斯文学翻译的第一波浪潮。有学者基于《中国现代文学总数目》一书的统计指出,该时期俄罗斯文学是我国翻译出版数量最多的外国文学,书目高达1011种,基本相当于英国文学(577种)与美国文学(452种)翻译出版量之和。[2]当时这种对俄罗斯文学的热爱与追捧虽然离不开其本身的艺术与思想魅力,但更大程度上仍是顺应当时中国知识界学习苏联模式以救中国的社会政治需求。

关于这一点,俄国史学者张建华在回顾民国时期俄国史研究时也同样指出,20世纪三四十年代出版的多部俄国史研究著作并非专业的史学研究,而属于公共知识范畴,其研究目的"不是俄国历史本身,而是如何将俄国革命移植中国"[3]。这句评价无疑可以适用于民国时期俄罗斯研究的大部分领域。但也正是因为这些前辈学者与进步人士,无论身处国民党统治区,还是奋斗在共产党领导下的革命根据地,都坚持介绍苏联革命理论、分享苏联建设经验,才助得星星之火,终能燎原。

概言之,除了少数超越时代局限性,具有较高学术价值的研究著作外,新中国成立以前的我国俄罗斯研究并未走出学术研究的萌芽阶段,多数成果还属于文献译介与见闻记载的范畴,虽然在民国时期有许多成果拓宽了俄罗斯研究的领域范围,但整体而言,这些成果对当代的俄罗斯研究来说还是史料价值大于理论价值。然而,我国早期的俄罗斯研究,无论是在清朝帮助人们"开眼见世界",还是在民国给予进步人士"救百姓于水火"的希望,都具有极高的时代意义与社会贡献,我们应对其在当时的应用价值给予充分认可。

(二)新中国成立至20世纪70年代末的高度政治化时期:学习与对抗

1.中苏"蜜月期":全面向苏联学习

1949年新中国成立后,苏联是第一个与我国建立外交关系的国家。次年,中苏签订《中华人民共和国与苏维埃社会主义共和国联盟友好同盟互助条约》,两国关系迅速发展,进入"蜜月期"。在新中国成立初期的近十年间,中国政府在外交上采取向苏联"一边倒"的政策。

---

[1] 参见郑大华、张英:《论苏联"一五计划"对20世纪30年代初中国知识界的影响》,《世界历史》2009年第2期。
[2] 参见张冰:《中俄文学译介的"迎汇潮流"》,《俄罗斯文艺》2020年第3期。
[3] 张建华:《中国俄国史研究百年检视与思考》,《史学月刊》2020年第1期,第121页。

当时，我国各领域的专家学者都致力于学习苏联和东欧社会主义国家的先进经验，并高度重视后备人才的培养工作。据学者统计，为了更好地向苏联看齐，新中国成立伊始，全国各地开办了7所俄语专科学校，17所大学设立了俄语系。[1]此外，我国还自1951年至1964年派遣8000多人到苏联学习，自1949年至1959年聘请苏联专家1万余人参与中国社会主义经济、文化、国防等事业的建设。[2]

在"全面向苏联学习"的形势下，在我国的经济、哲学、历史、文学、国际关系等大部分人文社科研究领域中，对苏联的关注都占据着举足轻重的位置。例如，当时我国国际问题研究的重点就是介绍苏联建设社会主义的经验，研究一些国家无产阶级革命斗争的形势，以及宣传社会主义的优越性和批判资本主义制度的不合理性、帝国主义的腐朽性和垂死性等。[3]因此，当时也不存在专门关注苏联的国别研究院所，苏联研究全面分散在党中央、中央军委和国务院的下属涉外部门（如中央编译局、中国国际问题研究所）以及各大高校的人文社科系所。具有重要价值的研究成果以编译列宁、斯大林的著作及翻译整理苏联社会主义理论与苏共中央重要文献为主。原创性研究则一部分偏重对策研究，以供中央决策和职能部门参考的内部资料和研究报告形式呈现；另一部分以歌颂俄国革命与研究苏联对华援助为常见主题，以期刊及专著的形式出版。[4]

2. 中苏对抗期：向苏修主义开炮

然而，在1956年赫鲁晓夫上台并公开反对斯大林之后，中共与苏共的"蜜月期"也走向终结，并在1960—1965年迎来全面论战时期。两党由于在国际形势以及国际共产主义运动的路线、方针与策略上有不可调和的分歧，不断互相攻击：中共批判苏共是"修正主义"，苏共则指中共为"教条主义"。后来，两者之间的矛盾甚至由最初的意识形态之争发展到边界武装冲突。

该时期我国的俄苏研究紧随当时政论斗争的脚步，服务于国家的政治需要，大幅减少了对苏联建设经验的介绍，并一改以往的褒奖论调，由之前的只说苏联的成绩和中苏之间的友谊，不说问题的"隐恶扬善"的叙述模式转向了互相抨击。[5]从中苏论战开始到改革开放之前，中国俄苏研究的两大主题是：①批判苏联社会帝国主义和"修正主义"；②研究、整理俄罗斯对中国的侵略历史。即使在给中国的国际关系研究带来几乎致命影响的"文化大革命"期间，中国的俄苏研究受到了不小打击，但围绕着这两大主题的译著、专著、论文的出版与发表工作仍没有停止。[6]这些著作的选题大部分都带有非常明显的时效性和强烈的政治色彩，但也不乏考证严谨、学术价值颇高之作。有学者对中国社会科学院近代史研究所10余位前辈学者倾力编写的4卷本《沙俄侵华史》（人民出版社，1976）如此评价：

---

[1] 参见李明滨：《北京大学"俄罗斯学"发展历程》，《"俄罗斯学"在中国》，北京：社会科学文献出版社，2017年。
[2] 参见刘克明：《建国以来的苏联东欧研究》，《苏联东欧问题》1984年第6期。
[3] 参见李琮、刘国平、谭秀英：《新中国国际问题研究50年》，《世界经济与政治》1999年第12期。
[4] 参见刘显忠：《中国的苏联历史研究七十年》，《世界历史评论》2019年第3期。
[5] 刘显忠：《中国的苏联历史研究七十年》，《世界历史评论》2019年第3期。
[6] 参见王军、但兴悟：《中国国际关系研究四十年》，北京：中央编译出版社，2008年，第14页。

"该书作者治学严谨,查阅了数百种中外历史文献,并对这些文献逐一爬梳整理,去伪存真,对17世纪末至1917年沙俄侵华的重要事件进行了全面的叙述、分析和研究,内容丰富、史料翔实,是中俄关系史研究领域里最具代表性的成果。"[1]

值得一提的是,中苏论战对中国俄罗斯研究的机构建设方面有一定的正面影响。在当时我国面临严峻国际形势的情况下,党和国家领导人多次指出要加强对国际问题的研究。1963年,根据毛泽东主席的指示,周恩来总理亲自主持工作,开展对外国问题的研究讨论,中央外事小组向领导人呈报了《关于加强研究外国工作的报告》。[2] 由此,我国开始建立一批新的国际问题研究机构。其中,苏联东欧研究所于1964年7月开始筹建,1965年3月正式成立。该所是新中国最早的专门研究苏联东欧国家的科研机构,它的成立标志着我国的俄苏问题研究和队伍建设开始走向更加体系化的道路。

总体来说,在1949—1977年间,无论是"全面向苏联学习",还是"向苏修主义开炮",该时期的俄苏研究无论从研究对象、研究主题还是写作策略上都与中苏关系高度相关,政治化与意识形态色彩严重,研究结论时常具有极端化、片面化的特征。例如,刘国光于1983年7月14日在"苏联经济理论问题讨论会"上就认为,"在解放初期,也就是我们在一边倒、学老大哥的时候,只看到苏联好的一面,而对苏联存在的问题则很少注意、很少思考。在开展对苏联现代修正主义的批判以后,特别是在'文化大革命'中,我们就只看到当时苏联坏的一面,似乎一无是处"[3]。由于不能将政论批评与学术研究分离开,不能抛弃立场先行,以实事求是的态度对待文献史料,所以此时期的大部分俄苏研究难以取得真正的进展。然而,不可否认的是,即使这些研究具有高度政治化色彩,它们的出版,也与中央编译局在此时期的文献翻译与汇编工作、苏联东欧研究所的成立一起,标志着新中国的俄苏研究进入了草创阶段,虽然在"文革"期间我国的俄苏研究受到了一定冲击而发展停滞(苏联东欧研究所于1969—1975年被暂时撤销),但整个阶段的积累仍为后续的学科发展奠定了基础及可供修正的空间。

(三)改革开放至20世纪末的学术研究发展期:高速与高质

1. 改革开放至东欧剧变:苏联东欧观察与研究

改革开放为中国社会带来了新希望,也为新中国的俄苏研究带来新面貌。党的十一届三中全会后,"如何向外部世界学习"这一任务摆放到全国人民面前,感受到那个时代开拓拼搏精神的知识界与决策层的有志人士纷纷投入外国研究的行列之中。除了向先进的市场经济国家借鉴和学习外,当时知识界的另一研究重心则放在对于苏联和东欧社会主

---

[1] 黄定天:《二十世纪的中俄关系史研究》,《历史研究》1999年第4期。
[2] 参见李琮、刘国平、谭秀英:《新中国国际问题研究50年》,《世界经济与政治》1999年第12期。
[3] 刘国光:《进一步深入开展对苏联经济问题的研究——1983年7月14日在"苏联经济理论问题讨论会"上的讲话》,《苏联东欧问题》1983年第5期。

义国家的观察和研究上。①虽然由"学习苏联""对抗苏联"转向"观察苏联"仍是响应时代与政策号召的结果,但此时的中国俄苏研究界"逐步纠正了过去在苏联问题研究上的片面性,树立起科学的、实事求是的态度"②,努力摆脱过强的政论色彩,对大量资料进行认真分析与研究,因而可以得出比较符合实际的结论,并取得了丰富的成果。有学者在进行学术史梳理时,观察到70年代末的俄苏研究呈现出"新生"景象③,20世纪80年代的俄苏研究甚至被视为"黄金时期"④。

时任中国社会科学院苏联东欧研究所所长刘克明将改革开放以来至20世纪80年代的苏联问题研究所取得的成就归为七个方面,即①苏联东欧问题研究机构增多,研究力量增强;②苏联东欧问题研究刊物不断增加,在20世纪80年代高达30多种;③关于苏联东欧问题的学术讨论十分活跃;④相关专著、论文集及译著大量出版;⑤关于苏联东欧的图书资料全国互通有无;⑥同海外同行学者交流广泛;⑦苏联东欧研究课题的广度与深度都大幅拓展。⑤

该时期对于苏联和东欧社会主义国家的观察和研究,主要侧重于对苏联社会主义模式与东欧各国社会主义改革模式的比较研究,并随着戈尔巴乔夫改革的开启迅速将研究重心转移到对苏联内部改革的问题上。这种观察与研究能帮助我们汲取东欧与苏联内部改革的惨痛教训,降低我国在经济与体制改革道路上犯错的概率,具有一定的对策应用价值。⑥可以说,我国该时期的许多苏联东欧研究机构队伍的智库属性已经凸显,但所发挥的作用有时却很有限。赵常庆就曾表示,国务院有关部委的同志"希望能从国内苏联东欧问题刊物上找到本部门改革可以借鉴的东西,结果如愿者较少"⑦。

2. 苏联解体至20世纪末:俄罗斯作为独立研究对象的回归

1991年苏联解体,15个加盟共和国都成为独立国家,我国苏联研究一时间由于研究对象的分崩离析而陷入短暂的阵痛调整期。如中国社会科学院苏联东欧研究所就从1992年起改名为"东欧中亚研究所",又于2002年更名为"俄罗斯东欧中亚研究所",并且其下设的分科和研究室几度撤销、调整、合并或更名。但与此同时,苏联解体也带来了新机遇,中亚研究、东欧研究人员逐渐与俄苏研究队伍分离成为新的区域国别研究团队,俄罗斯本身作为独立的国别研究对象也再次受到重视,俄罗斯政治、经济、外交等学科快速

---

①冯绍雷:《三十年中国改革开放与三个"十年"的俄国问题研究——基于前社会主义国家转型比较的一项观察》,《俄罗斯研究》2008年第4期。
②刘国光:《进一步深入开展对苏联经济问题的研究——1983年7月14日在"苏联经济理论问题讨论会"上的讲话》,《苏联东欧问题》1983年第5期。
③参见孙超:《中国俄苏国际问题研究的学术演进和智识革新(1978—2018)》,《俄罗斯东欧中亚研究》2019年第2期。
④参见杨成:《中国俄苏研究的范式重构与智识革命——基于学术史回顾和比较研究的展望》,《俄罗斯研究》2011年第1期。
⑤参见刘克明:《建国以来的苏联东欧研究》,《苏联东欧问题》1984年第6期。
⑥参见杨成:《中国俄苏研究的范式重构与智识革命——基于学术史回顾和比较研究的展望》,《俄罗斯研究》2011年第1期。
⑦常庆:《苏联东欧问题国内期刊述评》,《苏联东欧问题》1986年第3期。

发展起来。[1]该阶段的俄罗斯研究依然抱着为中国特色社会主义建设寻找改革经验与教训的目的,20世纪90年代中早期以探寻苏联解体的原因为主要议题,20世纪90年代中后期至新世纪前期则侧重于对俄罗斯的政治转型、经济转轨进行研究分析与前景预测。

对于这段时期我国俄罗斯研究的状况和性质,学界看法不一。杨成认为,此阶段为新中国俄苏研究的危机时期,中国的俄罗斯研究面临着方法应用和理论总结的双重失范,不仅在国际俄苏研究界逐渐失去了自己在20世纪80年代的研究优势与话语权,也在国内国际关系学界逐渐被边缘化。[2]而冯绍雷则认为,此时期的俄罗斯研究是咨询研究和学术研究同时深化的阶段,关于苏联东欧问题研究领域一批较有分量的学术著作也主要是这一时期的十年间问世的,且较之20世纪80年代思考更为深刻,也更具有理论高度,并为21世纪中国的俄罗斯研究学术水平提升和国际化新阶段打下了良好基础。[3]两位学者均在自己的理论框架下充分论证了所述观点,双方的共识在于:改革开放后,20世纪80年代我国俄罗斯研究经历了高速度、高质量的发展,自20世纪90年代以降处于机遇与挑战并存的阶段,有待更多年轻血液投入学术队伍之中。

还值得一提的是,党的十一届三中全会以来,不仅是俄罗斯国际问题研究领域结出硕果,俄罗斯历史、政治、经济、文学等研究以及俄语人才培养都在"文革"后迎来了自己的春天。针对这些相对独立领域的研究回顾已有若干学者作出贡献。[4]然而,21世纪之前,这些学科领域的俄罗斯研究在各大高校及科研院所都处于相对孤立发展的状态,即便有一定数量的俄语专业人才会在其随后的学术生涯中转向俄罗斯政治、经济、历史、社会文化与中俄关系等领域研究,但整体上各研究队伍之间仍少有交集。尤其是在人才培养方面,由于新中国成立以来我国高校的俄语人才培养模式长期以苏联语文学教育为模板,我国大多数高校的俄语专业都缺乏跨学科研究与教学的意识,也不太具备相应的师资力量以及教学和研究资源。

(四)21世纪以来的新兴交叉学科建构期:俄罗斯学

进入21世纪,随着中国国力的增强和国际地位的提升,我国对于深入了解不同区域和国家的政治、经济、文化等方面的需求日益增长。为服务国家战略和外交大局,特别是全面推进"一带一路"倡议,加强对特定地区和国家的综合研究显得尤为重要。而俄罗斯

---

[1] 参见庞大鹏、高际香、柳丰华等:《中国社会科学院"俄罗斯学"发展历程》,《"俄罗斯学"在中国》,北京:社会科学文献出版社,2017年。
[2] 参见杨成:《中国俄苏研究的范式重构与智识革命——基于学术史回顾和比较研究的展望》,《俄罗斯研究》2011年第1期。
[3] 参见冯绍雷:《二十年中国改革开放与三个"十年"的俄国问题研究——基于前社会主义国家转型比较的一项观察》,《俄罗斯研究》2008年第4期。
[4] 详见张建华:《中国俄国史研究百年检视与思考》,《史学月刊》2020年第1期;刘显忠:《中国的苏联历史研究七十年》,《世界历史评论》2019年第3期;费海汀:《中国40年来的俄罗斯政治研究》,《俄罗斯东欧中亚研究》2019年第1期;刘来会:《改革开放以来中国的俄罗斯经济研究》,《俄罗斯东欧中亚研究》2019年第6期;王永:《基于数据分析的中国俄罗斯文学研究40年》,《外国文学研究》2024年第2期;刘利民:《新中国俄语教育60年》,《中国俄语教学》2009年第4期;等等。

作为世界大国,也是我国的邻国以及"一带一路"沿线重要的合作伙伴,且两国关系在新世纪不断加深,由2001年签署《中华人民共和国和俄罗斯联邦睦邻友好合作条约》至2019年中俄达成新时代全面战略协作伙伴关系,俄罗斯的国别研究重要性不言而喻。

新时期,中国的俄罗斯研究开始关注更为多元、更为复杂的议题,并且其研究热点也会随着国际事件的出现与国际环境的变化而变化。在此背景下,单一学科视角已经无法满足新时期研究深度与广度的需要,我国的俄罗斯研究开始转向更为综合的国别与区域研究。例如,在新时期冷战史研究中,国际问题研究界与冷战史学界就具有相互影响、相互借鉴的"共生关系"[1];学界也开始尝试将俄罗斯研究置于"转型研究"的学科背景下,通过转型问题研究来切入和提升对于俄罗斯整体国家形象的认知;也有学者提出,要通过考察中俄、日俄、俄美、俄欧等在各领域的合作与竞争,以大国关系的视角来切入对于俄罗斯问题的研究。[2]

故而,从该时期俄罗斯研究自身发展的内部需求来讲,一个多学科方式研究俄罗斯和东欧中亚问题的新局面已经出现。国内俄罗斯研究学界已经意识到,只有"打破学科界限,合理利用不同学科的范式、理论与方法,实现跨学科的研究;打破学科内部不同研究方向的界限,做到'既专又通'"[3],才能切实推动我国俄罗斯研究的发展。正是因为俄罗斯学具有作为一门跨学科的国别学研究的"整体性优势",我们才能够"在参与全球对话的过程中更加全面地认识此一对话的重要参与者俄罗斯,从而避免一叶障目、不见森林的危险",并且,作为一门交叉学科的俄罗斯学相对于此前对俄罗斯在单一学科视角下研究的优势在于,"它使我们在进行细致研究的过程中拥有开阔的视野,在全景示意图的指引下曲径探幽"。[4]

其实,中国的俄罗斯研究学界从20世纪末至21世纪初就开始陆续投身建设新兴交叉学科,如中国的俄罗斯学、俄罗斯区域国别学等,力图将中国的俄罗斯学打造成"一门综合性研究俄罗斯国家和民族的学科",构建"关于俄罗斯的总的知识体系和研究方法",其研究范畴不仅包括政治、经济、社会、外交等社会科学门类,也包括语言、文学、艺术、历史、宗教、哲学等人文学科。[5]从目前的发展情况来看,我国的俄罗斯学正沿着国内学界设想的那样,在兼顾政府、民间和学界多方诉求的情况下,已经找准了自己的发展方向,处在正确的发展道路上,正如有学者所言:"在政府直接干预或间接影响之下,它渐渐演变为和有关俄罗斯问题的决策,包括当代问题研究始终紧密关联,并进而生成的一种国别和区域问题研究。这种研究突破了过往对俄苏古典语言文学、历史、思想文化的纯学术性经典俄国问题研究与政策性研究互为分离的格局,进入相互交流与融合并侧重现实问题和国际关系

---

[1] 参见孙超:《中国俄苏国际问题研究的学术演进和智识革新(1978—2018)》,《俄罗斯东欧中亚研究》2019年第2期。
[2] 参见冯绍雷:《三十年中国改革开放与三个"十年"的俄国问题研究——基于前社会主义国家转型比较的一项观察》,《俄罗斯研究》2008年第4期。
[3] 冯玉军:《对推进中国当代俄罗斯问题研究的几点思考》,《俄罗斯学刊》2011年第1期。
[4] 李小桃、谢周:《"俄罗斯学"在中国》,重庆:重庆出版社,2009年,"前言"第2页。
[5] 参见李永全:《"俄罗斯学"在中国》,北京:社会科学文献出版社,2017年,"序言"第2页。

研究的新阶段,日益成为现代学术体系中的专门分支。"①

特别是党的十八大以来,为服务于我国的大国外交战略以及"一带一路"倡议的实施,教育部充分发挥高校的智库作用,大力支持高校发展区域国别研究。②教育部分别于2015年和2017年印发了《国别和区域研究基地培育和建设暂行办法》《国别和区域研究中心建设指引(试行)》,为各高校、科研机构国别和区域研究中心建设提供了工作指导以及实施办法。自文件发布以来,我国高校各个区域和国别研究培育基地、中心开始陆续设立与备案。2012年,教育部在全国布点设立首批国别和区域研究培育基地,2017年又在全国布点建设了300多个国别与区域研究备案中心。截至2019年9月,教育部在全国范围批准建立了国别区域研究培育基地42个,国别区域研究备案中心394个,其中在得到备案的国别和区域研究中心中,针对俄罗斯、东北亚、中亚等俄语相关地区的研究中心达50余个,截至笔者完稿时,中心数量未有明显变化。这些高校中的研究基地和中心可以有效整合校内外区域国别研究的优势资源,集中各个学科的力量开展综合性、跨学科的区域国别研究,从而进一步推动俄罗斯区域国别研究的人才培养以及机构建设。

值得注意的是,进入21世纪我国高校的俄语专业人才培养也在不断发展完善,主要体现为发展规模不断壮大,培养层次和模式日趋多元,俄罗斯学人才培养向着系统化、制度化、规范化方向发展。2012年对于中国俄语人才培养具有里程碑意义,党的十八大的召开以及"一带一路"倡议的提出,都为中国俄语人才培养提供了新的发展机遇以及更加广阔的发展舞台,我国的俄语人才与俄罗斯学人才培养的契合度越来越深。

二、机构建设与人才队伍

中国的俄罗斯研究无论是在机构建设,还是队伍建设,抑或是人才培养上,都历经了漫长的发展演变。从机构建设来看,从零星的俄罗斯研究机构发展到现今研究所、高校研究中心、研究会遍地开花;从研究队伍来看,研究人员数量不断增多,拥有一批高水平人才,且研究队伍呈现年轻化、多元化的趋势;从人才培养来看,俄罗斯研究历经了从专门的语言、翻译人才培养到跨学科、复合型人才培养的历史转变。

(一)初步萌芽(1949年以前):俄罗斯文馆与京师同文馆的翻译人才

中国俄罗斯研究历史悠久,这一时期的"俄国研究"多依靠边疆史官记载、游记记叙、俄国作品传译等方式展开,因而很难将这一时期的俄国研究视为学术活动,但这一时期众多的作品和成果为我们现今的俄罗斯研究提供了丰富的研究材料以及事实佐证。据可靠

---

① 杨成:《中国俄苏研究的范式重构与智识革命——基于学术史回顾和比较研究的展望》,《俄罗斯研究》2011年第1期。
② 参见李晨阳:《关于新时代中国特色国别与区域研究范式的思考》,《世界经济与政治》2019年第10期。

的史料记载,中国的俄国研究机构设置最早可以追溯到清朝康熙四十七年(1708),以俄罗斯文馆为标志,它可以称之为我国历史上第一所俄语学校,距今已有三百多年历史。该机构于1862年并入京师同文馆,现今普遍认为京师同文馆是中国历史上第一所教授外国语的学校。可以看出,这一时期的机构设置多以翻译人才培养为主,其目的也是更好地了解俄国历史、文化,从而更好地维护当局的统治,因此只能被视作我国俄罗斯研究机构和队伍建设的萌芽阶段。

(二)早期积累(1949—1978年):从翻译机构和翻译人才到多学科人才

出于学习苏联的需要,中国的苏联研究与当时的政治外交紧密相连,体现出了"高度政治化"的特点,主要表现为对苏联经验的广泛宣传、对苏联作品的大量译著。所以这一时期急需一批懂俄语、会俄语的翻译人才服务于国家建设、社会发展的需要。在此背景下,我国于1953年成立了中共中央马克思恩格斯列宁斯大林著作编译局(简称中央编译局),该局是由原中共中央俄文编译局和中共中央宣传部斯大林全集翻译室合并而成的中共中央直属的马列主义经典著作编译和理论研究机构,其主要任务是编译马克思、恩格斯、列宁和斯大林著作,翻译老一辈无产阶级革命家的著作和中央重要文献,收集马列主义和国际共产主义运动史的图书文献资料。中央编译局吸纳了众多懂俄语、会俄语的学者,如师哲、陈昌浩、姜椿芳、张仲实、王实味、王学文、艾思奇、何思敬、何锡麟、陈望道、张钟朴、李洙泗、林基洲、周亮勋、顾锦屏等,正是在老一辈翻译家的带领下,中央编译局完成了《马克思恩格斯全集》《列宁全集》《斯大林全集》等翻译出版工作。因此,在这一历史阶段,我国的俄罗斯研究人才培养是以培养优秀的俄语翻译人才为主,涌现出了众多俄语翻译大家。

中苏关系于赫鲁晓夫上台后开始不断恶化,中苏"蜜月期"终结,我国的苏联研究又走向了另一个极端,我国学术界大幅减少了对苏联建设经验的介绍,并一改以往的褒奖论调,进而转向对于苏联模式的严厉批判。在此背景之下,苏联东欧研究所于1964年7月开始筹建,1965年3月正式成立。在这一时期,该研究所致力于研究苏联和东欧国家的政治、经济、社会、历史等方面的问题,特别是对这些国家的政治经济体制改革、剧变以及转轨等情况进行了全面系统的深入研究,研究视角更为开阔,可以说这一时期开始出现了新中国俄苏研究的早期积累。同时该时期也涌现出大批学者,如施平、王正泉、周新城、徐葵等等。他们已经不局限于俄语领域,而是来自各个学科领域。例如,王正泉曾在中国人民大学历史系马列主义基础专业学习,后调入苏联东欧研究所从事教学及研究工作,并长期致力于苏联和俄罗斯问题的教学和研究工作,特别是在苏联和俄罗斯政治领域有较深的造诣,他主编和参与主编的《从列宁到戈尔巴乔夫——苏联政治体制的演变》《苏联的发达社会主义理论》《斯大林与社会主义——世界第一个社会主义模式剖析》等在学界都曾产生较大影响。周新城曾在中国人民大学经济系就读,毕业留校工作。先后在经济系、苏联东欧研究所任教师。周教授长期致力于苏联东欧经济、马克思主义研究,主持多项国家社会科学基金项目,如"俄罗斯和东欧国家的经济改革和经济发展前景""苏联演变的原因和历史教训"等等。徐葵曾就读于北平朝阳学院法律系,后长期从事苏联、俄罗斯、东欧和中亚问题的研究。可以说,这一时期是俄罗斯研究多学科并进的早期积累阶段,但在我国学界并没有形成较为统一的俄罗斯学人才队伍体系。

(三)蓬勃发展(1978—2000年):俄欧亚区域国别研究机构和人才

这一阶段,随着我国改革开放不断推进,我国的苏俄研究也进入了黄金发展期,虽然1991年苏联的解体对于我国的俄苏研究产生了一定的影响,如迫使一些研究机构更改机构名称,修改机构研究范围、研究主体,但总的来说,这并没有阻止我国俄苏研究的蓬勃发展,"俄罗斯东欧中亚"(简称"俄欧亚")逐渐取代苏联及其势力范围,成为涉俄区域国别研究较为统一的对象。这一时期的俄苏研究队伍不断壮大,相关研究机构、研究中心、研究学会数量不断增加。这一时期新成立的研究机构主要有:安徽大学苏联问题研究所(1979年后更名为俄罗斯研究中心)、社科院东欧中亚所(1980年)、现代国际问题研究院苏联研究室(1980年)、新疆社会科学院中亚研究所(1980年)、上海苏联东欧研究所(1981年)、黑龙江大学俄罗斯语言与文学研究中心(1984年)、新疆大学中亚文化研究所(1987年)、[①]吉林大学东北亚研究院(1994年)、兰州大学中亚研究所(1994年)、华东师范大学俄罗斯研究中心(1999年,其前身是上海苏联东欧问题研究所)。这一时期苏俄研究队伍不断壮大,以安徽大学苏联问题研究所为例,该所在冒效鲁、杨醒夫、白嗣宏、乌传衮等老一辈学人的辛勤耕耘下,在俄苏问题研究方面成绩斐然。

与此同时,各类研究学会也开始纷纷成立。其中,全国综合性一级学会有中国苏联东欧学会(1982年成立,现已更名为中国俄罗斯东欧中亚学会);全国性的专门学科学会共6个:中国苏联经济研究会(1978年)、中国中俄关系史学会(1979年)、中国苏联文学研究会(1980年)、中国俄语教学研究会(1981年)、中国苏联东欧史研究会(1985年)、中苏比较文学学会(1980年)等。其中,中国苏联经济研究会、中国中俄关系史学会、中国苏联东欧史研究会这三个学会专门从事俄罗斯学研究,它们从苏俄经济、大国关系出发,为中国俄罗斯学研究提供了宝贵的研究材料。地区性综合研究学会3个,分布于华北、西北、东北地区,分别为:华北地区中俄关系史学会(1978年)、西北地区中俄关系史学会(1979年)、东北地区中俄关系史学会(1982年)。另有一些省市级研究学会,例如吉林省苏联研究学会(1981年)、吉林省中俄关系研究会(1982年)、上海市苏联东欧学会(1986年)等。学会的创办离不开大批学者的参与以及支持,这一时期研究学者数量众多、研究队伍实力雄厚。如陆南泉、杨存堂等大批学者,他们都拥有良好的语言水平以及广阔的国际视野,为这一时期我国的俄苏研究作出重要贡献。

总体来说,这一阶段的俄苏研究队伍壮大、研究范围逐渐拓宽,已经逐渐摆脱了此前

[①] 20世纪90年代以前的机构数据源自杨成:《中国俄苏研究的范式重构与智识革命——基于学术史回顾和比较研究的展望》,《俄罗斯研究》2011年第1期。

在俄苏研究领域"高度政治化"的困境,研究内容涵盖俄苏的政治、经济、社会、文化等多个领域,研究视角也更加客观多元。在众多学者的共同努力下,俄罗斯研究在各个领域都取得了显著的研究成果,并为国家的发展和国际交流作出重要贡献,为后来的学者提供了宝贵的学术资源,有力地推动了我国俄罗斯研究的发展,为"俄罗斯学"作为一门区域国别学的学科建设奠定了坚实的基础。

(四)发展壮大(21世纪初至今):区域国别学架构下的机构和队伍

可以说,21世纪是我国区域国别研究发展壮大的阶段,从事俄罗斯研究的学界人士的"俄罗斯学"学科意识进一步增强,政治学、经济学、文学、历史学等等专业都有大批学者转向俄罗斯学研究,这也为我国的俄罗斯学建设和发展带来了无限的发展潜力。

21世纪起初大约10年内,我国新成立了众多涉俄的研究机构,其中有较强实力和较大影响力的包括:北京大学俄罗斯研究中心(2001年),该中心现任负责人是北京大学国际关系学院关贵海教授,关教授在莫斯科国立国际关系学院攻读博士学位获政治学博士,曾出版《叶利钦执政年代》《普京时代》(译著)、《论俄罗斯对华政策形成的重要阶段》、《论俄罗斯探索对华关系模式》等著作,对于俄罗斯政治、中俄关系等方面进行研究。复旦大学俄罗斯与中亚研究中心(2005年),赵华胜为首任中心主任,主要研究方向为俄罗斯外交和安全、中俄关系、上海合作组织、中国与中亚关系。曾主持教育部课题"上海合作组织研究"和多个外交部课题,以及复旦大学"985工程"哲学社会科学创新基地研究项目"美国的中亚战略与大国关系"。华东师范大学俄罗斯研究中心,该中心在中俄关系、俄罗斯国家转型、俄国政治与外交、大国关系、欧亚地区与国别研究、国外俄苏研究、上海合作组织、"一带一路"、苏联史、俄苏文学史等方面形成了研究特色,取得了有影响力的研究成果。该中心面向国内外公开发行俄罗斯与欧亚研究领域的核心学术期刊《俄罗斯研究》,并入选"中文社会科学引文索引(CSSCI)""中文核心期刊要目总览""中国人文社会科学核心期刊要览",每年还定期发布《上海合作组织发展报告》。该中心现任主任冯绍雷毕业于华东师范大学政教系,主要研究领域为俄罗斯的政治经济,出版著作《制度变迁与对外关系——1992年以来的俄罗斯》《普京外交》等,对于中国俄罗斯学的建设和发展作出宝贵贡献,其所在中心现有贝文力、刘军、余伟民、郑忆石、陈建华、潘兴民等众多研究员。此外,该时期成立的还有对外经贸大学俄罗斯与独联体研究中心(2003年)、中国政法大学俄罗斯法律研究中心(2003年)、上海社会科学院俄罗斯研究中心(2003年)、哈尔滨工业大学中俄经济技术合作研究所(2004年)、西安交通大学亚欧研究所(2006年)、华东师范大学上海合作组织研究院(2009年)、黑龙江大学俄罗斯研究院(2010年)、辽宁大学俄罗斯东欧经济政治研究所(2010年)、广东外语外贸大学俄罗斯研究中心(2010年)等。

在"一带一路"的大背景下,国家大力支持高校发展区域国别研究。随着教育部《国别和区域研究基地培育和建设暂行办法》《国别和区域研究中心建设指引(试行)》等文件的出台,这一时期的高校俄罗斯研究机构如雨后春笋般快速发展,在国内各层次高校建设了300余家教育部备案的俄罗斯研究领域内的区域国别研究基地,如:北京师范大学俄罗斯研究中心(2011年)、上海外国语大学俄罗斯研究中心(2012年)、南京大学俄罗斯研究中心(2013年)、辽宁大学俄罗斯东欧中亚研究中心(2016年)、西南大学俄语国家研究中心(2017年)、东南大学俄罗斯研究中心(2017年)、辽宁师范大学俄罗斯研究中心(2017年)、内蒙古师范大学俄罗斯研究中心(2017年)等等。这些区域国别研究机构各具特色,形成了优势互补。可以说,当前的我国俄罗斯区域国别研究发展潜力巨大,这些高校的区域国别研究机构的建立,有助于整合和优化相关学术资源,形成具有竞争力的研究团队和研究方向。通过集中力量进行深入研究,可以产出更多高质量的学术成果,提升我国在国际区域国别研究领域的地位和影响力。与此同时,这一时期也涌现出了众多高水平的俄罗斯学研究学者,产出了大量的研究成果,研究视角广阔,如李永全、庞大鹏、陆南泉、李英男、张建华、程亦军、戴桂菊、王晓宇、栾景河、刘显忠、杨成等等。正是有了这些来自政治学、历史学、经济学、语言学、文学等不同方向众多学者的共同参与和努力,我国的俄罗斯学建设才能不断拓展,并取得了丰硕成果。

2022年9月,"区域国别学"作为交叉学科门类下的一级学科被正式纳入教育部《研究生教育学科专业目录(2022年)》,成为蓬勃兴起的学科,这对我国俄罗斯研究的人才培养和队伍建设必将产生深远影响。第一,我国高校对于区域国别学的学科定位逐渐清晰,区域国别学作为一级学科的确立,使得俄罗斯研究在学科体系中有了更加清晰的定位。这不仅增强了俄罗斯研究的学科独立性和学术地位,也为相关研究提供了更加坚实的学科基础。第二,研究方向变得更加明确,区域国别学的交叉学科属性决定了其研究内容的广泛性,但同时也要求各研究方向更加明确和聚焦。在俄罗斯研究中,这体现在对俄罗斯政治、经济、历史、文化、外交等领域的深入研究上,有助于形成更加系统、全面的研究成果,随着俄罗斯学研究的不断深入发展,我国的俄罗斯学研究也逐渐形成了学科自觉。第三,在人才培养方面,随着区域国别一级学科的设立,各高校也逐渐开展相关专业课程建设,课程设置更加完善,更加注重跨学科融合和知识体系的完整性。在俄罗斯研究方面,这体现为增设了更多与俄罗斯相关的专业课程,如俄罗斯历史、政治、经济、文化等,以及加强外语教学和跨文化交流能力的培养。同时,各高校为了培养具有国际视野和跨文化交流能力的复合型人才,特地加强了实践教学环节。例如,通过组织赴俄罗斯交流学习、参与国际学术会议等方式,让学生深入了解俄罗斯社会、文化和历史,提高其综合素质和实践能力。第四,从学科队伍建设上来看,区域国别学成为一级学科后,将会吸引更多优秀人才投身到俄罗斯学研究中来,来自政治、经济、历史、法律等各个学科领域的人才,将充分发挥各自专业优势,开展全面、广泛的俄罗斯学研究,为我国的俄罗斯研究注入新的活力,形成良好的学术氛围和合作机制。

三、学术期刊建设

学术期刊是学术成果的重要载体和传播渠道,在学术界有着举足轻重的作用。通过学术期刊,学者可以将自己的研究成果推向更广泛的读者群体,这不仅有助于学术思想的传承和创新,还能推动学科建设的深入发展。我国关于俄苏研究的期刊创办相对较早,并且随着时间的推移也经历了不同阶段的发展变化,为推动我国的俄罗斯研究和俄罗斯学学科建设发挥了不可替代的作用。

在民国时期,随着民国政府与苏联外交关系的建立,出现了介绍、研究苏联问题的第一次高潮。这一时期除了大量的政府记载性文件,还创办了一些有关俄罗斯的学术杂志,如1935年创办的《俄罗斯研究》、1936年创办的《中苏文化杂志》等,以及出版和发表了一系列研究性著作和论文。新中国成立初期,正如前文所述,我国对苏联的研究政治色彩浓厚,体现出很强的实用主义倾向,期刊多以翻译苏联著作为主,仅在1949年至1952年的短短几年时间内,共翻译出版了3000多种苏联出版的著作,发行总量高达1200万册,在全国范围内还创办了多种介绍苏联理论和建设经验的译丛类刊物。[1]可以说,这一时期的重大学术贡献主要反映在对马列主义经典文献的翻译上。其中,1953年至1959年,中央编译局仅用六年时间就完成了《列宁全集》第1版中文版的编译工作,共38卷,总计1500万字(第39卷后续于20世纪60年代初根据苏联当时新出的俄文版编译出版);1953年至1958年,用5年时间编译出版了《斯大林全集》,共13卷,340多万字。[2]此外,随着俄语教育的快速普及和发展,这一时期还有一些俄语教育教学类期刊创立。1951年10月1日,为了响应毛泽东主席提出的"向苏联学习"的号召,中央俄文编译局与北京俄文专修学校联合创办《俄文教学》杂志。毛泽东主席亲题刊名,包括刘少奇、周恩来、朱德和当时任政务院副总理的郭沫若在内的多名党和国家领导人都为该刊创刊号题词,"要求认真负责地培养俄语人才,俄语教育要为中苏交流,为新中国建设事业服务"[3]。在教育部设立全国俄文教学指导委员会后,该杂志便成为该委员会的机关刊物。1954年《俄语教学与研究》创刊,1959年《俄语学习》创刊,同年也创刊了《国际问题研究》,可以说,这一系列期刊的创办为我国俄苏研究奠定了良好的基础,也从一个侧面展示了该时期俄苏研究的良好开端。

但到20世纪60年代末,随着中苏蜜月期的终结以及"文化大革命"的开始,外语教育发展受到了严重打击,这一时期的外语事业发展基本处于停滞阶段,一些早期创办的期刊也处于停办阶段,如《俄语学习》在"文革"期间一度停刊。这一状况一直到党的十一届三中全会之后才得以改善,"刚刚从'文革'内乱中脱身的中国俄苏研究界,在国家发展的关

---

[1] 参见刘克明:《建国以来的苏联东欧研究》,《苏联东欧问题》1984年第6期。
[2] 参见王学东:《新中国建立70年来马列经典著作编译事业成就》,《理论视野》2020年第1期。
[3] 刘利民:《新中国俄语教育60年》,《中国俄语教学》2009年第4期。

键时刻,以饱满的热情投入到俄苏问题的研究中去"①。

改革开放后,众多的俄苏问题研究杂志(包括公开发行的和当时的内部刊物)开始创办,据统计,这一时期普遍发行的杂志共25份,其中共有20多家学术期刊的名称中包含"苏联"、"俄国"、"俄苏"、"远东"或"西伯利亚"等。② 如《西伯利亚与远东》(1974年,黑龙江省社科院西伯利亚研究)、《苏联与东欧》(1980年,中国人民大学苏联东欧研究所)、《苏联问题参考资料》(1980年,上海外国语学院苏联问题研究室)、《苏联东欧问题》(1981年,中国社科院苏联东欧研究所)、《今日苏联东欧》(1981年,上海社科院和华东师范大学苏联东欧研究所)、《苏联中亚研究资料》(1981年,新疆维吾尔自治区社科院中亚研究所)、《苏联问题研究资料》(1981年,安徽大学苏联问题研究所)、《中俄关系问题》(1981年,华北地区中俄关系史研究会)、《苏联历史问题》(1982年,陕西师范大学历史系苏联史教研室)、《苏联历史》(1983年,兰州大学历史系苏联史研究室)、《苏联哲学》(1984年,华东师范大学哲学系)、《苏联心理学》(1984年,中国心理学学会基本理论专业委员会苏联心理学研究组)、《苏联经济》(1985—1986年,中国苏联经济研究会)、《苏联社会科学研究》(1985年,吉林大学苏联研究所)、《远东经贸导报》(1988年,黑龙江大学,哈尔滨市对外经济贸易委员会)等等。

从上述情况可以看出,这一时期的俄苏研究期刊数量众多,且研究内容多元,涵盖了苏联文学、政治、经济、历史,还涉及中国的俄语教育以及中苏关系等等。可以说这一时期的研究视角更加理性客观,逐渐摆脱了高度政治化的研究倾向;从研究机构分布来看,这一时期的研究机构主要集中在北京、上海、东北(黑龙江、吉林)、西北(兰州、新疆、陕西),这也与当时的现实情况紧密相连:北京、上海作为我国的经济文化重镇,承担了更多的学术研究以及学术推广的职责;而东北与西北地区则更多地受到了区位因素的影响,因为与俄罗斯比邻,其拥有天然的研究便利以及研究优势,因而这两个地区的俄罗斯研究在全国范围内也处于领先地位。由此可见,这一时期的俄苏研究在期刊建设方面处于繁荣发展期。

但随着国际形势的发展变化以及我国学术生态的演进,上述涉俄期刊蓬勃发展的景象没有持续太久。进入20世纪90年代后,随着我国多边外交的深化发展,我国的对外关系重点也发生了转变,这一历史现实也使我国的俄苏研究迅速萎缩,至20世纪90年代末,有关俄苏研究的期刊只剩下了7种:《俄罗斯中亚东欧研究》(中国社科院俄罗斯中亚东欧研究所)、《俄罗斯研究》(华东师范大学俄罗斯研究中心)、《西伯利亚研究》(黑龙江省社科院俄罗斯研究所)、《俄罗斯文艺》(北京师范大学)、《中国俄语教学》(北京外国语大学)、《俄罗斯学刊》(黑龙江大学)、《俄罗斯中亚东欧市场》(中国社科院俄罗斯中亚东欧研究所)。此外,值得注意的是,这一时期的期刊举办阵地也发生了萎缩,仅有北京、上海、黑龙

---

① 杨成:《中国俄苏研究的范式重构与智识革命——基于学术史回顾和比较研究的展望》,《俄罗斯研究》2011年第1期。
② 参见杨成:《中国俄苏研究的范式重构与智识革命——基于学术史回顾和比较研究的展望》,《俄罗斯研究》2011年第1期。

江三地高校和研究机构还办有俄罗斯研究领域的学术期刊。

进入21世纪以来,关于俄罗斯研究的期刊处于一个平稳发展的局面,截至笔者完稿时,俄罗斯研究期刊11个,其中自20世纪沿用期刊5个,分别为《西伯利亚研究》《俄罗斯研究》《俄罗斯东欧中亚研究》《俄罗斯文艺》《中国俄语教学》,其中《俄罗斯研究》《俄罗斯文艺》《中国俄语教学》入选为CSSCI扩展版,《俄罗斯东欧中亚研究》为CSSCI扩展版和AMI核心收录期刊。

21世纪广泛发表俄罗斯相关内容的期刊

期刊	创办年	所属机构	出版周期	现任主编
《西伯利亚研究》	1974	黑龙江省社会科学院	双月刊	刘爽
《俄罗斯研究》	1981	华东师范大学	双月刊	冯绍雷
《俄罗斯东欧中亚研究》	1981	中国社会科学院俄罗斯东欧中亚研究所	双月刊	孙壮志
《俄罗斯文艺》	1980	北京师范大学	季刊	刘娟
《中国俄语教学》	1981	北京外国语大学	季刊	张国有
《俄罗斯学刊》	2011	黑龙江大学	双月刊	靳会新
《俄罗斯语言文学与文化研究》(原名"俄语语言文学研究")	2011(2008)	黑龙江大学	年刊	叶其松
《欧亚人文研究》	2019	北京外国语大学	季刊	蔡晖
《俄语国家评论》	2019	西南大学	季刊	谢周
《中国斯拉夫研究》	2021	北京外国语大学	半年刊	戴桂菊
《东北亚学刊》	2012	天津社会科学院东北亚研究所	双月刊	刘哲

此外,中俄合作办刊近年来也开始逐渐推进实施。例如,由中国西南大学与俄罗斯雅罗斯拉夫尔国立师范大学于2017年合作创办的《俄语国家评论》(*Мир русскоговорящих стран*),是国内首个中俄合办学术期刊。该刊自创办以来,学术影响力持续提升,2023年起已被正式纳入俄罗斯联邦科学和高等教育部最高鉴定委员会期刊目录(ВАК)。随着"一带一路"文明互鉴的深入推进和中俄人文交流、学术合作的进一步开展,今后中俄合办学术期刊也许会成为我国俄罗斯学学科发展的一个新契机和学术增长点。

四、研究成果

长期以来,中国俄罗斯研究界取得了大量高水平的研究成果,其数量和质量均反映了中国学界对于俄罗斯研究的深入程度,研究成果涉及的重点领域也体现了不同时期学界对于俄罗斯研究的不同关注重点。在我国,随着我国学者及研究机构对于俄罗斯研究的不断深入,相关研究成果呈现数量不断增多、研究内容不断深化、研究范围不断扩大的趋势,有关俄罗斯研究的成果产出与不同时期中俄两国关系、两国社会背景、我国国内学术大环境以及科研机构和科研人员的发展密切相关。

(一)新中国成立以前:从记载到研究的过渡

1.明清时期:初步记载的文献资料

从明清时期开始,俄沙皇政府不断将国土外扩至我国边境,我国与沙皇俄国开始频繁接触。当时两国的接触主要包括边境的军事与外交冲突和政府间、民间的经济贸易往来,这一时期产生了许多有关俄罗斯的文献记载,为后期的深入研究提供了最基础的研究资料。

清朝时期,在军事和外交冲突过程中产生的纸质记载主要为满清政府与沙俄政府签订的一系列条约,如《尼布楚条约》(1689年)、《伊犁、塔尔巴哈台通商章程》(1851年)、《瑷珲条约》(1858年)、《天津条约》(1858年)、《北京条约》(1860年)、《勘分西北界约记》(1864年)、《伊犁条约》(1881年)、《御敌互相援助条约》(即《中俄密约》,1896年)、《旅大租地条约》(1898年)、《续订旅大租地条约》(1898年)、《辛丑条约》(1901年)、《交收东三省条约》(1902年)等,这些条约记载了当时清政府与沙皇俄国在边界划定、贸易通商、军事合作、领事裁判权、文化交流(传教活动)等方面的互动往来,是中俄关系发展的初始记载资料。

部分条约的签订一定程度上促进了两国经济贸易的发展,越来越频繁的经济贸易往来带动了两国之间的人员往来。在此情况下,中国政府和中国社会了解俄国社会和历史的需求愈加迫切,随之出现了一些以游记、日记、札记等形式谈及俄国的著述。如《奉使俄罗斯行程录》(又名《漠北日记》或《奉使俄罗斯日记》,张鹏翮著)、《出塞纪略》(钱良泽著)、《朔方备乘》(何秋涛著)、《俄罗斯佐领考》、《俄罗斯事辑》、《俄罗斯长编稿跋》、《罗刹》《书〈西域见闻录〉后》(俞正燮著)、《异域录》(图理琛著)、《龙沙纪略》(方式济著)、《绥服纪略》(松筠著)、《俄罗斯盟聘记》(魏源著)、《俄罗斯大彼得改制考》(梁启超著)、《彼得变政记》(康有为著)、《乘槎笔记》(斌椿著)等。[①] 以上著作结合作者的亲身经历,主要论述俄国的风土人情、奇风异俗和社会状况,例如斌椿在《乘槎笔记》中,详细描写了彼得堡的城市风光和人文特色;康有为在呈给光绪帝的《彼得变政记》中记载了彼得大帝的改革。尽管这些纸质性记载是基于对俄的描述展开,还算不上系统的研究,但已初步满足了中国社会了解俄国的需求。

除著作外,清代已经出现有关俄罗斯的期刊文章,多发表在《北洋官报》、《外交报》、《万国公报》、《益闻录》、《大陆》(上海,1902)、《东方杂志》、《鹭江报》、《大同报》(上海)等报刊上,如《近日杂报:波里曼船载俄兵被获事》(1856)、《海外见闻杂志:普俄均修战具(香港新报录)》(1872)、《各国近事:机洼服于俄》(1873)、《大俄国事:俄大公完婚》(1874)、《人俄国事:俄京五月解冰》(1875)、《俄土大仗、英奥劝和》(1878)、《各国近事:大俄:火患甚多》(1879)、《俄疆荒灾》(1880)、《俄后薨逝》(1880)等。可以发现,这一阶段的报纸文章多聚

[①] 文献来源于张建华:《中国俄国史研究百年检视与思考》,《史学月刊》2020年第1期。

焦于时事,主要记载俄国与中国、土耳其、英国、德国等一些国家的外交事宜、军事冲突以及向中国社会传达俄国发生的重大社会事件,这些报刊的文章与其说是对俄罗斯研究的成果,不如说是当时中国了解俄国社会的一种信息来源。

2. 民国时期:对俄苏学术性研究的萌芽

到1912年,清朝灭亡,中华民国成立,这一时期直至新中国成立,中国社会风雨飘摇,面临着复杂的政治、社会和文化变迁。这一阶段中国学界更加关注中外关系以及其他国家的发展经验,对于俄罗斯的研究也就更加深入,并且逐渐形成体系,相关著作和文章无论是质量还是数量都有所提高。

这一时期有关俄罗斯的记述有《筹办中俄交涉事宜公署意见书》(外交部中俄会议办事处编,1912年)、《驻俄使馆报告》(外交部编,1912年)、《俄国外交秘密公牍》(陈嘉驹等译,1912年)等,这些多为记载性文件,记载的主要内容是中俄外交事宜,体现了中俄关系的进一步发展。

除了政府记载性文件,这一时期还创办了一些有关俄罗斯的学术杂志,如《俄罗斯研究》《苏联文艺》《中苏文化杂志》等,中国对俄罗斯的学术研究逐渐发展。

当时国内学者的学术研究成果有:①研究俄罗斯的政治、经济和社会发展状况的成果,如《俄罗斯领土扩张之回顾》[《清华大学学报》(自然科学版),1915年]、《俄罗斯革命记》[《清华大学学报》(自然科学版),1917年]、《俄罗斯社会思想底源泉和派别并各家说略》(《评论之评论》,1920年)、《俄罗斯的政治改造》(《东方杂志》,1925年)、《苏俄经济政策》(顾树森编,1927年)、《苏俄政治组织和共产党》(陈彬龢编,1927年)、《俄罗斯的社会学之社会政治的背景》(《中法教育家》,1928年)等;②关注俄罗斯与其他国家外交关系的研究成果,如《英俄绝交问题》(中国国民党中央宣传部驻沪办事处编,1927年)、《苏日间会爆发战争么》(钱万镒,1939年)、《从历史上看苏美对华政策》(东北书店编,1948年);③介绍、分析俄罗斯的文化、教育状况的研究成果,如《调查:俄罗斯教育之概况》(《教育杂志》,1914年)、《苏俄新教育》(顾树森编,1927年)、《苏俄新教育概观》(史美煊,1933年)、《新俄罗斯的音乐》(《音乐教育》,1935年)、《苏联的新闻事业》(《中苏文化杂志》,1938年)等。由此可以看出,这些著作和论文已经开始有目的地研究当时俄罗斯的社会发展以及俄与世界其他国家的关系。

其中,周鲠生的《俄罗斯的政治改造》简述了俄罗斯20世纪初的革命历程,称"俄罗斯革命是近世政治史上一个最重大的事变,这个事变不但根本地改换了俄罗斯政治社会组织的面目,变动了世界的政局,并且在国民政治的解放和改造事业上,供给了世界一个新的模型[①]。戈宝权在《苏联的新闻事业》中表示,苏联的新闻事业,是建立在一个新的社会制度基础之上,无论在新闻企业的形态和目的上,还是在报纸的内容和编制上,都和资本主义国家的新闻事业截然不同,然后详细分析了苏联新闻事业的特色、发展情形、现状和

---

① 周鲠生:《俄罗斯的政治改造》,《东方杂志》1925年第5期。

新闻机构的情况等。①

除了国内学者自己的著作,当时许多国外研究成果也被翻译介绍到中国,如《苏俄的对欧政策》(和田祯纯著,张希为译,1938年)、《苏联外交政策:苏联革命二十八周年纪念演辞》(莫洛托夫著,1946年)、《战后苏联印象记》(詹森著,宾符译,1948年)等,这些著作使中国学者了解了其他国家是怎样看待和研究俄国的,也为中国的俄罗斯研究提供了一定借鉴。

(二)新中国成立至改革开放:从学习到批判的转折

1. 中苏"蜜月期":成果庞杂,质量参差

在新中国成立后的中苏蜜月期,中国学界对俄罗斯的研究主要围绕"介绍苏联这一国家,学习苏联的社会发展经验"两大主题展开,研究成果涵盖的范围十分广泛,著作、论文等不仅介绍了苏联的历史、经济状况、社会改革,还研究了苏联的科学、教育、建筑、化学、艺术等方面。

在新中国成立初期的一段时间内,我国掀起了学习苏联先进经验的热潮,在中苏友好和全面向苏联学习的大形势下,大量的苏联著作被翻译成中文,如:《俄罗斯演员论舞台艺术》(扎高尔斯基编,梁香译,1949年)、《伟大十月社会主义革命时期的国际形势:一九一七——一九一八年间苏俄对外政策》(中国人民大学国际关系与中国对外政策史教研室译,1953年)、《国际关系与苏联对外政策(1939—1945)》(伊瓦辛、杜宾斯基著,苏苪等译,1955年)、《苏联为两种所有制在国际关系中的平等而斗争》(彼列契尔斯基著,刘丁译,1957年)、《苏联对外政策的列宁主义原则》(艾拉佩江、卡巴诺夫著,国际关系学院编译组译,1958年)、《苏联外交简史》(伊瓦辛著,国际问题译丛编辑部译,1960年)等。

仅在1949—1952年短短几年间,我国共翻译出版了3000多种苏联的著作,中译本发行共达1200多万册。仅列宁、斯大林的著作就有270余万册。在全国范围内还创办了多种介绍苏联理论和建设经验的刊物,例如包含经济、哲学、历史、国际问题以及文艺等方面的《译丛》。②这些著作涵盖面广,既有文学作品,也有经济、社会、文化、军事、管理领域的书籍。

除了译著,我国学者也出版发表了一系列研究成果,由于新中国成立初期我国正处于国家重建和工业化的关键时期,对科学技术有着迫切的需求,而苏联则在重工业和科学技术方面取得了显著成就,其经验可以为中国的工业化进程提供重要的支持,因此这一时期国内学者的大部分著作和论文与自然科学领域和教育领域密切相关:《苏联实验物理学的一角》(《科学通报》,1951年)、《苏联土壤力学中的土壤分类方法》(《土壤学报》,1952年)、《恢复俄罗斯苏维埃联邦社会主义共和国城市的创作总结》(《建筑学报》,1954年)、《俄罗斯的天才科学家门德列也夫的生平和工作——纪念他的诞辰120周年》(《化学通报》,

---

① 戈宝权:《苏联的新闻事业》,《中苏文化杂志》1938年苏联十月革命二十一周年纪念特刊,第110—112页。
② 参见刘克明:《建国以来的苏联东欧研究》,《苏联东欧问题》1984年第6期。

1954年)、《苏联科学院新院士介绍》(《科学通报》,1954年)。其他领域的研究成果有:《苏联高等教育情况介绍》(《人民教育》,1951年)、《中苏外交史》(世界知识出版社,1951年)、《伟大的俄罗斯艺术家依·叶·列宾》(刘亚兰、刘迅编译,1954年)、《中苏人民友谊简史》(中国青年出版社,1955年)、《漫谈俄罗斯语言》(唐清里编译,1956年)、《俄罗斯中央集权国家的形成》(《历史教学》,1963年)等。

其中,程今吾在《苏联高等教育情况介绍》中详细介绍了当时苏联高等教育的发展和现状、苏联高等学校的行政领导和教育实施、高等学校的科学研究工作和研究生的培养以及苏联高等教育的行政机构和领导方法,为中国的高等教育发展提供了一定经验。[①]

总结归纳可以看出,新中国成立初期,中国的俄苏研究成果虽然聚焦于"苏联",但具体研究内容细化且分散——主要著作为苏联出版物的译著;数量庞大的期刊论文由教育、音乐、美术、建筑、化学、历史等社会各领域的学者撰写。分析出现这一现象的原因是,新中国成立初期实施的向苏联学习的政策已深入人心,在政府的号召下社会各界掀起学习苏联的热潮,导致对当时的苏联进行研究的人员不再局限于俄苏研究的专业学者,更扩散到了社会的各个学科领域,最终呈现出研究成果数量庞大,但质量参差不齐的局面。

2. 中苏关系转折:批判为主,政治挂帅

中苏对抗时期的对苏研究主要服务于国家的政治需要,研究成果有批判苏联社会帝国主义和"修正主义"的:《新沙皇的丑恶面目:揭露苏联社会帝国主义对外侵略扩张的反动本质》(人民出版社,1974年)、柯雄的《苏联国内资本主义复辟纪事(1953—1973)》(生活·读书·新知三联书店,1975年)、《社会帝国主义国家苏联》(商务印书馆,1975年)、《苏修社会帝国主义的反动本质》(商务印书馆,1975年)、《苏修超级大国的帽子是摘不掉的》(北京人民出版社,1975年)。有研究、整理俄罗斯对中国侵略历史的:《沙俄侵华史》(上海人民出版社,1975年)、《沙俄侵华史简编》(吉林人民出版社,1976年)、《沙皇俄国侵略扩张简史》(北京人民出版社,1976年)、《沙俄侵华史》(人民出版社,1976年),《苏修的谎言和历史的真相》(论文集,人民出版社,1977年)、《血与火的历史:沙俄霸占我国江东六十四屯的暴行》(中华书局,1977年)、施达青的《从〈瑷珲条约〉到〈北京条约〉:沙俄侵占我国东北领土一百多万平方公里的罪证》(中华书局,1977年)等。这些著作都带有非常明显的时效性和非常强烈的政治色彩。

其中《苏联国内资本主义复辟纪事(1953—1973)》围绕苏修在国内复辟资本主义的这个中心问题着重反映苏修叛徒集团在政治、经济、军事、文化等方面的路线、方针、政策以及其发展和演变的过程。[②] 中国社会科学院近代史研究所所编《沙俄侵华史》(人民出版社,1976年)详细地叙述了沙俄对中国的军事、政治和经济侵略。[③]

这一阶段的论文也主要围绕对苏联"修正主义"的批判这一论题展开,如:《加托夫斯

---

① 详见程今吾:《苏联高等教育情况介绍》,《人民教育》1951年第2期。
② 详见柯雄:《苏联国内资本主义复辟纪事(1953—1973)》,上海:上海三联书店,1975年。
③ 详见中国社会科学院近代史研究所:《沙俄侵华史》,北京:人民出版社,1976年。

基大肆诬蔑我国经济政策,为苏修资本主义复辟政策诡辩》(《经济学动态》,1964年)、《戳穿苏修"发达的社会主义"的反动实质》[《北京师范大学学报》(社会科学版),1973年]、《苏修对东南亚的政治讹诈》(《南洋问题研究》,1974年)、《批判苏联现代修正主义"睦邻",还是侵略?——驳苏修〈中国近代史〉关于中俄关系的谬论》[《北京师大学报》(社会科学版),1974年]、《苏修教育是资产阶级专政的工具》(《人民教育》,1975年)、《中俄〈瑷珲条约〉与苏修霸权逻辑》(《历史研究》,1976年)、《苏修是口头上的社会主义实际上的帝国主义》(《北京师范大学学报》(社会科学版),1976年)、《修正主义使苏联农村经济濒于破产》(《理论与实践》,1975年)、《把外国文学工作中反对苏联修正主义的斗争进行到底》(《世界文学》,1977年)、《发展少数民族语言的列宁主义原则——驳斥苏修对我党民族语文政策的攻击》[《新疆大学学报》(哲学社会科学版),1978年]等。

《批判苏联现代修正主义"睦邻",还是侵略?——驳苏修〈中国近代史〉关于中俄关系的谬论》一文批判了苏修叛徒集团上台后推行的社会帝国主义的对内对外政策及其反华反共反革命,认为他们推行的反华书籍在中俄关系问题上肆无忌惮地歪曲、篡改历史,为老沙皇侵略中国、争夺世界霸权翻案,为新沙皇继承老沙皇的侵略扩张政策编造历史根据。[①]《苏修教育是资产阶级专政的工具》则批判了苏联当时的教育体系,认为其不再是无产阶级教育的体现,而是变成了资产阶级专政的工具,反映了苏联修正主义在教育领域的具体表现。[②]这些论文都以意识形态立场为出发点,强调政治挂帅,从不同角度对苏联修正主义进行批判,并试图揭示20世纪六七十年代苏联政策和行为背后的真实原因,强调坚持社会主义原则的重要性。

(三)改革开放至20世纪末:成果大量涌现,以转型问题为主

随着改革开放以来对外交流的增加,国内学者接触到了更多国际资料和档案文献,自20世纪90年代中期起,学者沈志华、牛军、杨奎松、李丹慧、崔海智等人着手搜集、翻译、整理大批解密俄文档案,使中国学者得以打破语言、经费的限制,使用一手资料进行研究,相关主要成果有:沈志华的《苏联历史档案选编》《朝鲜战争:俄国档案馆的解密文件》《俄罗斯解密档案选编:中苏关系(1945—1991)》,沈志华、杨奎松的《美国对华情报解密档案(1948—1976)》等。

就著作来看,刘克明、孙成木、李显荣、陆南泉、李明滨、陈之骅、王正泉、张建华、陈建华、黄定天、冯绍雷、李慎明、李永全等是这一时期中国俄罗斯研究的主力军。这一阶段的研究成果与苏联密切相关,但研究领域主要集中在政治体制、经济体制、社会主义、社会变革、苏联兴亡等方面,代表著作有:刘克明等合著的《苏联政治经济体制七十年》(1990)、《从列宁到戈尔巴乔夫:苏联社会主义理论的演变》(1992),陈之骅的《苏联史纲(1917—

---

① 参见范勤:《批判苏联现代修正主义"睦邻",还是侵略?——驳苏修〈中国近代史〉关于中俄关系的谬论》,《北京师大学报》(社会科学版)1974年第1期。
② 详见北京师范大学外国问题研究所:《苏修教育是资产阶级专政的工具》,《人民教育》1975年第5期。

1937)》（上、下册）（主编,1991）、《苏联历史词典》（主编,1991）、《苏联史纲(1953—1964)》（主编,1996）、《勃列日涅夫时期的苏联》（主编,1998）、《苏联演变的历史思考》（共同主编,1994）、《苏联兴亡史纲》（共同主编,2004），陆南泉的《国外对苏联问题的评论简介》（合编,1981）、《战后苏联经济》（共同主编,1985）、《苏联东欧社会主义国家经济体制改革比较分析》（合著,1987）、《苏联经济建设和经济体制改革理论的发展》（共同编著,1988）、《从企业入手——戈尔巴乔夫的经济体制改革》(1989)、《经济转轨的进程与难题》（合著,1996）、《新俄罗斯:政治、经济、外交》（共同主编,1997）、《中俄经贸关系》（共同主编,1999）《苏联剧变深层次原因研究》（共同主编,1999），冯绍雷的《一个欧亚大国的沉浮》(1993)、《国际关系新论》（合著,1993）、《制度变迁与对外关系——1992年以来的俄罗斯》(1997)等。

其中，《苏联政治经济体制七十年》将苏联70年的社会主义道路划分为5个阶段，即苏联政治经济体制的创建阶段、形成阶段、探索革新阶段、改革徘徊和停滞阶段以及全面改革的新阶段，分阶段阐述了苏联70年政治经济体制的发展过程，详细分析了列宁、斯大林、赫鲁晓夫等苏联领导人执政时期苏联政治经济发展的现状。[1]《苏联演变的历史思考》从苏联演变的主要过程、经济根源、政治体制改革的错误导向等7个方面，探讨了苏联演变的原因。[2]《苏联剧变深层次原因研究》共分三篇，分别分析苏联剧变的历史原因、现实原因和经验教训。作者从各个角度分析苏联发展的历史进程，特别是政治体制、经济体制、农业发展道路与农民问题，说明这些问题同苏联剧变的关系。现实原因则既包括经济发展的战略与策略，"左"的理论根源，也包括苏联的民族政策和实践，苏共的思想路线和党群关系，甚至论及俄罗斯的民族特性。[3]

这一时期有关苏联社会转型和变革的论文有《十月革命后苏联的东正教》（《苏联问题参考资料》,1981年）、《转型时期的俄罗斯:中期危机与反危机对策选择》（《东欧中亚研究》,1992年）、《俄罗斯政党政治的发展过程》（《今日东欧中亚》,1997年）等，这些文章充分体现了苏联解体前后俄罗斯国家的不同发展状况；另外在苏联解体、社会动荡的大背景下，民族问题也是研究重点之一，民族分离主义和民族独立意识是加速苏联解体的动因，与此相关的论文有《论列宁关于社会主义制度下的民族自决权原则》（《民族研究》,1980年）、《苏联中亚民族问题与戈尔巴乔夫的对策》（《和平与发展》,1987年）、《列宁晚年解决苏联民族问题的两个原则》[《西北大学学报》（哲学社会科学版）,1989年]、《当前苏联民族问题探讨》（《苏联东欧问题》,1990年）等；其余论文有《浅析苏联霸权主义的根源》（《苏联东欧问题》,1983年）、《列宁在苏维埃国家结构问题上的思想转变》（《社会主义研究》,1988年）、《国际关系的转型与转型中的国际关系研究》[《华东师范大学学报》（哲学社会科学版）,1995年]、《关于俄罗斯发展前景的几种预测》（《国际观察》,1997年）等。

邢广程在《转型时期的俄罗斯:中期危机与反危机对策选择》中分析了苏联解体后,以

---

[1] 详见刘克明、金辉：《苏联政治经济体制七十年》，北京：中国社会科学出版社,1990年。
[2] 详见江流、陈之骅：《苏联演变的历史思考》，北京：中国社会科学出版社,1994年。
[3] 参见罗肇鸿：《江山沉浮，群儒指点——评〈苏联剧变深层次原因研究〉》，《世界经济与政治》1999年12期。

独立面貌重返国际舞台的俄罗斯所面临的危机,认为叶利钦实行的"休克疗法"是孤注一掷的反危机经济对策选择,并指出,俄罗斯联邦是否重新生成凝聚力关键在于能否处理好三个重要问题:①从政治权力上看,如何划分中央和地方的权力;②从民族关系上看,如何处理俄罗斯与非俄罗斯族的关系问题;③从经济利益上看,俄联邦中央同地方的关系必须建立在互惠互利基础上。[①] 冯绍雷在《国际关系的转型与转型中的国际关系研究》中提出:"自冷战结束以后,可以认为国际格局的转型实际上已进入了一个新的阶段:对于市场经济,对于政治民主化,对于各国的相互依存状态的浪漫主义观点与过于渲染迷恋的时代已经过去。冷战后的国际格局转型实际上已进入了一个国与国、地区与地区之间竞争加剧,并且这种竞争以各自传统文明为背景,带有旧格局中的地缘政治痕迹,而且是伴体制变迁所带来的外部张力的崭新阶段。"[②]

从以上梳理可见,1991年苏联解体前后,中国的俄罗斯研究成果呈现井喷之势,研究的重点则以俄罗斯的政治经济转型为主,以及与之相关的社会问题、民族问题、宗教问题等,并对苏联的解体原因、新生俄罗斯社会的发展趋势,以及苏联解体带来的国际影响等进行阐发。

(四)21世纪以来:研究议题多元化、研究范式综合化

21世纪初以来,中国的俄罗斯研究一直处于更深入发展阶段。这得益于从事俄罗斯研究的研究人员数量持续增多,各种研究机构纷纷成立,发表研究成果的期刊、数据库平台也急剧增加。除此之外,中国俄罗斯研究的研究领域也从传统的政治、经济、历史逐步扩展到社会、国际关系等各方面,学者们的研究视角呈多元化发展趋势。在这一大背景下,中国的俄罗斯研究状况空前繁荣,取得了许多优秀成果。

这一时期的研究队伍新老结合,除陆南泉、冯绍雷、李慎明、李永全等较早一批俄罗斯研究专家继续活跃之外,又涌现出了程亦军、林跃勤、李静杰、左凤荣、戴桂菊、冯玉军、戚文海、庞大鹏、吴大辉、杨成等学者,他们以老一辈学人为师,受过系统的学术训练,在前人的基础上对新时代的俄罗斯进行了更深入的研究。新时期中国俄罗斯研究的领域更为广泛,涵盖了经济转型、国家安全、国家战略、国际关系、能源、地缘政治等多个方面,代表著作有:陆南泉的《俄罗斯西伯利亚与远东——国际政治经济关系的发展》(2002)、《苏联经济体制改革史论:从列宁到普京》(2007)、《俄罗斯东部及能源开发与中国的互动合作》(2009)、《中俄经贸关系现状与前景》(2011);冯绍雷的《普京外交》(2004)、《20世纪的俄罗斯》(2007);李慎明的《居安思危——苏共亡党二十年的思考》(2011);李永全的《俄国政党史(权力金字塔的形成与坍塌)》(2017)、《俄罗斯发展报告》(黄皮书)(2012—2017)、《"俄罗斯学"在中国》(系列文集);许志新的《重新崛起之路——俄罗斯发展的机遇与挑战》(2005年);程亦军的《俄罗斯人口安全与社会发展》(2007);冯玉军的《俄罗斯外交决

[①] 详见邢广程:《转型时期的俄罗斯:中期危机与反危机对策选择》,《东欧中亚研究》1992年第5期。
[②] 冯绍雷:《国际关系的转型与转型中的国际关系研究》,《华东师范大学学报》(哲学社会科学版)1995年第6期。

策机制》(2002)、《俄罗斯国家安全决策机制》(2007)、《俄罗斯发展前景与中俄关系走向》(2015)、《欧亚新秩序》(2018);左凤荣的《致命的错误——苏联对外战略的演变与影响》(2001)、《读懂斯大林》(2001);戚文海的《转型时期的俄罗斯科技战略》(2002)、《中俄能源合作战略与对策》(2006)、《东北亚经贸合作全方位研究》(2006)、《中俄科技合作战略与对策》(2008);庞大鹏的《从叶利钦到普京:俄罗斯宪政之路》(2005)、《普京八年:俄罗斯复兴之路(2000—2008)·政治卷》(2008)、《观念与制度:苏联解体后的俄罗斯国家治理(1991—2010)》(2010)等。

这一时期发表的期刊论文则主要围绕中俄关系、地缘政治、俄罗斯的发展战略、能源问题和地区冲突几个论题展开。

中国的俄罗斯研究,首先是站在中国角度研究俄罗斯,并且为中国发展所服务,因此中俄关系必然深刻影响中国的对俄研究。中俄两国是邻国,拥有共同的边界,地缘上的相近使得两国关系的发展对双方的国家安全和国家发展都具有重要意义,这使得对于"中俄关系"的研究具有现实意义。《中俄战略协作伙伴关系及其美国因素》(《东欧中亚研究》,2000年)、《影响中俄贸易主要因素的实证分析》(《俄罗斯中亚东欧研究》,2008年)、《中国与俄罗斯对外贸易与双边贸易发展比较分析》(《东北亚论坛》,2008年)、《中俄贸易互补性实证分析》(《东北亚论坛》,2010年)、《开启中俄经贸合作新时代——中俄(苏)经贸合作七十年回顾与展望》(《俄罗斯东欧中亚研究》,2019年)、《中俄经济关系:现状、特点及平衡发展》(《亚太安全与海洋研究》,2021年)等学术论文均以中俄建立战略协作伙伴关系为背景,重点研究中俄的经贸合作问题。

聚焦于俄罗斯和世界其他国家、地区的关系及地缘政治关系,研究俄罗斯如何在多变的国际环境中寻求与其他国家的合作和维护自身国家利益也是21世纪以来中国俄罗斯学的研究新热点,相关论文有:《俄罗斯的地缘政治观管窥》(《国际政治研究》,2002年)、《俄罗斯与中亚国家关系的新发展》(《国际问题研究》,2006年)、《俄罗斯对上海合作组织的政策演变》(《俄罗斯中亚东欧研究》,2007年)、《俄罗斯与独联体国家关系:新趋势与新战略》(《俄罗斯中亚东欧研究》,2009年)、《俄"欧亚联盟"战略及其对中俄关系的影响》(《现代国际关系》,2012年)、《试析俄罗斯亚太新战略》(《现代国际关系》,2013年)、《叙利亚危机、新地区战争与俄罗斯的中东战略》(《外交评论(外交学院学报)》,2016年)、《去美元化:俄罗斯在俄美金融战中的反击》(《俄罗斯东欧中亚研究》,2021年)等。

俄罗斯的北极战略涉及能源开发、航道利用、军事部署、环境保护等多个方面,旨在加强其在北极地区的地缘政治和经济影响力,同时寻求与其他国家在北极地区的可持续发展合作,以及将北极航道与"一带一路"相连接的合作倡议。远东地区则是俄罗斯的一个重要组成部分,在俄罗斯的经济发展和地缘政治战略中占有重要地位。俄罗斯政府一直在推动远东地区的经济发展,希望通过发展远东地区加强与亚太地区的经济联系。《浅议俄罗斯的北极战略及其影响》(《俄罗斯中亚东欧研究》,2010年)、《试析俄罗斯的北极战略》(《东北亚论坛》,2009 年)、《北极争端与俄罗斯的北极战略》(《俄罗斯学刊》,2011 年)、《中俄北极可持续发展合作:挑战与路径》(《国际问题研究》,2018 年)、《俄罗斯东部开发及其与我国东北振兴互动发展的思路》(《东北亚论坛》,2008 年)、《日本在俄罗斯远东地区的农业开发及对中国的启示》(《欧亚经济》,2024 年)研究了俄罗斯的北极战略和远东发展战略。

《俄罗斯新能源外交及其影响》(《现代国际关系》,2002 年)、《俄罗斯"东向"能源出口战略与中俄油气合作——基于地缘政治经济学的分析》[《复旦学报》(社会科学版),2004 年]、《论俄罗斯的能源外交与中俄关系中的油气因素》(《俄罗斯中亚东欧市场》,2005 年)、《浅析俄罗斯的能源外交战略》(《俄罗斯研究》,2005 年)、《新世纪俄罗斯能源战略的地缘取向》(《俄罗斯中亚东欧市场》,2005 年)、《俄罗斯与中亚的能源外交》(《国际石油经济》,2007 年)、《俄罗斯亚太能源战略评析——基于远东油气管道项目的视角》(《东北亚论坛》,2021 年)则研究了俄罗斯能源外交的多个方面,包括战略制定、国际合作、地缘政治影响以及对新能源的适应,反映了俄罗斯作为能源大国在全球能源政治中的活跃角色和影响力。

2014 年,乌克兰危机成为中国俄罗斯研究领域的热点问题。2022 年俄乌冲突爆发,更是为我国的对俄研究提出了新的研究课题和挑战,促使研究者从全球和地区的角度重新审视中俄关系。《乌克兰危机:内因、大国博弈因素与前景》(《俄罗斯学刊》,2014 年)、《乌克兰危机:多维视野下的深层透视》(《国际问题研究》,2014 年)、《乌克兰危机折射出的大博弈》(《俄罗斯学刊》,2014 年)、《俄乌冲突的地区及全球影响》(《外交评论(外交学院学报)》,2022 年)、《俄乌冲突对国际经贸格局的影响》(《国际经济评论》,2022 年)、《俄乌冲突背景下极限制裁的作用机制与俄罗斯反制的对冲逻辑》(《俄罗斯研究》,2022 年)、《俄乌冲突下的西方对俄经济制裁》(《现代国际关系》,2022 年)、《俄乌冲突对世界及我国食物安全的影响与应对策略》(《经济纵横》,2022 年)、《俄乌冲突、全球政治经济转型及其对中国的影响》(《俄罗斯研究》,2022 年)、《俄乌冲突与国际局势:回顾与展望》(《俄罗斯研究》,2023 年)、《俄乌冲突中的认知域对抗:手段、影响与启示》(《俄罗斯东欧中亚研究》,2024 年)聚焦 2013 年底开始的乌克兰危机及逐步演变而来的 2022 年俄乌冲突,研究了俄乌冲突对俄罗斯自身发展以及对国际政治、经济等局势产生的影响。

概言之,21 世纪以来,随着全球化的发展和改革开放以来中国自身实力的提升,中国的俄罗斯研究开始关注更加多元的议题,如区域合作、国际关系、安全问题等,研究范式也力图从单一学科的研究转向更为综合的国别与区域研究。随着中国经济的快速发展、国力的不断增强和国际地位的提升,中国对外部世界包括俄罗斯的研究需求增加,俄罗斯研究成为理解中国与世界关系的重要组成部分。

五、结语

回顾中国俄罗斯研究的数百年历程之后，可以说，今天中国的俄罗斯研究正经历共同体化、学科化和比较化的趋势。共同体化体现在中国俄罗斯研究正在形成稳定的学术共同体，更加注重政策研究而非理论争鸣。学科化趋势表明，俄罗斯研究是一个多学科交叉的综合性学科，尽管存在内部不同学科之间发展不平衡的情况，但在区域国别学框架下的中国俄罗斯学，其发展为我国交叉学科，尤其是人文社科领域内交叉学科的发展提供了一种样式和可资借鉴的宝贵经验。俄罗斯学发展的比较化趋势，则是强调通过纵向和横向比较研究，理解俄罗斯的历史变迁及其与世界的互动关系。

总之，中国的俄罗斯研究是中国区域国别学建设的重要组成部分，未来在进一步加强其自身学科理论建构研究的同时，仍需继续重视实证研究与应用研究，以适应全球化和信息化时代的需求，并加强学术共同体建设与学科建设，构建出新时期有中国特色的俄罗斯研究知识体系。只有这样，中国的俄罗斯研究才能够更好地为理解和处理中国与俄罗斯的关系问题提供学术支撑，为助力"一带一路"建设和构建人类命运共同体，为实现中华民族伟大复兴的中国梦和人类的团结、进步与发展作出贡献。

第三编 文明互鉴年鉴

中希文明互鉴

（整理者：张绪强　兰志杰）

综合

【习近平复信希腊学者】

新华社北京2023年2月20日电，近日，国家主席习近平复信雅典大学维尔维达基斯教授等希腊学者，祝贺中希文明互鉴中心成立。

习近平指出，中华文明源远流长，古希腊文明影响深远。2000多年前，中希两大文明在亚欧大陆两端交相辉映，为人类文明演进作出了奠基性的重大贡献。现在，两国建立中希文明互鉴中心，致力于推动中希文明交流互鉴、促进各国文明发展，具有十分重要的历史和时代意义。

习近平强调，在人类历史的漫长进程中，各民族创造了具有自身特点和标识的文明，共同构成人类文明绚丽多彩的百花园。各种文明是各民族历史探索和开拓的丰厚积累，也是今天各民族生存和发展的深层指引。我们要促进人类社会发展、共同构建人类命运共同体，就必须深入了解和把握各种文明的悠久起源和丰富内容，让一切文明的精华造福当今、造福人类。相信中希文明互鉴中心一定能在这方面大有作为。

习近平指出，知古鉴今，继往开来。历史充分证明，只要坚持兼容并蓄、开放包容，人类文明就能不断发展繁荣。当今世界正面临百年未有之大变局，化解人类面临的突出矛盾和问题，需要依靠物质的手段攻坚克难，也需要依靠精神的力量诚意正心。中希文明蕴含的价值观、世界观、宇宙观、人生观、科学观、文化观等博大精深、历久弥新，一定能够为人类破解时代难题、推动构建人类命运共同体提供重要的精神指引。

2019年习近平主席对希腊国事访问期间，同希腊领导人共同倡导文明交流互鉴。访后，双方积极落实领导人共识，筹建中希文明互鉴中心。日前，雅典大学维尔维达基斯教授等5位希腊学者联名致信习近平主席，畅谈对习近平主席倡导的文明理念的高度认同，介绍中心筹备情况和发展规划。2月20日，中希文明互鉴中心成立仪式在雅典大学举行。

（来源：新华社）

【中希文明互鉴中心成立仪式于雅典成功举行】

2023年2月20日,中希文明互鉴中心成立仪式在希腊首都雅典举行。国务院副总理孙春兰宣读习近平主席致中心理事会成员的复信并致辞,希腊副总理皮克拉梅诺斯出席。

孙春兰指出,习近平主席的复信高度评价了中希建立文明互鉴中心的重大意义,再次倡导各文明加强交流互鉴,用好一切文明的精华,化解人类文明面临的突出矛盾和问题,必将有力引领百年变局下多元文明共生,推动构建人类命运共同体。

孙春兰表示,两国高校联合成立中希文明互鉴中心是双边关系发展和世界文明交流的标志性成果。双方要以中心建设为新契机,推动两大古老文明交流互鉴更加广泛深入,打造国家间文明互鉴的典范。

皮克拉梅诺斯代表希腊政府祝贺中心成立,期待加强两个伟大的古老文明之间的比较研究,拉紧两国学生学者间的联系,促进两国人民更好了解彼此,推动各领域务实合作向前发展。

成立仪式后,孙春兰亲切会见联名致信的五位希腊学者并转交习近平主席复信。收到复信的希腊学者心情十分激动,表示将致力于中希文明交流,为中心发展贡献力量。随后中心双方共建高校举办了首届中希文明高峰对话。

同日,孙春兰会见了希腊议长塔苏拉斯,向其介绍了中共二十大精神,并对未来中希合作提出希望。孙春兰还与希腊副总理皮克拉梅诺斯就中希关系、深化中希文明互鉴等举行会谈,并共同见证教育、体育等3项合作协议签署。

(来源:《人民日报》)

【中国人民对外友好协会副会长鄢东会见希腊中国友好协会原副主席贡多斯】

2023年3月13日,中国人民对外友好协会副会长鄢东会见第203次来华访问的希腊中国友好协会原副主席贡多斯一行。

双方积极评价多年合作所取得的务实成果,表示愿携手传承友好传统,夯实民意和社会基础,推动两国文明交流互鉴,不断增进中希人民相互了解。

(来源:澎湃新闻)

【肖军正大使会见希腊前总统帕夫洛普洛斯】

2023年3月20日,肖军正大使会见希腊前总统帕夫洛普洛斯,就两国友好关系、人文交流合作等交换意见。

肖军正感谢帕长期以来为推动两国关系发展和中希文明对话所做的突出贡献,重点介绍了习近平主席近日提出全球文明倡议以及复信中希文明互鉴中心五位希腊学者等情况,强调中希关系之所以能在动荡多变的国际局势中保持稳定健康发展,正是因为两国都能从千年文明滋养中汲取智慧,秉持发展包容心态看待对方,善于从长远战略角度规划推进互利合作。希望帕一如既往地关心和支持中希关系发展,继续为传承弘扬中希友好发挥重要作用。

帕夫洛普洛斯热烈祝贺习近平再次当选中国国家主席,热烈祝贺中国两会胜利召开。帕表示,作为中国人民的老朋友,我一直致力于推动希中关系发展,以实际行动支持两国深化各领域合作和文明交流互鉴。希中友好不仅是两国的合作,更是两大古老文明的对话,对于推动人类文明进步和世界和平发展意义重大。

(来源:中华人民共和国外交部网站)

【文化和旅游部部长胡和平率团访问希腊】

2023年3月30日至4月1日,应希腊文化和体育部邀请,中国文化和旅游部部长胡和平率代表团访问希腊。访问期间,胡和平分别与希腊文化和体育部部长门佐尼、旅游部部长基基利亚斯、克里特省省长阿尔纳乌塔基斯、雅典大学副校长卡拉迪马斯、中希文明互鉴中心指导委员会主席维尔维达基斯以及相关学者等会见会谈,就深化中希文明交流互鉴、发展中希文化和旅游交流合作进行深入探讨。

胡和平在访问雅典大学中希文明互鉴中心时表示,不久前习近平主席复信希腊学者指出,建立中希文明互鉴中心,致力于推动中希文明交流互鉴、促进各国文明发展,具有十分重要的历史和时代意义。中国文化和旅游部将全力支持中希文明互鉴中心的工作,欢迎有关专家学者赴华参加尼山世界文明论坛、良渚论坛等活动。希方感谢中方对中希文明互鉴中心建设的重视和支持,希望双方在人员互访、学术交流、经典互译等领域开展持续合作,取得更多成果。

在与门佐尼会谈时,胡和平表示,习近平主席提出全球文明倡议,倡导尊重世界文明多样性、弘扬全人类共同价值、重视文明传承和创新、加强国际人文交流合作。中国和希腊都是东西方极具代表性的文明古国,中方倡议加强中希文明对话,愿与希方一道,充分发挥文明古国论坛机制、中希文明互鉴中心的重要作用,打造国家间文明互鉴的典范。门佐尼高度赞赏中方有关倡议,愿与中方共同努力,重点加强在互办展览、文化遗产保护、打击文化遗产非法贩运、流失文物追索返还等方面的合作。会谈结束后,胡和平见证签署了《中国国家文物局与希腊文化和体育部关于水下文化遗产合作的谅解备忘录》。

在与基基利亚斯会谈时,胡和平说,中希两国文化底蕴深厚、旅游资源丰富,都是世界重要旅游目的地。希望双方以举办"中国希腊文化和旅游年"为契机,积极落实"中希2022—2024年旅游领域联合行动计划",促进双向旅游往来加速恢复。胡和平还向基基利亚斯转达了联合国世界旅游组织秘书长祖拉布的亲切问候。基基利业斯感谢中国政府在疫情初期给希腊人民无私援助,表示希方高度重视中国市场,已做好充分准备迎接中国游客,愿与中方共同努力,推动疫后国际旅游业复苏发展。

胡和平在会见阿尔纳乌塔基斯时表示,克里特是古希腊文明和欧洲文明的发源地,希望双方加强合作,积极推动中希文明交流互鉴和双向人员往来恢复发展,希望卡赞扎基斯博物馆与中国相关机构加强合作。阿尔纳乌塔基斯表示,克里特省将在经贸、文化和旅游等领域继续保持与中方的友好合作,并将为中国游客来访做好积极准备。

(来源:中华人民共和国文化和旅游部网站)

【中国驻希腊使馆开放日暨"中国—中东欧国家合作:活力 机遇"主题招待会成功举办】

2023年6月22日,中国驻希腊使馆开放日暨"中国—中东欧国家合作:活力 机遇"主题招待会成功举办。中国公共外交协会会长吴海龙、外交部中国—中东欧国家合作事务特别代表姜瑜、河北省沧州市副市长尹卫江、中国香港(地区)商会会长萧惠君、中欧经济技术合作协会副会长潘锋以及希腊前公民保护部副部长伊科诺穆、外交部经济事务秘书长罗伊祖、旅游部秘书长阿纳斯塔索普鲁等政治、经济、文化、教育界近400人出席活动。

肖军正大使在致辞中表示,端午节纪念的中国诗人屈原曾写下诗句,"路漫漫其修远兮,吾将上下而求索"。其中蕴含的思想感情十分贴和当下的中希关系。中希建交已走过50年,文明上交流互鉴,经贸上互利共赢,以及患难与共勇于抗争,这已成为两国关系发展的原动力。我们真诚期待希腊成为中国走中国式现代化道路的合作伙伴,双方继续携手并肩,以百折不挠的无畏精神和矢志不渝的坚定信念,共同求索,开辟中希全面战略伙伴关系的新未来。

肖军正表示,今年是中国—中东欧国家合作第二个10年的开局之年。10年来,中国与中东欧国家携手推动各领域务实合作取得丰硕成果。站在新的历史起点上,中国将继续坚定不移推动高质量发展和高水平对外开放,努力以中国式现代化新成就为希腊、为中东欧国家发展提供新机遇。

希腊外交部经济事务秘书长罗伊祖大使在致辞中表示,中国和希腊同为文明古国,两国拥有相似的历史和文化。希中两国于2018年正式签署政府间共建"一带一路"合作文件,2019年希腊以正式成员加入中国—中东欧国家合作机制,去年双方共同庆祝了建交五十周年。近年来两国务实合作成果丰硕,为推动希腊走出经济危机、实现GDP快速增长作出突出贡献。希望希中两国能够在未来继续深化友谊,共享合作机遇,造福两国人民。

随后,尹卫江副市长、萧惠君会长、潘锋副会长致辞,分别就中国—中东欧国家(沧州)中小企业合作论坛、中欧地理标志保护与合作、香港地区同中东欧国家企业合作等情况进行了介绍。

招待会上,来自湖北武当的功夫团和希腊武术功夫联合会的近20名希腊武术爱好者共同带来了刚柔互济、洒脱飘逸的中国功夫表演。活动现场还设置了中欧地理标志展品联展、食材雕刻技艺展示、书法展示和茶艺表演、闽南特色小吃等,供来宾交流体验。

来宾们共叙友谊、共话合作、展望未来,氛围友好热烈。大家纷纷祝贺中国—中东欧国家合作10年来所取得的丰硕成果,并对合作未来发展表达了坚定信心和美好祝愿。

(来源:中国驻希腊大使馆网站)

【"'一带一路'倡议10周年和中希关系高端论坛"成功举办】

2023年6月22日,由中国社会科学院欧洲研究所、拉斯卡瑞德斯基金会、中国公共外交协会共同主办的"一带一路"倡议10周年和中希关系高端论坛在位于比雷埃夫斯市的拉斯卡瑞德斯基金会成功举行,来自中国和中东欧国家的政治家、智库专家、学者以及媒体代表与会,共话"一带一路"建设十年来中希各领域取得的成就,并围绕未来中希共建"一带一路"、经贸往来、人文交流前景等议题开展研讨。拉斯卡瑞德斯基金会总干事马扎拉基斯、中国公共外交协会会长吴海龙、外交部中国—中东欧国家合作事务特别代表姜瑜、中国驻希腊大使肖军正、雅典大学教授维尔维达基斯等现场发言,中国社会科学院欧洲研究所所长冯仲平视频致辞。

中国公共外交协会会长吴海龙在致辞中说,时间和距离不会使朋友感到疏远,但是误解和偏见会。中国和希腊守望相助、患难与共,尽管当前世界局势复杂多变,但中国和希腊在未来依然会是伙伴和合作者,而非竞争者和系统性对手。过去十年,在"一带一路"的合作框架下,中希合作成果丰硕,极大造福两国人民。展望未来,期待中希两大古老文明能够碰撞出更多火花,中国公共外交协会也将致力于持续扩大两国人员交往,更好推动两国关系蓬勃发展。

外交部中国—中东欧国家合作事务特别代表姜瑜在致辞中表示,中希传统友好,政治互信稳固。"一带一路"十年来双方务实合作成果丰硕。当今世界变乱交织,面对诸多不稳定、不确定因素,求团结、谋发展才是人间正道,也是中国—中东欧国家合作在第二个十年的努力方向。希望在未来,中希之间可以坚持中国—中东欧国家合作的正确方向,发挥中远海运比雷埃夫斯港旗舰项目的示范作用,推动务实合作与人文交流齐头并进,把中国—中东欧国家合作作为两国发展战略对接的主渠道之一,在增强两国合作的同时更好造福两国人民。

中国驻希腊大使肖军正在致辞中表示,"一带一路"倡议提出十年来,在互利互惠、合作共赢的理念指引下,中希"一带一路"合作不断深化,涌现出中远海运比港、中欧陆海快线这样的龙头项目,在未来愿双方增进战略互信,巩固传统友谊,加强两国发展战略对接,用好两国文明古国的文化优势,推动各领域交流合作不断走深走实。

作为此次活动的主办方,中国社会科学院欧洲研究所所长冯仲平也通过视频预祝此次活动圆满成功,他指出,中国和希腊应为世界和平和发展贡献更多力量和智慧。中希两国在"一带一路"倡议提出十年间为世界树立了互利合作的榜样,现如今中欧关系受世界局势变化影响面临更加复杂的局面,也有部分欧洲官员强调在经济领域对华"去风险",但中欧对话的大门应始终敞开,期待未来能有更多像今天这样的研讨会成功举办,为双方增信释疑作出更多贡献。

此次活动共分为四个板块,分别就"古代哲学对当今中西方社会的影响""筹建中的比雷埃夫斯水下考古博物馆:文化交流的契机""中希科研机构合作和中希经贸务实合作""'一带一路'倡议10年:教育、文化和文明领域的评估和未来"四个议题进行研讨。雅典大学教授维尔维达基斯、比雷埃夫斯大学教授普拉提亚斯、清华大学访问学者科托拉斯等就两国哲学渊源异同、中美战略竞争与合作等发表看法。希方学者认为,中国在希腊陷入经济危机时雪中送炭,双方是守望相助的好伙伴。如今希腊已经成功走出经济危机阴影,希望中希合作共赢走深走远。中欧作为世界经济的两大力量,竞争不会消失,但合作空间依然存在,望中欧双方能求同存异,共同促进世界和平发展。

(来源:中国驻希腊大使馆网站)

【王毅会见希腊总理高级代表、发展部部长斯克雷卡斯】

2023年10月19日,中共中央政治局委员、外交部长王毅在人民大会堂会见来华出席第三届"一带一路"国际合作高峰论坛的希腊总理高级代表、发展部部长斯克雷卡斯。

王毅说,十年来,"一带一路"与时俱进,蓬勃发展,取得历史性成就,成为当今世界最受欢迎的国际公共产品和最大规模的国际合作平台。希腊是共建"一带一路"重要伙伴,中希务实合作硕果累累。比雷埃夫斯港的成功典范为"一带一路"的互利共赢属性提供了有力例证。中方将继续秉持"丝路精神",同希方携手加强比港等合作项目,助力欧洲互联互通。

王毅表示,中欧是伙伴而不是对手,双方没有地缘政治矛盾,没有重大利害冲突。我们愿同欧方携手倡导并践行真正的多边主义,支持自由贸易,维护公平竞争,摒弃保护主义,推动构建更加公正合理的全球治理体系。希望希腊为中欧全面战略伙伴关系健康发展继续发挥建设性作用。

斯克雷卡斯表示,希中同为文明古国,为人类进步作出过重要贡献。两国高度互信,互利合作基础坚实。希方是中方可信赖的朋友,将继续恪守一个中国政策,弘扬希中友好传统,深化各领域合作。希腊是最早加入"一带一路"的欧洲国家之一,共建"一带一路"助力希腊打造地中海第一大港。希腊将继续积极参与和促进欧中关系健康稳定发展。

(来源:中华人民共和国外交部网站)

【希腊总理米佐塔基斯访华并会见国家主席习近平】

2023年11月2日至3日,希腊共和国总理基里亚科斯·米佐塔基斯对中国进行正式访问,并分别会见了国家主席习近平、国务院总理李强、全国人大常委会委员长赵乐际。

11月3日下午,国家主席习近平在人民大会堂会见来华进行正式访问的希腊总理米佐塔基斯。

习近平指出，中希是共建"一带一路"和文明交流互鉴的伙伴。两国建交半个多世纪以来，中希关系始终健康发展、历久弥新。中方珍视同希腊的传统友谊，愿同希方一道，坚持战略引领，坚持开放合作，推动中希全面战略伙伴关系焕发新的时代光彩。

习近平强调，互利合作和文明交流是中希关系的两大纽带。不久前，希腊政府派高级代表出席第三届"一带一路"国际合作高峰论坛，体现了对共建"一带一路"合作的支持。中方愿同希方加强发展战略对接，深化交通、船舶、能源、通信、金融等领域合作，拓展绿色经济、数字经济、科技创新合作机遇，推进高质量共建"一带一路"，推动比雷埃夫斯港长期、稳定、可持续发展。中方鼓励中国企业赴希腊投资兴业，欢迎希腊企业参与中国—中东欧国家合作，欢迎更多优质希腊产品进入中国市场。中方支持中希文明互鉴中心、文明古国论坛等人文机制，愿同希方深化教育、文化、科研、旅游、青年等领域交流合作，发挥两国文化底蕴优势，推动文明交流互鉴，加强国际沟通协作，倡导真正的多边主义，为推动构建人类命运共同体贡献智慧和力量。

习近平指出，今年是中国和欧盟建立全面战略伙伴关系20周年。中欧关系关乎中欧人民福祉，关乎世界和平、稳定、繁荣。中欧关系的良好发展离不开独立自主、相互尊重、互利合作。中方愿同欧方一道，坚持正确相互认知，聚焦共识，把握方向，全面激活各领域互利合作。希望希腊继续为此发挥建设性作用。

米佐塔基斯表示，希腊人民对习近平主席2019年对希腊进行的成功国事访问记忆犹新。自那以后，希中两国关系保持强劲发展势头。两国经济合作成果显著，比雷埃夫斯港项目已经成为希中合作互利共赢、造福两国人民的成功典范。希方愿同中方继续推进高质量共建"一带一路"，进一步挖掘潜力，拓展船舶、航运、清洁能源等领域互利合作，希望更多希腊产品进入中国市场，欢迎更多中国游客赴希腊旅游。希腊和中国都是文明古国，希方愿同中方加强人员往来，深化人文交流，共同办好希中文明互鉴中心，倡导互学互鉴，推动建立更加和谐、平衡的国际关系。希方坚定奉行一个中国政策，高度赞赏中方在国际地区事务中秉持的公正立场，愿同中方密切多边协作。希腊愿意成为欧中合作的桥梁。欧盟和中国完全可以本着平等和相互尊重的精神携手合作，希腊愿继续积极推动欧中关系健康发展。

（来源：新华社）

中希学术与教育交流

【中方四校共建中希文明互鉴中心协作会第一次会议举行】

2023年2月10日，西南大学与中国人民大学、四川大学和山东大学共建中希文明互鉴中心协作会第一次会议顺利召开。教育部国际司一级巡视员、副司长方军，中国人民大学副校长杜鹏，四川大学副校长姚乐野，山东大学副校长韩圣浩，西南大学校长张卫国出席会议。教育部国际司欧洲处、各校国际处、社科处等有关单位负责同志参加会议。会议由西南大学副校长崔延强主持。

张卫国对与会领导和同仁表示感谢和欢迎，介绍了中希文明互鉴中心建立的背景和前期筹建工作，指出中心建设的重要意义。他表示，学校将在教育部、外交部指导下，借助重庆在中国与中东欧文化交流中的枢纽作用，以学校在希腊文、史、哲方面的研究成果和与希腊高校的合作为基础，与各兄弟院校一道，努力将中希文明互鉴中心作为落实习近平总书记新文明观、推动实施"一带一路"教育行动和共建人类命运共同体的重要平台。

方军对中希文明互鉴中心的前期筹备工作给予肯定并提出了殷切期望。他强调，中希文明互鉴中心建设是在落实中希两国元首达成的关于加强两国文明交流互鉴的重要共识和党中央的指示精神，具有特殊的战略意义。在当今纷繁复杂的国际形势下，应该将中心建设作为难得的抓手，加强中西方文明互鉴交流以及教育合作，力争树立中西方文明交流典范。希望中方四校精诚合作，将中心建设成中希双边合作中有影响力的高水平平台。

中国人民大学、四川大学、山东大学等高校副校长分别发言介绍了学校在希腊文明研究、中东欧研究方面以及与希腊和欧洲国际合作方面的良好基础和成果，并表达了对中心建设工作的展望和建议。杜鹏在讲话中提出了对中心未来发展方向的三个构想，一是加强学术交流，打造学术品牌；二是以新理念推动人才培养；三是着力促进中希人文交流。姚乐野对于中心发展的方式提供了五项方案：举办文化论坛、传播经典文化、区域国别研究、学生联合培养和中外人文交流等。韩圣浩以山东大学牵头举办的尼山论坛为例，以发扬儒家文化为切入点，为中心的发展提供了宝贵经验。

崔延强表示，学校将联合中方共建高校，做好中心挂牌后的建设工作，并提议中方四校在人才培养、学术研究和智库建设等方面开展务实合作。

中希文明互鉴中心是中希两国教育部、外交部共同推动，筹备建立的国际合作机构。中方由西南大学牵头，中国人民大学、四川大学和山东大学共同参与，希方由帕特雷大学、雅典大学、亚里士多德大学、克里特大学等四所高校联合参与，旨在开展两国哲学、历史学、文学等学科的合作研究和人才培养，推动中希文明互鉴和民心相通。

（来源：西南大学网站）

【希腊爱琴大学网络中文课堂举行揭牌仪式】

2023年2月21日,国务院副总理孙春兰访问希腊爱琴大学,并为爱琴大学网络中文课堂揭牌。希腊南爱琴海大区总督乔治斯·哈齐马科斯(Georgios Hatzimarkos)、罗德市市长坎波拉克(Antonios Kambourakis)和爱琴大学校长克丽丝·伍齐拉希(Chrysi Vitsilaki)等出席仪式并致辞。

孙春兰在致辞中指出,爱琴大学是希腊最年轻的大学之一,充满创新与发展潜力。2020年10月,网络中文课堂落户希腊爱琴大学,已为近3000名学生提供了中文教学服务,打造了网络中文教学的行业标杆。

孙春兰表示,中国作为中文母语国,将坚持平等尊重、互利共赢,为各国民众学习中文提供优质服务。希望爱琴大学网络中文课堂继续在教学内容、方式与服务等方面不断创新,为全球各网络中文课堂探索出更多有益经验。鼓励爱琴大学网络中文课堂的学生努力学习中文,成为中希友好交流的使者,增进互相理解,促进民心相通,树立东西方文明互鉴的典范。

哈齐马科斯表示,很高兴看到网络中文课堂这一教育创新项目落户南爱琴大区,这对中希两国人民民心相通、文明互鉴意义重大。希腊和中国都是文明古国,传统友谊深厚,期待未来双方加强人员往来和旅游合作,更好造福两国人民。

坎波拉克表示,中国与希腊是东西方文明的发源地,虽相隔万里,但五千年的历史文化铸就了共同的价值观,两国民众对彼此的文化都很感兴趣。网络中文课堂拉近了两国人民之间的距离,是连接两国文化的"丝绸之路"。希望未来通过学术、文化和旅游合作这三驾马车引领中希关系不断向前发展。

伍齐拉希表示,爱琴大学网络中文课堂的成功运营得益于中希教育密切合作与中国教育部、中国驻希腊大使馆、语合中心及中文联盟的大力支持。爱琴大学每学期有数百上千名师生参加网络中文课堂,通过几期课程的学习,学生的中文水平得到大幅提升,并在"汉语桥"比赛和中文水平考试(HSK)中取得了优异成绩。希望未来与中方加强合作,扩大合作范围,为中希青年创造更多学习交流机会。

在中外嘉宾的见证下,孙春兰与伍齐拉希共同为爱琴大学网络中文课堂揭牌。在揭牌仪式上,罗德市城市合唱团用希腊语演唱《一座神奇的城市》和希腊版《游子吟》,对远道而来的中方代表团表示欢迎。爱琴大学网络中文课堂的学员用字正腔圆的中文演唱《月亮代表我的心》,向嘉宾们展示出色的学习成果。

揭牌仪式结束后,孙春兰走进网络中文课堂,观摩了一堂生动的中文示范课,并与师生亲切交流。孙春兰指出,语言是文化交往与旅游贸易的重要工具,希望大家有机会到中国来,多说多读,学好中文,成为不同行业的骨干人才。最后,孙春兰对网络中文课堂中文教师所取得的成就表示祝贺,并对全体中文教师为促进文化交流与文明互鉴作出的重要贡献表示感谢。在教室外的学习栏中,学员用方方正正的汉字写着"中国很远,中文很近"。

网络中文课堂采用班级制和远程"直播+辅导"的中文教学新模式,通过中文联盟云服务平台,为全球中文学习者和教育机构提供标准化、高质量的在线中文教育服务,受到各国学员、教师和专家的欢迎。截至目前,已在英国、法国、巴西及埃及等17个国家开设20所网络中文课堂。

(来源:中文联盟)

【中国、希腊高校携手共建深具中医药特色的孔子学院】

中新网上海2023年3月1日电,近日,中国国际中文教育基金会、上海中医药大学与希腊西阿提卡大学合作建设孔子学院签约仪式在雅典举行。

未来,上海中医药大学和希腊西阿提卡大学还将建设中医门诊,在提供临床实习场所的同时,满足当地民众对中医药健康服务的需求,把该孔子学院打造成为希腊第一所深具中医药特色的孔子学院。西阿提卡大学孔子学院由上海中医药大学与希腊西阿提卡大学共建。该孔子学院将结合上海中医药大学专业特色与学科优势,开展中文教育及中医药领域的教育科研文化合作。据悉,此次上海中医药大学党委书记曹锡康率团出访希腊,与西阿提卡大学校长及孔子学院外方院长、理事会外方成员,就孔子学院的办学定位、管理方式及运营模式等进行了详细而深入的交流。西阿提卡大学于2018年3月由雅典技术教育学院和比雷埃夫斯应用科学大学合并组成。2019年,国立公共卫生学院加入新成立的西阿提卡大学。西阿提卡大学现有6个学院,包含27个专业。据了解,上海中医药大学与西阿提卡大学自2016年起开始建立友好合作交流关系。2018年,上海中医药大学海外首家"太极健康中心"在西阿提卡大学挂牌成立,先后共派出6位教师赴希腊教授太极,深受希腊民众欢迎。2018年和2019年,西阿提卡大学理疗系近50名学生赴上海中医药大学及附属医院进行针灸理论学习和临床见实习活动。上海中医药大学方面表示,此次孔子学院的建立,旨在进一步拓展中医药传播的新路径,为国外民众认识、了解中国传统医学、传统文化打开新的窗口。

(来源:中国新闻网)

【中希文明交流互鉴暨国际"中文日"活动成功举办】

2023年4月29日,由教育部语合中心、驻希腊使馆、中希文明互鉴中心联合主办,以"文字、文明探源和文明交流互鉴"为主题的中希文明交流互鉴暨国际"中文日"活动在希腊雅典成功举办。驻希腊大使肖军正、希腊发展和投资部长乔治亚季斯、希腊教育部高等教育秘书长佐拉斯、中希文明互鉴中心希方主席维尔维达基斯教授和中方主席崔延强教授等中希两国政要、学者60余人出席活动。

肖军正大使在致辞中表示,2023年2月,中希文明互鉴中心正式成立,这是中希双边关系发展和世界文明交流的标志性成果。不久前,中国国家主席习近平提出"全球文明倡议",就是希望让更多人认识到文明交流的价值,重振国际人文交流合作的信心。中希携手打造文明互鉴典范,将有力引领百年变局下多元文明共生,让一切文明的精华造福当今、造福人类。

肖军正大使指出,近年来,中希两国人文领域的交流合作亮点纷呈,除了共建文明互鉴中心之外,语言教学已成为中希教育合作发展最活跃、最迅速的领域之一。语言是人类文明的载体,中文和希腊文都是各自文明的瑰宝,也是人类文明的共同财富。学习彼此的语言,了解对方的历史文化,进一步拉近了中希两大文明古国的距离,增进了两国人民的友谊。

佐拉斯秘书长表示,近年来,希腊政府高度重视加强教育领域国际交流合作,教育交流合作也是希中两国交往的重要部分,为两大古老文明交流互鉴注入强大动力。希腊雅典大学等高校针对国际学生开设了历史、文学、考古等课程,期待吸引并欢迎更多的中国留学生来学习交流。相信通过教育交流合作,将不断促进希中两个文明古国的相互认识、相互了解。

教育部语合中心主任马箭飞在视频致辞中表示,中国和希腊作为拥有悠久历史和灿烂文化的两个文明古国,语言和文化遗产博大精深、源远流长。我们期待中希之间的语言文化交流,能够在两国政府积极的支持下,在高校、智库、学者尤其是中希文明互鉴中心等平台的精诚合作下,朝着更加全面、更加深入、更加务实的方向继续前行,为两国的友好关系作出更加积极的贡献。

维尔维达基斯教授表示,中文是世界上最古老也是最重要的语言之一,很高兴看到今天有越来越多的希腊学生对学习中文、了解中国文化的热情不断高涨。从认识到彼此的语言之美,进而更加深入地看到对方文明的独特魅力。中希文明互鉴中心的成立对于推动两国文明交流互鉴具有十分重要的意义,中心着力开展联合人才培养、学术交流互访等方面工作,将为两国教育、文化等领域交流合作搭建更多平台。

崔延强教授表示,中希文明互鉴中心成立两个月来,双方积极开展相关工作,共同努力开启促进两国文明交流互鉴的良好开端。在过去两个月,"中国—希腊文明比较"两国首个联合硕士项目成功招收第一批中国学生,共同书写中希教育合作的历史;开始申请关于世界文明的国际学术期刊,为学术对话开启新平台。未来,中希双方中心将携手前进,为两国文明交流互鉴作出更多贡献。

在学者对谈环节,来自西南大学、清华大学、山东大学、雅典大学、亚里士多德大学、欧洲科学与艺术学院等高校和学术机构的中希两国学者,围绕"中国、希腊古文到现代语言的传承与发展""中希文明起源探究""平行的文明摇篮""人类古老智慧与可持续发展:21世纪伦理观"等议题展开对话,大家其乐融融、各抒己见,四场跨越东西方的文明对话完美印证了中国和希腊两大古老文明"和而不同,美美与共"。活动期间,还展映了"2023年联合国中文日暨中央广播电视总台第三届海外影像节"特别节目《共绘繁荣》。

(来源:中国驻希腊大使馆网站)

【"中希畜禽食品品质安全控制与智慧制造国际联合实验室"揭牌成立】

2023年7月5日,山东农业大学与希腊雅典农业大学合作共建的"中希畜禽食品品质安全控制与智慧制造国际联合实验室"揭牌仪式在希腊雅典农业大学举行。中国农业农村部部长出席仪式并致辞,山东农业大学党委书记徐剑波、希腊雅典农业大学校长斯皮里宗·肯齐欧斯教授共同为实验室揭牌。中国驻希腊使馆公使衔参赞赖波,农业农村部总经济师魏百刚,农业农村部国际合作司司长隋鹏飞出席活动。

中国农业农村部部长在致辞中对联合实验室的成立表示热烈祝贺,对中希两国在农业领域的合作尤其是山东农业大学与雅典农业大学在畜禽食品安全标准体系建设、风险智慧管理等方面联合研究取得的成果给予充分肯定。他指出,联合实验室的成立是中希农业务实合作的美好写照,也是中欧农业科技共享的生动实践。他强调,下一步,中国农业农村部愿与希方一道,不断加大农业科技合作力度,通过支持联合实验室建设,建立中希农业科研合作机制,促进农业技术推广应用等,以务实管用的合作成果支撑两国农业高质量发展。

仪式上,希腊农业发展与食品部秘书长克里斯蒂安娜·卡洛吉罗女士,希腊国家产品认证机构负责人佩里克斯·米特卡斯教授、研究与创新机构负责人卡特琳娜·库拉维鲁女士、食品工业协会会长瓦索·帕帕迪米特里欧女士、国家农业合作社联盟总经理莫绍斯·科拉西迪斯先生、比雷埃夫斯银行集团农业发展中心主任亚历克斯·波利塔基斯先生纷纷到会祝贺。

雅典农业大学食品、生物技术和发展学院院长乔治·尼卡斯教授在仪式上做了关于两校国际科研合作项目的报告。徐剑波为乔治·尼卡斯教授颁发山东农业大学讲座教授聘书,并与雅典农业大学校长斯皮里宗·肯齐欧斯教授签署全面合作的协议。

下一步,双方将依托联合实验室为两国食品安全认证、优质农产品贸易合作等提供解决方案,服务相关领域高层次人才培养,为中欧智慧农业、食品工业发展搭建合作共赢的桥梁。

(来源:中国山东网)

【孔子与亚里士多德论坛开幕式在雅典科学院成功举办】

2023年7月3日,由联合国可持续发展解决方案网络、雅典科学院、希腊亚里士多德大学和中国孔子基金会共同主办的孔子与亚里士多德论坛开幕式在雅典科学院举行。论坛为期6天,将在雅典和萨洛尼卡等地举行活动。中国驻希腊大使肖军正,雅典科学院秘书长泽雷弗斯,雅典市副市长瓦西里奥斯,联合国可持续发展解决方案网络主席、美国哥伦比亚大学教授萨克斯等出席开幕式并致辞。

泽雷弗斯在致辞中表示,中国和希腊一直处于人类思想文化的前沿,希望此次论坛能为后续合作开好头,推动两国关系不断发展,造福两国人民。

肖军正在致辞中表示,中华文明源远流长,古希腊文明影响深远。中希两大文明在亚欧大陆两端交相呼应,为人类文明演进作出了奠基性的重大贡献。面对全球性问题,人类更需要从不同文明中寻求智慧、汲取营养。为此,习近平主席提出全球文明倡议。今天,世界著名哲学家、人类可持续发展学家齐聚一堂,将就人类古老智慧与未来可持续发展深入讨论,这对破解时代难题具有重要现实意义。

瓦西里奥斯表示,当今世界面临包括地缘政治撕裂加剧、全球金融危机、气候变化等多重挑战,需要全人类共同面对。孔子和亚里士多德作为两大古老文明的代表能为人类解决现代社会面临的问题提供智慧。

萨克斯表示,面对人类社会的各种问题,没有任何一个国家可以独善其身。全人类需要古老文明中所蕴含的智慧来解决当今世界的问题,这也是习近平主席提出全球文明倡议的意义。

开场致辞结束后,在肖军正大使的见证下,中国孔子基金会、雅典科学院、联合国可持续发展解决方案网络、雅典经济与商业大学、雅典娜研究与创新中心共同签署了战略合作意向书。

(来源:中国驻希腊大使馆网站)

【希腊语版《中华传统经典养生术》系列丛书新书发布签售会在雅典成功举办】

2023年6月29日晚,由希腊Kastaniotis出版社、Ianos书店、上海中医药大学和上海市气功研究所共同举办的《中华传统经典养生术》在雅典Ianos书店成功举行。《中华传统经典养生术》系列丛书希腊语版共8册,面向当地民众介绍中国道家文化及传统医学中保持身心健康和预防疾病的主要手段。Kastaniotis出版社社长Kantaniotis,中国驻希腊大使肖军正,上海中医药大学副校长王拥军,《中华传统经典养生术》系列丛书总策划、总主编、上海中医药大学太极健康中心负责人、上海市中医药研究院办公室主任李洁教授,《中华传统经典养生术》作者、上海市气功研究所所长许峰,中国哲学书籍翻译作家Kafteranis教授参加签售会并发言。

肖军正大使在开场辞中表示,中希同为文明古国,两国文化交流源远流长。值此中希文化和旅游年之际,两国合作出版《中华传统经典养生术》系列希腊语版丛书,使希腊民众能够有机会认识了解中国传统养生健康方式,在感受中国传统文化魅力的同时强身健体,具有十分重要的意义。

王拥军校长表示,《中华传统经典养生术》系列丛书的编纂方是上海市气功研究所,是上海中医药大学附属的专业研究中医气功的学术与文化传播机构,在国内外的气功研究领域有很大影响力,希望希腊朋友能借此机会爱上中国养生。

李洁教授和许峰所长分别就系列丛书的创作背景、目的、内容等进行介绍,Kafteranis教授强调中华传统文明和古希腊文明相似却又不同,此次图书出版是两个古老民族文明交流的一次伟大尝试。

发言环节结束后,在中希双方嘉宾的共同见证下,太极健康实践基地正式挂牌。

【希腊西阿提卡大学孔子学院揭牌仪式成功举行】

新华社雅典2023年7月3日电,希腊西阿提卡大学孔子学院日前在雅典举行揭牌仪式,这是希腊成立的第四所孔子学院。

中国驻希腊大使肖军正致辞说,上海中医药大学和西阿提卡大学成功举办孔子学院揭牌仪式,展现了中希双方对于进一步增强和加深互学互鉴、人文交流的磐石信念和坚定信心。中希关系正迎来新的发展机遇,两国人文交流、文明互鉴、教育合作大有可为。

西阿提卡大学校方表示,西阿提卡大学是(首都雅典所在的)阿提卡地区学生人数居第二位的大学,与外国大学加强合作符合该大学外向型的办学理念。

上海中医药大学校方表示,与西阿提卡大学合作成立孔子学院,不仅是为了推动分享中华文化,更是希望让更多朋友了解中国、爱上中医,共同探索中医药在国际舞台上的发展和展示。

双方校领导和孔院中、外方院长共同为西阿提卡大学孔子学院揭牌。

希腊西阿提卡大学孔子学院的中方合作机构为上海中医药大学,双方于2023年2月正式签署合作协议。

（来源:新华社）

【肖军正大使会见中希文明互鉴中心暑期研究班成员】

2023年7月15日,肖军正大使在德尔斐欧洲文化中心同中希文明互鉴中心第一批暑期研究班学生和学者交流。来自中国、美国、德国、奥地利、新加坡、韩国等国的学生和学者们相聚德尔斐,就社会伦理研究、美学起源、孔子和亚里士多德比较等话题进行交流,并就如何借鉴中希古老文明智慧,破解人类共同面临的挑战进行探讨。

【"留学中国"教育代表团在希腊开展教育交流活动】

2023年9月18日,中国留学服务中心组织"留学中国"代表团在希腊雅典举行"中希高等学校交流会暨留学中国说明会"。活动由中国留学服务中心和希腊留学服务中心(Study in Greece)共同主办,中国驻希腊大使肖军正,希腊教育部副部长米哈伊利杜女士等出席本次活动并与中国高校开展亲切交流。

肖军正大使在致辞中指出,教育交流与合作是中希关系中最重要组成部分之一,近年来,在两国政府的支持和两国高校的共同努力下取得重要进展。希望以此次交流会为契机,中希高校可以开展更加深入务实的合作。

活动开幕式上,中国留学服务中心副主任方永生与希腊留学服务中心主席米哈拉凯利斯签订合作备忘录,为双方组织高校开展国际交流合作奠定坚实基础。

活动当天,来自中国和希腊的高校代表分别介绍了各自院校的办学特色、国际交流和学术成果,以及积极推进校际交流与合作的积极态度。在下午举办的留学中国说明会现场,24所中国高校在展台向希腊的同学们详细展示本校的办学特色与亮点,提供留学中国的申请咨询。

此次是中国留学服务中心首次组织中国高校到希腊举办"留学中国"说明会。代表团中既有清华、北大、复旦等世界顶尖综合类大学,也有上海交通大学、中国科学技术大学、中国科学院大学等高新技术类大学,还有中央美术学院、上海中医药大学、北京林业大学等各专业领域优秀代表以及贵州大学、云南大学等地方知名院校,充分代表了中国高等教育最优质的教育资源以及各类院校的优势专业和学科。此次活动将有力推动中国高等教育"走出去",进一步做大做强"留学中国"品牌,为中希高校间教育交流与合作注入新动力,为中国、希腊青年一代的友好交往开启新篇章。

(来源:中国驻希腊大使馆网站)

【第二届中国—希腊大学校长论坛成功举办】

2023年11月1日,由中国教育国际交流协会和雅典理工大学共同主办的第二届中国—希腊大学校长论坛在希腊成功举办。中国驻希腊大使馆临时代办赖波,中国教育国际交流协会副秘书长傅博,希腊教育、宗教事务和体育部高等教育秘书长Odysseas-Ioannis Zoras,希腊教育部留学服务中心主任Michalakelis Christos,雅典理工大学校长Boudouvis Andreas和希腊大学协会轮值主席、雅典经济与商业大学校长Bourantonis Dimitris,兰州大学副校长勾晓华等出席论坛并致辞,希腊总理顾问Apostolis Dimitropoulos受邀出席论坛。来自32所中国高校和18所希腊高校的校领导及代表参加会议。此次论坛正值希腊总理米佐塔基斯访华前夕,为中希两国共建"一带一路"和文明交流互鉴的伙伴关系,深化教育领域务实合作,推动中欧关系健康发展打下坚实基础。

赖波指出,教育合作是中希人文交流和两国关系的重要组成部分,希望两国大学校长可以依托论坛的平台,积极讨论并建立校际合作,切实扩大学生和学者双向交流规模、开展校际联合研究项目等。

傅博强调,中希两国是东西方文明的代表,友好交往源远流长。中国教育国际交流协会愿为中希大学校长搭建交流互鉴和资源共享的平台,携于两国高校共同深入探索双方感兴趣的合作模式和领域,在师生流动、人才联合培养和科研合作等方面开展务实合作,互利共赢,共同推动中希教育高质量发展。

Odysseas-Ioannis Zoras表示,两国在高等教育国际化合作进程中取得了丰硕成果,希望双方高校能够充分探索联合培养和双轨课程的可能性,积极建立伙伴关系,推动对话和学术交流。

Boudouvis Andreas认为,中希两国在高等教育领域的合作存在着巨大的潜力,应在本科、研究生等不同层次进一步拓宽学生间双向流动,期待有更多师生到对方学校交流学习。

Michalakelis Christos 讲到,此次论坛的召开充分体现了多年来两国高校间建立的长久友谊,为规划未来务实合作的路线提供了交流平台。希望双方通过在学生流动、学术交流和联合研究等方面切实可行的努力,共同塑造高等教育的未来。

勾晓华认为,中希两国高校应巩固重点领域合作,实现强强联合,开展多种形式的中华文明和古希腊文明比较研究,推动青年一代增进理解互信,赓续传统友谊。

【赖波临时代办出席《复兴文库》赠书仪式】

2023年11月2日,中国出版集团有限公司在雅典大学举行向中希文明互鉴中心捐赠《复兴文库》丛书仪式。驻希腊使馆临时代办赖波、中希文明互鉴中心希方理事会主席维尔维达基斯、中方理事会秘书长王勇,中国出版集团旗下中图公司、中华书局、荣宝斋等负责人共同出席赠书活动。

赖波代办在致辞中表示,中国出版集团向中希文明互鉴中心赠送鸿篇巨制《复兴文库》,再一次丰富了中希文明对话交流的内涵,有助于中希文明互鉴中心取得更多学术成果。期待中国出版集团与中希文明互鉴中心和两国学者们在未来进一步深化合作,不断促进我们两大古老文明的对话、互鉴和共同发展。

中国出版传媒股份有限公司董事、副总经理于殿利在致辞中表示,希望此次《复兴文库》赠书活动,为希腊打开一扇了解中国的窗口、搭建一座人文交流的桥梁,进一步推动文明交流互鉴。

维尔维达基斯教授代表中希文明互鉴中心接受赠书并表示,《复兴文库》丛书将增进希腊学者对中国近代史和中国文明的理解和认识,愿充分发挥《复兴文库》丛书价值,助力中心取得更多研究成果。

(来源:中国—中东欧国家合作网站)

【中希"Z世代"青年交流活动成功举办】

2023年12月2—3日,中希"Z世代"青年交流活动在希腊沃罗斯色萨利大学孔子学院和比雷埃夫斯港成功举办。活动由中国驻希腊使馆和色萨利大学孔子学院共同主办,中远海运比港有限公司、雅典经商大学孔子学院、亚里士多德大学孔子学院、西阿提卡大学孔子学院、爱琴大学网络中文课堂大力支持和参与。中国驻希腊大使肖军正、色萨利大学副校长普罗维达斯、色萨利大学孔子学院院长王晓红、亚里士多德大学孔子学院希方院长罗兰及50余名两国"Z世代"青年参与。

肖军正大使在致辞中表示,教育交流与合作是中希关系的重要组成部分,语言教学已成为中希教育合作发展最活跃的领域之一。当前希腊高校已建立4所孔子学院和全球首家"中文网络课堂",中国也已有6所大学开设全日制希腊语本科专业,正是语言的交流推动了两国人民了解对方的历史文化,拉近距离,增进友谊。希望两国青年朋友们以语言为媒,相互学习,共同成长,为两国的友好交往搭建更多、更宽的桥梁。

普罗维达斯副校长表示，很高兴看到沃罗斯因为孔子学院的建立而变得更富生机与活力。经过多年发展，色萨利大学如今已经在希腊大学排名中名列前茅，孔子学院的师资力量也日趋完善，期待在未来能够有更多希腊青年学习中文，更好地参与两国各领域交流。

王晓红院长和罗兰院长作为中方和希方孔院院长分别向来自中国和希腊的学生介绍了两国的历史文化及语言表达的异同。资深旅希学者谢敏和雅典大学博士生陈思聪分别结合个人经历就如何学习希腊语作简短发言。使馆向中国在希留学生开展领事保护讲座。

在活动的最后，两国青年轮流展开有奖知识竞赛，内容覆盖中希两国基本国情、历史文化、传统节日习俗等多领域，现场气氛活泼热烈。

12月3日，中希青年共同赴中远海运比港有限公司参观，以实地考察的方式深入了解两国在"一带一路"框架下合作的丰硕成果。两国青年纷纷表示，愿意以语言为钥匙叩开古老文明的大门，更多了解两国悠久的历史文化，为推动两国友好往来贡献自己的力量。

（来源：中国驻希腊大使馆网站）

【中文课成为亚里士多德大学正式学分课程】

2024年1月15日，在希腊亚里士多德大学孔子学院主办的新年切蛋糕活动上，该校外语教学中心负责人马塞乌达基斯教授正式宣布，2024年春季学期，孔子学院将在本校外语教学中心开设4个中文班，学时计入大学总学分。这是亚里士多德大学孔子学院中文课程成功走进外语教学中心并首次成为大学学分课程，也是该校孔院发展过程中的新突破和重要里程碑。

亚里士多德大学孔子学院中方院长鲍晓英、希方院长罗兰均表示，未来孔院将继续扩大教学规模，提高中文教学质量，服务更多对中文、中国文化感兴趣的当地学生，促进中希文化交流。

（来源：中国驻希腊大使馆网站）

【肖军正大使出席中希文明互鉴中心成立一周年学术冬令营活动】

2024年2月20日，肖军正大使赴克里特大学雷希姆诺校区，参加中希文明互鉴中心成立一周年学术冬令营活动。肖大使对中心成立并成功运营表示祝贺，高度评价一年来中心在开展高校联合人才培养、推动学者互访、学术研究和推广等方面取得的成绩，表示中心必将在促进文明交流互鉴方面发挥积极作用，为解决人类面临的突出问题和矛盾贡献古老文明的智慧。

会前，肖军正大使同克里特大学校领导以及西南大学崔延强副校长、王勇教授，中心希方理事会成员克洛伊教授等学术召集人举行简短会谈，就中希高校间开展学术研究合作和学生互换交流进行讨论。

会后,中希文明互鉴中心、克里特大学研究中心、西南大学共同举办的"文明的起源与互鉴"学术冬令营正式开营,来自国内西南大学及西南地区高校的15名中方学生和希方学生共同参加。

（来源：中国驻希腊大使馆网站）

中希经济与科技交流

【希腊驻广州总领事到访江门 深化双方交流合作】

2023年2月3日,希腊驻广州总领事马提诺斯·曼达里蒂斯到访江门。市委常委、统战部部长李惠文会见了马提诺斯·曼达里蒂斯。李惠文表示,一直以来,江门与希腊有着良好的经贸合作关系,江门旅居希腊的华侨华人为推动双方交流合作作出了积极贡献。当前,广东省委省政府正全面推进高质量发展,江门以实体经济为本,坚持制造业当家,按照"六大工程"部署要求,推进经贸合作,加快构建新时代侨都高质量发展新格局。在对欧合作方面,"江门号"中欧国际货运班列2022年已开通运营,正在加快建设的中欧（江门）中小企业国际合作区围绕新一代电子信息、智能家电、食品加工等战略产业集群,不断加强与希腊等欧盟国家之间的产业合作。希望双方以此次会面为契机,深化拓展交流合作,实现互利共赢、协同发展。马提诺斯·曼达里蒂斯说,江门着力打造的新一代信息技术、船舶制造业等产业也是希腊发展的主要方向,希望进一步寻找希腊与江门的合作机遇,加强沟通联系,推动希腊与江门在经贸、文化、旅游等领域开展合作。当日,马提诺斯·曼达里蒂斯先后参观了江门市规划展览馆、中国侨都华侨华人博物馆,实地考察了鹤山中欧创新中心。

【中希签署航运金融合作协议】

2023年2月10日,上海陆家嘴金融城理事会与希腊航运金融协会以视频方式签署战略合作协议,旨在进一步促进浦东新区航运业的国际交流合作,助力上海国际航运中心建设。上海浦东新区副区长杨朝、中国船级社副总裁范强、希腊海运部副部长卡萨法多斯,以及希腊各主要航运协会代表和重要船东代表参加。中国驻希腊使馆经济商务参赞李颖女士出席签署仪式并致辞。

李颖参赞代表中国驻希腊大使肖军正对双方签署战略合作协议表示热烈祝贺,并高度赞赏希腊海运部等政府部门对中希航运合作给予的大力支持。李颖表示,在中希共建"一带一路"倡议合作框架下,两国在海运、造船、港口运营等领域合作不断深化,树立了互利共赢合作的典范。希望双方有关企业和机构以此次战略协议签署为契机,进一步加强沟通交流,促进两国航运金融合作迈上新台阶。

希腊航运金融协会主席希拉达基斯表示,近几十年来,希腊与中国建立了以海洋为依托的强大互补关系。该协议的签署象征着两个海事中心之间的持久合作和牢固的联系。希腊控制着世界25%的远洋商船队,与世界最大出口国中国的协同效应显而易见。在过去15年里,希腊船东在中国造船厂建造了1000多艘船,价值超过500亿美元。

陆家嘴金融城理事会理事长单位代表、交通银行副行长黄红元与希腊航运金融协会主席希拉达基斯通过视频方式展示了签署的协议。根据协议,双方将搭建两大国际航运中心城市之间的对话交流平台与协作网络,推动两地航运企业和金融机构互动交流,以促成两地企业合作,形成常态化的对话机制和互访机制,推动两大国际航运中心城市在全球共同关注的重要议题上协同联动。

(来源:中国驻希腊大使馆经济商务处网站)

【希腊中资企业协会成功加入境外商会联席会议】

2023年2月15日,境外中资企业商(协)会联席会议2022年度理事会议在北京召开,商务部合作司钱春莺巡视员出席,投资促进局于广生副局长主持。会议审议并通过了希腊中资企业协会的入会申请。

希腊中资企业协会会长、中远海运比雷埃夫斯港口有限公司(PPA)董事长俞曾港代表协会发言。俞曾港表示,感谢商务部和联席会议对希腊中资企业长久以来的支持和帮助,希腊中资企业秉承合作共赢、融合发展的理念,依法合规经营、持续投资当地,为中希高质量共建"一带一路"和促进文明互鉴不断贡献力量。目前,希腊中资企业协会共有正式会员20余家,中希员工上千人,涉及港口、能源、航空、通讯、金融等重要行业领域,在当地建立了广泛的业务网络和良好的对外关系,以负责任的形象讲好中国故事。比如比雷埃夫斯港,在中远海运集团运营下已成为地中海领先集装箱港口、欧洲最大渡轮港口、欧洲第三大邮轮港口以及地中海汽车船中转港和修船中心。2022年,中远海运比港经营业绩再创历史纪录,并以瞩目的经济贡献荣获希腊旅游部颁发的"旅游行业特别贡献奖",以及希腊最大航运媒体颁发的"2022年希腊经济钻石奖"。

俞曾港还表示,希腊中资企业协会成功加入境外商会联席会议,充分体现了商务部和联席会议的关心和信任,这是对协会的鼓舞和勉励。希腊中资企业协会将在商务部和联席会议的指导下,与各成员单位密切沟通、互学互鉴、勇于担当、携手奋进,推动协会各企业可持续、高质量发展,为中希经贸合作与各领域交流作出新的贡献。

【肖军正大使出席"国际化的比雷埃夫斯海运中心"活动,介绍中国经济发展成就与中希合作机遇】

2023年3月7日,由比雷埃夫斯工商会和希腊航运金融协会共同举办的"国际化的比雷埃夫斯海运中心——全球供应链的重要推动力"活动在比雷埃夫斯海事俱乐部举办。肖军正大使出席并发表主旨讲话,介绍中国过去十年经济发展成就、未来经济发展前景,以及中国新发展为希腊带来的机遇。来自希腊大型海运集团、航运协会组织、金融企业、部分国家使团以及媒体的120余名嘉宾参会。

肖军正首先向来宾介绍中国经济的发展成就和前景，通过数据和图片展示了中国过去10年经济总量和国际地位的大幅跃升，创新成为经济增长主要驱动力，经济结构持续优化，全面开放的新格局加快形成。肖军正表示，正如习近平总书记指出，中国经济"韧性强、潜力大、活力足"，国际机构普遍看好中国经济的发展前景，国际货币基金组织在2023年1月将2023年中国经济增速预期由4.4%调高至5.2%，意味着中国将为世界经济贡献40%的增量。

肖军正指出，中国承诺坚持对外开放基本国策，坚定奉行互利共赢的开放战略，不断以中国新发展为世界提供新机遇。对希腊而言，中国带来至少四方面机遇：一是高潜力的超大规模市场机遇，全体人民共同富裕的现代化将创造拥有巨大购买力的超大规模市场，消费更多优质希腊产品，也会有更多中国游客赴希旅游。二是高水平的制度型开放机遇，中国将稳步扩大规则、规制、管理、标准等制度型开放，愿意激活中欧投资协定，使希腊作为中欧合作的门户地位和桥梁作用进一步凸显。三是高附加值的"中国智造"转型机遇，中国将实现由中国制造向中国智造转变，希腊船队在把中国商品运往世界市场上可以占有更多先机，成为全球供应链稳定的关键一环。四是高质量共建"一带一路"合作机遇，中国与"一带一路"沿线国家年度贸易额累计超过12万亿美元，在沿线国家直接投资累计超过1800亿美元，将继续同各伙伴国家推动共建"一带一路"高质量发展。希腊在共建"一带一路"上的支点作用进一步凸显。

肖军正表示，比雷埃夫斯港是地中海上的明珠，它不仅属于希腊和欧洲，也属于全世界。中国赞成将比港打造成国际海事和航运中心，助力希腊建设重要国际物流中转枢纽的战略。为此，中方鼓励中资企业与当地社群共同成长，帮助比港周边居民持续改善经济状况，为希腊经济作出更大贡献。中远海运比港将认真落实港口发展总体规划，推进投资项目逐步展开，大力发展"中欧陆海快线"，为远东至中东欧腹地的商品提供更为便捷、更低成本的通道。中方愿与希方加快探索开发建设大型工业园区的可行性，充分利用比港物流枢纽优势，使中国创造和希腊制造深度融合。同时，作为世界最大造船国，中国将发挥自身技术、资金优势，同希腊船东一起推进航运业绿色转型。

肖军正最后强调，中希是共建"一带一路"合作的重要伙伴，两个古老文明互相镜鉴，国家间没有历史包袱，双方人民之间具有天然的好感。随着后疫情时代的到来，中国正按照中共二十大确定的方针路线加快推进高水平对外开放，两国可以乘此东风进一步深化发展战略对接，稳步提升航运、能源、通信、金融等领域合作水平，积极挖掘海洋经济、绿色转型、数字创新等领域合作潜力。相信在双方共同努力下，双边经贸合作一定能取得更丰硕的成果。

希腊航运金融协会主席希拉达基斯表示，希中两国航运合作历史悠久，过去数十年希腊航运业在中国经济快速发展进程中发挥了重要作用。中国也为希腊船东建造了超过

1300艘船舶,特别是过去十年希腊船东有一半的新船在中国建造。希腊航运金融协会日前与陆家嘴金融城理事会签署了合作谅解备忘录,将致力于促进两国航运金融合作。作为世界最大船东国的国际海事中心,比雷埃夫斯活跃着970家船舶管理公司和3300家航运相关企业,是全球供应链的重要组成部分。海洋是希中合作的纽带,我愿与大使先生共同努力,协助推动两国相关领域共赢合作不断深化。

比雷埃夫斯工商会主席科基迪斯致辞表示,比雷埃夫斯港是希中两个海洋大国的"交汇点",中远海运集团的成功投资推动比港快速发展,成为欧盟排名第五的大港。希腊人民不会忘记在最艰难时刻,是中国对希腊和希腊人民予以信任,提供了宝贵的投资支持。事实也证明,中远海运比港的管理层和员工以奉献精神和负责任态度继续比港的可持续发展进程。今天,比港已经成为中国商品进入欧洲乃至更广区域的"门户",希腊企业也希望通过比港使更多自己的商品进入中国市场。相信在希中双方共同发展比港的目标下,比港一定可以成为中国与希腊、亚洲与欧洲的商品转运枢纽。

(来源:中国驻希腊大使馆网站)

【中国(宁波)—希腊经贸合作对接会于雅典举行】

2023年3月18日,中国驻希腊大使馆经商参赞李颖参加在雅典举办的2023年希腊国际食品展,并在中国(宁波)—希腊经贸合作对接会上致辞。

李颖参赞表示,中国一直高度重视与希腊的经贸合作。尽管三年疫情阻碍了人员交往,但中希两国经贸合作持续发展,双边货物和服务贸易不断增长。2021年中希双边贸易额首次突破100亿美元大关,2022年中希贸易额继续逆势上扬,增幅达到14%,创下138.2亿美元的历史新高。目前,中国已成为希腊第四大全球贸易伙伴,希腊是中国在中东欧国家中第四大贸易伙伴。随着中国式现代化全面推进,2035年中国中等收入群体预计将超过8亿,这将为希腊产品进入中国带来巨大的市场机遇。此次,浙江省宁波市专门组织20家进口贸易商组成"宁波采购团"来雅典参加食品展,就是中国致力于扩大自希腊在内的中东欧国家产品进口的例证,我们也欢迎希腊企业积极参加2023年5月在宁波举办的第三届中国—中东欧国家博览会。

希腊国际食品展已成为东南欧规模最大、最有影响力的食品饮料专业展会,本届展会面积4.5万平方米,参展商超1000家。展会上,4家宁波企业和希腊企业签订了合作意向书,签约金额达1.5亿美元,产品涉及橄榄油、红酒、海产品及保健品等。

(来源:中国驻希腊大使馆经济商务处网站)

【肖军正大使会见雅典工商会主席埃夫拉莫格鲁】

2023年3月22日,中国驻希腊大使肖军正会见雅典工商会主席埃夫拉莫格鲁女士,双方就加强后疫情时代两国企业交往、促进双边经贸合作进行深入交流。

(来源:中国驻希腊大使馆网站)

【第十八届"酒博会"主宾国希腊：将以酒为媒加强中希经贸文化交流合作】

2023年3月30日，四川省人民政府新闻办举行"第十八届中国国际酒业博览会新闻发布会"。希腊驻华大使馆商务参赞海茨彼得洛斯·乔治在发布会上介绍了作为本届"酒博会"的主宾国的希腊为加强中希经贸文化交流合作而开展的活动。

2023年是共建"一带一路"倡议提出十周年。2018年，希腊成为第一个加入"一带一路"倡议的欧盟成员国。2023年2月，中希文明互鉴中心在雅典成立，该中心的成立是中希双边关系发展和世界文明交流的标志性成果。

海茨彼得洛斯·乔治表示，希望进一步加强中希经贸文化交流合作，推动"一带一路"建设和中希友好关系的发展，"希腊作为第十八届中国国际酒业博览会的主宾国，双方古老的酒文化在泸州不期而遇，正如中希双方的伙伴关系一样，我相信一定会交织出一幅令人向往的美好画卷"。

海茨彼得洛斯·乔治表示，本届酒博会，希腊将在390平方米的主宾国馆内，集中展示、推介希腊多种特色酒品，包括葡萄酒、白兰地、蜜酒等，让中国消费者更好地认识和了解希腊酒文化。还将展示、推介希腊各类文化产品，包括艺术品、手工艺品、文学、音乐、旅游、美食等，让中国观众更加了解希腊文化。届时，希腊驻华大使将率经贸代表团，出席酒博会开幕式、希腊馆开馆仪式、希腊系列推介活动等。

（来源：四川新闻网）

【"第十八届中国国际酒业博览会"希腊主宾国馆开馆仪式盛大举行】

2023年4月13日，由中国酒业协会主办，中国轻工业联合会重点支持的"第十八届中国国际酒业博览会"在泸州拉开序幕，本届酒博会邀请希腊作为主宾国，希腊主宾国馆在13日上午举行开馆仪式。

中国酒业协会秘书长何勇在希腊主宾国馆开馆仪式上发表的致辞中提到，希腊与中国都具有悠久的酿酒历史，并在长期互帮互助、酒业交流的过程中结下了深厚的友谊。何勇秘书长同时表示，希腊是中国重要的战略合作伙伴，酒博会作为一个开放、包容、多样化的展示平台，衷心希望对希腊等众多国家的酒类产品和文化进行推介，并向希腊对酒博会和中国酒业发展的倾力支持表示感谢。

公元前5世纪末期，古希腊历史学家修昔底德曾说："当他们学会种植橄榄和葡萄，地中海的人民才开始脱离蛮荒进入文明。"希腊是欧洲葡萄酒的发源地，更是葡萄酒重要生产国之一。可以说，希腊葡萄酒的发展贯穿于整个希腊文明史。而历史的车轮滚滚向前，2018年，希腊成为第一个加入"一带一路"倡议的欧盟成员国，2023年则是共建"一带一路"倡议10周年。为了让中国消费者更好地认识和了解希腊葡萄酒与希腊特色文化，本届酒博会，希腊在390平方米的主宾国馆内集中展示、推介希腊包括葡萄酒、白兰地、蜜酒在内的多种特色酒品，同时展示、推介希腊包括艺术品、手工艺品、文学、音乐、旅游、美食等在内的各类文化产品。

自2016年设立主宾国以来,格鲁吉亚、澳大利亚、法国、意大利、智利、阿根廷等先后担任主宾国,酒博会累计成交额超5亿元。2022年,阿根廷受邀成为第十七届酒博会的主宾国,尽管受疫情影响,展商数量仍然达到了1100家。本届酒博会以希腊为主宾国,充分展现了泸州和中国酒业的国际化风采,深度助力开放合作。诚如希腊驻华大使埃夫耶尼奥斯·卡尔佩里斯(Evgenios Kalpyris)所言,希腊代表团旨在通过希腊作为主宾国的机会,大力推动与中国生产商和各专业人士在中国西部建立起更广泛的联系,并进一步加强人与人之间的交流。

开馆仪式上,希腊驻华大使率经贸代表团,出席酒博会开幕式、希腊馆开馆仪式、希腊系列推介活动等。通过这些活动,希腊希望进一步加强中希经贸文化交流合作,推动"一带一路"建设和中希友好关系的发展。希腊驻华大使埃夫耶尼奥斯·卡尔佩里斯对此表示:"酒博会将超越其酒类产品本身,为旅游文化等多方面的交流与合作提供更多的机会。"

(来源:新浪财经网站)

【上海临港新片区希腊双边投资促进宣介会成功举办】

2023年4月25日上午,中国(上海)自由贸易试验区临港新片区希腊双边投资促进宣介会在中远海运比港港务局(PPA)成功举办,上海市委常委、临港新片区党工委书记、管委会主任陈金山,中华人民共和国驻希腊大使肖军正,临港新片区党工委委员、管委会专职副主任赵义怀,希腊阿提卡省长乔治·帕图利斯(George Patoulis),希腊海运部秘书长马诺利斯·库图拉基斯(Manolis St. Koutoulakis),比雷埃夫斯市长亚尼斯·莫拉里斯(Yannis Moralis)等出席活动。

上海外办欧非处处长李春平主持了当天的活动,会议吸引了来自国际商会、国际组织、政府部门,以及希腊本地船东、码头公司、物流公司和全球多家航运组织、航运工会等重点机构参加,线上、线下出席活动人员超过500人。

(来源:《新民晚报》)

【第六届进博会在希腊开展全面宣介】

2023年5月31日、6月1日,中国国际进口博览局副局长刘福学率工作组一行走进"西方文明的摇篮"——希腊,开展第六届进博会宣介活动,与中国驻希腊大使馆、希腊企业局、希腊比雷埃夫斯工商会、雅典工商会、The Newtons Laboratory S.A.、中远海运希腊比雷埃夫斯港口有限公司、中国银行雅典分行等企业与机构开展工作座谈。

工作组与肖军正大使就进博会在促进中希双边贸易方面所发挥的作用等交换意见。

工作组向参加座谈的机构和企业介绍了进博会的重大意义及概况,详细解读了相关支持政策,认真听取了往届参展反馈及未来参展期待。其间,还就中国银行作为进博会战略合作伙伴为展商提供贸易撮合服务,中远海运作为进博会核心支持企业参与招展和展品运输服务等与其境外工作团队开展交流。

宣介活动中,进口博览局分别与希腊比雷埃夫斯工商会、雅典工商会、The Newtons Laboratory S.A.等机构和企业签署了合作备忘录,与希腊企业局签署了国家展参展合同。

诚邀希腊企业与机构参与进博会,欢迎希腊船运、旅游、消费品、食品等优势产业和产品通过进博会平台进入中国市场,共同推动中希贸易可持续发展。

(来源:中国小康网)

【"东方比雷埃夫斯"号大型集装箱船首航停靠希腊比雷埃夫斯港】

2023年7月10日,"东方比雷埃夫斯"号大型集装箱船抵达希腊最大港口比雷埃夫斯。港方以"水门礼"欢迎这艘近400米长的集装箱船首航挂靠比港。

中国远洋海运集团比雷埃夫斯码头有限公司(PCT)董事总经理张安铭在欢迎仪式上说,"东方比雷埃夫斯"号今天的停靠,充分说明了比港已经成为亚欧非洲之间新贸易路线上的重要一环。

该集装箱船所属的东方海外货柜航运有限公司代表迪安·鲁塞尔说,公司投巨资建造如此大型集装箱船表明公司对全球贸易,特别是东西方贸易航线的繁荣与未来充满信心。该公司是中远海运的成员公司之一。

"东方比雷埃夫斯"号长399.9米,宽61.3米,可装载24188个标准集装箱,是世界上最大的集装箱船之一。该船于6月10日从上海开启首航,正式投入海外航线运营,预计这次航行84天,挂靠13个港口。

(来源:新华社)

【中希航运金融交流会成功举办】

2023年9月6日,为庆祝"一带一路"倡议提出十周年,中国驻希腊使馆和希腊航运金融协会在希腊比雷埃夫斯联合举办中希航运金融交流会。中国驻希腊大使肖军正、中国进出口银行行长任生俊、希腊航运金融协会主席希拉达基斯、希腊央行副行长佩拉吉迪斯以及来自中希航运、金融界的70余名代表参加了会议。

中国进出口银行行长任生俊在致辞中指出,中国进出口银行是全球最主要的船舶融资机构之一,银行提供的航运信贷产品同时涵盖船舶建造和航运物流两大板块。目前,中国进出口银行累计支持希腊船东在华订造各类船舶百余艘,提供融资及保函金额数十亿美元。下一步,中国进出口银行将在"一带一路"框架下继续推进中希航运金融合作,并提出四点具体建议。

肖军正大使在致辞中表示,航运金融对保障航运业健康经营和全球物流链、供应链稳定至关重要,考虑到中希两国船队的巨大规模,中希两国航运界、金融界为世界贸易和经济发展的贡献巨大。近年来,中国航运金融发展迅速,金融机构不断加大对航运的支持力度。中希同为世界航运大国,中方愿以"一带一路"倡议提出十周年为契机,同希腊朋友一道,深刻把握航运金融发展方向,共享航运金融发展机遇。

希腊航运金融协会主席希拉达基斯在致辞中表示,很高兴在"一带一路"倡议提出十周年之际同中方共同举办此次专题对话交流活动。希中两国航运合作源远流长,希腊商船队曾长期承运中国大量进出口大宗货物,两国航运金融合作进展顺利。中国进出口银行是最早支持两国航运金融合作的金融机构之一,希方深表赞赏。期待未来双方进一步深化友好交流与合作,实现互利共赢。

希腊央行副行长佩拉吉迪斯在致辞中表示,在当前复杂多变的国际背景下,共建"一带一路"所发出的对话与合作信号的重要性日益凸显。中国是希腊以及欧盟最重要的贸易合作伙伴之一,比港是海上丝绸之路与欧洲的交汇点。当前,希腊经济正稳步发展,中国的中产阶层正不断壮大,给包括希腊在内的世界各国带来新机遇。希方真诚期待两国的友谊与合作在未来不断深化拓展。

在对话与交流环节,中希两国航运、金融界代表就行业关心的话题进行了热烈讨论,特别就中国进出口银行的融资政策具体内容和操作方式进行了充分交流,有效促进了中希航运金融交流合作和商机分享,助力两国船舶和航运贸易发展。

(来源:"以希腊之名"公众号)

【"天府云医·海外惠侨远程医疗站"希腊站启用】

2024年2月21日,"天府云医·海外惠侨远程医疗站"希腊站在希腊华侨华人总会正式启用。中国驻希腊使馆公参赖波、主任郭晓宇,四川省海外联谊会副会长王小晴出席启动仪式,四川省中医药管理局副局长米银军、四川省中医院院长谢春光线上出席启动仪式。

赖波公参表示,中医是中华优秀传统文化瑰宝,四川省借助"互联网+"的优势守正创新,不仅解决了侨胞的急难愁盼问题,更是擦亮了中医文化这张名片。赖公参感谢了四川省侨办一系列暖侨惠侨行动,表示将一如既往支持推进四川省在希交流合作,共同打造中华优秀文化金字招牌,同四川省侨办一道将祖国的关怀与温暖传递给每一位旅希侨胞。驻希腊使馆将积极引导希腊人民了解中医,了解中华优秀文化,了解中国经济社会发展,助力中国式现代化和中华民族复兴伟业。

王小晴指出,四川省侨办始终将海外侨胞急难愁盼记挂在心,充分发挥四川省中医药资源优势,会同省中医药局以及省内相关中医院等共同建设"天府云医·海外惠侨远程医疗站",组织四川各医院专家定期开展在线诊疗、中医康养讲座等服务,精准满足海外侨胞对中医诊疗、中医文化的迫切需求。

米银军表示要充分发挥四川省级龙头中医药机构的引领作用,积极整合优势资源,把中医药海外惠侨做实做细做精,让优质的中医药服务惠及更多的海外侨胞。四川中医药将继续携手四川省侨办,为海外侨胞遮风避雨,期待与旅希侨胞开展更多中医药合作,共建"一带一路"生命之路、健康之路。

谢春光表示,四川省中医院将充分发挥中医药特色优势,不断提升"中医关怀"和服务能力,通过中医药在线问诊咨询和文化科普等多种活动形式,切实造福希腊侨胞和当地民众,共同推进中医药和中华文化的国际传播与推广。

希腊华侨华人总会会长邹勇向大家展示了"海外惠侨远程医疗站"实景,并对四川省侨办与希腊侨界保持紧密联系,建立暖侨惠侨长效机制积极满足旅希侨胞对中医诊疗、中医文化传播的常态化需求表示衷心感谢。

四川省中医院副主任医师、成都中医药大学附属医院急诊科副主任金伟医生同希腊侨胞开展了首次远程问诊,金医生通过视频"望闻问切",运用在场医疗设备了解病情并精准开方给药,得到了在场侨胞的一致好评。

(来源:人民网)

【广州港与比雷埃夫斯港签署绿色港口合作协议】

2024年2月24日上午,中远海运(比雷埃夫斯)港口有限公司与广州港集团有限公司在中远海运比港举行友好合作备忘录签署仪式。广州市市长孙志洋、比雷埃夫斯市市长莫拉里斯、中国驻希腊大使肖军正现场见证签约。中远海运比港副总裁佐尼斯、广州港集团副总裁宋小明分别代表双方签署绿色港口合作备忘录,为中希两地港口开拓绿色合作新机遇。

中远海运比港董事长俞曾港致辞表示,中远海运比港作为"一带一路"重点项目,始终坚持合作、可持续发展的理念,通过建设"绿色智慧比港"的路径,进一步强化全欧洲贸易通道建设的"点、线、面"立体布局,提高希腊港口和物流服务能力,促进欧亚贸易。此次与广州港签署绿色合作备忘录将是两港共同携手可持续发展的新起点。

广州市政府副秘书长吴林波致辞表示,广州港与比雷埃夫斯港签署合作备忘录,标志两港合作迈向新未来。两港将继续携手共进,推进人才交流培训、集装箱航线开通、绿色港口发展、创新技术应用等领域的务实合作,共同开拓更广阔的市场,为广州市和比雷埃夫斯市友好交流和合作谱写新的篇章。根据合作协议内容,双方将遵循"合作共赢、优势互补、共同发展"原则,深化双方合作,建立面向未来的长期战略合作伙伴关系,巩固双方缔结友好港的关系。积极把握"一带一路"倡议的发展机遇,深入对接和服务"一带一路"建设,充分发挥广州港和比雷埃夫斯港作为中希两国贸易门户的优势,实现港口间深度互联互通,以更加便捷、畅通、优质、高效的港口综合物流服务,推动中希两国务实合作不断发展。

(来源:广东省交通运输厅网站)

中希文化与体育交流

【"2023欢乐春节——中希青少年音乐会"成功举办】

2023年2月4日,一场充满青春气息的"2023欢乐春节——中希青少年音乐会"在希腊享誉盛名的百年名校杜卡斯学校举行,来自中希两国的500名各界友人在此共度元宵佳节。

音乐会由雅典中国文化中心和杜卡斯学校共同举办,中国驻希腊使馆领事孙明宇、雅典中国文化中心主任任刃、杜卡斯学校主席康斯坦丁诺斯·杜卡斯、希腊环保部前副部长斯科迪里斯、希腊国家音乐厅音乐之友主席查基奥拉基斯等出席活动。

孙明宇在致辞中表示,中希两国在青少年音乐艺术领域具有广阔的合作空间。此次中希青少年音乐会就是双方音乐合作、艺术交流的具体体现,两国青少年通力合作,共唱中希合作,共话中希友好。希望中希两国青少年也能够以此为开端,为中希艺术合作、中希关系发展、中希文明交流互鉴开启新的篇章。

康斯坦丁诺斯·杜卡斯在致辞中表示,杜卡斯学校延承了希腊重视音乐、艺术教育的理念,在这里每一个孩子可以充分发挥自己的能力。中国与希腊有着同样伟大和璀璨的文明,能够在这次活动中让两国孩子们彼此认知、相互了解,具有重要意义。希望在未来能有更加广阔而深入的合作。

任刃在致辞中表示,两国青少年在此以音乐为媒介架起中希人文交流的桥梁,共贺新春,畅叙友谊,增进了解,体现了两大古老文明的和合之美。希望两国青少年以此为契机,在今后为中希友谊和文明互鉴贡献自己的力量。

此次音乐会以旅希华人青少年音乐爱好者和杜卡斯学校学生为主。两国青少年以极富感染力的希腊传统歌舞、合作耳熟能详的世界经典乐曲、演奏独具特色的两国传统乐器等方式同台交流,表达对中国和希腊的美好祝福。

音乐会在55人的合唱团和乐队的欢快节奏中开场,音乐厅气氛瞬间进入高潮。《莫扎特第二协奏曲》《渔舟唱晚》《青城山下白素贞》《克罗地亚狂想曲》、希腊传统舞蹈轮番上场,小提琴、钢琴、二胡、古筝、布祖基等乐器一一登台,现场观众掌声、欢呼声此起彼伏。

本次音乐会的中方艺术指导矫健老师在采访中表示,演员们充满热情,演奏具有一定专业水准,是一场经典传承的精彩演出。

本次音乐会的两位小主持人均是杜卡斯学校在读的中国学生,正如中国、希腊两个文明古国的世代友好一样,他们也在这里收获了友谊。小演员们的认真热情、积极参与,使这场音乐会成为经典传承、两国青少年共叙友谊、彼此交流的精彩演出。现场观众们纷纷表示,活动增加了孩子们了解不同文化的途径,也增强了中希两国学生及家长的互动交流,希望能在今后看到更多这样的活动。

(来源:人民网)

【古希腊经典悲剧《厄勒克特拉》在沪上演】

由上海话剧艺术中心制作出品、"经典戏剧·上话重绎"系列古希腊经典悲剧《厄勒克特拉》于2023年4月15日晚在上海话剧艺术中心·艺术剧院首演。该剧将持续上演至4月22日,上海演出之后还将作为第三十三届澳门艺术节受邀剧目于5月13日至14日在澳门文化中心综合剧院演出两场。

《厄勒克特拉》是古希腊三大悲剧诗人之一索福克勒斯写于2500年前的剧作。此版《厄勒克特拉》首演于2018年,由中国、希腊两大主创团队联手打造。该剧特邀长期从事古希腊戏剧研究的中希文化交流学者、导演罗彤担当中文剧本翻译,希腊著名导演米哈伊·马尔玛利诺斯执导,今年演出复排导演为黄芳翎,古希腊乐器专家、希腊国家剧院合作音乐家迪米特里斯·卡玛罗托斯作曲,赵晗担任文学顾问,希腊籍柏林装置艺术家尤尔格斯·萨普恩吉斯身兼舞美与服化设计,希腊舞蹈家阿纳斯塔西奥斯·卡拉哈里奥斯担任编舞。

公元前5世纪希腊城邦发展迅速,特别是雅典,人们会讨论一个人在城邦当中应该怎么生活,《厄勒克特拉》体现了对于城邦人的一种关注。"厄勒克特拉到底是什么?索福克勒斯没有给出答案。然而,上海话剧艺术中心的话剧《厄勒克特拉》却围绕着一系列关键词,敲打着我们的脑洞。导演米哈伊早年曾经主修神经学,这样的经验最终体现在他的演出中。《厄勒克特拉》乍看起来有些神经质、有些疏离、有些梦游,但隐藏在所有这些非常自我、非常外在表现形式之下的,却是他对古希腊戏剧的敬畏和忠实。你甚至可以在很多看似现代的舞台处理中,找到亚里士多德的影子。"中文剧本翻译罗彤如是说。

在《厄勒克特拉》中,保留并运用了歌队形式,增强了悲剧的震撼力,也是古希腊戏剧的独特魅力。导演米哈伊在创作过程中曾说道:"歌队是古希腊悲剧的主要特色,定义了古希腊悲剧的特色乃至结构。歌队为悲剧注入了公众感、公共空间以及公共集体记忆。歌队成员神秘、不知来去,像敏感的乐器一样,与这个地方、这个时代悲痛的节奏共鸣。没有歌队,就没有古希腊悲剧。"

《厄勒克特拉》的音乐均由本剧编曲迪米特里斯创作,结合了古希腊乐器双管笛和中国古乐器笙。双管笛曾在公元前5世纪最早的古希腊悲剧演出中使用,出土文物常年展览于大英博物馆,至今已有2000多年未曾听到了。迪米特里斯特邀希腊传统管乐器制造大师乔霍斯·阿波斯托拉卡斯专门依照考古发现重新制作了公元前450年的古希腊双管笛,在演出中由两位青年音乐家现场演奏。两种年代相近的古乐器,跨越时间与地域,在《厄勒克特拉》的舞台上相遇,给观众带来一首来自2500年前的悲歌。

上海话剧艺术中心自2013年起推出"经典戏剧·上话重绎"系列,计划每年推出1至2部国内外经典戏剧,把该国最具代表性的戏剧作品、编剧、导演,上海话剧艺术中心优秀的演员们推介给观众。目前该系列已成功推出契诃夫经典话剧《万尼亚舅舅》、莫里哀经典喜剧《太太学堂》、田纳西·威廉斯经典话剧《玻璃动物园》、莎士比亚经典历史剧《亨利五世》。索福克勒斯的古希腊经典悲剧《厄勒克特拉》是该系列的第五部作品。

（来源：中国新闻网）

【"茶和天下"雅集在希腊雅典成功举办】

2023年5月6日，由中国文化和旅游部、中国驻希腊大使馆联合主办，中国对外文化交流协会、北京市文化和旅游局、雅典中国文化中心等单位共同承办的"茶和天下"雅集活动在雅典隆重举办。希腊文化和体育部、普西贡市政府、雅典工商会、希腊旅游组织、雅典大学、希中友协等希腊政治、经济、文化、教育界人士近百人出席了活动。

中国驻希腊使馆文化参赞王滢、北京市文化和旅游局代表姜婷婷主任、雅典中国文化中心任刃主任、希腊文化基金会驻塞浦路斯分会会长塔克夏尔乔普洛斯等分别致辞。

王滢参赞表示，茶起源于中国，传播于世界，不仅蕴含着"人与自然和谐共生"的中华文化精神内涵，更是中国连通世界的重要纽带。2022年11月，"中国传统制茶技艺及其相关习俗"被列入联合国教科文组织人类非物质文化遗产代表作名录，源远流长的茶文化再次引发世人瞩目。5月21日是联合国大会宣布设立的"国际茶日"，于国际茶日即将来临之际，在雅典举办"茶和天下"雅集活动表达祈福天下和合共生的美好愿望，具有十分特殊的意义。此次活动的成功举办将对促进中希两个文明古国的文化交流、文明互鉴，增进中希两国人民的相互了解和相近相亲作出新贡献。

雅集活动以茶为媒，通过沉浸式的多项文化体验：北京老字号吴裕泰的名茶讲座及现场品茗、中式插花和中国书法现场体验、生肖快闪表演、中国茶文化展及"吉庆生肖"全球大赛成果图片展，生动展示了中国优秀传统文化的精髓和魅力，集中体现了中国文化尚和崇雅的价值观、志同道合的交友观、天人合一的自然观。来宾们通过品茗、观展、赏花、闻香、听琴，近距离感受和体验中国传统文化，并了解"雅集"这一中国传统的文人聚会方式。

（来源：中国驻希腊大使馆网站）

【茶和天下·第一届欧洲精武武术功夫公开赛暨中国文化节活动在雅典成功举行】

当地时间2023年5月27至28日，由雅典中国文化中心、希腊武术协会和希腊阿提卡省联合举办的"茶和天下·第一届欧洲精武武术功夫公开赛暨中国文化节"活动在希腊雅典隆重举行。来自希腊、英国、德国、加拿大等9个国家的数百名运动员齐聚希腊，以武会友、各显身手。中国驻希腊使馆文化参赞王滢、希腊阿提卡省省长帕图里斯、雅典中国文化中心主任任刃等出席活动。本次活动通过雅典中国文化中心Youtube平台账号进行现场直播。

活动中，以"茶和天下"为主题的中国文化节，吸引了众多现场观众驻足互动，中国传统文化也真正地融入欧洲名国和希腊民众之中。阿提卡省省长帕图里斯特别参观了希腊小朋友使用毛笔书写中国汉字、尝试插花和剪纸,并表示这是非常有意义的互动性的中希文化交流。

环绕场馆的"中国茶文化图片展"对中国茶文化的起源、发展和传播进行了详细阐释,拓宽了中国文化爱好者们对中国茶的认知和了解。"世界遗产在中国"图片展展示了中国丰富的优质旅游资源。

经过两天的激烈角逐,本次比赛最终评选出共计200个不同年龄段和比赛分组的冠军。主办方表示本次茶和天下武术比赛活动得到了旅希华侨华人文化志愿者和雅典中文学校的大力支持,通过茶和武术增进希腊和欧洲民众对中国传统文化的了解,以茶和武术为媒深化中希两国人民友谊,推动两国文明交流互鉴。

(来源:人民网)

【希腊"中国故事"讲座第二场在中远海运比港成功举办】

当地时间2023年6月17日下午,由雅典中国文化中心、中远海运比雷埃夫斯港口有限公司、绍兴鲁迅纪念馆、希中文化协会、雅典商务孔子学院和中希时报共同举办的"中国故事"系列讲座第二场在希腊中远海运比雷埃夫斯港口有限公司成功举行。

本次讲座邀请到中国绍兴文理学院博士、副教授、绍兴市鲁迅研究会副会长卓光平先生作为主讲嘉宾,就"中希文化交流中的鲁迅与卡赞扎基斯"与现场观众进行了深入交流。

中国驻希腊使馆参赞王滢、一秘赵凤、中国绍兴鲁迅纪念馆馆长龚凌、雅典中国文化中心主任任刃、阿提卡省省长特别顾问乔治亚·皮斯帕(Georgia Pispa)、希腊武术联合会主席和秘书长克里斯托斯·帕帕赫里斯托斯(Christos Papachristos)、思皮若斯·卡若帕诺斯(Spiros Karapanos)以及近60余位中希文化爱好者参与活动。

王滢参赞在致辞中表示,本次鲁迅纪念馆一行赴希与卡赞扎基斯博物馆进行交流,反映出两馆合作的进一步加强。本次讲座作为交流合作的落地成果之一,也让希腊民众有机会深入了解鲁迅这位中国文坛巨匠。希望希腊朋友们有机会去绍兴鲁迅纪念馆,进一步了解这位与卡赞扎基斯有着共通灵魂的中国文学战士,感受不同于卡赞扎基斯在《中国纪行》里描绘出的现代中国。

绍兴鲁迅纪念馆馆长龚凌在致辞中说,中国绍兴鲁迅纪念馆和希腊卡赞扎基斯博物馆于2012年5月缔结为友好馆,这是鲁迅馆第一次与国外名人馆缔结友好关系,也正式开启了鲁迅馆的国际交流之路。他希望,本次讲座能够以鲁迅与卡赞扎基斯两位文学大师为桥梁,为中希两国的文化交流建立起新的联结;也希望"中国故事"活动能够帮助中希两国人民更多地了解彼此,认知两国的文化相通和民心相通。

雅典中国文化中心主任任刃在致辞中表示,中希两国文化有着很多相似之处和内在联系,这使得中希两国人民对彼此有着天然好感,比雷埃夫斯港口项目就是中希友好合作的见证。本次活动对加强两国人文交往和文明互鉴具有积极的促进作用,未来将会继续举办此类高质量的文化交流讲座,让希腊朋友们更加全面、深入地了解中国文化。

卓光平先生在讲座中生动细致地讲解了鲁迅和卡赞扎基斯的希腊情结和中国情结；两位文学巨匠在作品中反映的中希两国文化；中希文化的相通性；鲁迅和卡赞扎基斯在精神、内心情感和作品等方面的相同之处；两位文学家对中希两国文学的影响等方面内容，引发了现场观众的共鸣和多次掌声。

现场的希腊和中国观众还对鲁迅在当代中国青少年群体中的影响力、鲁迅和卡赞扎基斯作品等问题与卓博士进行互动交流。

有观众表示听过讲座后，从一个全新的角度对中希现代文学的内在联系进行了对比，对中国人朴实、勤劳、勇敢、友善的价值观有了深入了解。阿提卡省省长特别顾问乔治亚·皮斯帕女士表示希望能亲身去到卡赞扎基斯祝福的中国，探访他口中所称赞的"这个今天的世界唯一一个能使你骄傲地预见未来遥远人类的国家"。

（来源：人民网）

【"仲夏端午中希文化交流节"在比雷埃夫斯港成功举办】

当地时间2023年6月21日晚，由中远海运比雷埃夫斯港务局、中国公共外交协会、中国驻希腊大使馆和雅典经商大学商务孔子学院共同主办的、《中希时报》承办的"仲夏端午中希文化交流节"在中远海运比港港务局成功举行，以中国传统端午佳节为主题，通过生动形象地介绍和展示中国传统节日习俗，为中希友人增进对彼此文化的了解、促进两国人文交流搭建平台。中远海运比港港务局董事长俞曾港、中国公共外交协会会长吴海龙、外交部中国—中东欧国家合作事务特别代表姜瑜、中国驻希腊大使肖军正、比雷埃夫斯市市长莫拉里斯、雅典经商大学副校长莱卡科斯、希腊各界友好人士及中远海运比港员工代表等近三百人参与活动。

中远海运比港港务局董事长俞曾港在开场辞中表示，中国端午节象征的团结、和谐、勇气是中远海运比港全体中希方成员坚持合作共赢、持续砥砺奋进、不断蓬勃发展的动力源泉和精神写照。在有关各方的大力支持下，比港实现了跨越式发展，取得突出成就。港务局积极履行社会责任，与当地社会共享港口发展成果。港务局将同各界友人继续共同创造比港发展的新成果，增进中希文明互鉴和融合发展，为当地经济社会发展作出新贡献。

中国公共外交协会会长吴海龙在致辞中说，中国和希腊是两大悠久文明，双方始终相互欣赏、相互借鉴、相互理解和相互帮助。比港的成功见证了中国与希腊的友好贸易往来，也展现了伟大古老文明的相近、相知、相亲。世界文明的魅力在于多姿多彩，人类进步的真义在于互学互鉴。未来，中国公共外交协会也将致力于持续扩大两国人员交往，不断开创中希人文交流、文化交融、民心相通新局面，让世界文明百花园姹紫嫣红、生机盎然。

比雷埃夫斯市市长莫拉里斯在致辞中说，尽管中国和希腊在地理位置上相隔遥远，但两国都拥有悠久的文明历史和深厚的文化底蕴，双方也开展了十分密切且富有成效的经贸投资合作。得益于中远海运比港项目的发展，比雷埃夫斯市与中国保持着良好的交流合作关系，也让我们同中国朋友们走得更近，更好地了解彼此的历史、文化、传统。比雷埃夫斯市政府将进一步加强同港务局既有的良好沟通与合作，更好地促进港口发展，造福当地人民。

作为雅典商务孔子学院的共建方，对外经贸大学校长赵忠秀、希腊雅典经商大学副校长莱卡科斯也分别通过视频或现场致辞表示，中国端午节强调信念，毅力和非凡决心的重要性，体现了在中希人民心中产生共鸣的共同价值观，也进一步激发了双方对加强团结合作坚定不移的热情和决心。两校将继续向着这一目标努力，发挥语言教学、文化交流等重要的平台作用，不断促进双赢关系，为共同发展和未来繁荣创造新的机遇。

此次活动共分为探源、言欢、把酒、当歌、演武五个精彩板块。来自雅典商务孔子学院的老师们介绍了端午的由来、习俗与时代意义，并展示了特色的节日装饰和美食。孔子学院的学生以诗会友，献上了声情并茂的中希语诗歌朗诵。中国雄黄酒和希腊茴香酒交杯换盏，让来宾们充分感受到了两国人民相亲相似又各具特色的好客之情。古筝曲《离骚》和布祖基琴曲《比雷埃夫斯的孩子》交织碰撞，余音绕梁。最后，来自湖北武当的功夫团与希腊武术学校的学员们分别带来精彩的武术表演，通过隔空"切磋"展现中国传统武术的刚柔并济和武德之美。

（来源：人民网）

【希腊武术联合会在雅典举办盛大武术教练毕业典礼】

2023年7月6日，由希腊武术联合会和希腊武术教练培训学院共同主办的2023年希腊武术教练毕业典礼在雅典隆重举行。阿提卡大区省长顾问Georgia Pispa女士、中国驻希腊使馆参赞王滢、希腊武术联合会主席Christos Papachristos、秘书长Ioannis Leontaris、希腊武术教练培训学院院长Spiros Karapanos、一百七十八位来自希腊全境的武术教练培训学院应届毕业生及其教练、亲属近三百人济济一堂，共同出席毕业庆典。

希腊武术联合会主席Christos Papachristos首先致辞，感谢各位学员坚持不懈的努力，祝贺他们取得教练资格，预祝在今后的武术教练生涯中圆满顺利。王滢参赞在致辞中转达了肖军正大使对新晋武术教练们的亲切问候，对他们多年研习中国武术，并最终获得教练资格表示热烈祝贺。希望各位教练以毕业为起点，在今后习武、教武过程中锻炼强健的体魄、享受武术给予的快乐与满足，同时用心体会中国传统武术的精髓，以武会友，通过武术结交各界热爱中国传统文化的朋友。王滢参赞还对多年来为推广中国武术在希腊的传播作出杰出贡献的希腊武术联合会、希腊武术教练培训学院及各位武术教练表达了衷心的感谢。

经与新晋教练们交流，在希腊获得武术教练资格非常困难，一般需要认真学习武术至少八年以上，通过武术教练培训学院严格考试才能准予毕业，获得教练证书，这也是在希腊合法教授武术的证明。上一届武术教练集体毕业典礼还是在2014年。

（来源：中国驻希腊大使馆网站）

【良渚与世界——"良渚古城·雅典卫城"中希文明对话活动举行】

2023年7月6日,在第四个"杭州良渚日"到来之际,良渚与世界——"良渚古城·雅典卫城"中希文明对话活动在余杭举行。希腊前总统、雅典大学法学院教授普罗科比斯·帕夫洛普洛斯视频致辞。杭州市委常委、余杭区委书记刘颖致欢迎辞,并与希腊前文化和体育部长莉迪娅·科尼奥尔祖,希腊驻沪总领事乔治·帕特尼奥,中国考古学会理事长王巍,省文物局局长杨建武,市园林文物局局长高小辉,良渚遗址管理区党工委书记、管委会主任王姝等一起开启2023"杭州良渚日"活动。

中国新闻社党委常委、副社长王旻,阮文静、沈昱、倪伟俊等区领导,有关部门、镇街主要负责人,以及中希两国学界、文化界人士,高校、文博、媒体等单位代表等参加。

刘颖代表区委、区政府,向出席本次活动的中外来宾表示热烈的欢迎,向长期关心支持良渚文化保护传承的海内外各界人士表示衷心的感谢。刘颖表示,文明因交流而多彩,因互鉴而丰富。余杭深入学习贯彻习近平总书记关于良渚遗址保护的重要指示批示和在文化传承发展座谈会上的重要讲话精神,严守《世界遗产公约》,认真按照中央和省、市部署要求,以世界的眼光、科学的精神,加快建设良渚文化大走廊,坚决保护好、传承好、利用好良渚古城遗址这一中华文明的厚重瑰宝,推动良渚文化更好走向世界。良渚古城与雅典卫城分别是中华文明和希腊文明的代表性历史名城,都是各自灿烂文明的集中体现,如今都在遗产保护研究传承利用方面上下求索,为人类的文明进步作出杰出贡献。期待以此次中希文明对话活动为契机,让中国与希腊、余杭与雅典的文化在这里交流碰撞、互学互鉴,不断提升双方文化事业合作水平,共同拓宽人类文明进步之路。

"希腊和中国的文明都是真正的文明,它们的精髓在于都讲求以人为本。我们必须加以利用,通过两个伟大文明之间的对话,为促进世界文明作出贡献。"普罗科皮斯·帕夫洛普洛斯表示,文明与文明之间最重要、最坚实的支持是对话。希腊和中国都是拥有数千年历史的文明古国,两国如何为巩固世界和平与保护人类及其权利作出贡献,通过不同文明之间的对话可能得到最好的答案。

杨建武表示,中希学者跨越山海,以线下和线上方式汇聚在中华文明圣地,举办"良渚与世界"中希文明对话,意义十分重大,必将进一步推动双方交流互鉴和合作互信,构建起民心相通的新局面。期待双方围绕活动主题畅所欲言、建言献策,向世界充分展现自然风光与人文景观相互融合、经济繁荣与人文发展交相辉映的新时代盛景。

乔治·帕特尼奥表示,良渚古城与雅典卫城都体现了城市文明的信仰体系和模式,共同构成了对多维文化世界进行建设性比较分析和研究的基础,也为双方对希腊文明和中国文明更深入理解、交流提供了依据。期待通过本次中希文明对话活动,本着相互理解和共同发展的原则,以文化交流为引领,推动希腊与中国在更广泛的领域开展更深入的合作。

本次良渚与世界——"良渚古城·雅典卫城"中希文明对话活动为期两天。其间，中国考古学会理事长王巍，希腊前文化和体育部部长莉迪娅·科尼奥尔祖，良渚遗址管理区党工委委员、管委会副主任蒋卫东，雅典卫城修复委员会主任、建筑工程师瓦西里基·埃莱夫塞里乌，雅典科学院院士、雅典大学前副校长康斯坦丁诺斯·沃拉泽利斯作主旨演讲。中希两国专家学者还围绕"跨学科视野下的文化遗产价值保护与阐释""中希文化艺术的互鉴、互融"等主题开展圆桌论坛和分享会。

此前，与会嘉宾还走进良渚古城遗址公园、瑶山遗址公园、老虎岭遗址公园、良渚博物院，深入了解良渚先民的生活、礼制、神祇信仰、建筑、水利等情况，探寻和古希腊文明之间存在的异同，触摸中华文化的脉动。

【钢琴家郎朗音乐会激情点燃雅典卫城希罗德·阿提库斯古剧场】

2023年7月15日晚，盛夏的雅典迎来了期待已久的中国著名钢琴家郎朗音乐会。作为2023希腊雅典·埃皮达鲁斯艺术节最令人瞩目的文化项目，郎朗时隔十四年重返希腊，由世界著名指挥家克里斯托弗·埃申巴赫执棒雅典国家管弦乐团在雅典卫城希罗德·阿提库斯古剧场联袂奉献了一场无与伦比的音乐会。

在郎朗的伯乐与恩师，83岁高龄的克里斯托弗·埃申巴赫指挥下，郎朗与雅典国家管弦乐团完美演奏了挪威浪漫主义作曲家爱德华·格里格的《A小调钢琴协奏曲》。高超细腻的演奏技巧和激情四射的饱满热情深深打动了现场观众，多次谢幕后郎朗加演了改编自中国江苏民歌的钢琴曲《茉莉花》和迪士尼儿歌《这是一个小世界》。现场观众用欢呼声和雷鸣般的掌声向当代最年轻的古典音乐大师郎朗表达由衷敬意。

德国指挥家克里斯托弗·埃申巴赫随后指挥希腊国家管弦乐团倾情演奏了彼得·柴可夫斯基《F小调第四交响曲》，音乐会在现场观众阵阵掌声和喝彩声中圆满落幕。

演出后，郎朗表示，"在西方文明的发祥地希腊，特别是在有着两千年历史的雅典卫城阿提库斯古剧场演奏，与历史和文明隔空对话，探讨中西方音乐的共鸣，圆了我多年的梦想，非常享受其中的演出过程。音乐会的加演环节我特意挑选了中国乐曲《茉莉花》，希望借此可以使更多希腊朋友关注、了解中国音乐，从而促进中希在音乐领域的交流与合作。很感谢埃申巴赫大师、中国驻希腊大使馆及很多希腊朋友的支持与帮助"。

（来源：《中希时报》）

【"永恒的绚美——希腊时代彩陶及普利亚艺术文化特展"亮相六朝博物馆】

2023年7月26日，"永恒的绚美——希腊时代彩陶及普利亚艺术文化特展"在六朝博物馆一楼展厅开展。展览由南京市博物总馆、中国文物交流中心、意大利普利亚政府主办，六朝博物馆、深圳普兰迪公司承办，意大利8家博物馆提供藏品支持。在开幕式上，六朝博物馆特别推出"茶和天下"中华传统茶礼文化表演活动。

本次展览历时一年多的时间筹备，凝聚着中外博物馆人的情怀和智慧，设计和布展丝丝入扣、追求极致。首次来到南京展出的陶器、雕塑、钱币等百余件珍贵文物以古希腊神话中的六位神祇作为故事线索，呈现普利亚地区的艺术、文化、商业、农业等生活风貌。在这些璀璨的古希腊文化遗产中，彩陶最为引人注目，彩陶上所描绘的人物形象及周围环境均与古希腊社会生活息息相关。

普利亚是意大利南部的一个地区，拥有800多公里的海岸线，境内还有美丽的穆尔加山区，是古代地中海风景最美的地方之一。现代城市塔兰托，就是古希腊城邦塔拉斯（Taras）所在地。

展览分三个单元。第一单元为"希腊神话与文物"，也是展览最重要的部分，以六位古希腊神祇作为线索，通过相关精美文物展示普利亚于公元前6世纪至公元2世纪这800年间精湛的工艺技术与人们丰富的心灵生活。展览第二单元为"从过去到未来——意大利艺术家数码及沉浸艺术展"。这一单元主要展示意大利著名女性摄影及合成艺术家Alessia Rollo的数码作品，以及意大利知名数码艺术家Roberto Santoro的IFINITY ROOM装置，使观众沉浸式了解亚得里亚海区域的文化传统。展览第三单元为"永恒的绚美——普利亚艺术文化"。本单元展示了30幅意大利摄影家的授权作品，内容包括普利亚自然风光、文化遗产、嘉年华景观，展现普利亚从古至今延续的文化气息。

（来源：人民网）

【第二届"天涯共此时——比雷埃夫斯市美食节"成功举办】

当地时间2023年9月23日，由希腊比雷埃夫斯市政府、雅典中国文化中心、中远海运比雷埃夫斯港口有限公司、中国对外文化交流协会联合主办，中国驻希腊使馆支持，中希时报承办的"天涯共此时——比雷埃夫斯国际美食节"在比雷埃夫斯市亚历山大广场成功举办。比雷埃夫斯市副市长安德·里亚娜扎拉克丽、中国驻希腊使馆参赞王滢、雅典中国文化中心主任任刃、中远海运比港有限公司项目部总经理阳张、希腊武术联合会秘书长以及参加美食节活动的秘鲁、巴拿马、多米尼加驻希腊使馆代表和希腊各界民众数百人出席了活动。

开幕式上，比雷埃夫斯市副市长扎拉克丽致辞称，比雷埃夫斯市是一个开放和包容的城市，感谢多国使馆、文化机构和当地民众对美食节的支持。王滢参赞代表中国驻希腊使馆致辞，感谢比雷埃夫斯市政府连续两年举办这一促进多元文化交流和融合的盛会，在中国传统节日中秋节来临之际，祝大家生活愉快家庭幸福。美食节活动不仅可以促进希腊朋友对中国美食文化的了解，同时将为加强中希两国文化交流和增强中希两国人民友谊作出贡献。希望在各方共同努力下，比市美食节活动越办越好。秘鲁、巴拿马、多米尼加驻希腊使馆代表也纷纷致辞对美食节的成功举办表示祝贺。

活动现场，旅希青年音乐家雅婷和雅典中文学校的学员们演奏了古筝曲《渔舟唱晚》、《梁祝》、《茉莉花》、《战台风》等，希腊武术联合会的学员们带来了精彩的传统中国武术表演,赢得现场观众热烈的掌声和欢呼声。中国特色美食品鉴和饺子制作互动环节深受当地民众喜爱,雅典中国文化中心还贴心准备了中秋月饼,邀各国友人一起品尝,他们纷纷竖起大拇指,用中文"好吃"、"谢谢"来表达自己由衷的谢意。

本次美食节的中国美食文旅展区特设"中国美食品鉴"、"中国旅游推广"、"中国武术和民乐表演"、"中秋节文化介绍"和"你好!中国博物馆"、"中国影像节"纪录片展播等多个板块,吸引了大批希腊民众和各国游客。各国朋友在品尝中国美食的同时,也深深感受到了中国传统文化的独特魅力。

(来源:《中希时报》)

【"天涯共此时——公益快闪活动"中希歌手唱响雅典】

当地时间2023年9月30日下午,为庆祝中秋佳节和中华人民共和国成立74周年,展现中、希两国传统友谊,抒发希腊华侨华人的爱国、思乡情怀,由雅典中国文化中心、雅典经商大学商务孔子学院、中希文化艺术交流协会、中国希腊投资者联合会、希腊华侨华人总会、希腊中国福建总商会、希腊华侨华人妇女会等单位主办的"天涯共此时——公益快闪活动"在雅典卫城脚下的蒙纳斯提拉奇广场(Monastiraki Square)成功举办。焕发着古老文明的魅力的蒙纳斯提拉奇广场,迎来了中希两国歌手,用歌声诠释着彼此的友谊。

经过一个多月的精心策划,10位中希两国歌手和雅典华人广场舞队伍,积极准备、认真排练,将《今天是你的生日,我的中国》《但愿人长久》《茉莉花》《我的中国心》《青藏高原》《我和我的祖国》等6首具有中国特色的歌曲向各国游客、民众完美呈现。

在"快闪"活动现场,大批当地华人华侨、希腊友人和孩子们踊跃参与,到现场助威,挥舞着手中鲜艳的五星红旗和蓝白相间的希腊国旗,共度中秋佳节、祝福伟大祖国繁荣昌盛,祝福中希友谊源远流长。

活动吸引了众多外国游客驻足观看,纷纷拿出相机手机拍照。在场观众都沉浸在欢乐的气氛中,被感染着随着音乐舞动,每首歌曲结束都报以热烈的掌声。很多观众得知演员们来自中国时,立刻竖起了大拇指。

11分钟的"快闪"歌声久久萦绕在雅典卫城上空,演出结束后,观众们意犹未尽,久久不愿离去。

"海上生明月,天涯共此时",中希两国歌手以歌曲"快闪"的形式通力合作,使各国民众看到了中国人民的善良、热情,认知了中华民族的文化自信,了解了中秋节这一中国传统节日的文化内涵;同时这也是两国文化交流的具体实践。

(来源:《中希时报》)

【用绘画传播和平与爱——"We Are the World"国际青少年儿童和平主题绘画比赛在希腊开展】

当地时间2023年10月20日晚,由雅典中国文化中心、圣帕拉斯凯维(Agia Paraskevi)

市政府、中国宜兴徐悲鸿艺术馆、中希投资者联合会共同举办的"We Are The World"国际青少年儿童和平主题绘画比赛在希腊圣帕拉斯凯维市开展。中国驻希腊使馆王滢参赞、雅典中国文化中心任刃主任、圣帕拉斯凯维市文化体育局主席帕帕斯皮鲁斯、前市长斯塔索普鲁斯、中国宜兴徐悲鸿艺术馆名誉馆长梁东梅等中希两国民众150余人参与活动。

中国驻希腊使馆王滢参赞、雅典中国文化中心任刃主任、圣帕拉斯凯维市文化体育局主席帕帕斯皮鲁斯、前市长斯塔索普鲁斯、中国宜兴徐悲鸿艺术馆名誉馆长梁东梅等中希两国民众150余人参与活动。

王滢参赞在致辞中表示,我们生活在和平环境,当今世界却不太平,乌克兰危机尚未解决,巴以冲突再度升级。今天的儿童绘画展以"向往和平"为主题,各国少年儿童通过自己的艺术创作,表达了对世界和平的向往和对美好生活的热爱。可以说,画展在孩子们的心中播下了和平与爱的种子,他们的艺术作品也将这种理念传递下去,为共筑和平美好世界发挥积极影响。

圣帕拉斯凯维市文化体育局主席帕帕斯皮鲁斯表示,希腊和中国都是热爱和平的国家,此次展览将为共筑和平美好世界发挥积极影响。

"We Are the World"国际青少年儿童绘画比赛旨在通过活动宣传和守护地球,人类及万千生命赖以生存的共同家园。此次活动汇集了73幅来自世界各国青少年儿童以和平为主题的绘画艺术作品,作品内容极具艺术表现力,发人深省。

开幕式上,雅典ACS国际学校的中国学生合唱歌曲"We Are the World",歌声深深感染着现场的每一位观众,大家全体起立同孩子们一起合唱,舞动双手。中希两国孩子们还带领现场观众在表达期盼和平的许愿墙上签下了自己的名字,并在现场创作了以和平为主题的巨幅画作。

(来源:《中希时报》)

【中希友好交流故事会在希腊雅典举行】

当地时间2023年11月20日,在古筝和布祖琴——中希传统乐器合奏的悠扬乐声中,中希友好交流故事会时隔4年再次来到希腊雅典,作为广东文化欧洲(非洲)行的系列活动之一,为中希文明交流互鉴、两国增进合作、共建"一带一路"谱写新的乐章。现场,来自中希两国的演讲者透过一个个跨越国界、文明的精彩故事,开启了一场属于两个文明古国之间的交流对话。

中国驻希腊大使肖军正在致辞中提道:"2019年习近平主席访问希腊时曾指出,中希文化交相辉映,友好交往源远流长;作为文明古国,中希双方均支持文明交流对话,推动不同文明和谐共生。"

肖军正大使讲述了不久前米佐塔基斯总理访华期间到故宫参观时的一个小故事,"米佐塔基斯总理在故宫御花园内看到著名的'连理柏',得知其含义后,把我和希腊驻华大使拉到一起拍了一张合影,动情地表示'希腊和中国都是文明古国,相距遥远心却一直在一起,就像两棵缠绕在一起的古柏一样,没有什么力量能把我们分开'。"肖军正大使强调,中希友好不仅是两国的合作,更是两大文明的对话。民间友好和人文交流为中希关系发展发挥着桥梁和纽带作用,铸牢了社会和民意基础。我们身处一个出故事的好年头,让我们一起来见证、参与、讲述。

"中希交流历久弥新""广州雅典越走越亲""2025年,广州欢迎您!",广州市政府副秘书长朱小燚致辞中用三句话表达了他对中希两国、广州雅典两座城市交往交流的期待。

"中国和希腊,同为历史悠久、文化灿烂的文明古国,交往源远流长,文明交相辉映。"朱小燚以广州和雅典为例分享道,广州拥有中国2000多年来唯一从未关闭过的对外通商口岸,始终是希腊等国家和地区的贸易往来通商口岸、连接桥梁。广州和雅典的民间交流更是伴随着国之交往同步升温。

2025年,第十五届全国运动会和全国第十二届残疾人运动会暨第九届特殊奥林匹克运动会将在粤港澳三地举办。他诚挚邀请来自希腊的朋友来广州共享这次盛会,让奥林匹克精神漂洋过海,让世界听到中希文明友好对话、互利共赢的声音。

故事会上,一个视频讲述了两位来自南沙港的桥吊司机与希腊比雷埃夫斯港的故事,"他们与希腊的朋友们'以技会友',打开了两个港口、两个城市之间的链接"。广州市南沙区委常委、宣传部长孙勇说。

一条海丝路,帆影两千年。作为"千年商都"广州的唯一出海口,南沙见证了古代海上丝绸之路的繁盛,也与千里之外的希腊民众产生了链接。孙勇介绍,包括马士基航运(MSK)、地中海航运(MSC)、中远集运等在内的大型国际海运公司均在广州南沙港开辟直航比雷埃夫斯港的集装箱班轮航线。如今广州南沙港开通了153条国际班轮航线,通达全球120多个国家和地区的310多个港口,成为全世界最繁忙的港口之一。

以食为媒,融通中希。广州酒家集团总经理、《大粤菜》创作人、广东烹饪协会会长赵利平,以美食这一人类共同的语言,讲述两国相似相通、互赏互鉴的饮食文化:希腊人的咖啡慢生活,与广州人"得闲饮茶"的生活习俗不谋而合;广州面朝中国南海,雅典毗邻爱琴海,对烹饪海鲜都颇有心得;两国都有米饭、酿菜和腌制食品,并且都重视宴饮。

他感受到,海洋文明的深远影响造就了希腊开放包容的饮食文化,与粤菜海纳百川、融会贯通的特点也极为相像。在会场旁,广州酒家的点心大师准备了经典广式点心的代表——虾饺,有别于传统虾饺,创新运用了希腊特色馅料进行混合调味,让中希味道也在现场碰撞、交融。

"我对中国人和中国的熟悉和热爱始于孩童时期。"雅典市前副市长、希中经济合作商会荣誉主席福迪斯·普洛瓦塔斯回忆道,他家和邻居家最喜欢的歌曲之一,就是一首唱诵1927年广州起义的歌。

1978年至2019年间,他担任雅典市议员、市议会主席和副市长20年,同时担任希中经济合作商会创会会长和现任名誉会长约15年。2011年,作为雅典副市长与大型政商代表团一起访问了广州。"除了辉煌的历史之外,这座城市还有无与伦比的美丽,最重要的是它还有热爱它并为其进步和发展而努力的优秀人民。"从参与希中合作小组并担任主席，到推动该组织演变为希中经济合作商会，如今，希中经济合作商会拥有约250名会员，涵盖希腊和中国的企业家和民众。

欧洲妇女会主席、希腊—中国商会主席布莱达·阿芙罗狄特以"希腊巾帼的中国缘"分享了她的故事。童年时，她阅读英国作家笔下的中国生活故事，对中国文化充满兴趣。上世纪90年代初亲身到广州，阿芙罗狄特发现两个民族并没有想象中那么的不同。例如，她在很多中国建筑上看见的回字形云纹图案，与"希腊钥匙"图案轮廓异曲同工。

作为希腊—中国商会主席，阿芙罗狄特三十年来始终为发展中希双边贸易、搭建中希企业之间的桥梁持续努力；作为欧洲妇女会主席，她一直致力于推动妇女融入社会各个部门并对其进行赋能。"中国是世界上最大的市场之一，拥有广阔的发展空间。我鼓励希腊企业抓住这一机遇，深入了解中国市场的需求和机遇，寻找合作伙伴，共同推动双方经济的繁荣。"

"在希腊语中，他们有一句话，叫做'你对我说中文吗？'来形容中文如同晦涩难懂的天书。而在英语中，同样有一句话，'你对我说希腊语吗？'来表达希腊语的难度。"会上，广东籍留学生肖丹力分享了她"贯通世界上最难的两种语言"的经历。

"汉语的博大精深、象形文字的神秘与希腊语古老而深刻的哲学思想，让我对世界有了更为全面的认识。"她感受到，语言是文化的载体，学习一门语言就是在学习一种文化的方式、价值观和思考方式；她也更确信，通过努力学习和理解他人的语言，可以实现更好的沟通、合作，从而构建一个更加和谐的世界，为促进不同文明之间的交流搭建更多的桥梁。

广东籍旅希画家梁东梅，用中国画的笔墨和希腊文明的灵感，创造出独特而富有艺术性的作品。在她的画作中，中国的山水意境与希腊的古典之美相互交织，呈现出一种跨越国界的文化对话。

"希腊的神话、神庙、海岛，成为了我画作的主要题材。每一幅作品都是我对两种文明的理解和交融的表达。"梁东梅说，在创作的过程中，她发现中希文化的碰撞不仅仅是一种表面上的融合，更是一场心灵的对话。"这种跨文化的创作让我的画作更具有世界性的表达，也使我在艺术创作中找到了新的可能性。"

希腊华侨华人总会会长邹勇以"跨越大洲的商路"为题，分享了中国华侨在希腊的创业之旅。作为在希腊居住近20年的华侨，邹勇先后在希腊、在中国创办了进出口贸易公司、百货集团、大理石公司、惠侨置业公司等企业。

"希腊是我的'福地'，带给我丰富的创业经历和美好记忆。但在我眼中更大的'福地'是中国。因为有中国强大的生产力和优质的货源，我才有机会将这些优质商品出口至希腊。"邹勇说，融入多元文化是实现商业成功的关键，"我们的企业不仅仅是经济上的交流，更是文化的融合，成为连接两国商业之间的桥梁"。

近年，他担任希腊华侨华人总会会长，亲身经历、亲眼见证了中希"一带一路"合作，深感其现实意义和长远价值。"中国需要希腊，如同希腊需要中国。两个文明古国在新时代焕发出新的光芒。"他期待,在这条跨越大洲的商路上,充分发挥海外华侨华人桥梁纽带作用,助力企业拓展双向贸易和双向投资,为中外友好关系贡献力量。

希腊华人华侨福建联合总会会长、希腊海亿新能源有限公司董事长陈锋则讲述了他在希腊经营光伏新能源事业的故事。

"希腊地处地中海,阳光充沛,为光伏能源的开发提供了极佳的条件,这是我选择在希腊发展新能源产业的初衷。"在这个《爱琴海畔的中国新能源》的故事中,陈锋分享了深入参与当地社区的经历,"公司技术团队完全由希腊当地员工组成,为社区提供了多个就业机会";也分享了将中国先进的新能源技术引入希腊的进程。"2022年,中国光伏产品出口同比增长67.8%,成为出口产品的'新三样'之一。我们公司依托'中国制造',以'设计、安装、运维'为核心,为希腊光伏发展注入了新动能。"

活动还精心设置了广州美食展和小林漫画展。

负责美食展的广州酒家第一次来到希腊,大厨们精心为大家准备了久负盛名的粤菜名点,手制的虾饺和红枣包香气扑鼻,色泽鲜亮,口感软嫩多汁……美食香气扑鼻、各种鲜味进入口中,征服了大家的味蕾,大受欢迎,吸引了大量粉丝!

广东超人气漫画家小林(林帝浣)再次登陆希腊! 小林老师的创作灵感源自生活,他曾说:"创作是自然而然发自内心的流淌,没感觉的时候可以做一些更有趣的事情,观察生活本身就是一个很大的灵感的来源。"小林将中国画中的营养融入漫画创作,对大写意进行适当的变形,用传统笔墨的韵味表达当代情感。小林以温暖人心的漫画风格,幽默诙谐的手法,使得现场观众笑语阵阵,纷纷表示太有趣了! 小林漫画展为活动增添了一份轻松愉快的氛围。

(来源:《中希时报》)

【首届"中希国际戏剧节"在雅典开幕】

2023年12月2日,首届"中希国际戏剧节"在雅典开幕。中国国家话剧院携戏剧《兰陵王》与当地华人出品的戏剧《新·白蛇传奇》联袂在雅典圣诞剧场为观众带来颇具东方魅力的视听盛宴。

在启动仪式上,中国驻希腊大使肖军正、希腊文化部副部长迪马斯、希腊国家话剧院艺术总监莫斯霍斯、中国国家话剧院书记巩保江、中国著名古希腊戏剧专家罗锦鳞和中国国家一级导演王晓鹰一同为"2023—2024中希国际戏剧节"剪彩。

肖军正大使在致辞中表示,一个月前习近平主席在会见希腊总理米佐塔基斯时指出,互利合作和文明交流是中希关系的两大纽带,交流互鉴是文明发展的本质要求。两国领导人提出要充分发挥中希两国文化底蕴优势,推动文明交流互鉴,为推动构建人类命运共同体贡献智慧和力量。戏剧是人类文明发展的重要载体,戏剧交流是文化交流的重要组成部分。戏剧节不仅为来自中国、希腊的戏剧人搭建了平等交流、相互学习的平台,也给戏剧爱好者们提供了欣赏不同国家戏剧的机会。相信此次系列演出活动,将为促进中希两国人民的相互理解、深化两国人民的传统友谊作出新贡献。

希腊文化部副部长迪马斯表示，欢迎中国国家话剧院访问希腊并参加首届"中希国际戏剧节"活动，希腊政府全力支持"中希国际戏剧节"的举办，期待希腊和中国之间能够进行更多文化交流，为增进两国友好和两国人民情谊助力。

启动仪式后，由中国国家话剧院出品、王晓鹰导演的戏剧作品《兰陵王》作为本次戏剧节的开幕大戏隆重上演。该戏以古希腊悲剧范式打造出一部属于东方的悲剧经典，演员们以无与伦比的精湛演技和传统戏曲的独特魅力，辅以华丽精致的舞美设计，给超过2000名希腊当地观众带来了巨大震撼。多位希腊戏剧界专家观看《兰陵王》演出后给予了高度评价。

由中希华人戏剧联盟出品的戏剧作品《新·白蛇传奇》将古希腊神话传说中医神阿斯克勒庇厄斯的故事与中国经典神话传说白蛇传的故事巧妙结合，呈现了具有代表性的希腊民族歌舞以及由希腊武术演员演绎的中国功夫，在戏剧舞台上演绎东西方两大文明源头彼此照鉴的独特魅力。

除了两部戏剧作品的精彩呈现之外，在启动仪式上还举办了"中希戏剧大师论坛"，两国多位戏剧专家和导演以"文明互鉴"为主轴，分享了自己的观点，为中希戏剧交流与合作建言献策。赖波公参代表使馆出席论坛。

【"神话国度 璀璨爱琴海——古希腊文明史诗"展在长沙展出】

2023年12月19日至2024年5月8日，"神话国度 璀璨爱琴海——古希腊文明史诗"展在湖南博物院展出。本次展览的展品来自希腊的14家文博机构，总计270件(套)，有金器、青铜器、陶器、雕塑等多品类，展现古希腊文明自史前到"希腊化"时代开启的政治、经济与文化风貌。

(来源：新华社)

【希腊"温暖迎春·共庆中国年"系列活动拉开序幕】

2024年1月13日，"温暖迎春·共庆中国年"系列活动在希腊第二大城市塞萨洛尼基(又称·萨洛尼卡)降重拉开序幕。由希腊闽商总商会和中希友好华侨华人协会联合主办的"希腊萨洛尼卡华侨华人春节联欢晚会"在该市华人区精彩亮相。中国驻希腊使馆办公室主任郭晓宇、萨洛尼卡市副市长艾菲·塞奥多拉基(Efi Theodoraki)、萨洛尼卡警察总局局长赫里斯托斯·布鲁巴斯(Christos Mpouloumpasi)，当地华侨华人和希腊民众近千人参加活动。

当日萨市虽然寒潮来袭，但丝毫未影响新年的欢乐气氛。炒面炒饭炖鸡汤，肉串炸饼小烧烤，空气中弥漫着过年的味道，萨洛尼卡整个华人区张灯结彩，灯笼国旗装扮一新，到处洋溢着新春的喜悦。下午两点，一阵整齐欢快的锣鼓声划破天际，雄浑的鼓点、强劲的节奏犹如万马奔腾，穿越整条街道。接着，希腊团队的传统舞狮表演闪亮登场，瞬间带动全场气氛,活灵活现精彩绝伦。

希腊中希友好华侨华人协会会长廖贤钰宣布联欢会开幕。

希腊闽商总商会会长陈千枝代表萨洛尼卡华侨华人致辞。他表示,商会侨团的发展离不开各级领导的关怀与指导,更离不开各界人士及会员们的帮助和支持。他相信在新的一年里,萨洛尼卡两个商会将日益壮大,继续服务侨胞,践行"一带一路"倡议,推动文明互鉴,促进民心相通,推动中国和希腊各方面的交流与合作。

中国驻希腊使馆办公室主任郭晓宇代表肖军正大使向萨洛尼卡侨胞表达新春的问候。他表示,今天"温暖迎春·共庆中国年"系列活动在萨洛尼卡拉开序幕,通过活动弘扬博大精深、源远流长的中华文化,促进希腊社会更深入了解新时代的中国,成为萨洛尼卡一张靓丽的文化名片。他希望在新的一年里,萨洛尼卡侨胞继续发挥融通中希的优势,凝心聚力,开拓进取,积极融入希腊当地社会,强化自身良好形象,在中希务实合作、共建"一带一路"、中希文明交流互鉴中发挥更大的作用。

萨洛尼卡市副市长艾菲·塞奥多拉基向旅萨华侨华人表达了新春祝福。她在致辞中指出,萨罗尼卡作为一个国际化城市,拥有众多来自不同国家和民族的移民在此工作学习生活,希望今后和中国侨胞在内的各国人士共同努力,打造一个更加美好、开放、包容的城市。

萨洛尼卡警察总局局长赫里斯托斯·布鲁巴斯表示,很高兴能与大家一起共同庆祝中国农历新年。他表示,希腊和中国都拥有着悠久历史和卓越文化的古老文明,两国人民互相尊重、彼此欣赏,相信希中两国未来在文化经济旅游等方面的合作将取得更大的进展。

接着,中国驻希腊使馆办公室主任郭晓宇、希腊闽商总商会会长陈千枝、中希友好华侨华人协会会长廖贤钰、秘书长计勇和萨洛尼卡中文学校校长李锋平为参加第二届五大洲华裔青少年中国汉字棋邀请赛的中文学校师生颁奖。

仪式结束后,晚会正式开始。大合唱《童星飞舞闹新年》,舞蹈《混剪串烧》,歌曲《好运来》,武术表演《42式太极剑》《独舞》,歌曲《如愿》,二胡独奏《战马奔腾》,朗诵《读中国》,合唱《中国人》《街舞表演》,歌曲《你是我的风景》,集体舞《BBHMM&BABY SHARK》,歌曲《月半小夜曲》《你最牛》,以及大合唱《龙龙的新年》,一个个精彩纷呈的节目轮番上演,台下纷纷喝彩,掌声不断。现场还进行了丰富多彩抽奖环节,演出结束后绚烂的烟花绽放,让大家提前感受到了一个欢乐祥和的新年。

此次演出大多是由旅居萨洛尼卡的华侨华人自编自导自演,打造了一个华人大家庭同频共情的大联欢,用满满的正能量让当地侨胞和希腊民众感受到了浓浓的新年气氛。

春节,对于中国人来说有着重要而特殊的意义,这是阖家团圆、共享天伦的时刻,春节也是中华民族的价值观念和审美追求最生动的体现,承载着亿万中国人对美好生活的向往。

据悉,"温暖迎春·共庆中国年"系列活动还将在雅典、萨洛尼卡等地举办,以多种形式的精彩活动共同庆祝中国农历新年。

(来源:《中希时报》)

【希腊"迎新春 送福字 接春联"暨新春暖心包发放活动成功举办】

当地时间2024年2月3日,由中国驻希腊大使馆、中希文化艺术交流协会、雅典商务孔子学院、中希时报、希腊汉语朗读者俱乐部等单位联合主办的希腊"温暖迎春·共庆中国年"系列活动,"迎新春、送福字、接春联"暨"新春暖心包"发放活动在雅典MIN艺术中心顺利举行。

活动当日,中国驻希腊大使馆肖军正大使、赖波公参、办公室主任郭晓宇、雅典商务孔子学院严红卫院长、希腊中国和平统一促进会吴海龙会长、希中经济合作商会埃马努伊·斯坦佐斯(Emmanuel Stantzos)主任、中希时报汪鹏总编辑、雅典中文学校李芳校长、中希文化艺术交流协会于丽敏会长、希腊汉语朗读者俱乐部创始人韵叶老师、中国知名书法家姜宜宽先生、旅希中国留学生以及希腊各界友人200余人出席活动。

当日下午,爱琴海畔风和日丽,希腊少林武术队精彩绝伦的舞龙舞狮拉开了活动的帷幕,中华武术表演一招一式潇洒帅气,将全场气氛炒得火热。

活动正式开始,中希文化艺术交流协会于丽敏会长发表致辞,对大家的到来表示热烈的欢迎和温馨的祝福。

肖军正大使向大家致以诚挚的新年祝福。肖大使表示,春节是阖家团圆的日子,大家欢聚一堂、辞旧迎新,共同规划来年工作,振奋士气,争取取得更好的成绩。当今社会变化日新月异,作为流淌在中华儿女血液中的文化DNA和中华文化的重要精神标识,春节正面临在新的时代如何创造性发展、创新性继承的问题,相信今天的活动会帮助我们很好传承春节赋予我们的和睦、和谐、和平的中华文明理念。当今世界有约五分之一的人口以不同形式庆祝中国农历新年,也有不少国家、地区和国际组织将春节作为法定假日。前不久,联合国大会通过决议,正式确立春节为联合国假日,这是一个推动全球文明多样性最新举动,也是落实全球文明倡议的有力措施。在座各位黑头发、黄皮肤的中华儿女身处异国他乡,在对外交往中亦有责任、有义务做好中华文化使者。在新的一年里,希望大家更加努力奋斗、身体力行,争做向世界传递中华文化的使者,把春节承载的家庭和睦、社会包容、人与自然和谐共生等全人类共有价值理念更好地传承和弘扬,推动全球文明更加开放包容、多样进步。

活动现场,肖军正大使、赖波公参向旅希侨胞、雅典中文学校师生、留学生等赠送由国侨办、中国侨联及使馆共同精心准备的"新春暖心包"。

雅典商务孔子学院严红卫院长表示,作为国际汉语教师,由衷为能够促进中国文化走向世界感到自豪和激动。同时,她热情邀请大家加入汉语教学,共同助力中华文化传播,促进中希友谊。

希腊中国和平统一促进会吴海龙表示,在异国他乡,身处千里之外的我们时常思念故乡,特别是新春佳节之时。这份"暖心包"不仅仅是心灵上的慰藉,更让我们感到无比温暖。

中国知名书法家、青岛大学教授姜宜宽先生也热情地祝贺全场观众小年快乐,新春幸福。他向大家介绍了源远流长的中国书法艺术,也欢迎大家一同探讨书法文化,向希腊展现美丽国粹,传播中华魅力。

热闹非凡的新春联欢会以姜宜宽教授和旅希画家梁冬梅合作带来的画作《柿柿如意》开场,来自中国和希腊的学生及艺术家们用精心准备的节目,将对春节的美好祝福传递给在场的每一个人。除了歌舞表演,现场的中希友人还带来了京剧和武术表演,更有特色旗袍走秀,传播中华传统文化魅力的同时展现了中华韵味。姜教授和书法班学子们的现场书法秀作为压轴表演,一笔一画皆是国风之美,字字句句传递真挚祝福。

欢天喜地辞旧岁,温暖相聚贺新年。此次"温暖迎春·共庆中国年""迎新春、送福字、请春联"暨"新春暖心包"发放活动在大家的欢声笑语中圆满结束。

(来源:人民网)

【2024"龙舞新春·欢乐春节"希腊行在雅典 Allou Fun Park 欢乐开启】

2024年2月4日,由中国驻希腊使馆支持,北京市文化和旅游局、希腊 Allou Fun Park 主办,北京市海外文化交流中心、雅典中国文化中心、中希时报承办的2024"龙舞新春·欢乐春节"希腊行首场演出暨"温暖迎春·共庆中国年"活动,在希腊最大游乐场 Allou Fun Park 欢乐开启,数千名希腊民众、在希华侨华人等欢聚一堂,共庆龙年新春。

活动当天,红灯笼、中国结、剪纸窗花贴起来,舞龙舞狮游园会将满含中国传统文化元素的庙会整个搬到了雅典游乐场。现场不仅有糖画、糖人、糖葫芦、抖空竹、扎风筝等非遗展示,还有"你好中国"文化和旅游推介、国航宣传推广和各类美食摊位,丰富的活动内容让希腊当地民众目不暇接、赞不绝口。

伴随着响彻云霄的锣鼓声,肖军正大使和 Allou Fun Park 董事长斯特瑞奥蒂斯先生共同为龙点睛,活力四射的舞龙舞狮表演一下吸引了观众的眼球。紧接着希腊武术协会学员表演的帅气武术、雅典舞蹈学校学员的动感舞蹈、中希传统乐器古筝和布祖基琴的合奏同样赢得了阵阵掌声和欢呼声,欢声笑语充满了整个游乐场。

随后,备受期待的北京综合艺术团正式登场,将一台集民乐、舞蹈、武术、昆曲等中国传统文化特色节目带给观众:国粹京剧与舞蹈结合,创新的表现形式让观众耳目一新;中国著名的敦煌壁画,通过演员柔美的肢体语言表现得淋漓尽致;享誉全球的中国功夫,让现场观众热血沸腾;昆曲《牡丹亭·游园》向观众展示了中国独特的戏曲表演形式;琵琶、二胡、古筝、阮、笙等中国独有的乐器演奏,给大家带来了一场听觉盛宴。压轴节目——火遍全球的舞蹈《科目三》更是点燃了现场观众,各国友人随着节奏明快的乐曲与演员们一起共舞,将欢乐的气氛推向高潮。

"龙舞新春·欢乐春节""温暖迎春·共庆中国年"活动让在希华侨华人真切感受到记忆深处的年味儿,更为希腊民众展现了中华传统节庆文化的精髓。据悉,这是 Allou Fun Park 游乐场首次举办为期7天的中国春节主题游园会,2月10日的闭幕式还将举办烟花秀,精彩连连不容错过。

中国驻希腊使馆肖军正大使、赖波公参、王滢参赞,雅典中国文化中心王江涛主任,北京市文化和旅游局康歆颖副处长等出席活动。活动现场,肖军正大使向Allou Fun Park园长斯特瑞奥蒂斯先生赠送2024"欢乐春节"吉祥物——吉祥龙,并向当地中文学校学生赠送新春礼包。

【2024"龙舞新春·欢乐春节"希腊行演出暨"温暖迎春"新春招待会在比雷埃夫斯市政剧院隆重举行】

2024年2月6日,由中国驻希腊使馆、希腊比雷埃夫斯市政府、北京市文化和旅游局主办,北京市海外文化交流中心、雅典中国文化中心、中希时报承办的2024"龙舞新春·欢乐春节"希腊行暨"温暖迎春·共庆中国年"新春招待会在比雷埃夫斯市政剧院隆重举行。希腊农业发展和食品部部长阿夫耶纳基斯、移民和庇护部副部长武尔泰普西、比雷埃夫斯市长莫拉里斯、国际奥林匹克学院院长科维洛斯,希腊各界友人、旅希华侨华人、中资企业和留学生代表等500余人出席活动。

活动当天,拥有150年历史的新古典主义建筑比雷埃夫斯市政剧院在红灯笼和中国结的装扮下显得年味十足,新春招待会现场,中希两国嘉宾互致问候,共庆中国新春。

伴随着希腊华人合唱团带来的中希经典歌曲《万水千山总是情》《心动》,演出正式拉开序幕。肖军正大使首先发表新春贺词。他表示,春节是中华民族最重要的传统节日,蕴含着辞旧迎新、团圆幸福、和谐安宁等丰富文化内涵。2024年是中国农历龙年,在中国人心目中,代表着风调雨顺、人寿年丰、生生不息、和谐长久。2023年,中希两国各领域交流与合作日益密切,硕果累累。不久前,希腊总理米佐塔基斯成功访华,习近平主席与他举行会谈,双方明确以经济合作和文明互鉴为纽带,深化中希全面战略伙伴关系,为推动构建人类命运共同体贡献智慧和力量。

肖军正指出,今年是新中国成立75周年,是实施"十四五"规划的关键一年,希腊也将迎来国家发展的新机遇,我们愿与希方共同努力,深化双边各领域合作,推动中希全面战略伙伴关系再上新台阶。

比雷埃夫斯市长莫拉里斯在致辞中表示,希中两大文明古国虽相隔遥远,但长期彼此尊重,相互欣赏。多年来,比市同中国驻希腊使馆、中资机构、中国代表团等保持良好合作关系,友谊与互信不断增进。在中国龙年即将到来之际,祝愿所有来宾和中国朋友们身体健康、工作顺利、阖家幸福,祝愿未来希中各领域合作再上一层楼。

随后,来自北京的综合艺术团队为现场观众带来了一场丰富的文艺盛宴。从创意舞蹈《忆青衣》到充满真挚祝福的独舞《吉祥天》,从情怀满满的《淮水情兰花开》到灵巧欢乐的《缅桂花开朵朵开》,中国各式各样的民族舞蹈向观众展现出浓浓的中国情怀。《旗耀中华》集合大小旗武和十八般武艺,尽显中国武术风采,《象形拳》以动物之形,将其特点融入拳法、惟妙惟肖,《扇形天下》以扇为器,一招一式逍遥洒脱,尽显中华武术的魅力。来自中央音乐学院的民乐小乐队用二胡、古筝、琵琶、阮、笙等古典乐器展现中华民乐风采,赢得阵阵掌声。演出在希腊著名传统乐曲《比雷埃夫斯的孩子》悠扬的乐声中顺利闭幕,现场观众连声赞叹、流连忘返。

中国驻希腊使馆肖军正大使、赖波公参、刘巍武官、王滢参赞,雅典中国文化中心王江涛主任,北京市文化和旅游局康歆颖副处长等出席活动。活动现场,肖军正大使向比雷埃夫斯市长莫拉里斯先生赠送2024"欢乐春节"吉祥物——吉祥龙,并向旅希华人华侨、留学生赠送新春礼包。

(来源:领事直通车)

【2024"龙舞新春·中希青年音乐家音乐会"在雅典成功举办】

2024年2月7日,正值中国农历新年前夕,2024"龙舞新春·中希青年音乐家音乐会"在雅典音乐学院音乐厅再次上演。来自中希两国20多位优秀的青年音乐家们,为现场600多位观众带来了一场精彩的听觉盛宴。

音乐会在中国传统音乐《春节序曲》中拉开帷幕。雅典音乐学院副主席佐拉斯代表希腊主办单位致欢迎辞,他表示非常高兴中希青年音乐会能够于龙年春节前夕在雅典音乐学院再次举办,此次音乐会将由两国音乐家联袂演出,为观众呈现高品质的音乐享受。在中国和希腊两国文化中,音乐、戏剧和舞蹈自古以来就占据着主导地位,希望这场意义非凡的音乐会能为深化两国文化交流与合作作出贡献,为观众带来一场从雅典到北京的独特音乐之旅。

中国驻希腊大使肖军正在致辞中表示,春节是中华民族最隆重的节日,蕴涵着对幸福生活的热切向往,寄托着对美好未来的共同期待。2024年是农历龙年,龙是吉祥与繁荣的象征。今晚,来自中希两国的青年音乐家们将用东西方乐器的共鸣,奏响新年的美好祝福。

肖军正指出,过去一年,中希两国各领域交流合作精彩纷呈,两国文化互鉴互赏,展现出强大的包容性和开放性,有力促进了两国民心相通。在新的一年里,中国驻希腊使馆将一如既往地支持和推动中希两国开展更加丰富多彩的文化交流活动,衷心祝愿中希友好合作、命运与共的乐曲在新的一年里内涵更加丰富、曲调更加动听、气势更加雄浑。

随后,来自雅典国家管弦乐团、雅典音乐学院的希腊青年音乐家和来自中央音乐学院的青年演奏家乐队以及在希华人演奏家同台演绎了两国经典曲目《两支希腊舞蹈》《否认》《摇篮曲》《枫桥夜泊》《十面埋伏》《冬猎》《欢乐的夜晚》《圣托里尼》《比雷埃夫斯的孩子》等,受到现场观众的热烈欢迎。两国合唱团还分别演唱了对方国家的歌曲《心动》和《茉莉花》,赢得观众喝彩。值得一提的是,中东乐器之王——乌德琴首次亮相音乐会,希腊著名乌德琴作曲家、演奏家维雷托斯同雅典国家管弦乐团音乐家一起,将希腊最高水准的音乐呈现给观众。

本次音乐会由中国驻希腊使馆支持,北京市海外文化交流中心、雅典国家管弦乐团、雅典音乐学院、雅典中国文化中心、中国—希腊投资者联合会共同主办。中国驻希腊使馆赖波公参、刘巍武官、王滢参赞,雅典中国文化中心王江涛主任等出席活动。

(来源:中国驻希腊大使馆网站)

【"温暖迎春·共庆中国年"2024希腊华侨华人新春运动会在雅典成功举办】

2024年2月18日,"温暖迎春·共庆中国年"2024希腊华侨华人新春运动会于雅典阿吉安纳吉里体育馆成功举办,中国驻希腊使馆肖军正大使、赖波公参,阿吉安纳吉里市市长斯塔夫罗斯·齐尔帕斯、副市长伯里克利·帕帕乔治乌出席。

肖军正大使向全场参赛队员和观众送上诚挚的新春祝福,指出希腊华侨华人新春运动会既强身健体,又团结侨力、凝聚人心。同时,他还提醒全体侨胞谨防诈骗、守好血汗钱、共度安全年。阿吉安纳吉里副市长帕帕乔治乌向全场运动员和观众拜年,表示未来将继续促进中希友好交流与合作。肖大使向帕帕乔治乌副市长赠送了"吉祥龙"玩偶。

活动汇聚了旅希各界华侨华人同胞及希腊友人近千人,由中国驻希腊使馆、在希中国侨胞及希腊友人组成的14支代表队、近300名队员参与角逐。除了紧张又有趣的比赛项目,舞龙舞狮、歌曲串烧、啦啦队表演等节目精彩纷呈,参赛队员和观众一起互动,载歌载舞,欢乐的气氛贯穿始终。

本次运动会现场还设立了新春庙会,各式各样的中国美食令人大快朵颐。"投壶"作为具有代表性的中国传统娱乐项目,在现场更是吸引了大人小孩齐上阵,大家在赢得奖品的同时,也感受到中华传统文化的独特魅力。

经过多轮激烈的角逐,最终中国驻希腊使馆代表队获得团体总冠军,中希华人戏剧联盟代表队获得团体总亚军和拔河比赛第一名,中希文化艺术交流协会代表队获得团体总季军。

(来源:《中希时报》)

【希腊武术功夫联合会举办2023年度颁奖典礼】

2024年2月17日,希腊武术功夫联合会举办2023年度颁奖典礼,向数十位当地优秀的武术教练员、运动员颁奖。获奖者及武术爱好者登台表演拳术、刀、棍、扇、剑等传统武术项目,一招一式彰显中国武术的魅力,观众席掌声雷动,喝彩不断。

中国驻希腊使馆王滢参赞代表使馆出席活动,为获奖教练员、运动员颁发奖杯、证书,并向希腊武术功夫联合会主席等赠送2024"欢乐春节"吉祥物——吉祥龙。

王滢参赞在致辞中感谢希腊武术功夫联合会数年来在传播中国武术方面作出的突出贡献,并表示,武术是中国传统文化的重要组成部分,习练武术不仅能够强身健体,又可提升个人品德修养。近年来武术受到世界各国民众的广泛喜爱,世界各地每年都会举办丰富多彩的武术赛事和交流活动。希望在希腊武术功夫联合会的大力支持下,各位希腊武术教练员、运动员和爱好者们继续发挥积极作用,与世界各国热爱中国武术的人们携手努力,使武术早日成为奥运会正式比赛项目。王滢参赞的倡议得到在场观众的热烈回应。

希腊阿提卡省副省长库瑞、希腊武术功夫联合会主席帕帕克里斯托夫、雅典中国文化中心主任王江涛等近400人出席了颁奖活动。

(来源:中国驻希腊大使馆网站)

【"温暖迎春·共庆中国年"萨洛尼卡新春庙会活动成功举办】

2024年2月22日下午,由中国驻希腊使馆、四川省人民政府主办,四川省侨务办公室、四川省海外联谊会、希腊闽商总商会、希腊中希友好华侨华人协会共同承办的"温暖迎春,共庆中国年"新春庙会活动在希腊第二大城市萨洛尼卡亚里士多德广场成功举办。中国驻希腊使馆赖波公参、四川省海外联谊会副会长王小晴、希腊中马其顿省副省长维基·哈齐瓦西卢、代理市长瓦西里斯·扎基斯、副市长潘特莱蒙·卡赞齐迪斯出席。希腊各界友人、旅希华人华侨和留学生代表等800余人参加活动。

赖波公参代表中国驻希腊使馆向现场观众和华侨华人送上诚挚的新春祝福,并感谢四川省政府对旅希侨胞的关心和支持。

赖波指出,萨洛尼卡是希腊北部最重要的城市之一,历史悠久,文化遗产丰富,和中国地方城市保持着长期友好往来和交流合作。四川自古被称为"天府之国",是国宝熊猫的故乡。今天,四川省代表团将为大家带来精心准备的音乐、舞蹈、川剧变脸等节目,地方文化交流促进民心相通。新的一年,愿中希双方共同努力,深化双边各领域合作,推动中希关系再上新台阶,共建人类命运共同体。

中马其顿省副省长维基·哈齐瓦西卢在致辞中表示,萨洛尼卡是一个历史悠久、文化多元的城市,很高兴能在亚里士多德广场共庆中国龙年春节,希望我们的中国朋友在萨洛尼卡的生活同样丰富美好。

萨洛尼卡代理市长瓦西里斯·扎基斯在讲话中强调,很高兴今天能在此共庆中国龙年,龙象征着勇敢、创新,正如今天的新春庙会,也是首次在亚里士多德广场举办。四川和萨洛尼卡市都非常开放包容,希望未来中希双方携手,共促两国人文往来和地方交流。

活动现场,赖波公参、王小晴副会长向哈齐瓦西卢副省长、扎基斯副市长赠送2024年欢乐春节吉祥物——"吉祥龙",共同向20余名中文学校学生代表赠送新春爱心包。

随后,来自四川省的表演团为现场观众带来了丰富的歌舞、乐器、川剧"变脸"、功夫茶艺等演出。亚里士多德大学孔子学院师生在广场做书法、剪纸及中华传统服饰展示,希腊闽商总商会、希腊中希友好华侨华人协会精心安排中国特色小吃品尝。现场观众连声赞叹、流连忘返。

在现场互动环节,主持人向观众们分发熊猫玩偶,功夫茶艺非遗传承人邀请观众上台学习动作招式,观众们踊跃参与、反响热烈。

希腊雅典-马其顿通讯社(AMNA)、希腊广播电视公司(ERT)两大主流媒体及萨洛尼卡最具影响力报社《马其顿报》和十余家省市杂志报社记者来到现场采访直播。

新春庙会活动前,赖波公参、王小晴副会长一同会见萨洛尼卡市代理市长扎基斯,就深化中希经济、教育、文化、旅游等各领域合作及加强友城关系建设等议题交换意见。主管市政服务的副市长潘特莱蒙·卡赞齐迪斯、萨市第一社区主席安妮·阿克里瓦基在座,使馆办公室主任郭晓宇陪同。

(来源:中国驻希腊大使馆网站)

【"温暖迎春·共庆中国年"暨"中华川菜·世界品味"走进希腊活动在雅典成功举办】

2024年2月23日,中国驻希腊大使馆举办"温暖迎春·共庆中国年"暨"中华川菜·世界品味"走进希腊活动,肖军正大使、赖波公参、刘巍武官、李颖参赞,四川省海外联谊会副会长王小晴,希腊文化部副部长季马斯、发展部秘书长罗伊祖、文化部秘书长迪达斯卡鲁,希腊各界友人、驻希使节代表、旅希华侨华人、中资企业和留学生代表等500余人出席活动。

肖军正大使向各位来宾、各界朋友致以新春祝福,表示2023年底,联合国大会将中国春节确定为联合国假日。春节传承着和平、和睦、和谐的中华文明理念,也承载着家庭和谐、社会包容、人与自然和谐共生等全人类共同价值。此次活动以美味佳肴和精彩文化艺术节目为媒介传递我们各自的传统文化,不仅是中希友好的直观写照,更是两大古老文明交流互鉴的生动体现。

王小晴副会长在致辞中表示,希腊作为欧洲文明发展的重要世界文化中心之一,拥有悠久历史和文化传承。正如希腊自然人文之美受到世人喜爱一样,四川历来就有"天府之国"的美誉,川菜、川酒、川茶等享誉国内外。"中华川菜·世界品味"活动在春节期间走进希腊,为希腊朋友开启领略中国文化的美丽之窗,成为两地深化交流合作的友谊之桥,欢迎希腊各界朋友来川"品味道、谈合作、求共赢",共享发展机遇,共赢更加美好未来。

活动现场,来自中国的艺术家们用精彩纷呈的表演展示了中国传统文化的独特魅力。民乐的悠扬、民族舞蹈的灵动、中国名曲的婉转、川剧变脸的震撼,以及功夫茶艺的精湛演绎,充分展现了中华文化的博大精深。中国歌唱家和希腊小朋友合唱的《茉莉花》,希腊朋友带来的希腊巴洛舞更体现了中希文化的交流、交融。活动现场精心准备的四川美食也让到场中外来宾赞不绝口。

(来源:人民网)

【第四届"雅典卫城国际武术公开赛"在希腊成功举办】

2024年3月9日,由希腊阿提卡省政府、雅典中国文化中心、希腊武术功夫联合会主办的第四届"雅典卫城国际武术公开赛"在雅典奥林匹克拳击馆隆重举行。本次比赛赛期2天,共设置50余个项目,来自中国、希腊、美国、英国、南非、墨西哥等近20个国家和地区的1300余名运动员齐聚希腊,以精彩的表演共同展现武术魅力。

中国驻希腊使馆大使肖军正、使馆文化参赞王滢,希腊阿提卡省主管体育事务的副省长瓦西利基女士,雅典中国文化中心王江涛主任,希腊武术功夫联合会主席帕帕克里斯托夫,中国武术界泰斗级人物吴彬、王培锟、刘莉莉等著名教练和武术大师,以及各国武术协会代表、希腊民众等2000余人出席开幕式。

肖军正大使在致辞中表示,中国和希腊同为文明古国,对推动世界文明发展发挥了重要作用。今天,武术交流已成为中希开展文明互鉴的重要表现形式。中国武术不仅是体育运动,也是一种深植于中国文化和哲学中的文化现象。它对武德、技艺和哲学的强调,使其成为世界范围内广受欢迎的文化活动。以武会友,诚意正心,已成为越来越多国际习武者的一种精神追求和文化体验。"雅典卫城国际武术公开赛"是世界各地武术爱好者展示和交流的盛会,这其中凝聚了希腊武术功夫联合会的辛苦付出。希望今后这项活动越办越好,预祝比赛圆满成功,也祝愿全体运动员在比赛中取得优异成绩。

阿提卡省副省长瓦西利基表示,这是她上任后第一次受邀参加中国武术比赛,很高兴看到阿提卡地区除足球和篮球以外的其他运动越来越受欢迎。她表示,对中国武术哲学很感兴趣,希望每位运动员在比赛时可以"胜不骄,败不馁",用运动员精神严格要求自己。

希腊武术功夫联合会主席帕帕克里斯托夫表示,武术运动的艺术在于把大家团结起来,不断交流,成为朋友,中国的谚语"以武会友"就是这个意思。希望在座的每一位参赛者都享受公平、良好的比赛。

伴随着响彻全场的鼓乐,中国传统舞狮表演率先登场,引得观众一片喝彩。开幕表演中,各国武术代表队巧妙编排带来了太极拳、八极拳、咏春拳、少林拳等内家拳、外家拳多种武术门类的精湛表演,一招一式彰显精妙"武韵"。本次比赛设套路、咏春、散打、搏击等8个大项,两天的激烈角逐将产生各项冠军共计400名。

本次国际武术公开赛的成功举办,不仅展示了中华武术的魅力,更为中外文化交流搭建了一个重要平台。相信在未来的日子里,中国武术将在世界范围内进一步得到传承发展,成为促进中西文化交流与文明互鉴的重要桥梁。

(来源:中国驻希腊大使馆网站)

中希旅游交流

【"运河明珠·魅力京甬"北京、宁波双边旅游推介会在希腊举办】

"运河明珠·魅力京甬"北京、宁波与希腊双边文化旅游推介会于2023年3月1日在希腊首都雅典成功举办。

该活动在中国驻希腊大使馆的支持下，由北京市文化和旅游局、宁波市文化广电旅游局、希腊国家旅游组织、雅典国际机场、雅典中国文化中心联合主办。中国驻希腊大使肖军正、希腊旅游组织主席代表维克丽、北京市文化和旅游局一级巡视员史安平、宁波市文化广电旅游局副局长二级巡视员徐小设在活动中致辞。100多名希腊旅游行业协会、知名旅行商及媒体代表参加当晚的推介活动。

肖军正在致辞中指出，过去三年中希人员往来和旅游合作受到新冠肺炎疫情冲击，随着中国政府优化调整防控政策，中国游客正逐步"回归"。2023年春节期间中国游客出境游同比增长640%，数据展示了中国经济复苏的强大动力和中国游客"回归"的强劲势头。中国幅员辽阔、自然风光和人文景观丰富、历史文化深厚，发展迅速、现代气息浓郁，在世界旅游业占有重要地位。北京和宁波是中国重要的旅游城市，欢迎更多希腊和其他欧洲地区游客到访。

维克丽表示，中国和希腊两国之间有着紧密的友谊纽带，文化、历史、商贸、哲学、艺术等领域的悠久历史将两国更加紧密地联系在一起。中国旅游市场是希腊快速发展的市场之一，希腊期待并做好了迎接中国游客到来的准备。

史安平表示，本次推介之行，不仅是一次"推广之旅"，也是一次"破冰之旅"，更是一次"开拓之旅"。北京作为中国的首都，是全国的政治中心、文化中心、国际交往中心、科技创新中心，热诚欢迎大家到北京感受故宫、颐和园、长城、天坛、大运河等七大世界文化遗产的历史之美，感受蓝绿交织、山水相依、清新秀丽的生态之美，感受老北京胡同、四合院、名人故居、燕京八绝的人文之美。

徐小设表示，宁波海洋旅游资源丰富，自然秉赋得天独厚，作为中国大运河的出海口和海上丝绸之路的东方起碇港，拥有8000年人类文明史、2500年港口发展史。2023年是中国—中东欧国家经贸合作示范区落户宁波六周年，多年的"中东欧之约"，使宁波与中东欧国家之间的经贸往来和旅游交流不断深化，并邀请在座嘉宾参加2023年5月在宁波举办的第三届中国—中东欧国家博览会。

进入推介环节，雅典中国文化中心主任任刃以中国大运河为主题，串联介绍了大运河两端城市北京和宁波的不同风情，与现场嘉宾多次进行互动，引起热烈掌声。

随后，雅典国际机场传播和市场部经理帕帕德普洛分享了出入境数据分析报告。她表示，中国对雅典来说是一个非常重要的市场，2019年纪录显示，来自中国的游客数量达到20万人次，休闲旅游占到81%。为吸引更多的中国游客，雅典国际机场将建设中文网站、增加中文标识及中文工作人员，雅典国际机场将为中国游客提供更多的优质服务。

以中国旅游集团为代表的多家中国旅游企业与希腊旅行商进行了自由交流和洽谈。现场还设置了北京、宁波旅游图片展和中国文化体验活动，得到了希腊各界朋友的欢迎。

北京、宁波文化和旅游代表团在希期间还与希腊国家文化基金会、雅典市政府进行了文化、旅游、人文交流合作的会谈。

（来源：人民网）

【北京市文化和旅游局代表团会见希腊国家文化基金会会长、希腊阿迪卡省省长】

2023年3月31日,北京市文化和旅游局二级巡视员马文率代表团访问希腊期间,在雅典中国文化中心主任任刃的陪同下,在雅典分别会见了希腊国家文化基金会会长尼克斯·库奇斯和希腊阿提卡省省长帕图利斯·乔治。各方就北京市与希腊方面加强文化旅游合作以及共同关心的话题进行了深入交流。

马文在会见尼克斯·库奇斯时表示,中国与希腊两大文明在亚欧大陆两端交相辉映,为人类文明演进作出了重大贡献。现在,由北京市负责运营的雅典中国文化中心积极开展工作,希望未来与希腊国家文化基金会在文化艺术领域开展广泛的合作,共同推动中希文化交流互鉴,促进两市友好关系进一步发展。马文还重点介绍了北京市以演出为中心,着力打造"演艺之都"的相关情况,希望希方能够积极参与,组织头部演艺团体来华来京展演,建立可持续发展的商业模式,共同培育活动品牌,打造中希交往不断深化的文化典范。

尼克斯·库奇斯对北京市文化和旅游局代表团的到访表示欢迎,感谢北京市长期以来对双方文化交流合作的重视与支持,对雅典中国文化中心开展的卓有成效的工作表示赞赏。尼克斯·库奇斯表示,希腊国家文化基金会将一如既往重视加强与北京市的关系,愿继续深化在文化、教育、出版等各领域的交流与合作。马文在会见帕图利斯·乔治时表示,自2005年北京与雅典成为友好城市以来,双方人文、旅游合作方面持续发展,传统友谊得以巩固。雅典中国文化中心建立以来,双方交往更为频繁,互信不断加深。北京市与阿提卡省在出境游游客数量及旅游目的地建设方面优势互补;在旅游资源方面特色相近,有着长城、故宫和雅典卫城等著名世界文化遗产,合作潜力巨大。希望双方以"中国希腊文化和旅游年"为契机,举办一系列亮点活动,共同努力,促进双向旅游往来加速恢复,共促双方文化和旅游业恢复生机、焕发活力。

帕图利斯·乔治欢迎马文一行的到访,感谢北京市文化和旅游局对加强与阿提卡省开展文旅合作的重视。感谢中方将希腊列入第二批试点恢复中国公民出境团队旅游国家名单,阿提卡省已做好积极准备,迎接来自北京的游客。他表示,愿与雅典中国文化中心加强合作,共同推进双方旅游合作和人员往来,在加强医疗旅游等特色旅游项目、推动旅游数字化发展、培训认证等方面加强合作。

(来源:北京旅游网)

【驻希腊使馆欢迎国内首发旅行团抵希】

2023年4月29日,26名自广州出发的中国游客搭乘土航TK1843航班抵达雅典国际机场,这是希腊被纳入第二批中国公民出境团队游试点国家后迎来的首个中国官方ADS签证旅游团。驻希腊使馆、希腊国家旅游组织、广之旅国际旅行社与在希地接社共同举行欢迎仪式,使馆文化参赞王滢一行出席,并向首发团游客赠送纪念品,发放领保宣传手册。

王滢参赞在致辞中首先转达肖军正大使对来希中国游客的亲切问候,并指出中希两国历史悠久,文化灿烂,希腊风景优美,旅游、文化资源丰富。2023年3月,文化和旅游部将希腊纳入了第二批中国公民出境团队游试点国家名单。中国游客代表国家形象,希望大家文明出游,自觉做传播中国文化和友谊的使者,同时注意安全,预祝大家在希腊度过一个美好、难忘的假期。

【"中国希腊文化和旅游年"在雅典顺利闭幕】

2023年11月9日晚,"中国希腊文化和旅游年"闭幕式暨香港弦乐团希腊巡演在雅典音乐学院音乐厅隆重举行。中国驻希腊大使肖军正、希腊旅游部秘书长弗卢里斯、移民庇护部秘书长亚特里迪斯、中国香港文化体育及旅游局副局长刘震出席闭幕式并致辞,来自两国政治、航运、文化、媒体、教育等领域的代表约500人出席活动。

肖军正大使在致辞中表示,举办中希文化和旅游年是习近平主席与米佐塔基斯总理2019年达成的重要共识。两年来,我们以北京冬奥、文明对话、教育交流、民间交往等为切入点举办了系列精彩纷呈的活动。不久前,米佐塔基斯总理访华时,中希两国领导人再次表达了促进人文交流和文明互鉴的共同愿望。希望双方将成功举办中希文旅年作为新起点,持续加强人员往来和人文交流,增进互信和友谊,不断夯实中希关系发展的社会基础。

希腊旅游部秘书长弗卢里斯代表希腊政府致辞。他说,希中文旅交流合作能增进对彼此文化和文明的认识,促进相互理解。希中同属古老文明,拥有很多相似的价值理念,两国虽地理位置上相隔万里,但心灵和思想上紧密相连。愿以希中文旅年闭幕式为新起点,书写两国人文交流合作新篇章。弗卢里斯还简要介绍了希腊旅游愿景,并期待更多中国游客到访希腊。

香港文化体育及旅游局副局长刘震在致辞中表示,中希文旅年活动拉紧了中希"一带一路"合作框架下人文交流的纽带。香港管弦乐团是香港文化艺术的重要代表之一,向世界各地观众表演原创的、体现中国传统文化特色的西方音乐,从而讲好中国故事,促进民心相通。

此次闭幕式音乐会为中国香港弦乐团2023年度欧洲巡演首站,中国知名小提琴家姚珏携团队倾情演绎了中西经典曲目以及中国民族特色曲目,为现场嘉宾奉上一场音乐盛宴。音乐会上,香港弦乐团还与希腊UYO弦乐团青年音乐家同台共奏中希名曲《我爱你中国》《Mia Poli Magiki》,通过音乐、视觉和情感的交织互动,以音乐之名搭起友谊之杯,用旋律促进双边文化交流,将整场演出推向高潮,为中希文旅年画上圆满的终止符。

(来源:人民网)

【雅典国际机场举行"迎春送客"活动】

2024年2月12日(大年初三),希腊雅典国际机场车水马龙、人潮如织。由雅典国际机场和中国国际航空公司主办的欢乐春节"迎春送客"活动在此隆重举行。雅典国际机场和国航龙宝吉祥物与观众热情互动,整个机场洋溢着浓浓的中国新年气氛。

上午10时30分,机场出发大厅锣鼓喧天,一群全部由希腊当地少男少女组成的舞龙队精彩亮相。红黄相间的长龙上下翻飞,惊艳全场观众和旅客。中国驻希腊使馆王滢参赞出席了活动。

(来源:澎湃新闻)

中希媒体交流

【"2023年联合国中文日暨中央广播电视总台第三届海外影像节"特别节目展映】

2024年4月29日,由教育部中外语言交流合作中心、中国驻希腊大使馆、中希文明互鉴中心共同主办的中希文明交流互鉴暨国际中文日活动在希腊首都雅典举行,中央广播电视总台欧洲总站制作的特别节目《共绘繁荣》在活动现场展映。

来自希腊和中国的60多位专家学者参与了中希文明交流互鉴暨国际中文日活动,中央广播电视总台特别节目的展映令专家印象深刻。

中希文明互鉴中心指导委员会主席 斯泰利奥斯·维尔维达基斯表示:这是一个很好的创意,因为它为年轻人提供了学习中文的机会,他们可以借此表达自己的想法,也可以表明他们对这门语言的兴趣。这(中文)是一门非常难但很有趣的语言。真希望我现在更年轻一些,好让我能够从头开始学习它。

中国驻希腊大使肖军正表示,特别节目《共绘繁荣》用非常生动和新颖的形式向希腊朋友介绍了中国文化。

中国驻希腊大使肖军正认为,这个片子最大的特点就是它用符合国际传播(规律)的方式,讲好中国文化的故事、中国文字的故事。

特别节目《共绘繁荣》,以"画卷"形式串联"一带一路"上的生动故事;以融合传播手段彰显"亲仁善邻、协和万邦"的大国形象;期待与世界共绘繁荣发展新画卷。《共绘繁荣》还将陆续登陆英国、意大利、希腊、塞浦路斯等国的主流媒体平台。

【中希文明辉映未来!中国希腊"一带一路"对话会成功举行】

落实高质量共建"一带一路",推动中希文明智慧照鉴未来。2023年10月30日,中国中央广播电视总台在希腊雅典举办"山海相通 中希辉映:中国希腊'一带一路'对话会"。希腊前总统帕夫洛普洛斯,中宣部副部长、中央广播电视总台台长慎海雄,希腊旅游部长基法洛扬尼,中国驻希腊大使肖军正出席并致辞。希腊文化部长门佐尼发表视频致辞,希腊阿提卡省长帕图里斯,以及希腊金融航运界、文化艺术旅游体育界等知名人士出席活动。

活动上，慎海雄与希腊最大的财经媒体《航运与商业报》所有者、著名航运与能源企业家梅利萨尼迪斯代表双方签署合作备忘录，在国际新闻联合报道、金融和经济领域内容联合制播、共同主办活动等方面达成深化合作共识。

中央广播电视总台还与希腊直播卫星平台NOVA公司交换落地协议，就加强总台CGTN英语频道和CGTN纪录频道在希腊落地播出达成一致。

作为中央广播电视总台与中希文明互鉴中心签署合作备忘录后落地的合作成果之一，专题片《让古老文明的智慧照鉴未来》在活动上正式开机。该片由双方联合制作，从哲学对话、科学碰撞、共建"一带一路"等多个话题层面，带受众领略中希文明深邃的思想之光如何照亮未来繁荣之路。

当天还启动了中国影像节"一带一路"希腊专场活动。由中央广播电视总台制作的《新丝路上的交响》《了不起的决心》《遇见最极致的中国》等系列纪录片和专题片将陆续在《航运与商业报》等希腊主流媒体及新媒体平台播出，以影像为媒促进中希两国民心相通。

（来源：《中国日报》网）

【文明互鉴！中央广播电视总台与中希文明互鉴中心、国际奥林匹克学院达成合作】

弘扬古老文明智慧和奥林匹克精神，树立文明互鉴典范。2023年10月28日，中国中央广播电视总台与中希文明互鉴中心、国际奥林匹克学院签署合作备忘录，就促进中希两国文明交流互鉴、弘扬奥林匹克精神等方面达成合作。希腊总理米佐塔基斯对国际奥林匹克学院与总台深化合作及相关协议的签署表示祝贺。中宣部副部长、中央广播电视总台台长慎海雄分别与中希文明互鉴中心希方理事会主席维尔维达基斯、国际奥林匹克学院院长科维洛斯签约。中国驻希腊大使肖军正出席签约仪式。

希腊总理米佐塔基斯和希腊政府，通过体育部副部长雅尼斯·弗鲁齐斯对国际奥林匹克学院与中国中央广播电视总台之间开启新的合作伙伴关系表示祝贺与赞赏，祝愿奥林匹克价值在中国社会蓬勃发展。

慎海雄在与中希文明互鉴中心希方理事会主席维尔维达基斯会谈时说，2023年2月习近平主席复信您和多位希腊学者，祝贺中希文明互鉴中心成立。在中国，古希腊神话、苏格拉底、亚里士多德、柏拉图古希腊三贤等几乎家喻户晓。中国和希腊作为历史悠久的文明古国，创造出的灿烂文明在亚欧大陆东西两端交相辉映。通过共建中希文明互鉴中心，两大顶尖文明在这里碰撞激荡，交融发展。中央广播电视总台以传承弘扬中华优秀传统文化、建设中华民族现代文明为重要使命，愿与中希文明互鉴中心紧密携手，从媒体和学术界的不同视角，讲好中希共建"一带一路"故事，增进两国人民了解互信；挖掘中希古老文明的深邃智慧，为推动构建人类命运共同体注入深厚悠久的文明力量。

维尔维达基斯表示，习近平主席的复信表达了对中希文明交流互鉴的殷切期盼，充分展现出一位大国领导人的深邃思想和远见卓识，在希腊和国际社会反响热烈。中希文明互鉴中心是两国间建立的第一个倡导文明交流的机构,希望此次与中央广播电视总台在共享信息、联合制作节目、加强技术创新应用等方面开展深入合作,进一步推动希中学者在语言、历史和文化研究等方面提升学术水平,丰富研究成果,促进民心相通。相信凭借总台强大的传播力和影响力,希中人文交流将更上一层楼,双方务实合作将取得累累硕果。

慎海雄在与国际奥林匹克学院院长科维洛斯交流时表示,在百年未有之大变局不断演进的今天,团结、友谊、和平的奥林匹克精神显现出更为重要的作用。中希两国作为东西方文明的发源地,在推动奥林匹克文化的传承发展上相互支持、紧密协作。近几天,中央广播电视总台与国际奥委会、巴黎奥组委达成系列合作共识,将继续以国际一流的转播技术和极具创意的高品质体育文化节目,吸引更多年轻受众爱上奥林匹克文化。希望总台与国际奥林匹克学院以此次签约为契机,发挥各自资源优势,促进奥林匹克精神和中华体育精神广泛传播,助力推进人类命运共同体建设。

科维洛斯在会谈中回忆了2008年他出席北京奥运会期间,中国民众对希腊体育代表团的热情和喜爱。他说,2008年北京奥运会和2022年北京冬奥会无与伦比,让世界充分感受到中国对奥林匹克的无限激情。国际奥林匹克学院已在全球为超过11万青年人开办奥林匹克文化培训,推广奥林匹克运动。中央广播电视总台作为全球最大的媒体机构之一,国际传播力和影响力近年来持续跃升,相信双方合作前景广阔。期待与总台进一步深入交流、凝聚共识,通过在青少年培养、举办交流活动、体育节目合拍制作等方面的紧密合作,持续推广奥林匹克运动、弘扬奥林匹克精神,鼓励全世界青年人增进互信、团结协作,共创更美好的未来。

中希文明互鉴中心成立于2023年2月20日,由两国多所高校联合组建,旨在通过加强中希两大文明中的哲学、文学、历史、考古、音乐和科学等领域的合作研究,推动中希文明交流互鉴、促进各国文明发展。

国际奥林匹克学院(IOA)成立于1961年,是国际奥委会领导下专门从事奥林匹克学术研究和教育的机构。

中希文明互鉴中心希方理事会秘书长巴拉、中方理事会秘书长王勇,国际奥林匹克学院主任阿斯玛科普洛斯,学术与教务处、企业沟通与合作伙伴部等部门负责人和首席法律顾问、院长高级顾问,以及中央广播电视总台总编室、体育青少节目中心、国际交流局、北京总站、欧洲总站等相关部门负责人参加上述活动。

(来源:中央广播电视总台央视新闻)

【中希合拍纪录片《当苏格拉底遇上孔子》正式启动】

2023年11月7日,由江苏广电总台我苏国际传播中心与希腊知名媒体团队合拍的纪录片《当苏格拉底遇上孔子》在南京正式启动。纪录片是在希腊作家赫里斯托斯·卡夫德拉尼斯的畅销书《当苏格拉底遇上孔子》基础上进行的拓展创作,由中希两国的制作团队共同制作。

江苏省广播电视总台台长、集团董事长、我苏国际传播中心主任葛莱,江苏省广播电视总台副台长、集团总经理、我苏国际传播中心副主任陆峰,江苏省广播电视总台副台长、集团副总经理、我苏国际传播中心副主任季建南与希腊制作方代表、希腊知名媒体专家、导演、制作人米哈里共同为纪录片启动开机。

启动仪式上,希腊制作方代表米哈里先生致辞,他表示,《当苏格拉底遇上孔子》这部纪录片,将在中国和希腊两个古老国家之间架起一座坚固的文化沟通之桥,并启发"一带一路"沿线更多人加深对彼此文化的了解。

纪录片《当苏格拉底遇上孔子》采用探访式人文纪录片的形式,计划制作6集,每集都由一位希腊思想家与一位中国思想家进行一场"跨越时空的对话"。追随先贤足迹,探访历史遗存,讲述流传千古的哲人故事,溯流文明的脉络,感知两大文明共通的智慧。

节目呈现上注重互动体验,用多种表现形式将思想的碰撞生动化、具象化,探寻两大文明的过去、现在和未来,让全球观众深刻领悟构建人类命运共同体思想的历史渊源、丰富内涵和世界意义。该片得到国家广电总局、中国驻希腊大使馆和希腊国家文化和体育部的认可和支持,并将邀请作家赫里斯托斯·卡夫德拉尼斯本人及中希两国相关领域的专家深度参与,通过思想的对话,向世界呈现文明交流互鉴的典范。

(来源:江苏广电总台融媒体新闻中心)

【第二季"魅力北京"优质纪录片签约启动仪式在希腊举行】

2023年11月14日,第二季"魅力北京"优质纪录片签约启动仪式在希腊TV100电视台举行,中国驻希腊大使馆参赞王滢女士、希腊TV100电视台董事会主席维赞德斯先生等嘉宾出席。

2022年,为庆祝中国与希腊建交50周年,首季"魅力北京"优质纪录片在希腊主流电视台落地播出。2023年是"一带一路"倡议提出十周年,第二季"魅力北京"纪录片在希腊的播出,将进一步突出中希两大文明古国之间的交流互鉴,加深当地民众对中国、对北京的认识和了解。

签约启动仪式上,维赞德斯和TV100电视台总经理克索布洛斯均表示,非常高兴能与中国的电视台开展这次"魅力北京"纪录片的播出合作,这是一个两国媒体合作、交流互鉴的良好开端,希望通过这些纪录片让更多的希腊人了解中国的文化、科技发展和其他相关内容,认识中国的首都北京,通过这个项目实现双赢。

王滢参赞在致辞中指出,2023年是"一带一路"倡议提出十周年,中希建交50周年以及中希文化和旅游年以来,中希文明因互鉴而越发精彩,两国人民因交流而更加相亲,为我们深化友谊、增进了解打开了新的合作篇章。希望第二季"魅力北京"能够再接再厉,通过一系列优秀纪录片,在讲述首都北京传承与发展的同时,让希腊朋友感受到文明的生生不息,感受到那份我中有你、你中有我的共同情感。

悠久的历史、璀璨的文化为中希交流提供了丰沃的土壤，更为推动人类历史发展和文明进步提供了不竭动力和无限可能。第二季"魅力北京"纪录片将继续聚焦历史、人文和发展，以北京广播电视台、故宫博物院共同出品的大型系列纪录片《紫禁城》作为首播节目，"以城看史、以史讲城"，通过12个篇章的讲述，串联起中国北京近600年跌宕起伏的历史，首次全景呈现大历史独特视角下的紫禁城。

此外，首次在海外播出"北京中轴线"主题国际传播纪录片《京之轴》，第一次以国际传播视角讲述"北京中轴线"。

签约启动仪式后，"魅力北京"文化推广活动还走进当地一所历史悠久的学校——海伦尼克中学，同希腊的青少年一起进行了欢快的交流与互动。王滢参赞向同学们介绍了中希友好关系，热情邀请他们有机会学习中文，去亲身体验中国的文化。活动现场，"北京中轴线"的古建模型以及榫卯结构组成的鲁班锁，引起了学生们的极大兴趣。此次"魅力北京"文化推广活动面向希腊青少年群体，为中希友谊埋下了传承的种子，为两国交流提供了更广阔的空间。

"魅力北京"是北京市政府新闻办公室推出的品牌文化推广项目，2017年以来已在德国、匈牙利、波黑、克罗地亚、塞尔维亚、荷兰、阿联酋、希腊等众多"一带一路"沿线国家落地，通过与当地主流媒体的深度合作，深入当地主流观众和社交媒体用户，搭建知华友华"朋友圈"，增进民心互通，加强交流互鉴。

（来源：人民网）

【以文明之美 贺龙年新春 系列片《跨越时空的"相遇"》上线希腊国家台ERTFLIX】

在龙年新春佳节前夕，希腊国家台在其重磅打造的流媒体平台ERTFLIX隆重推出中希合拍五集系列片《跨越时空的"相遇"》。该系列片由江苏广电国际团队与希腊制作公司合作制作，在希腊当地时间2024年1月29日正式上线ERTFLIX，并在江苏卫视及IPTV同步播出。之后该系列片还将在希腊国家台的国际频道ERT World再次面向希腊及全球观众播出。

中国驻希腊大使肖军正为系列片在希腊的播出特别录制视频致辞。他表示，五集系列片《跨越时空的"相遇"》是江苏省广播电视总台同希腊国家电视台倾情合作结出的硕果，也是新年之际中希媒体人共同为两国观众奉献的一份特殊的新年礼物。这是落实两国领导人共识、践行全球文明倡议的一次精彩探索，也是中希全面战略伙伴关系在新时代稳步健康发展的进程中凝结出的一颗人文亮点。希望两国媒体进一步加强交流合作，共同发掘古老文明智慧，创作更多的影视合拍作品，以文化交流促进民心相通，打造两国文明交流互鉴的典范。

参与拍摄制作的希腊知名主持人米哈里近期就系列片的播出接受了希腊国家电视台

旗舰频道谈话节目Studio 4的专访,在访谈中,他热情分享了系列片的拍摄历程。米哈里表示,《跨越时空的"相遇"》得到了中国国家文旅部、中国驻希腊大使馆、希腊国家旅游组织、希腊文化和体育部等国家级部门的高度关注,是在中希双方政府和媒体的大力支持、在各界人士的共同参与和配合下完成的,并取得了令人瞩目的传播效果。

系列片《跨越时空的"相遇"》,由《历史遗产的诉说》《东西方文明的对话》《口耳相传的艺术》《活色生香的碰撞》《潺潺流动的文化》五个篇章组成,分别聚焦历史遗产、博物馆、戏剧、美食、运河五个主题,通过国际语言和更加贴近国际观众的传播方式,深度挖掘中希两国人文交流的深邃积淀,阐发两个古老文明融通互鉴的当代意涵。

片中两地主持人带领观众探索江苏和希腊的众多代表性人文景点,并联动希腊国家歌剧院演员雅尼斯·克里斯托普洛斯、希腊米其林餐厅主厨Lefteris Lazarou、淮扬菜大厨侯新庆、江苏省昆剧院演员蔡晨成等中希各界知名人士参与拍摄,向全球观众呈现文明之美。

文明因多样而交流,因交流而互鉴,因互鉴而发展。《跨越时空的"相遇"》系列片此次在希腊国家台播出,再次向世界发出美好邀约,让跨越时空遥相辉映的文明之美绽放璀璨光芒。

(来源:荔枝新闻)

中希地方合作

【"孔子家乡·好客山东"文旅推介会暨中国山东农民画展在希腊伊利乌波利市成功举办】

2023年7月9日,"孔子家乡·好客山东"文旅推介会暨中国山东农民画展开幕式在希腊伊利乌波利市成功举办。希腊伊利乌波利市副市长Stavros Georgakis,中国驻希腊使馆参赞王滢,山东省文化和旅游厅二级巡视员付俊海,雅典中国文化中心主任任刃,希腊中国商会总干事Nicolas P.Bletas,以及GAEEK ESCAPE旅行社总经理Elena Gumennaia、希腊中国福建总商会执行会长林恩宝等希腊文化和旅游机构、企业、协会负责人40余人出席了活动。

中国驻希腊使馆参赞王滢在致辞中表示,中国和希腊同为文明古国,历史悠久文化灿烂。中希文明交相辉映,友好交往源远流长。希腊是西方文明的发祥地,有著名的哲学家苏格拉底、柏拉图和亚里士多德,中国山东作为中华文明重要发祥地,诞生了孔子、孟子和墨子等思想家。欢迎希腊朋友到孔子家乡山东旅游,探寻中国传统文化根源。山东是中国的文化旅游大省,2019年山东省接待游客9.4亿人次,旅游收入超过1.1万亿元,约合1400亿欧元,分别居中国第二位、第五位。2023年恰逢中希文旅年,在伊利乌波利市举办文旅推介会具有特殊意义。相信本次活动必将推动山东与希腊的文旅交流与合作,为增进中希两国人民的相互了解和友谊,促进中希两国的人文交流作出贡献。

希腊伊利乌波利市副市长Stavros Georgakis在致辞中表示,伊利乌波利市是古雅典的城市之一,拥有浓厚的文化底蕴和良好的城市基础设施,伊利乌波利人民以热情好客著称,希望通过这次活动,能和山东省建立新的联系与合作,推动两地文化和旅游共同发展、共同繁荣。

山东省文化和旅游厅二级巡视员付俊海对山东文旅资源进行了全面推介。付俊海说,山东文旅资源十分丰富,现有联合国人类非遗代表作名录项目8项、国家级非遗代表项目186项、国际机场4个、"144小时过境免签政策"便利旅客往来,高速铁路贯通全省,超过8000公里,A级精品旅游景区1205个。欢迎希腊朋友来山东体验孔子家乡独特魅力,共同促进山东与希腊文旅往来恢复发展。

中希嘉宾共同观看了山东文旅宣传片,并欣赏了中国山东胶州、临朐、日照、青州等地农民利用业余时间创作的30多幅画作。这些作品多以日常生产生活场景为主题,造型质朴、色彩浓郁、情感真挚,表现了新时代山东农民、农业、农村的崭新风貌。

(来源:中国驻希腊大使馆网站)

【希腊亚里士多德市与曲阜市签订友好交流与合作协议】

2024年3月20日至24日,希腊亚里士多德市市长瓦利亚诺斯访问曲阜市,并与曲阜市签订友好交流与合作协议。

访问期间,两市举行了会见、签约仪式。会谈中双方表示,两国伟大思想家出生地城市结为友城搭建了东西方古典文明互学互鉴、交流融合的新平台,有利于促进两市人文交流合作。双方还就在文化、教育、旅游等领域进一步开展交流合作达成一致意见,确定了今后开展合作交流的方式和路径,进一步推动了曲阜市与东南欧国家城市友好合作进程。

(来源:中国驻希腊大使馆网站)

中法文明互鉴

（整理者：张文静　冯则程）

综合

【法国总统马克龙访华】

2024年4月6日下午，国家主席习近平在人民大会堂同来华进行国事访问的法国总统马克龙举行会谈。习近平积极评价中法关系保持积极稳健发展势头，强调指出，稳定性是中法关系的突出特征和宝贵财富，值得双方精心呵护。中国正在大力推进高质量发展和高水平开放，这将为法方提供更广阔的市场机遇。中方愿同法方以2024年中法建交60周年暨中法文化旅游年、巴黎奥运会为契机，加强相关领域合作。

2024年是中法建交60周年暨中法文化旅游年。双方将以两国人员往来全面重启为契机，推动文化、教育、语言、出版、影视、旅游、地方、青年等各领域交流，以2024年巴黎奥运会为契机，深化体育合作。

（来源：《人民日报》）

【"中法文明交流互鉴"对话会】

2023年4月27日，"中法文明交流互鉴"对话会在巴黎举办。本次对话会由中国外文局主办、中国国家创新与发展战略研究会支持，当代中国与世界研究院承办，法国"吴建民之友"协会、北京博声国际文化交流有限公司协办，是中国外文局率团参展第117届巴黎国际博览会的重要配套活动，旨在落实全球文明倡议，促进中法文化交流与文明互鉴，为中法友好事业贡献智慧和力量。来自文学、戏剧、翻译、出版、媒体、文物收藏、饮食文化等领域的50多位中法文化学者和青年代表深入交流研讨。中国外文局副局长于涛表示，此次对话会是推动中法文明交流的重要举措，旨在介绍中国文化理念，促进双方合作。法国文化部剧院名誉总督让-皮埃尔·余尔斯期待有更多中国优秀戏剧作品在法国展映。法国"吴建民之友"协会主席徐波表示，中法双方应通过对话促进相互理解和信任。与会者一致认为，通过更深入的文化交流，可以打破隔阂，促进中法友谊和理解。此次对话会为未来中法文化界的合作提供了新思路和参考，展望了两国文明互鉴的光明前景。

（来源：中国外文局网站）

文明互鉴发展报告 2024

【中法合作日活动在北京举办】

2023年10月26日,中法合作日活动在北京举办。作为活动的重要环节,"传媒与艺术,合作与发展"中法主题研讨会在北京国际会议中心召开。来自中法两国文化艺术、教育、传媒、金融、外交领域的百余位专家学者和业内人士参加,围绕两国文化艺术和传媒交流合作、新兴技术赋能国际人才培养等议题展开讨论。中国前驻法国大使赵进军在研讨会上表示,希望两国深化文化交流,续写外交关系新篇章。北京市工商联(商会)副会长、法政集团董事长王广发指出,新技术推动全球传媒行业的进步,加速文化融通,极大地改变了人类生活和学习方式。他建议双方建立涵盖基础教育、中医药文化推广及国际组织测评标准的开放平台,共享优质资源。研讨会还通过新民乐《茉莉花》、中华雅集之《山居吟》、京剧与歌剧跨界合作的《东韵西风》等节目以及沉浸式表演,展示了中华文化的深厚底蕴和历史脉络。

(来源:中国侨网)

【第五届中法文化论坛在苏州开幕】

2023年11月13日,第五届中法文化论坛在江苏省苏州市开幕。出席论坛的嘉宾包括全国人大常委会副委员长丁仲礼、中国红十字会会长陈竺、法国前总理拉法兰等。论坛以"中法友谊新时代,文化交流新起点"为主题,旨在落实两国元首共识,促进中法文明交流,为两国文化艺术界人士交流与对话搭建民间平台,共同探讨新形势下中法文化交流合作的新机遇、新赛道、新路径、新模式。

(来源:新华网)

【第二届巴黎中法论坛举行】

2023年11月14日,由中国驻法国大使馆和法国吉美国立亚洲艺术博物馆联合举办的第二届巴黎中法论坛在法国吉美国立亚洲艺术博物馆举行。中法两国政府高级别官员、知名专家学者、文化艺术领域杰出人士等多名代表参会。论坛以"中法建交60年,继往开来再出发"为主题,致力于巩固中法关系,探讨新形势下的合作路径。中国驻法国大使卢沙野在开幕致辞中强调了中法两国秉承独立自主、相互理解和高瞻远瞩互利共赢的建交精神,并提出四点建议:坚持平等互信、塑造积极认知、做开放合作的中流砥柱、共同建设人类命运共同体。法国前总理拉法兰通过视频致辞呼吁中法两国加强合作应对全球动荡,强调文化交流的重要性。论坛期间,双方代表围绕中法合作的未来进行了坦诚交流和深入对话,共同为全球和平与发展贡献思想智慧。

【习近平同法国总统马克龙就中法建交60周年互致贺电】

国家主席习近平2024年1月27日同法国总统马克龙互致贺电,庆祝两国建交60周年。

习近平指出，60年前，中法打破冷战坚冰、跨越阵营鸿沟，建立大使级外交关系。这一历史事件推动世界格局朝着对话和合作的正确方向演变，至今仍具有重要启示意义。60年来，中法始终坚持独立自主的战略抉择，始终致力于通过互利合作实现共同发展、通过平等交流促进文明互鉴、通过多边协调携手应对全球性挑战。两国关系创造多个"第一"，取得丰硕成果，不仅造福于两国人民，也为维护世界和平稳定、促进世界多极化和国际关系民主化发挥重要作用。

习近平强调，今天的世界再次走到关键十字路口。面对何去何从的时代之问、历史之问，中法作为独立自主大国和联合国安理会常任理事国，理应秉持建交初心，担负责任使命，共同开辟通向和平、安全、繁荣、进步的人类发展之路。我高度重视中法关系发展，愿同马克龙总统一道，以两国建交60周年为契机，守正创新、继往开来，将中法全面战略伙伴关系打造得更加牢固和富有活力，为增进两国和世界人民的福祉作出更大贡献。

马克龙在贺电中表示，60年前法中建交是富有远见的历史性决定。当今世界面临前所未有危机，法中、欧中更加需要携手前行，为应对全球性挑战找到共同解决方案。2023年是法中关系全面恢复活力的一年，2024年将是法中合作更进一步的一年。我期待同主席先生一道，推进双边经贸、人文、青年等交流合作，加强在全球问题上的沟通协调，不断深化法中全面战略伙伴关系，以积极向上的活力开启法中关系的新甲子。

（来源：新华社）

【《习近平关于尊重和保障人权论述摘编》（法汉对照）全球首发式在巴黎举办】

2024年2月29日，《习近平关于尊重和保障人权论述摘编》（法汉对照）全球首发式暨"全球人权治理的中国智慧"交流研讨会在法国巴黎成功举办。中国驻法国大使馆临时代办陈栋、人类命运共同体欧洲研究中心主任让-克里斯托夫·巴斯等嘉宾出席活动并致辞，60余位来自中法政治、经济、文化领域的代表出席会议。

【中法高级别人文交流论坛在巴黎成功举行】

2024年4月30日，由中国公共外交协会、中央广播电视总台和中国驻法国大使馆联合主办的中法高级别人文交流论坛在巴黎举行。论坛以"携手共进60年，继往开来新时代"为主题，吸引了来自中法各界的专家、学者和行业代表参与。中宣部副部长、中央广播电视总台台长慎海雄在视频致辞中强调，中法两国在文化交流方面有着悠久而灿烂的历史，未来愿意与法国共同努力，开创更加美好的合作前景。法国国民议会议员布鲁诺·福克斯和中国驻法国大使卢沙野则分别表达了对中法关系持续发展的期待与重视，强调在全球治理、环境保护、文化交流等多领域加强合作的必要性。此次论坛不仅加深了中法人文交流的理解与互信，也为中法关系未来的发展注入了新的动力。

【第二届中法全球治理论坛在巴黎举行】

2024年5月2日,第二届中法全球治理论坛在法国巴黎举行。来自中法两国的百余位专家学者围绕"深化全球治理改革,共建多边主义未来"主题深入研讨交流。法国前总理法比尤斯作大会发言时表示,法中两国在全球治理改革方面的核心共识是多边主义。当前多极世界在安全、经济和环境等领域面临多重挑战,而多边主义是有效的解决方案。他呼吁法中两国共同行动,共同应对全球性挑战。中国外文局局长杜占元在论坛开幕式上表示,第二届中法全球治理论坛在中法建交60周年之际召开,旨在通过中法合作,推动真正的多边主义理念,为构建人类命运共同体贡献智慧和力量。与会专家围绕"建设与维护和平""科技创新与发展""低碳可持续发展""多元文明交流互鉴"四个专题进行深入研讨,一致认为要完善全球治理需践行真正的多边主义,促进全球治理体系朝向更加公正和合理的方向发展。

(来源:光明网)

【中法人文合作发展论坛在巴黎举行】

2024年5月4日,中法人文合作发展论坛在巴黎举行。该论坛由新华通讯社、中国驻法国大使馆和法国阳狮集团共同主办,约250名来自中法政府官员、联合国机构、国际组织代表、主流媒体和各界人士参加了此次论坛。论坛围绕"深化人文交流弘扬'中法精神'"主题展开讨论,强调中法加强人文交流合作对于增进共识、深化互信,推动两大文明与世界各国文明相互成就具有重要意义。新华通讯社社长傅华在致辞中指出,此次论坛在习近平主席对法国国事访问之际举行,是一次重要的人文交流盛会。他强调,新华社将继续致力于传播中法友谊的故事和两国文化,呼吁中法媒体、智库等共同促进平等、互鉴、对话和包容的文明观,共同展示中法传统文化的魅力和现代文明的亮点。法国国民议会法中友好小组主席阿洛泽也在论坛上发表讲话,强调文化是法中两国不同文明之间最坚固的粘合剂,称赞中法建交以来的共同历史孕育了丰富的人文交流和其他领域的合作成果。新华社与阳狮集团签署了合作谅解备忘录,进一步促进了中法两国在人文领域的合作。同时,论坛还举办了纪念中法建交60周年的图片展,展示了两国长期以来的友好交往和合作成果。

【中国国家主席习近平对法国进行国事访问】

2024年5月5日,国家主席习近平乘专机抵达巴黎,应法兰西共和国总统马克龙邀请,对法国进行国事访问。习近平在讲话中指出,我很高兴对法国进行第三次国事访问,同法国人民一道庆祝中法建交60周年。作为中西方文明的重要代表,中国和法国长期以来相互欣赏、相互吸引。访问期间,他将与马克龙就新形势下中法、中欧关系发展,以及当前重大国际和地区问题深入交换意见,巩固两国传统友谊、增进政治互信、凝聚战略共识、深化各领域交流合作,为世界和平、稳定、发展作出新的贡献。

访问期间,中法达成了4份重要联合声明。《中法关于中东局势的联合声明》强调立即实现可持续停火,保障加沙地带提供人道主义援助并保护平民。《中法关于人工智能和全球治理的联合声明》提出弥合数字鸿沟,增强发展中国家人工智能能力。《中法关于就生物多样性与海洋加强合作的联合声明:昆明—蒙特利尔到尼斯》针对非法捕捞、污染等问题提出合作措施。《中法关于农业交流与合作的联合声明》表达双方愿意加强农业食品合作,特别是围绕青年农业人才、农业经营业态等方面加强交流。法方表示支持中国主办中欧美丽乡村论坛。

此外,中国将对法国等12国公民的短期赴华免签政策延长至2025年年底,以促进中法人文交流和文化旅游合作。习近平在与马克龙的会谈中强调,中法作为文化大国,应加快人文交往"双向奔赴",继续办好中法文化旅游年活动,积极推进文物联合保护修复工作和世界遗产地结好等合作。同时,法国总理府表示将对中国游客实施签证便利化措施,以促进法国的国际旅游市场增长。

访问期间,习近平还在法国《费加罗报》发表题为"传承中法建交精神 共促世界和平发展"的署名文章。

【第十届欧洲论坛在巴黎举行】

2024年6月3日,由中欧国际工商学院和巴黎大区工商会联合主办的第十届"欧洲论坛"在巴黎成功举行。来自中法两国的政策决策者、企业家、专家学者等政商学界代表齐聚一堂,共同探讨"创新与共赢:中法经济新未来"。法国前总理多米尼克·德维尔潘和中国驻法国大使馆公使陈栋等嘉宾出席并发表重要演讲,强调了中法经贸合作的深厚基础和潜力,以及在全球化浪潮中的角色和责任。论坛期间,圆桌讨论环节围绕"新全球化浪潮下企业出海的机遇与挑战"展开深入探讨,涵盖了欧洲市场的战略意义、全球技术变革对产业的影响、企业应对市场快速变化的策略等议题。此次论坛不仅是中法经济交流的重要平台,也为促进全球经济复苏和可持续发展提供了新的思路和方向。

中法教育交流

【武汉持续深化中法教育合作】

2023年4月11日,法国驻武汉总领事胡建谊一行访问武汉市教育局,就深化中法教育交流合作进行商议。自1979年起,武汉大学即成为中法教育文化交流的先驱,近年来,武汉与法国波尔多市等城市签署多项教育合作协议,推动中法教育合作不断深化。目前,武汉市多所学校与法国学府开设双语课程,并积极开展师生交流活动,致力于促进中法教育交流与合作,为两国友好关系增添新动力。

【第四届中法中学生数学交流活动颁奖仪式在北京成功举行】

2023年4月15日,第四届中法中学生数学交流活动颁奖仪式在北京成功举办。中法中学生数学交流活动是中法高级别人文交流机制框架内的重要项目,在两国教育部指导下,由中国教育国际交流协会与法国驻华使馆组织实施。国内17个省市的16所学校及北京法国外籍人员子女学校的40多名获奖师生代表现场参会,中法两国师生线上全程参与。中国教育国际交流协会副秘书长傅博、法国驻华大使馆科技专员安诺(Xavier Antoine)、北京航空航天大学副校长黄海军等嘉宾出席。傅博表示,中法数学交流活动促进了两国青少年的理解与友谊。安诺称,法中两国数学家的联系推动了学科发展,希望两国青少年通过数学互相启迪,共同进步。活动还特邀中国科学院院士田刚、欧洲科学院院士布基尼翁、哈尔滨工业大学数学研究院院长许全华、北京大学数学学院研究员向圣权等数学家参与,数学家与学生和青年教师代表亲切互动,答疑解惑,勉励青少年勤奋学习。

【中法教育交流协会代表团访问大连外国语大学】

2023年4月17日,中法教育交流协会主席大卫·施瓦茨和秘书长兼河南代表处代表任树磊访问了大连外国语大学。校长刘宏会见代表团一行,刘宏介绍了学校法语专业的发展历程和国际化办学特色,并表达了对中法教育交流协会合作的期待。施瓦茨主席对学校的接待表示感谢,并强调了中法教育交流协会促进教育国际合作的使命和成就。任树磊秘书长高度评价了学校的建设发展,并提出了进一步深化合作的建议。双方就复合型人才培养和服务地方经济社会发展展开深入讨论,期望在中法建交60周年和教育国际交流的背景下,共同推动合作迈向新阶段。

【法国奥罗阿大区高等教育及新里昂中法大学代表团访问华东师大】

2023年4月18日上午,法国奥弗涅–罗纳–阿尔卑斯大区高等教育及新里昂中法大学代表团来访华东师大,代表团成员包括里昂大学副校长 Mireille BOSSY 等。校长钱旭红、副校长顾红亮及多位校内负责人接待了代表团。钱旭红表示,国际化是华东师大发展战略之一,高度重视与法国高校的合作,期待双方深化合作。顾红亮详细介绍了华东师大对法合作情况。Mireille BOSSY 感谢了华东师大的热情接待,强调要落实马克龙访华成果,并希望在碳中和、循环经济、人文艺术等领域加强合作。会上,双方讨论了暑期学校、秋季中法论坛等事宜,并续签了合作协议。

【北航中法航空研究院揭牌】

2023年5月29日上午,杭州市北京航空航天大学中法航空研究院揭牌仪式暨北京航空航天大学中法航空校园启用仪式在浙江省杭州市余杭区举行,标志着中法航空学院招生办学正式启动。该学院中方合作办学者为北京航空航天大学,法方合作办学者为法国国立民航大学。浙江省委常委、杭州市委书记刘捷，浙江省副省长卢山，北航党委书记赵长禄、校长王云鹏院士等出席。该项目是中法友好合作的重要成果，采用中、法、英三语教学模式，2023年起开始招生，毕业生将获北航学士、硕士学位及法国工程师文凭。

【中科大"中法数学英才班"办学协议续签仪式举行】

2023年10月26日，中国科学技术大学（中科大）"中法数学英才班"办学协议续签仪式在巴黎亨利·庞加莱研究所（Institut Henri Poincaré）举行。中国科学技术大学校长包信和院士、中国驻法使馆教育处周家贵公参、法国数学最高奖菲尔兹奖得主洛朗·拉福格与巴黎雅克·阿达马基金会、巴黎数学基金会负责人及中法师生代表出席活动。中法数学英才班于2019年成立，首届20位毕业生中有17人前往索邦大学、巴黎西岱大学、巴黎萨克雷大学等法国顶尖高校继续深造。此次续签协议将进一步推动中法数学交流与合作。

【陕西西安举行中法校园文化周活动】

2023年12月18日，为迎接中法建交60周年，陕西省西安市举行中法校园文化周活动。中法校园文化周期间西安各大、中、小学将开展法国文化讲座、法语语言文化沙龙、法国优秀电影欣赏等丰富活动，让学生更好地了解法国文化，促进中法文化交流。

（来源：新华网）

【洛阳二外与法国拉普罗维登斯教育集团签约】

2024年1月2日，法国亚眠市友好交流团一行访问洛阳市第二外国语学校。亚眠市拉普罗维登斯教育集团与洛阳市第二外国语学校签订合作框架协议，未来将在国际项目、短期访问、夏冬令营等领域深化师生交流合作，共同培养具有全球视野和国际能力的青年人才。洛阳市政府副秘书长白胜斌表示，此次合作标志着洛阳与亚眠友好交流的新起点，也是纪念中法建交60周年及中法文化旅游年的重要活动之一。拉普罗维登斯高中校长库尔图瓦·艾伯特表示，通过访问交流，深刻感受到了洛阳二外的教育品质和国际化特色，期待双方合作推动学生综合素质的全面提升。

（来源：洛阳市外事网）

【港科大（广州）于巴黎举办中法交叉学科高级别研讨会】

2024年2月5日，香港科技大学（广州）与全法中国科技工作者协会在巴黎联合主办了中法交叉学科高级别研讨会及香港科技大学（广州）全球人才恳谈会。研讨会聚焦于推动中法科技与高等教育领域的交流合作，邀请了来自中国科技界和法国科学界的多位重要人士参与，包括中国驻法大使馆官员、中国科学院外籍院士以及法国国家药学科学院院士等。活动期间,倪明选校长和丁力理事长分别代表主办方发表致辞,强调了人文交流对于中法两国关系的重要性,并就未来加强合作提出了展望。

【第十七届"汉语桥"法国预选赛及颁奖仪式在巴黎举办】

2024年3月16日,第十七届"汉语桥"世界中学生中文比赛法国预选赛及颁奖仪式在巴黎雅克德古尔高中(Lycée Jacques Decour)举办。本届比赛由教育部中外语言交流合作中心主办,中国驻法国大使馆教育处支持,法国汉语教学协会承办,旨在激发法国中学生学习汉语积极性,增进其对中文和中华优秀传统文化的理解。圣日耳曼昂莱国际高中的木星(Marechalle Morel Camille)同学和阿尔萨斯学校的Venise BALAZUC同学荣获法国预选赛"汉语桥大奖"殊荣。中国驻法国大使馆陈力公使、周家贵公参,法国汉语总督学尼古拉·易杰(Nicolas Idier)、巴黎大区汉语督学金卉女士(Brigitte Guilbaud)、法国汉语教学协会会长闭德世(Georges BE DUC)和雅克德古尔高中校长帕特里克·欧坦(Patrick HAUTIN)出席颁奖仪式。

【中法四校共建文明交流互鉴合作研究中心】

2024年5月7日,中国人民大学、索邦大学、凯致商学院、蒙彼利埃保罗-瓦莱里大学在法国巴黎联合成立中法文明交流互鉴合作研究中心。中国人民大学党委书记张东刚、索邦大学人文学部副校长贝亚特丽斯·佩雷、蒙彼利埃保罗-瓦莱里大学校长安娜·弗拉伊斯等出席仪式并致辞,凯致商学院校长亚历山大·德纳维耶主持仪式。张东刚表示,中心的成立不仅是落实中法两国元首关于深化教育合作的重要举措,也是承载两国友好传统、探索新合作模式的重要平台。贝亚特丽斯·佩雷期待中心能够进一步促进教育和科研的深度融合,为培养新一代全球人才贡献力量。此次中法四校共建文明交流互鉴合作研究中心的成立,将为世界文明对话提供新的桥梁和平台,为构建人类命运共同体贡献智慧和力量。中法文明交流互鉴合作研究中心设在凯致商学院巴黎校区,秉承"以人为本、深化交流"理念,为培养全球文明使者、构建新型学术创新高地而努力。

【中法中医药学术交流论坛在巴黎举办】

2024年5月25日,中法中医药学术交流论坛在巴黎北索邦大学(Universit Sorbonne Paris Nord)举办。论坛为世界中医药学会联合会举办的"中医药献礼中法建交60周年"系列活动之一。贵州中医药大学副校长于浩表示,活动具有里程碑意义,强调了贵州在中医药传承与创新方面的贡献,并探讨了中法中医药合作的未来。法国专家表示,中医药在欧洲的推广与应用有广阔的发展空间,希望与中国深化合作。论坛涵盖了针灸、中药疗效、中医药在慢性病治疗中的应用等多个议题,旨在推动中医药的国际传播与发展,促进全球中医药服务贸易的高质量发展。

【"基础科学、知识创新与人才培养"会议在法国巴黎举行】

2024年6月20日,由北京大学和欧洲商学院共同主办的中法教育发展论坛——"基础科学、知识创新与人才培养"会议在欧洲商学院巴黎校区举行。本次论坛汇集了中法两国教育界、科研界的重要领袖和专家,包括中国教育部部长、中国科学院院士怀进鹏,中国教育部副部长、中国工程院院士陈杰,2018年诺贝尔物理学奖得主、北京大学名誉博士杰哈·穆鲁(Gerard Mourou)等。怀进鹏在开幕式上强调了基础科学研究在推动全球知识创新和人才培养中的核心地位,并提出了加强中法在这些领域深度合作的战略方针。会议期间,多所中法高校代表围绕"中法基础科学战略合作:引领全球知识创新与卓越人才培养"主题发表了演讲和分享。会上,怀进鹏、陈杰、杰哈·穆鲁和高校代表见证了北京大学与欧洲商学院签署的《谅解备忘录》,武汉大学与巴黎西岱大学签署的《关于成立"中法数学联合研究中心"的合作意向书》,中国传媒大学与法国巴黎第三大学签署《学生交流交换项目协议》以及ONCE计划与法国有关高校签署《ONCE计划系列成果》。这些合作举措不仅标志着中法在教育领域长期友好交流的深化,也为未来共同应对全球挑战、推动世界和平与发展作出了积极贡献。

【首届中法教育发展论坛在巴黎举办】

2024年6月21日,中国教育部与法国高等教育和科研部在巴黎共同举办了首届中法教育发展论坛。中国教育部部长怀进鹏和法国高等教育和科研部部长西尔维·勒塔约出席并致辞。怀进鹏指出,举办中法教育发展论坛,旨在通过搭建新的平台,促进两国高校深入交流,扩大教育与科研合作,强化教育界与产业界协同,推动中法教育合作迈向更高水平、实现更大发展。勒塔约回顾了中法教育合作的历程,表示举办中法教育发展论坛是落实元首共识、中法高级别人文交流机制第六次会议重要成果的积极举措,体现了两国开展长期合作的决心。期待通过进一步加强对话与合作,为世界可持续发展贡献更多力量。论坛期间,还举行了多个合作协议签署和纪念活动。

中法经济、科技交流

【中法核能科技合作40周年纪念活动】

2023年3月29日,由中国国家原子能机构、法国原子能与替代能源委员会共同主办的中法核能科技合作40周年纪念活动在北京举行。中国驻法国大使馆陈栋临时代办线上出席并致辞。中国国家原子能机构刘敬副主任、法国原子能与替代能源委员会劳伦斯副主席、法国驻华大使白玉堂、中核集团顾军总经理等两国政府、科技界和企业界代表出席活动。论坛上,与会嘉宾共同回顾了中法40年核能科技合作历程,展望未来合作前景。

表示中法两国在合作建设核电站、共同参与国际热核聚变实验堆(ITER)大科学工程等方面取得了丰硕成果,建立了深厚友谊。

【法国第七届"科技万岁展"开幕】

2023年6月14日,法国"科技万岁"展在巴黎揭幕。法国总统马克龙出席开幕式并畅谈人工智能开发。作为欧洲最大的科技展会之一,这次展会讨论议题广泛,包括人工智能、区块链、可持续发展、网络安全和健康技术。多家中国知名企业参加了这次展会。阿里巴巴集团展示了现代物流、物联网等领域的新成果,吸引了大量关注。阿里巴巴的物流机器人"小蛮驴"成为亮点。华为公司重点探讨数码转型、移动互联和绿色科技等议题。

【第八届中法品牌高峰论坛举行】

2023年7月5日,第八届中法品牌高峰论坛在巴黎埃菲尔铁塔隆重举行,主题为"中国品牌·全球想象力"。法国前总理拉法兰和中国驻法国大使卢沙野出席了开幕式并发表了重要讲话。来自法国柯尔贝尔集团、洋河股份、小龙坎等中法企业和设计师约120余人参与。本次论坛不仅强化了中法品牌合作的实质内容,更为进一步加深两国间的政治互信和经济合作打开了新的局面,展示了两国在创新和设计领域的深度交流和合作潜力。

【第九次中法高级别经济财金对话举行】

2023年7月29日,第九次中法高级别经济财金对话在北京举行。中国国务院副总理、中方对话牵头人何立峰与法国经济、财政及工业、数字主权部部长、法方对话牵头人布鲁诺·勒梅尔共同主持会议。双方在会上讨论了庆祝中法建交60周年筹备工作并达成多项共识,包括加强在多边和全球领域的合作、支持国际金融安全网、推动全球气候变化合作、促进双边贸易便利化以及在数字经济、航空航天和核能领域的深化合作。法方将参加2024年中国国际服务贸易交易会和中国国际进口博览会,并邀请法国企业参展。

【中法合作建设"预制菜国际供应链基地"】

2023年8月22日,山东省东营港经济开发区与法国华人进出口商会在法国巴黎签署"战略合作框架协议",共同打造中国内地首家、世界一流的"预制菜国际供应链基地"。东营市市长陈必昌率领经贸代表团访问法国,与法国华人进出口商会成员和侨界代表进行了交流。中国驻法使馆领事侨务参赞万磊出席并见证了协议签署,强调此次合作是中法两国友好交流的重要一步,旨在促进东营地区经济发展和中法两国间的深度合作。

【中法核能创新发展国际研讨会召开】

2023年11月7日至9日,中法核能创新发展国际研讨会在北京举行。此前,法国电力集团与中核集团于2023年4月签署了《"核能支持低碳发展前瞻性研究"蓝皮书》谅解备忘录。在研讨会的蓝皮书进展交流会阶段,中核集团总经济师黄敏刚、法国电力集团战略副总裁贝特朗、战略部高级经济学家安东尼安东尼及总院院长白云生分别介绍了各自公司的情况及蓝皮书的编制进展。双方一致认为,中法两国作为全球核能大国,联合编制蓝皮书对两国核能长远合作具有重大战略意义,将加紧推进蓝皮书的高质量研究编制,共同打造核能领域的国际精品报告。与会者一致认为,核能是清洁低碳的优质能源,是未来一段时间内唯一可以大规模替代化石能源的基荷电源,中法两国在核能领域的合作经验对推进两国核能持续长远发展具有重要参考价值。

【贝泰妮集团法国研究中心在巴黎成立】

2023年11月8日,贝泰妮集团在巴黎圣路易医院皮肤蜡像博物馆内宣布成立其法国研究中心,并与圣路易医院皮肤研究中心签署合作协议。这是贝泰妮集团全球化产学研合作的首个落脚点,旨在结合中国本土植物资源与全球前沿皮肤研究,提供敏感肌肤解决方案。此联合实验室将深化皮肤免疫学和炎症研究,为贝泰妮旗下品牌提供安全、有效的产品,推动中法皮肤研究合作,造福全球敏感肌肤消费者。

【里昂新中法大学第三届中法经济论坛开幕】

2023年11月30日,法国里昂举办了里昂新中法大学第三届中法经济论坛,近200名中法代表围绕主题"迈向低碳社会的经济转型:中法解决方案"展开了深入研讨。中国驻法国大使卢沙野在论坛开幕致辞中强调,中法绿色合作具有全球意义,两国在绿色发展理念、成果和潜力方面存在显著的互补性。里昂新中法大学协会主席戴乐涛表示,希望法中两国在绿色领域进一步加强合作,分享经验,共同应对全球性挑战,为地球环境保护和子孙后代福祉作出贡献。里昂新中法大学致力于提升中法双边经济、学术、文化和旅游合作关系,是推动两国间多领域交流与合作的重要平台。

【中法探月合作——嫦娥六号成功发射】

2024年5月3日,中国文昌航天发射场成功发射长征五号遥八运载火箭,载着嫦娥六号探测器前往月球背面南极-艾特肯盆地进行月球样品采集任务。此次任务标志着中法首次开展探月合作,搭载了法国、欧空局、意大利和巴基斯坦等四国的载荷和卫星项目,展示了广泛的国际合作。发射当天,中国国家航天局在海南省召开了嫦娥六号任务国际载荷研讨会,国际载荷代表接受媒体采访时高度赞赏嫦娥六号任务开展的广泛国际合作,并呼吁在后续月球与深空探测领域继续寻求新的合作。法方对中国在航天领域的成就表示印象深刻,并希望进一步扩展两国之间的合作。

【中法科技合作成果展在巴黎开幕】

2024年5月6日,中法科技合作成果展在法国巴黎开幕。此次展览旨在庆祝中法建交60周年,由中国科技部、法国高等教育与研究部共同主办。中国科技部国际合作司司长戴钢、法国高等教育与研究部代表拉贝尔副主任出席开幕式并致辞。双方强调,此次展览旨在展示和回顾中法科技合作的历史成就,并展望双方在未来科技合作中的潜力和前景。此次成果展系统回顾了中法建交以来,尤其是1978年中法政府间科技合作协定签署后的合作历程,着重展示了双方在人员交流、平台建设等重点合作机制的发展成效以及在航空航天、基础研究、农业食品、能源环境、生物医药等重点领域的合作成果。中国科学技术交流中心主任高翔、中国驻法国使馆科技处公使衔参赞郭晓林、法国国立工艺学院校长科松等出席开幕式并发言。来自中法两国科研界知名学者、重点科研机构及企业高层管理人员等近百名代表参加了开幕式。

【中国馆亮相法国"科技万岁"展】

2024年5月22日,法国"科技万岁"科技创新展在巴黎开幕,作为此次展会的重要组成部分,中国馆展示了人工智能、虚拟现实、智能出行等前沿科技领域的最新成果,吸引了广泛关注。展会国际部主管朱莉·拉芒代表示,中国馆丰富了展会的国际元素,给法国人民提供了了解中国科技的机会。中国馆组委会秘书长张井介绍,此次展会上,有近20家来自国内的科技企业在中国馆展示了人工智能、数字化、虚拟现实、智能出行等前沿科技领域的最新成果。中国贸促会驻法国代表处副总代表李文国强调了中法科技交流的重要性,期待双方在更多领域展开深入合作。

【第四届中法跨境电商论坛在巴黎成功举办】

2024年5月31日,由中国(杭州)跨境电子商务综合试验区等主办的第四届中法跨境电商论坛在巴黎成功举办。法国前总理让-皮埃尔·法兰通过视频发表致辞,强调电商技术创新对全球经济的推动作用,强调中法电商合作的重要性。论坛以主题演讲、展览体验、研讨会等形式,深入探讨中欧跨境电商的发展趋势、政策法规和市场机遇。论坛期间,中国(杭州)跨境电子商务综合试验区在巴黎正式启动中欧(法国)跨境电商海外服务中心,并签署了备忘录,展示了中法电商合作新成果和前景。

【2024中法经贸合作论坛在巴黎举办】

2024年6月21日,中国—法国经贸合作论坛暨第二届中国国际供应链促进博览会(链博会)法国路演在巴黎举行,近300位中法企业代表出席。中国贸促会会长任鸿斌和法国前总理、法国展望与创新基金会主席拉法兰等致辞,强调两国在供应链合作中的高度互补性和互利潜力。会上,中法企业分享了合作案例,并围绕经贸机构合作和供应链稳定展开讨论。中展集团作第二届链博会推介,与法国有关机构和企业签署相关协议。

【中法天文卫星成功发射】

北京时间2024年6月22日15时00分,中法天文卫星在西昌卫星发射中心用长征二号丙运载火箭成功发射。这颗卫星是中法两国联合研制的空间科学卫星,是目前全球对伽马暴进行多波段综合观测能力最强的卫星,预计将在伽马暴研究等空间天文领域发挥重要作用。中法天文卫星自2005年启动论证,历经近20年共同努力,饱含两国几代领导人的关怀和期望,终于成功发射。此次任务由中国国家航天局、中国科学院、法国国家空间研究中心等机构合作完成,标志着两国航天合作的新高度。

中法文化交流

【第17届中法文化之春开幕】

2023年4月5日晚,第17届中法文化之春在北京红砖美术馆揭幕,法国总统马克龙出席了开幕式。马克龙在开幕式上强调,中法文化交流将继续创新发展。2024年是中法建交60周年,将进一步推动两国开展丰富的文化活动。本届文化之春将从4月至7月在中国20多座城市举办超过65个文化项目。马克龙表示,法国希望通过新的项目重启中法文化交流,进一步促进两国艺术家的合作,推动两国友谊的发展。

【"茶和天下·童庆端午"中法少儿雅集】

2023年5月31日,巴黎中国文化中心举办了"茶和天下·童庆端午"中法少儿雅集活动,庆祝六一国际儿童节和端午佳节。巴黎宝丽声童声合唱团和中心少儿汉语班学员参与其中,共同体验中国文化。合唱团演唱了《如果我有机会去中国》和《月亮代表我的心》,引起热烈反响。活动中,小朋友们在茶艺师的指导下学习泡茶,体验古琴和书法,身着汉服,享受中国传统文化的魅力。巴黎中国文化中心主任刘红革表示,此次活动旨在向法国青少年提供常态化、沉浸式的文化体验。

【中国传统书画展在法国梅里市开幕】

2023年5月27日,法国塞纳-马恩省托梅里市政府(Thomery)联合中法书画社,在该市政府塞纳河畔的节日大厅举办中国传统书画展。原塞纳马恩省议会主席塞普提耶(Patrick Septiers)、托梅里市市长等市政府成员,法国温州商会会长陆晓峰,法国华人贸易促进会常务副会长叶芬玲,知名书画家马剑虹,中法书画社社长程远等出席开幕式。展览展出了程远私人藏品中的名家作品和旅法书画家的作品近百幅,展示了中国书画的魅力。塞普提耶在开幕式上表示,文化交流是两国交流的重要基础,并计划在法中建交60周年之际举办丰富多彩的纪念活动。陆晓峰强调,跨文化交流是社会发展的推动力,中国书法和绘画承载着深邃的情感和思维,是连接人与自然的桥梁。此次书画展览不仅促进了中法文化交流,也让当地民众更深入地了解了中国传统艺术。

【"龙的旅程"大型艺术展在巴黎揭幕】

2023年6月1日,"龙的旅程"大型艺术展在巴黎著名的先贤祠广场揭幕。从当日起,该艺术展将在先贤祠广场展览一周,随后将在法国各大城市巡展,并计划2024年在北京黄花城水长城展出。这对"中国龙"折纸雕塑及巨型画作由法国艺术家格温德琳·菲纳·德维莱纳创作。她在接受采访时表示,她喜欢中国折纸,并认为这些彩龙可以象征中法两国的和平和友谊。中国驻法国大使卢沙野等中法两国政界、企业界、艺术界人士应邀参加了当天的活动。

【"蛇纹绿岩"获奖作品展在北京开幕】

2023年6月21日下午,第二届"蔡冠深基金会当代艺术奖"获奖中法艺术家的作品展览"蛇纹绿岩"在北京开幕。蔡冠深基金会早在2017年就曾捐资巴黎国立高等美术学院成立蔡冠深巴黎文化中心。其后,连续多年在中国赞助及支持中法文化之春、中法环保月活动。蔡冠深基金会董事蔡隽思在开幕式致辞中表示,"蔡冠深基金会当代艺术奖"一直致力于奖励和推动中法两国艺术家进行创作,推广中法高水平艺术家在国际平台上的影响力。此次展览的获奖艺术家包括中国成都的艺术家组合曹明浩和陈建军,以及居住在柏林的法国艺术家阿德里安·米西卡(Valerie Schmidt)。

【首届巴黎国际龙舟嘉年华成功举办】

2023年6月25日,由法国龙舟委员会主办的首届巴黎国际龙舟嘉年华开赛,来自中国、法国和意大利的共12支龙舟队参加了200米和500米两个项目的比赛。法国龙舟委员会会长蔡景瑞表示,希望通过龙舟这一中国传统体育项目,推广中国的传统体育文化,加强两国民众间的体育文化交流。他还指出,今年是首次举办龙舟赛,将积累许多经验,期望2024年在奥运会的契机下,将活动办得更好。当天的比赛中,意大利和法国的队伍分别获得了200米和500米组的冠军。

【2023中法环境月启动】

2023年9月26日,第十届中法环境月在蔡冠深文化交流中心·白云馆正式启动。法国驻华大使白玉堂、中国生态环境部国际合作司二级巡视员崔丹丹以及本届环境月推广大使、著名演员谭卓出席了开幕式。本届环境月聚焦"别样生活",呼吁公众与共同探索重新构建生活方式的可能性。活动期间,将通过科学讲座、展览、电影放映、工作坊和集市等形式,覆盖从日常饮食、穿衣到消费模式以及人与生物关系等各个方面,促进环保意识的普及和实践,引领人们迈向更加环保、可持续的生活方式。

【第二届中欧舞蹈高峰论坛在苏州圆满落幕】

2023年10月1日,由苏州芭蕾舞团与中法文化艺术交流协会主办的第二届中欧舞蹈高峰论坛在苏州文化艺术中心圆满落幕,来自中欧各地的舞蹈界人士围绕"舞蹈教育在美育中的重要性""舞蹈的传统与多样性发展""舞蹈艺术在国际交流中的可持续发展"三大主题展开了深度交流与探讨。法国梅隆-塞纳河谷城市市长亨利·德梅里尼亚克认为舞蹈作为世界性的语言,能够增进中法两国人民的了解,为两国关系的深化奠定基础,并希望在经济、文化等多领域拥有更多交流契机。

【第二届"享法生活展"与第八届"中法人才交流会"在巴黎举行】

2023年10月5日,第二届"享法生活展"和第八届"中法人才交流会"在巴黎南侧让蒂伊市的欧洲时报文化中心开幕。活动由欧时代主办,法国华裔青年协会、法国青年企业家协会协办。欧洲时报文化传媒集团总裁钟诚表示,享法生活展旨在促进旅法华侨华人与留学生的交流与融合,提高在法华人的生活品质。在"中法联动,共创未来"企业家论坛上,法华企业界人士分享了创业经验和企业未来发展的思考。多家跨国企业提供了近百个工作岗位,吸引了众多求职者。主办方还发布了2023巴黎美食地图2.0版。

【第二届"苏州金鸡湖中法文化艺术周"在苏州举行】

2023年10月21日至28日,第二届"苏州金鸡湖中法文化艺术周"在苏州举行。在此次艺术周中,"中法博物馆之间的对话"活动备受关注。来自卢浮宫博物馆、毕加索博物馆、奥赛博物馆等机构的多位业内人士来到苏州,与中国博物馆、美术馆负责人就博物馆的收藏、展示、公共教育等内容进行对话交流。

【中法艺术家陶艺作品展】

2023年11月2日,江西景德镇的中国陶瓷博物馆举办了《陶@未来——中法艺术家陶艺作品展》。本次展览由中国外文局、中国文联国际联络部、江西省文联主办,来自中法不同领域的21位艺术家参展,诸位艺术家以陶瓷为媒介,碰撞思想与创新的火花,表达文化的引力与期许。中法文化艺术交流的历史源远流长,时至今日,两国文化和艺术依然相互吸引并深度契合。

【共同向未来——旅法侨界庆祝中法建交60周年大型文艺晚会】

2024年1月16日晚,由旅法侨界主办,欧洲时报文化传媒集团协办,中国驻法使馆支持的《共同向未来——庆祝中法建交60周年大型文艺晚会》巴黎大雷克斯剧院(LE GRAND REX)隆重举行。这是中法两国庆祝中法建交60周年的首场群众性活动,拉开了纪念中法建交60周年的序幕。

中国驻法大使卢沙野，法国前总理拉法兰，参议员让·安格莱（Jean Hingray），侨界代表、法国华侨华人会主席蔡君柱，晚会总策划兼总导演、中法艺术交流协会会长侯玉霞出席晚会并致辞。巴黎市副市长埃马纽埃尔·格雷瓜尔（Emmanuel Gregoire），晚会评委会主席、《欧洲时报》总编辑梁扬，旅法侨界代表、法国政商界代表、中资机构及留学人员代表以及旅法侨胞、法国友人共2700余名观众出席晚会观看演出，共庆中法建交60周年。

【中法文化艺术交流协会庆祝中法建交60周年文艺演出】

2024年1月19日，中法文化艺术交流协会（AEAFC）在巴黎6区政府礼堂，举行庆祝中法建交60周年文艺演出暨PDE国际舞蹈展演新赛季新闻发布会。巴黎6区区长勒考克（Jean-Pierre LECOQ）与多位中法文化界领导共同出席活动，这是中法文化艺术交流协会与巴黎六区政府的第九次合作。勒考克对参加活动的嘉宾和当地民众表示热烈欢迎，他认为巴黎六区政府与中法文化艺术交流协会多年来合作默契，建立了深厚的友谊，促进了法中文化的交流。他鼓励更多青少年参与PDE国际舞蹈展演，不断提升艺术修养。钱美蓉会长希望通过此次庆祝活动深化中法文化艺术的交流与互鉴。她表示，将继续努力将PDE国际舞蹈展演打造成为培养中法及中欧舞蹈人才的专业、权威、有影响力的艺术平台。

【中法建交60周年"甲子晚宴"在巴黎举行】

2024年1月25日晚，法国吴建民之友协会与"中法60周年纪念名人委员会"在巴黎联合举办中法建交60周年"甲子晚宴"。法国国民议会法中友好小组主席阿劳泽、中国驻法国大使卢沙野、法国前总理拉法兰等嘉宾致辞。中法嘉宾感谢活动主办方举办此次"甲子晚宴"，并高度评价戴高乐将军在60年前承认新中国的英明战略决定和中法传统友谊。活动包括切蛋糕仪式和文艺表演，随后嘉宾在埃菲尔铁塔的儒勒·凡尔纳餐厅举行晚宴，中法各界代表100人出席。吴建民之友协会主席徐波表示，希望通过活动体现中法世代友好的文化内涵，并为2024年中法文化旅游年开启序幕。

（来源：中国新闻网）

【中法建交60周年招待会在中国国家大剧院举行】

2024年1月25日，中法建交60周年招待会在国家大剧院举行，习近平主席在视频致辞中指出，中法建交60年是国际关系史上的大事，为中西方合作开辟了新篇章。习近平强调，双方应秉持建交初心，推动双边关系稳定发展，扩大人文交流，倡导世界多极化和普惠包容的经济全球化，深化传统合作，发掘绿色产业、清洁能源等新兴领域的合作潜力。马克龙总统在视频致辞中表示，法中应在1964年确立的目标基础上再接再厉，共同建设有利于世界和平稳定的伙伴关系。2024年是法中文化旅游年，双方将举办丰富活动，促进青年交往。

【庆祝中法建交60周年暨中法文化旅游年开幕音乐会】

2024年1月31日晚,庆祝中法建交60周年暨中法文化旅游年开幕音乐会在法国巴黎凡尔赛宫皇家歌剧院举行。中法政治、经济、文化、旅游等各界嘉宾约500人出席。2023年4月,习近平主席和赴华访问的法国总统马克龙共同宣布全面重启中法人文交流,并于2024年两国建交60周年之际共同举办中法文化旅游年。中国国家主席习近平和法国总统马克龙发表视频致辞,祝贺两国建交60周年,并强调两国间独特历史形成的"中法精神"。此次音乐会标志着中法建交60周年和中法文化旅游年的开幕,是中法两国友好合作关系的重要里程碑,将促进两国人民之间的交流与理解,为两国未来关系的发展注入新的活力和动力。

【中国驻法使馆举办庆祝中法建交60周年暨2024年春节招待会】

2024年2月6日,中国驻法国大使馆举办庆祝中法建交60周年暨2024春节招待会。法国前总理拉法兰等300余嘉宾出席,共庆中法建交60周年和中国龙年新春佳节。大使卢沙野认为,中法关系60年来坚持互利共赢、务实合作,成果丰硕。两国在传统领域合作深入,新兴领域合作蓬勃发展,合作成果惠及两国人民。双方通过文化交流加深了人民友谊。中法关系发展有其经验值得传承,希望继续做"和而不同"的战略伙伴,共同开启双边关系更加辉煌的60年。

【法国汉风新春盛典大型跨年晚会在巴黎举行】

2024年2月9日,第五届法国汉风新春盛典《汉韵华章》在巴黎13区政府礼堂举行,迎接龙年到来。活动由法国博衍汉章传统研习会和巴黎13区政府联合主办,获得中国国家旅游局驻巴黎办事处等机构支持。巴黎13区区长顾梅和议员丹尼尔·陈等出席并致辞。晚会吸引了1000余名中法宾客,共庆除夕。博衍汉章会长仲月茹致辞,强调此次活动在中法建交60周年之际的重要意义,表示将继续促进中法文化交流,增进两国民间友谊。

【龙年春晚中法合演法语音乐剧《巴黎圣母院》选段《美人》】

2024年2月9日,央视龙年春晚上,上音院长廖昌永携手索拉尔、吉安·马可·夏雷提、安杰洛·德尔·维奇奥及中国歌唱家张英席、袁岱,联袂演绎法语音乐剧《巴黎圣母院》选段《美人》(Belle),受到广泛赞誉。节目创作初期,根据法方制片人的要求,导演组邀请了三位中国歌唱家。中法艺术家在唱法上的差异使初次排练充满挑战,但通过细致调整,排练逐渐顺利。廖昌永与中外艺术家的演出不负众望,"全景视角"的舞美极具纵深感,完美诠释了"美人之美、美美与共"的理念。

【第 28 届法语活动月开启】

2024 年 2 月 29 日,第 28 届法语活动月新闻发布会在北京法国文化中心举办,来自加蓬、加拿大、法国、几内亚、摩洛哥、瑞士、突尼斯、刚果民主共和国等国驻华使馆和魁北克驻北京办事处及瓦隆-布鲁塞尔驻华代表团的代表出席了发布会。本届活动月以"奥林匹克下的法语世界"为主题,迎接 2024 年巴黎奥运会和残奥会。开幕式由加蓬驻华大使馆文化参赞盖伊·阿尔诺·班布·马文古主持,他强调法语活动月不仅是语言爱好者的盛会,也是法语文化的传播平台。活动月将举办包括法语电影荟萃、诗人的春天、龚古尔文学奖中国评选和法语人才竞赛等 20 多场活动,在中国多个城市展开,旨在深化中法文化交流与合作,为两国友好关系注入新的活力和深度。

【第 25 届"诗人的春天"暨华中地区第 28 届法语活动月在武汉开幕】

2024 年 3 月 6 日,第 25 届"诗人的春天"法语诗歌节暨华中地区第 28 届法语活动月在武汉黄鹤楼开幕。该活动汇聚来自中国、法国以及其他法语国家的诗人,为大家献上文学讨论、配乐朗诵、小型演出的活动。本届诗歌节以"恩典"为主题,象征着轻盈与超凡脱俗的意象,引发了深刻的共鸣。法国驻武汉总领事胡建谊(Jean-Yves ROUX)出席活动并致欢迎辞。"诗人的春天"于 1999 年由时任法国文化部长杰克·朗发起,旨在打破所有壁垒,将人们聚集在诗歌周围,共同庆祝诗歌的艺术。

【法国里尔学联庆祝中法建交 60 周年暨龙年新春活动】

2024 年 3 月 9 日,法国里尔学联在里尔海洋饭店举办《寻龙记》文化晚宴,庆祝中法建交 60 周年和龙年新春。中国驻法使馆教育处周家贵公参、乔正顺一秘以及其他在法华人组织的代表出席活动。周家贵公参发表了新春祝福并介绍了中法建交 60 周年的合作成果和签证政策优惠,鼓励留学生积极参与中法文化交流。活动中,参与者们共同品尝了中华美食,欢庆龙年新春,加深了留学生和华侨之间的联系,为中法教育和文化合作构建了坚实的桥梁。

【《水墨交融·意向乾坤》作品展在巴黎中国文化中心揭幕】

2024 年 3 月 12 日,由巴黎中国文化中心和西安市水墨长安艺术博物馆联合主办的《水墨交融·意向乾坤》中国画家崔振宽与法国雕塑家佩兰夫妇对话展在巴黎中国文化中心开幕。这次展览是庆祝中法建交六十周年系列"中法艺术对话作品展"的首场。开幕式上,出席嘉宾包括中国驻法国使馆公参严振全、巴黎中国文化中心主任刘红革、勒卡托-康布雷西(Le Cateau-Cambrésis)马蒂斯美术馆名誉馆长多米尼克·西穆夏克(Dominique Szymusiak)、西安市水墨长安艺术博物馆馆长崔迅、欧洲时报文化传媒集团总裁钟诚,以及参展艺术家雅基·佩兰和玛蒂娜·贝汉,法兰西艺术院前院长让·安哥拉院士、雕塑家克洛德·

阿巴吉等百余位重要人士。这次展览旨在通过艺术作品的交流对话，展示中法文化的深厚底蕴和艺术的创新力量，进一步促进两国在艺术领域的理解与合作。

【旅法大熊猫"圆梦"纪念铜雕在法国揭幕】

2024年3月22日，以首只在法国诞生的大熊猫"圆梦"为原型的大型铜雕22日在法国博瓦勒野生动物园揭幕。中国驻法国大使馆临时代办陈栋夫妇、卢瓦尔-谢尔省省长代表、副省长伊吉宁-比耶，国民议会议员楚多，参议员贝吕罗、皮莱费尔，前法国外交部秘书长、前驻华大使顾山，雕塑家巴松皮埃尔，动物园园长德洛尔以及当地各界人士数百人共同出席活动。

【第三届法语诗歌朗诵大赛总决赛圆满落幕】

2024年3月31日，第三届法语诗歌朗诵大赛总决赛在济南举办。法语诗歌朗诵大赛是法语活动月框架下的重要文化活动。文化、教育与科学事务公使衔参赞裴国良先生发表了视频致辞，他提到在每年的法语活动月，所有法语国家和地区都会联合起来，共同参与这场跨越全中国的文化盛会。山东省委外事工作办公室欧洲处处长周家伦在致辞中指出，本次活动汇聚了全国各地热爱法语的朋友，他们以青年人饱满的热情感受法语经典诗歌的魅力，以新颖立体的方式诠释诗歌的语境与意向，将进一步推动中法文明互鉴和民心相连相通。

【第18届"中法文化之春"艺术节开幕式在北京举行】

2024年4月1日晚，第18届"中法文化之春"艺术节在北京开幕。法国外交部长塞茹尔内出席并发表致辞，共同为活动开幕剪彩。塞茹尔内表示"中法文化之春"艺术节将带来不少于300场活动，将在30多个城市举办，从4月一直持续到12月。当天下午，"紫禁城与凡尔赛宫——17、18世纪的中法交往"展览开幕式在故宫文华殿举行，为2024年的"中法文化之春"拉开序幕。此次展览通过故宫博物院、凡尔赛宫以及其他收藏机构的大约200件文物精品，展现百年间双方彼此尊重、相互欣赏的政治交往史，彼此借鉴、相互学习的文化交流史。

【中法文博机构携手建"数字藏经洞资源库"】

2024年4月1日，据敦煌研究院和法国国立吉美亚洲艺术博物馆消息，双方日前签署合作备忘录，将重点建设统一完整的"数字藏经洞资源库"，并在学术研究、交流与人才培养等方面展开深化合作。敦煌研究院院长苏伯民指出，2024年是中法建交60周年和中法文化旅游年，为加深两国合作提供了良好契机。他希望通过扩大学术交流和数字藏经洞资源库的内容，推动敦煌学的研究进步，为学者提供便利条件。法国吉美博物馆馆长雅妮克·林茨表示，双方签署合作备忘录标志着深化合作的新起点。她认为合作项目充满前景,并希望通过建立指导委员会加强沟通联系,规范工作流程,促进合作项目取得新成果。这一合作备忘录将为敦煌文化艺术的研究与传承提供坚实的支持,有望推动敦煌文化在国际上的更广泛传播与认知。

【"地球奇旅:感官漫游呼吸共生"展在北京开幕】

2024年4月26日,由中法联合带来的"地球奇旅:感官漫游呼吸共生"多维感官沉浸体验特展在北京开幕,该展希望以全新视角去探索世界,重新连接人与自然的关系。展览由中国公共外交协会、中国中央广播电视总台、中国驻法国大使馆联合主办。展览团队包括来自法国国家自然历史博物馆、Sensory Odyssey Studio(感官奥德赛工作室)等300余人,通过8K全景拍摄于全球六大生态栖息地展示植物、动物及微生物物种。展览结合灯光效果和数字技术,打造沉浸式视觉、听觉与嗅觉体验,以独特的感官方式探索和理解自然界,呈现生态的力量和多样性。

【中法文明交流互鉴学术研讨会在巴黎举行】

2024年5月3日,由中国社会科学院与法国国立东方语言文化学院共同主办,中国社会科学院欧洲研究所承办的"中法文明交流互鉴:回顾与展望"学术研讨会在法国巴黎举行。中国社会科学院院长高翔,法国国立东方语言文化学院院长余曦(Jean-François Huchet),法兰西道德与政治科学院院士巴斯蒂(Marianne Bastid-Bruguière),法国汉语总督学易杰(Nicolas Idier),欧洲跨文化研究院创始院长阿兰·乐比雄(Alain Le Pichon),法兰西科学院通讯院士、金石美文学院通讯院士亨利·德·伦莱(Henry de Lumley)等中法知名专家学者出席研讨会开幕式并致辞。研讨会围绕加强中法文明交流互鉴展开讨论,强调在当前复杂国际环境下,文明交流互鉴的重要性,为全球文明和谐共生树立典范。余曦指出,法中建交60年来,法国与中国的社科学术交流不断深化,期待未来与中国社科领域进一步合作。巴斯蒂强调了面对面的人文交流对文化传播的关键作用。研讨会期间,还举办了《理解中国丛书》等法文图书发布及"中法学术交流"专题书展,展示中法文明交流互鉴的成果。

【法国巴黎体育文化协会组织参观"甲子情深——中法百姓故事展"】

2024年5月4日,法国巴黎体育文化协会组织了20余名成员参观在欧洲时报文化中心举办的"甲子情深——中法百姓故事展",共同纪念中法建交60周年。他们仔细观看展品,与讲解人员互动,并在太极教师的指导下体验了太极和功夫扇。协会成员感叹展览展示了中法民众之间的紧密联系和文化交流,特别是展示中的中法文化融合让他们留下深刻印象。

【"中法文化之春"华南地区开幕式在福州举行】

2024年5月5日,以"我要看见"为题,吉勒·卡隆摄影回顾展首次落地中国,在福建福州桂湖美术馆正式开幕。2024年是中法两国建交60周年,也正值中法文化旅游年,吉勒·卡隆摄影回顾展开幕之际,"中法文化之春"华南地区开幕式亦同步举行。法国驻华大使馆文化、教育与科学事务公使衔参赞裴国良表示,2024年将为公众带来丰富多彩的活动,涵盖面向大众和专业群体的内容。裴国良赞扬了吉勒·卡隆的作品,称其为触摸时代脉搏的独特力量之一。本届"中法文化之春"的举办时间从2024年4月持续到12月,31座城市将举办超过400场精彩纷呈的活动。

【"从北京到巴黎——中法艺术家奥林匹克行"在巴黎开幕】

2024年5月6日,由中国中央广播电视总台联合法国国家奥林匹克和体育委员会、法国职业足球联盟,以及法国多家艺术机构共同主办的"从北京到巴黎——中法艺术家奥林匹克行"中国艺术大展,在巴黎荣军院会展中心(Aérogare des Invalides)开幕。作为中法建交60周年和巴黎奥运年的重要活动,此次大展以体育与艺术的结合,展示了中国当代艺术家的多样创作,传递奥林匹克精神和文化价值。中宣部副部长、中央广播电视总台台长慎海雄强调,艺术和体育是人类文化的重要组成部分,此次大展通过展示中国艺术家的作品,深化中法文化交流,彰显了中华文化的现代成就和魅力。法国国家奥林匹克和体育委员会主席拉帕蒂恩表示,艺术与体育是法中文化交流的纽带,此次大展体现了力量与美的完美融合,传达了和平与友谊的理念。大展展出了来自100多位中国当代艺术家的200余件艺术作品,涵盖了绘画、雕塑、多媒体艺术及非物质文化遗产等多个领域。这些作品不仅展示了中华文化的独特魅力,也促进了中法两国在艺术与文化领域的交流互鉴,为全球文明的多样性与共同进步提供了新的视角。

【法国木偶剧《拉封丹寓言》在长沙上演】

2024年5月7日,法国街头大型木偶剧《拉·封丹寓言》在长沙市中心上演,这是2024中法文化之春——中法建交60周年特别呈现的重要表演项目之一。《拉封丹寓言》作为大型木偶剧,改编自法国作家让·德·拉封丹的经典寓言《红气球》和《公鸡与鹳》。演出由法国阿奇博·卡拉曼特拉剧团的演员通过巨型木偶、马戏和空中舞蹈形式进行,展现出梦幻、幽默和互动感强的演出风格。除了木偶剧,今年的中法文化之春还涵盖音乐会、音乐剧等多种艺术形式,将在中国多个城市举行,促进中法文化艺术的深度交流和理解。

【第三届"东西问智库"对话活动在北京举行】

2024年5月9日,第三届"东西问智库"对话活动在北京举行,以"发现彼此:中法建交60年"为主题,专家学者围绕中法文明互鉴展开深入讨论。北京大学博雅讲席教授钱乘且指出,中法作为东西方文明的代表,在历史长河中互相"发现",这种了解是双方深入交流的基础。中国社会科学院欧洲研究所所长、中国欧洲学会会长冯仲平强调,正确理解法国对于正确理解欧洲至关重要,提出加深对话、化解误读的必要性。央华戏剧创始人、艺术总监、导演王可然以《悲惨世界》走向欧洲为例,强调文化相知的重要性。活动由中国新闻社主办,中国新闻社社长陈陆军致辞并向第四批"东西问智库"学术顾问、特聘专家颁发了聘书。

【中法图像共生艺术展在成都开幕】

2024年5月10日下午,中法图像共生艺术展在成都开幕,汇集了中法两国20位知名艺术家的油画、涂鸦、摄影、艺术装置等作品,展现两国文化交融之美。法国艺术家克里斯·卡尔维特带来了新系列作品《寓言》,以中国书法为基底进行创作,体现中法文化的独特交融。他表示,成都的驻留经历为他的创作提供了宝贵灵感。四川省油画学会副会长孟涛表示,艺术如同无国界的河流,汇集全球文化与情感,希望中法艺术家携手推动两国艺术交流合作。开幕式上,两国艺术机构签署了合作协议,计划在艺术家驻留、交流创作、展览展示等领域展开深入合作。

【云南茶文化欧洲推广活动在巴黎成功举办】

2024年5月21日,第五个"国际茶日"之际,2024年"云腾四海·茗动天下"中国(云南)茶文化欧洲推广活动在巴黎成功举办。活动以"美好生活·美美与共"为主题,由云南省政府新闻办公室和外事办公室主办,展示了云南的普洱茶、红茶等,伴以民族舞蹈、非遗产品和茶文化展示,吸引众多嘉宾参与。活动旨在通过丰富多彩的文化交流,推广云南茶文化,增进中法友谊。法国及意大利代表对活动表示高度赞赏,认为其有助于拉近中欧人民的距离,并展示中国茶文化的魅力。

【里昂新中法大学协会向全国人大中法友好小组赠送贝熙叶医生雕像】

2024年5月22日,中国全国人大社会建设委员会主任委员、中法友好小组组长杨振武参访里昂中法大学博物馆。新中法大学协会副主席拉巴特代表协会向全国人大中法友好小组赠送了贝熙叶医生半身雕像。中国驻里昂代总领事李振平、贝熙叶医生之子贝石涛、雕塑家卡伊努及其他嘉宾出席仪式。拉巴特在致辞中提到习近平主席在中法建交50周年纪念大会上的讲话,唤起了法国人民对贝熙叶医生的记忆。2024年是中法建交60周年,赠送雕像旨在铭记历史,增进中法友谊。杨振武感谢协会的赠礼,表示贝熙叶医生的英雄事迹令人感动,中国人民永远不会忘记他的贡献。贝石涛回顾了父亲的生平,表达了对中法友谊的感动。杨振武和贝石涛共同为雕像揭幕。

【中法音乐会添彩"教科文多元文化节"】

2024年5月24日,第14届"联合国教科文组织多元文化节"在巴黎圣·路易大教堂举行,以"和平—友谊—爱"为主题的中法音乐会成为本次文化节亮点。中法音乐家们演奏歌曲《圣母颂》《僮锦幻想曲》《小飞龙》等,共庆两国建交60周年。

中法体育交流

【第五届太极拳演练暨相搏国际邀请赛在法国举行】

2023年4月29日至30日,第五届太极拳演练暨相搏国际邀请赛在法国圣日耳曼昂莱举行。活动由长期在法国推广中国武术的袁祖谋发起。此次活动将太极推手与中国跤术相结合,以更好地被当地人接受。近年来,在法国及意大利等欧洲国家,太极拳与摔跤的融合发展良好。虽然太极拳的主要受众是中老年人,但年轻团队也逐渐形成。

【贵州"村超"主办中法青年友谊赛】

2024年2月26日,贵州"村超"主办中法青年友谊赛。由贵州"村超"联队对阵法国人民援助会队。经过近3个小时激烈比拼,贵州"村超"联队以5比4胜出。2024年恰逢中法建交60周年暨中法文化旅游年。赛事中场休息期间,进行了侗戏、苗族芦笙舞等民族文化展演,法国青年球员献唱了法语经典名曲《玫瑰人生》《香榭丽舍》,加强了两国青年的友好交流。

中法旅游交流

【第四届中法葡萄酒文化旅游论坛】

2023年6月10日,第四届中法葡萄酒文化旅游论坛在宁夏银川举行,中法两国代表就葡萄酒产业合作展开深入讨论,共同探索应对挑战的策略。中法合作始于1997年签署成立政府合作葡萄种植与酿酒示范农场协议,2001年中国首次进口法国葡萄种苗,此后合作不断深化。中国欧盟协会副会长宋敬武指出,宁夏作为中国重要葡萄酒产区,应成为中法葡萄酒合作的重要平台,继续推动交流合作在文化传播和优质原料基地建设中的发展。中法双方在声明中强调将继续加强葡萄酒行业及地标标志的交流 合作,支持中国举办国际葡萄与葡萄酒产业大会,预示着中法友谊将在葡萄酒交流中更上一层楼。

【"相逢"：中法文化旅游高端论坛】

2023年6月19日，法国"吴建民之友协会"在法国旅游部、中国驻法国大使馆、法国国家旅游发展署等单位的支持下，在巴黎郊外纳伊市萨布隆礼堂举办中法文化旅游高级别对话论坛，主题为"相逢"。此次论坛汇聚了法国负责旅游事务的部长级代表格雷瓜尔、法国前总理拉法兰、纳伊市长傅芒丹、巴黎旅游局局长梅纳戈、法国国家旅游发展署中国办事处主任奥登，以及来自法国凡尔赛宫、戴高乐机场、地中海俱乐部、滴滴出行、蚂蚁金服等中法文化旅游界的知名代表。

拉法兰指出，"相逢"论坛的主题正是为推动"2024年中法文化旅游年"的进行，中法两国人民对彼此的历史文化有着共同的兴趣和好奇心，愿意通过文化交流加深两国之间的友好合作关系。论坛主办方、"吴建民之友协会"主席徐波表示，2024年中法领导人宣布2024年为"中法文化旅游年"是非常及时和重要的举措，论坛的举办表明法国社会对中法人民在后疫情时代相逢的热切期待，这种相逢将有助于增进两国人民之间的理解，为各个领域的合作创造良好条件。

【"中国游客友好机场"启动】

2023年12月4日，为迎接中法建交60周年和中法文化旅游年，"中国游客友好机场"启动仪式在戴高乐机场举行。中国驻法国大使馆公使陈栋、巴黎机场管理局首席执行官奥古斯丁·德罗曼内以及著名钢琴演奏家郎朗、二胡演奏家果敢、主持人朱利安等共同出席活动。

【第40届中国·哈尔滨国际冰雪节和中法文化旅游年启幕】

2024年1月5日，第40届中国·哈尔滨国际冰雪节和中法文化旅游年同时在哈尔滨冰雪大世界开幕。以中法两国标志性建筑——"北京天坛"和"巴黎圣母院"的冰雕为主题，将文化遗产与冰雪艺术相结合，展示了中法两国在文化旅游交流中的深厚友谊和合作精神。法国旅游部长格雷戈尔亲临哈尔滨参加了"巴黎圣母院冰雕"的揭幕仪式。她认为这是宣传法国文化的绝佳方式，也是向中国游客展示巴黎圣母院的美丽和历史深度的重要机会。同时，她表示巴黎圣母院将在2024年底完成修复工作，并重新开放，欢迎中国游客前来访问。2024年中法文化旅游年将在中国各地举办丰富多彩的法国文化活动，涵盖凡尔赛宫、波尔多国家歌剧院等多个名胜，包括特别展览、音乐巡演、舞蹈表演、电影放映等形式，以此推动中法两国人民更深的了解和交流。

【2024年环亚旅游推介会】

2024年1月30日，法国环亚旅游在巴黎中国城大酒楼举行2024年旅游产品推介会暨高端客户答谢会。环亚持续推出了2024年中法语旅游手册，介绍最新优质产品，乘中法文旅年东风，争取再上一个台阶。环亚旅游的高端客户、航空公司、邮轮公司、途易集团

(TUI)等旅游供应商代表参加了当天的活动。

【中国对法国公民短期赴华免签政策延长】

2024年5月，中国国家主席习近平访问法国，并与法国总统马克龙进行会谈。习近平宣布将对法国等12个国家的公民延长短期赴华免签政策至2025年底。这一举措旨在加强中法人文交流和文化旅游合作，并推动中法关系在多个领域的发展。法国也积极响应，计划在未来几年内推动对中国游客的签证便利化措施，以促进中法两国之间的旅游和商务交流。

中法青年交流

【中法俄青少年守护共同家园主题交流活动】

2023年5月19日，来自中法俄三国多所学校的青少年代表通过线上交流，共同探讨生物多样性保护的重要性和方法。本次活动以"生物多样美美与共"为主题，旨在展示江西绿色生态发展新成就，倡导生态环境保护和维护生物多样性国际合作，共同守护地球家园。

【海交会法国推介会暨中法青年科创交流会在巴黎举行】

2023年11月26日，中国海外人才交流大会、中国留学人员广州科技交流会（海交会）法国推介会暨中法青年科技创新创业交流会在法国巴黎成功举行。此次活动由海交会大会组委会主办，广州科技金融集团有限公司和全法中国青年科创协会承办，参与活动的有来自法国各大高等院校研究所的在校生和青年创业者，共计超过100人。本次推介会的主题是"海交知己，创享未来"，着重于中法人才交流与科创孵化营项目。活动邀请了多位业界精英作为嘉宾，分享他们在创业道路上的见解和经验，深入探讨商业发展的趋势，为与会者提供了实用的创业建议。

【"我们的角色"中法青年文化交流活动在巴黎举行】

2024年5月2日，由山东省人民政府新闻办公室指导，大众报业集团主办的"我们的角色"中法青年文化交流活动在法国巴黎蓝带国际学院举行。活动旨在庆祝中法建交60周年暨中法文化旅游年，聚焦青年在文明交流对话中的重要角色。来自法国的代表和华人代表围绕"我们的角色"主题，分享了他们在中法文化交流中的亲身经历和感受，认为青年应承担传递文化、增进理解的使命。法国索姆省国际红十字协会主席、索姆省中小型企业联合会秘书长埃维·戴利等嘉宾也分享了他们在与中国的交流与合作中的故事。活动现场设立了中法"大众青春交流官"并进行了多种形式的交流活动，以展现新时代中法青年深厚的友谊和对文化交流的期待。

【"读懂中国式现代化——中法青年对话会"在巴黎成功举办】

2024年5月5日，由中国中央广播电视总台与巴黎政治大学校友会、巴黎联合国校际委员会以及中国暨南大学主办的"读懂中国式现代化——中法青年对话会"在法国巴黎举办。此次活动恰逢中国国家主席习近平对法国进行国事访问，突显了中法两国在青年交流和文化理解方面的深厚友谊。会议由中宣部副部长、中央广播电视总台台长慎海雄，法国前国务部长、文化部长、教育部长雅克·朗等重要人士出席会议并致辞。活动上，《中法青年中国式现代化调研报告》发布，报告显示，中国式现代化不仅融合了传统文化元素，也在科技发展和社会进步中展现出独特魅力。报告引发了与会青年的广泛讨论，展示了中国在现代化进程中的多样性和包容性。此外，中央广播电视总台与巴黎政治大学校友会签署了合作谅解备忘录，双方将在专家学者交流、媒体合作等方面展开更深入的合作。

【"中法60年60人中国行"项目启动】

2024年5月24日，在上海虹桥国际中央商务区管委会的指导下，由法中经贸企业和科技创新促进会主办的"中法60年60人中国行"项目启动和授牌仪式在上海举行。17位来自法国的青年企业家作为首批访问者，将分别访问重庆、宁波、嘉兴、天津、北京和深圳等地。这一活动旨在通过参访和座谈，促进地方政府、产业园区的双向招引与合作，并推动中国与法国青年企业家在经贸、文旅等领域的深入交流与合作。上海虹桥国际中央商务区管委会投促处处长贾开京表示，虹桥商务区将全力支持法国青年企业家在中国的发展，为其提供必要的支持与资源，共同探索商业机遇。这一项目的推出不仅促进了中法经贸关系的深入发展，也为参与者提供了更多了解和融入中国市场的机会。未来，该项目还计划在第七届进博会期间组建第二批访问团，进一步推动中法经贸交流的进程，为两国青年企业家搭建更广阔的合作平台。

【中法青年文学共读会在巴黎举办】

2024年5月25日，江苏凤凰文艺出版社和巴黎西岱大学在巴黎举办"国际青年文学共读"活动。本活动由凤凰出版传媒集团、江苏省作家协会指导，法国中国文学读者俱乐部支持，以中国作家韩东的《韩东中短篇小说集》法文版为主题，吸引了中法两国青年学生、专家学者参与，分享阅读心得并朗读小说选段。江苏凤凰文艺出版社社长张在健表示，希望以此为起点，举办更多国际阅读分享会，推动中国文学走向世界，同时引入优秀的世界文学作品。本次活动搭建了中法文学青年交流的平台，促进了两国友谊和文化理解，展示了文学在国际交流中的重要作用。

中法媒体交流

【"合拍·以影像为桥"中法合拍纪实影像作品发布会】

2023年4月4日，北京举行了"合拍·以影像为桥"中法合拍纪实影像作品发布会。纪录片《金丝猴王国：勇者的世界》《月背之上：太空变革的黎明》《神奇的真菌世界》、纪录电影《北京人：人类最后的秘密》以及故事片电影《熊猫月亮》等五部中法合拍纪实影像作品首次亮相。这些作品突显了中法在纪实影像制作和科技创新领域的合作成果，深化了两国间的文化交流与理解。

【首部中法融合戏剧《尚伯岱车站》片段首演】

2023年6月6日，首部中法融合戏剧《尚伯岱车站》片段在第十九届深圳文博会期间的"人文湾区"分论坛上首演。该剧将法国经典喜剧和爵士音乐与中国传统戏曲音乐及粤剧表演相结合，以音乐剧形式呈现一个诙谐幽默的故事，展示了中法两国在戏剧艺术领域的创新合作。通过这种独特的文化融合，剧作不仅打破了传统剧种的界限，还深化了观众对中法文化交流的理解和体验。

【中法合作话剧《悲惨世界》发布会】

2023年7月25日，中文版话剧《悲惨世界》创排内容分享暨演出开票发布会在北京举行。该剧由央华戏剧与法国蒙彼利埃演员之春戏剧节共同出品，集结了中法两国的创作团队和艺术家，将于2024年1月26至28日在北京保利剧院首演。《悲惨世界》导演让·贝洛里尼，主演刘烨、张可盈以及林麟、林继凡、李菁等全体演员团队，该剧艺术总监和监制王可然来到现场，同嘉宾和观众畅聊了《悲惨世界》的创作排练过程、未来演出计划。

【巴黎中国电影节举行中法电影交流日活动】

2023年10月19日，巴黎中国电影节的中法电影交流日活动位于巴黎14区的法国国家电影中心举行。活动聚焦于"功夫电影"和"中法喜剧电影"等主题，中法电影艺术家和学者们就电影制作、题材等方面展开了深入的讨论和交流。法国国家电影中心主席布多纳出席并欢迎中法电影界人士参与合作，强调了电影艺术的全球交流与合作意义。同时，中国峨眉电影集团总经理向华全通过视频祝贺活动，并表示希望通过此类交流进一步促进中法两国电影创作和观众交流。

【中法联合出品纪录电影《北京人：人类最后的秘密》首映】

2023年12月19晚，中法联合出品的纪录电影《北京人：人类最后的秘密》在科文组织巴黎总部大厅举小首映仪式。此片为迎接中法建交60周年，两国影视合拍项目之一。中宣部副部长、中央广播电视总台台长慎海雄通过视频致辞，强调了该片跨越两百万年的人类演化史，展现了古代东方大地人类的神奇故事。他指出，人类文明的进步离不开信息和知识的传递与交流，这部影片体现了人类命运共同体的理念。导演雅克·马拉特也在仪式上表示，感谢中国的支持，他认为影片象征着中法两国密切友好合作的文化友谊，并希望通过影片向观众传递人类共同的智慧。他特别赞扬了影片中的主演之一龚梦琳对角色的完美演绎。《北京人：人类最后的秘密》由中央广播电视总台、法国国家电视集团和法国10.7制作公司联合出品，得到中国科学院的专业支持，著名古人类学家伊夫柯本撰稿，由郭达明担任摄影师，将在全球院线上映。

【中法女性电影项目"创造中的她"在上海揭幕】

2024年6月11日，中法女性电影项目"创造中的她"在上海外滩源壹号"ART SHANGHAI 欧洲国家珍藏展"中开幕。该项目聚焦"摄影机后的女人"，通过展览、展映、论坛三大板块的联合呈现，追溯19世纪90年代至今中法两国女性电影人的实践与革新。展览精选了来自法国电影资料馆的40余件重要馆藏，包括影片、剧照和电影海报，同时还结合多部中国女性电影作品，共同呈现了中法两国电影史上的重要影片。法国电影资料馆表示，此次展览不仅是法中电影艺术交流的重要场合，也是对女性电影人及其卓越才华和贡献的一次肯定和致敬，展示了她们的多样性和价值观。这样的交流活动将进一步加强法中两国文化的深厚联系，推动两国电影产业的共同发展。

【纪录片《林风眠——中法文化艺术交流的建桥者》在巴黎开拍】

2024年5月5日，纪录片《林风眠——中法文化艺术交流的建桥者》在法国巴黎高等美术学院举行了开拍仪式。该纪录片由中国香港《客家头条》投资，并与广东广播电视台联合制作。分为上、中、下三部曲，法国篇将特别关注林风眠在巴黎、马赛、枫丹白露和第戎等地的生活和创作经历。林风眠作为中国美院的首任校长和中国艺术家在欧洲举办个人画展的先驱，他的艺术探索融合了中西文化，加深了中法两国的艺术交流。本片的总撰稿人和《客家头条》总编辑李剑诸博士表示，这部纪录片是向中法建交60周年献礼，也是展示中国、广东和客家人故事的重要平台。制片方强调，通过追溯林风眠的生平和成就，希望进一步启发观众，深化中西文化艺术交流的意义，促进全球和谐发展。

【中法合作偶戏《镜花缘》在北京上演】

2024年6月21日，由QFunTheater儿童实验剧团携手北京赫德学校剧团带来的中法艺术家合作创作剧目《镜花缘》在北京保利剧院上演。这部作品融合了中西艺术特色，以传统经典文化和现代视角重新诠释清代作家李汝珍同名长篇小说《镜花缘》。通过面具、偶、多媒体和声音等多元艺术形式，引领观众跨越文化边界，体验充满想象力与创造力的艺术之旅。《镜花缘》作为QFunTheater儿童实验剧团"古籍与我"系列第三部作品,是中法两国当代艺术家从不同文化背景出发进行的一次跨文化交流融合的舞台呈现。

中法地方合作

【广州—里昂结好35周年友好交流会在广州举行】

2023年4月19日至23日,里昂大都会政府区域开发和国际关系部副主任克里斯托夫·莫涅率团访问广州,庆祝广州与里昂结好35周年。访问期间,代表团拜访了中山大学、广州大学,参加了广交会,并参观了兰圃、永庆坊和粤剧艺术博物馆等地。在"赓续历史·传承友谊"为主题的交流会上,双方就经济贸易、教育文化、城市建设和环保等领域的合作进行了深入探讨,并分享了两市在灯光节、美食联盟等方面的成功合作案例。1988年,广州与里昂缔结友好城市关系,里昂是广东省最早的法国友城。1921年,中山大学曾参与筹备成立里昂中法大学,中法大学的历史资料由里昂新中法大学协会主任纪优姆·阿尔努赠送给广东省"三师"专业志愿者协会会长杜黎宏。里昂大学副主席米蕾耶·博斯强调,希望未来深化与广州高校在多个学科的合作,并期待更多学生到广州实习。广州市和里昂市的代表表示,2024年是中法建交60周年,两市将以此为契机,进一步拓展在艺术、文学等领域的合作。

(来源:广州市政府外办、《广州日报》)

【"中法文化之春—河北非遗走进巴黎"活动】

2023年7月17日,由河北省文化和旅游厅主办的"中法文化之春——河北非遗走进巴黎"活动在法国巴黎举行。河北省文化和旅游厅一级巡视员翟玉虎、国际旅游联合会会长埃里克·杜吕克(Eric Duluc)、中国驻巴黎旅游办事处主任张郝淼、中国驻法国大使馆文化处秘书陈罡、欧中友好协会会长阿兰·杜索(Alain Tusseau)出席活动并致辞,来自中法两国的文化和旅游界代表约100人参加活动。翟玉虎在活动中表示,尽管中国和法国文化背景迥异,但二者之间蕴藏着巨大的合作潜力。他希望通过此次活动,让更多法国民众了解河北的自然风光和丰富文化,并推动河北与法国在旅游和文化遗产保护方面的合作。活动现场还举办了河北非遗展,展示了原村土布、燕京八绝、定瓷、铁板浮雕等传统非遗项目。同时,河北省文化和旅游厅与欧中友好协会合作设立了"河北省文化和旅游巴黎推广中心",将进一步推广河北的文化和旅游资源,吸引更多巴黎民众和华人游客赴河北旅游。

【重庆渝中·法国亚眠经贸合作交流会在渝中举行】

2023年9月6日,重庆渝中·法国亚眠经贸合作交流会在渝中举行。会上,双方政府、企业及文化界代表对两地今后多领域的合作发展问题进行了探讨,并签署了多项合作协议,包括经济联合、文化交流和教育合作。会议强调了两地在城市发展、经济互动和文化交流方面的潜力和合作机会,为未来的合作关系奠定了坚实基础。2023年以来,两地已经签订了《中国重庆市渝中区和法国亚眠市关于加强交流合作的战略合作协议》《推动创新战略伙伴关系协议》等协议,在合作共赢、共谋发展方面积累了深厚友谊,奠定了坚实基础。

【中法(无锡)产业合作园启动暨重大项目签约仪式】

2023年7月18日,中法(无锡)产业合作园启动暨重大项目签约仪式在江苏无锡举行。活动现场,6个法资重大项目完成签约,总投资超10亿美元。涵盖科技创新、文化交流、环保技术等多个领域,标志着中法两国在经济和产业领域的深度合作迈出了新的步伐。无锡市委书记杜小刚在活动中表示,无锡将继续深化对外开放,加快构建更加开放的经济发展格局,为外资企业提供优质的营商环境和全方位的服务支持。法国驻沪总领事Joan VALADOU表示,长三角地区是中国最具活力的区域之一,而无锡在长三角地区占有重要战略地位,对法国企业来说具有重要价值。他对中法(无锡)产业合作园的启动表示乐观,并认为未来合作前景广阔。

(来源:中国新闻网)

【"中法文化论坛"海淀系列活动在北京成功举办】

2023年11月18日,"中法文化论坛"海淀系列活动在北京西山森林音乐谷开幕。该活动由欧美同学会法比分会、海淀区委宣传部、海淀区史志办、海淀区圆明园管理处指导,海淀区文化发展促进中心联合18家西山中法文化机构共同主办,主题为"西山中法文化的跨文化交流与精神传承"。北京市文物局党组书记陈名杰、欧美同学会法比分会副会长刘泽文等出席论坛,并就中法文化交流的未来进行了探讨。随后举行"西山中法文化小道"发布会及小道行走活动。西山中法文化小道共包括6站,从音乐谷出发,经圣-琼·佩斯故居、中法友谊亭、鹫峰秀峰寺、敬德书院,最后到贝家花园。当天还举办了西山中法文化跨文化交流展,展示了西山中法文化在地创作的艺术作品和西山中法文化史迹。西山的文化遗迹体现了中法友谊的成长,欢迎更多法国朋友追寻先人足迹,续写中法友谊。

【中法武汉生态示范城项目签约10周年暨第七届中法城市可持续发展论坛在武汉开幕】

2024年3月20日,中法武汉生态示范城项目签约十周年暨第七届中法城市可持续发展论坛在武汉市蔡甸区举行。参加论坛的中法两国政府官员、专家学者、企业家代表等表示,希望双方以中法建交60周年为契机,持续推进项目建设,助力中法绿色合作,为推动全球城市可持续发展贡献力量。

【纪念中法建交60周年红酒礼盒发布会在巴黎举行】

2024年5月3日,"当烟台遇见波尔多"纪念中法建交60周年红酒礼盒发布会在法国巴黎举行。活动吸引了全球葡萄酒领域200余名专家学者参与。烟台张裕集团的龙谕赤霞珠干红葡萄酒和法国飞龙世家酒庄的2018年红葡萄酒入选礼盒。新华社新闻信息中心主任王磊在致辞中表示,葡萄酒促进了中法人文交流。法国索米尔法定产区AOC级别葡萄酒工会前主席纪尧姆·鲁西期待未来能有更多合作。

【"机遇中国·多彩吉林"文化旅游推介交流会在巴黎举行】

当地时间2024年6月3日,"机遇中国·多彩吉林"文化和旅游推介交流会暨"山高人为峰"长白山主题摄影展在巴黎中国文化中心举行,来自联合国教科文组织、中法文化旅游等领域的嘉宾们共同参与。活动上,中法嘉宾沉浸式体验了吉林的非遗和民俗文化,如朝鲜族农乐舞、满族剪纸和面塑。摄影展展示了中法摄影家定格的吉林美景,进一步促进了文明互鉴。长白山管委会推介了长白山生态文旅资源,并与中旅巴黎中国签证申请服务中心签署合作协议。本次活动作为集中法文化交流、旅游资源推介、非遗展示等于一体的文旅盛会,将进一步促进中法文化互信和民心相通,推动吉林文旅走向世界。